GIOVANNI TIZIAN

MAFIA AG

GIOVANNI TIZIAN

MAFIA AG

CAMORRA, COSA NOSTRA UND 'NDRANGHETA EROBERN NORDITALIEN

AUS DEM ITALIENISCHEN
VON ALEX KNAAK

ROTBUCH VERLAG

ISBN 978-3-86789-166-0

Deutsche Erstausgabe, 1. Auflage

Titel der Originalausgabe: »Gotica. 'ndrangheta,
mafia e camorra oltrepassano la linea«

Dieses Werk wurde vermittelt durch
die Christina Vikoler Literary Agency, München
Umschlaggestaltung: toepferschumann.de
Umschlagillustration: toepferschumann.de
unter Verwendung eines Motivs von plainpicture
Druck und Bindung: GGP Media GmbH, Pößneck

Ein Verlagsverzeichnis schicken wir Ihnen gern:
Rotbuch Verlag GmbH
Alexanderstraße 1
10178 Berlin
Tel. 01805/30 99 99
(0,14 Euro/Min., Mobil max. 0,42 Euro/Min.)

www.rotbuch.de

INHALT

Bleierner, schwerer, faszinierender, gottloser
Himmel über der Po-Ebene.
Consorzio Suonatori Indipendenti

In Kalabrien kann nicht mal der Papst
den Krieg gegen uns gewinnen.
Abgehörte Unterhaltung

Wenn wir es nicht schaffen, wer sonst?
Peppe Valarioti

Gott rückt den Spieler, dieser die Figur.
Welcher Gott jenseits Gottes eröffnet
das Spiel aus Staub, Zeit, Traum und Agonien?
Jorge Luis Borges

VORWORT

Salven aus Maschinenpistolen, Schauer von Glassplittern. Schüsse hallen durch die Nacht, die noch kurz zuvor eine von vielen zu sein schien. Aber in Duisburg ist nach dieser Nacht des 15. August 2007 nichts mehr, wie es einmal war. Für einen Moment zerreißt der undurchdringliche Mantel des Schweigens, der eine der geheimnisvollsten und mächtigsten Mafia-Gruppierungen Italiens, die 'Ndrangheta, normalerweise umgibt. Jenseits aller Relativierungen wird plötzlich für jeden sichtbar, dass eine mächtige kriminelle Organisation aus dem Ausland auf deutschem Boden nicht nur längst Fuß gefasst hat, sondern hier auch ihre blutigen Auseinandersetzungen austrägt. Die von Kugeln durchsiebten Leichen, die Blutlachen auf dem Vorplatz der Pizzeria *Da Bruno* und der Korditgeruch, der über den sechs Toten hängt: Das alles sind Bestandteile jenes mafiatypischen Szenarios aus verletzter Ehre, millionenschweren Geschäften und archaischen Riten, dessen tödliche Konsequenzen nun auch in Deutschland unübersehbar sind. Ein Szenario, das von ungebremster Machtgier kündet, die auf niemanden Rücksicht nimmt. Weder auf Junge noch auf Alte. Wer von der 'Ndrangheta, der Mafia Kalabriens, profitiert, der bezahlt dafür im Zweifelsfall mit dem Leben.

Das Killerkommando musste das von einem gegnerischen Clan geführte Restaurant nicht einmal betreten. Sie warteten davor, im Dunkel dieser warmen Augustnacht. In ihren Händen der Pistolen Marke Beretta. In Herz und Hirn jahrzehntelanger Hass, der Adrenalin freisetzt. Es wirkt wie eine Droge. Eine Droge, die Wahnvorstellungen schürt.

Die Killer schlugen die Wartezeit tot, indem sie eine Zigarette nach der anderen rauchten. Während die Zeit verstrich, wuchs ihre Nervosität, aber auch der Wille, die chronische Fehde hier in Deutschland ein für alle Mal zu beenden. Deren Anfang lag 16 lange Jahre zurück. Die Zeitungen bezeichneten den Beginn der kriegsähnlichen Attentatsserie damals als eine aus dem Ruder gelaufene »Karnevalsprügelei«, aus der in kürzester Zeit tödlicher Ernst wurde.

Abgesehen von dem Ehrbegriff, der die Organisation prägt, und den folkloristischen und traditionellen Aspekten der Mafia Kalabriens, ist es jedoch für den Machterhalt eines Mafia-Clans schon immer entscheidend gewesen, sich andere Clans gefügig zu machen. Es galt, den Feind zu vernichten und auf diese Weise Städte wie San Luca, Bovalino, Rom, Duisburg, Erfurt, Lissabon und Valencia zu erobern. Praktische Gründe also, verklausuliert als Verletzungen der ehernen Regeln der »Gesellschaft«, führten Giovanni Strangio und Giuseppe »Charlie« Nirta vor das Restaurant *Da Bruno*, das dem konkurrierenden 'Ndrangheta-Clan der Pelle-Vottari gehörte.

Das *Da Bruno* war ein von Clan-Hierarchen geweihter, sicherer Ort, an dem man Spezialitäten der italienischen Küche genießen konnten. Im Kellergeschoss des Lokals, über das eine Statue des Heiligen Erzengels Michael wachte, wurden dagegen neue Mafia-Mitglieder den Aufnahmeriten unterzogen, sogenannte *Contrasti Onorati*, Mitläufer, die sich in den Augen der Bosse verdient gemacht hatten. Aber im *Da Bruno* wurden auch Waffen gelagert. Beispielsweise ein Sturmgewehr Kaliber 5,56 Millimeter mit vier Magazinen, bestückt mit neunzig Schuss Munition. Waffen, wie sie sonst nur Spezialeinheiten von Polizei und Militär verwenden.

Der Heilige Michael wurde 1950 von Papst Pius XII. zum

Schutzpatron der Polizei erklärt. Schon sehr viel länger dient der Erzengel den Mafiosi aus Kalabrien als Götzenbild. Eine Postkarte mit seinem Konterfei wird traditionell während des Aufnahmerituals verbrannt. Auf diesen Bildern ist der Heilige mit einem Schwert und der Waage der Gerechtigkeit zu sehen, während er das von einem Drachen symbolisierte Böse mit dem Fuß zerstampft. Für Polizisten verkörpert der Drache das Verbrechertum, und in Fällen wie diesem die 'Ndrangheta. In den Augen der Mafiosi wiederum steht der Drache für die Verräter, die als Kronzeugen die Regel des Schweigegebots brechen und sich dem Clan nicht länger bedingungslos unterwerfen. Gegen diesen speziellen Drachen kämpft die »Gerechtigkeit« der Mafien. Damit deuten die Mafiosi das religiöse Wertesystem um und stilisieren ihre Männer zu Racheengeln.

»Charlie« und Giovanni, zwei junge Männer, die im Schatten des Aspromonte und an der Küste des Ionischen Meeres aufwuchsen, rückten mit kaum 18 Jahren zu »Ehrenmännern« auf. Und jetzt sind sie hier in Deutschland und warten darauf, endlich abzudrücken und so in den Olymp des Verbrechertums aufzusteigen. Sie sind sich nahe wie Brüder und stehen bereit, um der Welt zu zeigen, dass der Nirta-Strangio-Clan den Moment für gekommen hält, das einzufordern, was ihm gebührt: Macht, Ehre und den Respekt der anderen Clans.

Giovanni ist schon seit längerem in Deutschland tätig. Er gilt als der Boss der Mafia-Zelle von Kaarst bei Düsseldorf. Die Ermittler sind ihm schon seit einiger Zeit auf der Spur. Diese Augustnacht wird ihn als »Killer von Duisburg« bei den Polizeiorganisationen in ganz Europa und darüber hinaus bekannt machen. Seine ausersehenen Opfer sind Marco Marmo, Sebastiano Strangio, Tommaso Francesco Venturi, die Brüder Marco und Francesco Pergola sowie Francesco Giorgi. Die Welt wird sich an dieses Ereignis als »Massaker vom 15. August« erinnern. Es reiht sich ein in eine blutige Chronologie von Mordanschlägen: dem »Karnevals-Scherz« (1991), dem »Massaker vom 1. Mai« (1993) und dem »Weihnachts-Blutbad« (2006).

Der Anfang dieser Blutrache geht zurück ins Jahr 1991, als aus einem vermeintlich harmlosen Karnevalsscherz bitterer Ernst wurde. Rocco Mammoliti, Sohn eines bekannten Clan-Chefs aus San Luca, ist einer der wichtigsten Kronzeugen aus den Reihen der 'Ndrangheta. Er schilderte den Vorfall aus seiner Sicht: »Einige Jungs der Nirta-Familie alberten miteinander rum, bewarfen sich mit Eiern, schmierten sich gegenseitig mit Rasierschaum voll. Dabei bekam auch das Auto von einem der Vottaris was ab. Ein Wort gab das andere. Die Jungs der Familien Nirta und Strangio gingen daraufhin ins Café der Vottaris und verlangten eine Entschuldigung. Die Kontroverse verlagerte sich auf die Straße, nach den Worten flogen die Fäuste. Andere Jugendliche gingen dazwischen, um die Streitparteien zu trennen, darunter Antonio Pelle. Während die Nirta-Jungs zu ihren Autos rannten und abhauen wollten, zog Antonio Vottari, davon überzeugt, dass diese mit Waffen zurückkommen würden, eine Pistole und schoss der Gruppe hinterher, einige traf er in den Rücken.« Zurück blieben die Leichen von Domenico Nirta und Francesco Strangio. Die Brüder Sebastiano und Giovanni Nirta wurden schwer verletzt.

Dank der Aussagen Mammolitis konnten die Ermittler die Vorgänge dieser dunklen Jahre aufhellen. Eine klassische Auseinandersetzung zwischen Clans, wie sie sich aus der Analyse von Dokumenten und Indizien rekonstruieren ließ. Den Clans ging es dabei um die Vorherrschaft in San Luca, um die Ehre und die wirtschaftliche Macht in diesem Gebiet. Das Resultat war ein Blutbad, das seine Spuren in der Region entlang der Küste des Ionischen Meeres hinterließ.

Um 2.24 Uhr in dieser unheilschwangeren Augustnacht 2007 wird der Anschlag nach Mafia-Art ausgeführt. Er löscht für immer die kollektive Vorstellung von der 'Ndrangheta als einer Vereinigung von Schafhirten aus dem hintersten süditalienischen Bergland aus. Der Anschlag versetzt Deutschland in Aufruhr. Er belegt unübersehbar die Existenz einer grenzüberschreitenden, international agierenden Mafia-Organisation. Über den gesamten Globus verstreut haben die Clan-Chefs lokale Mafia-Zellen gegründet, die in enger Abstimmung mit dem Mutterhaus in Süditalien agieren und sogar die US-Regierung mit Sorge erfüllen. Diese setzte die 'Ndrangheta 2008 auf eine schwarze Liste namens *Foreign Narcotics Kingpin Designation Act* (dt.: Liste der ausländischen Drogenbarone). Die kalabrische Mafia steht seitdem auf derselben Stufe wie die kurdische Untergrundbewegung PKK, die Terrororganisation Al Qaida sowie die kolumbianischen und die mexikanischen Drogenkartelle. »Sie ist zu einer zunehmenden Gefahr vor allem im Nordosten der Vereinigten Staaten geworden«, erklärte der stellvertretende US-Justizminister Mark Philipps und fügte hinzu: »Es handelt sich um eine Gruppierung, die ihren Machtbereich ständig vergrößert und deren Aktionen wir sehr ernst nehmen.«

Am nächsten Morgen werden vor dem Restaurant *Da Bruno* die Patronenhülsen zusammengefegt. Passanten bringen Blumen und kleine Zettel, auf denen sie ihrer Trauer Ausdruck verleihen. Die Menschen starren ungläubig auf die Blutlachen auf dem Boden, entsetzt über den brutalen Anschlag, für den sie – wie alle Menschen außerhalb der Mafia – kein Verständnis aufbringen. Letztlich ist es fast schon banal: Eine Fehde zwischen Clans bedeutet nun mal Krieg. Allen Kriegen gemeinsam ist das Ziel, den Feind zu vernichten.

Die Ermittlungen der Polizei ergaben, dass das Restaurant *Da Bruno* von besonderer Bedeutung für den Pelle-Vottari-Clan war. Darüber gibt nicht nur die Heiligenstatue Aufschluss. Bei Tommaso Venturi, einem der Opfer des Anschlags, wurde noch ein weiteres Bildnis des Erzengels gefunden. Die halb verbrannte Postkarte des Mafia-Heiligen spricht dafür, dass Venturi in dieser Nacht in die Reihen der 'Ndrangheta aufgenommen worden war. Ihre Riten, Vorstellungen von Ehre und Respekt gelten bekanntlich über regionale und Staatsgrenzen hinaus. Von San Luca bis Modena, von Platì bis Toronto, von Reggio di Calabria bis Duisburg.

Nach dem blutigen Anschlag wurden – mit dem Gestus der Überraschung und der Neuigkeit dieser Erkenntnis – die Einzelheiten und die Umstände dieser Tat vielfach beschrieben und die Strukturen der Mafia-Herrschaft in Deutschland eingehend analysiert. Als ob diese vorher völlig unbekannt gewesen wären. Diese ebenso allgemeine wie verräterische Verwunderung über das Massaker von Duisburg belegt daher exemplarisch die sträfliche Unterbewertung der Mafia außerhalb Süditaliens. Man sollte den Tatsachen endlich ins Auge sehen und eingestehen, dass sich der Machtbereich der 'Ndrangheta längst auf viele andere Länder ausgedehnt hat. Heutzutage kann sie überall in Erscheinung treten, in jeder nur erdenklichen Form.

Viel Zeit verging, bis es der Polizei endlich gelang, die Täter, die hinter dem Anschlag steckten, aufzuspüren. Eine Tonschüssel für Nudelaufläufe und eine Metzgereitüte voller Würstchen und pikanter Schweinskopfsülze führten auf die Spur von Giuseppe »Charlie« Nirta, dem Schwager von Giovanni Strangio. Seit zehn Jahren auf der Flucht vor der italienischen Justiz, sah Nirta keinen Grund, deswegen auf schmackhafte Spezialitäten der kalabrischen Küche zu verzichten. Als die drei Schwestern Strangios am 24. November 2008 in Amsterdam mit großen Fresspaketen im Gepäck ankamen, wurden sie von einer Spezialeinheit der italienischen Polizei beschattet und führten diese direkt zu Nirta.

Ein halbes Jahr später endete für den bis dahin flüchtigen Giovanni Strangio die Freiheit. Auch er wurde in Amsterdam festgenommen. Dort hatte er sein geheimes Hauptquartier in einem der unscheinbaren Wohnkomplexe am Rand der historischen Altstadt aufgeschlagen. Mit Basecap und Sonnenbrille glaubte er sich ausreichend getarnt und ging sogar in aller Öffentlichkeit spazieren. Als die Beamten zuschlugen, fanden sie in seiner Wohnung zahlreiche Waffen, falsche Pässe und Bargeld im Wert von 500.000 Euro. Kleingeld für die 'Ndrangheta, Peanuts für den dreißigjährigen Strangio, dazu ausersehen, der nächste Boss des Clans zu werden.

In Deutschland hatte er den Gastronom gegeben. Auf ihn waren zwei Pizzerien in Kaarst bei Düsseldorf angemeldet. *Toni's Pizza* hieß die eine, die andere nach dem Mafia-Heiligen *San Michele*. Schon seit Mitte der achtziger Jahre hatte die Führung der Mafia dafür gesorgt, dass unter dem Deckmantel legaler wirtschaftlicher Aktivitäten außerhalb Italiens Vorposten für den Drogenhandel und die Geldwäsche eingerichtet wurden. Beispielsweise in Westdeutschland, nahe der Grenze zu Holland, dem Land, das als eine der Hauptquellen für synthetische Drogen gilt. Von Bedeutung war hierbei auch der nicht weit entfernte, riesige, schwer kontrollierbare Hafen von Rotterdam mit seinen Schmuggel- und Transportmöglichkeiten.

Zunächst diente Westdeutschland den Clans hauptsächlich als Transitroute für Waffen- und Drogengeschäfte. Erst im zweiten Schritt begannen sie, auch im Bereich der legalen Wirtschaft aktiv zu werden. Ab den achtziger Jahren investierte die 'Ndrangheta in großem Umfang Drogengelder in Duisburg, Kaarst, Dortmund, Aachen und Essen. Dort, im Herzen des Ruhrgebiets, nutzten die Clans den sich abzeichnenden Strukturwandel dazu, Hotels und Restaurants günstig aufzukaufen. Bisher konnten mehr als dreißig solcher Mafia-Betriebe identifiziert werden. Auch das Restaurant *Da Bruno* in Duisburg und die beiden Pizzerien in Kaarst zählten dazu.

Das Hotel, in dem die italienische Nationalmannschaft während der Fußballweltmeisterschaft 2006 logierte, soll angeblich ebenfalls eine dieser Mafia-Immobilien sein. Es gehört einem ehemaligen deutschen Olympioniken und einem Angehörigen der Familie Pelle aus San Luca. Letzterer habe, so die Aussage eines Kronzeugen, einen Kredit von 19 Millionen Euro für den Bau des Hotelkomplexes von der Mafia erhalten. Zudem sei der Bau des Hotels in einem Landschaftsschutzgebiet erfolgt. Den Spezialeinheiten der Carabinieri und der deutschen Polizei zufolge soll das Hotel auch von flüchtigen Mafiosi als Zwischenstation benutzt worden sein.

Nach 1989 dehnten sich die Aktivitäten der Mafien auch auf Ostdeutschland aus, einem der Endpunkte der Balkanroute, über die Heroin und Waffen ins Land kommen. Die deutsche Wiedervereinigung eröffnete ihnen so gut wie grenzenlose Geschäftsmöglichkeiten im Immobilienbereich, ideal, um ungeheure Mengen an Drogengeldern zu waschen. Etwa durch den Kauf von Hotels, Ferienanlagen und sonstiger Immobilien. Allein in Erfurt bewegen sich die Mafia-Investitionen in einer Größenordnung von knapp hundert Millionen Euro. Aber auch andere Anlageformen werden von der Mafia gern genutzt. Ein Untersuchungsbericht aus dem Jahr 2006 belegt beispielsweise, dass sich damals einige 'Ndrangheta-Clans über die Frankfurter Börse Aktienpakete von Energieversorgern zulegten. Alles zusammen macht Deutschland seit Jahrzehnten zum Gelobten Land für die 'Ndrangheta.

Doch die 'Ndrangheta agiert nicht nur im Immobilienbereich. 1994 geriet der damalige Vorsitzende der baden-württembergischen CDU und spätere Ministerpräsident Günther Oettinger – mittlerweile zum EU-Kommissar aufgestiegen – in die Schlagzeilen. In der sogenannten »Pizza-Affäre« wurde Oettingers Name im Zusammenhang mit Ermittlungen gegen seinen Duzfreund, den Stuttgarter Wirt Mario Lavorato, genannt. Der Kalabrese, der Mitglied der 'Ndrangheta sein soll, wurde der Geldwäsche und des Drogenhandels bezichtigt. Dabei ging es auch um angebliche Wahlkampfspenden des Wirts für die CDU. Thomas Schäuble, der damalige baden-württembergische Justizminister, unterrichtete Oettinger über die laufenden Ermittlungen gegen Lavorato und gefährdete damit das Verfahren. Oettinger versicherte mehrfach, dass er von den Ermittlungen gegen Lavorato »völlig überrascht« worden sei.

Ebenfalls im Jahr 1994 beschlagnahmte die belgische Polizei im Hafen von Antwerpen knapp hundert Kilo Kokainpaste, die vom Cali-Kartell in Kolumbien stammten. Bestimmt waren sie für Clans aus San Luca. Verhaftet wurden in diesem Zusammenhang auch zwei Kellner des Restaurants *L'Opera* in Essen, das damals Giuseppe Giampaolo gehörte. Sein Geburtsort ist ebenfalls San Luca. Das Restaurant tauchte sogar in Untersuchungsberichten der US-Antidrogenbehörde DEA auf, in denen es um die Beschlagnahmung von zwölf Tonnen Kokain aus Südamerika ging. Die amerikanischen Beamten hatten zahllose Gespräche zwischen den bolivianischen Verkäufern und den kalabrischen Käufern der Drogenlieferung abgehört, welche vom Telefonanschluss des Lokals aus geführt worden waren.

Berichten der Carabinieri-Spezialeinheit ROS zufolge gibt es in Deutschland mittlerweile mindestens 21 'Ndrangheta-Zellen. Die meisten davon unterstehen Clans aus San Luca. Ihnen konnte bisher der Besitz von dreißig Restaurants, zwei Hotels, drei Firmen und zwei Wohnhäusern nachgewiesen werden. Zur Tarnung erhalten die Restaurants typisch italienisch klingende Namen wie *La Gioconda*, *Borsalino* oder *Paganini*. »Borsalino« war auch der Name einer italienischen Anti-Mafia-Operation aus dem Jahr 2004. Sie beschäftigte sich unter anderem mit dem in Krefeld gelegenen Restaurant gleichen Namens und versuchte nachzuweisen, dass es sich dabei um einen Logistikstützpunkt für kriminelle Aktivitäten aller Art handelte.

Südlich wie nördlich der Alpen wird der Expansionsdrang der 'Ndrangheta unterschätzt. Man zeigt sich gleichgültig gegenüber eindeutigen Indizien, die auf eine bereits etablierte Präsenz der Mafia hindeuten. Natürlich haben nicht alle Clans die gleiche Macht, sind nicht gleich stark und besitzen auch nicht dieselbe wirtschaftliche und kriminelle Schlagkraft. Aber neben Clans, die auf dem Stand von vor dreißig Jahren stehengeblieben sind, gibt es die Clans der modernen 'Ndrangheta, denen es in erster Linie um Geschäfte und Gewinne geht. Um ihre Ziele zu erreichen, bedienen sie sich der meist zum Erfolg führenden Korruption als Mittel zum Zweck.

Macht, Reichtum und der mafiöse Ehrenkodex treiben die Clan-Chefs um. Da führen schon Kleinigkeiten zu großen Komplikationen. Aber selbst wenn der Auslöser wie im Falle der Fehde in San Luca ein Dummejungenstreich war, die eigentlichen Motive lagen woanders. Im Sommer 2008 druckte die süditalienische Zeitschrift *Calabria Ora* einen Bericht aus dem *Spiegel* ab. Das deutsche Magazin gab darin die Unterhaltung mit einem 'Ndrangheta-Boss wieder, dem die beiden deutschen Journalisten das Pseudonym Don Fedele gegeben. Dieser Don Fedele bestätigte, dass »Rache kein ausreichender Grund war, um den Sechsfachmord von Duisburg anzuordnen«. Der Anschlag sei aus strategischen Gründen erfolgt. Die Führungsspitze der 'Ndrangheta habe damit den weiteren Aufstieg von Marco Marmo verhindern wollen.

Marmo war bekanntlich der mutmaßliche Mörder von Maria Strangio, der Frau von Clan-Chef Giovanni Nirta. Den Regeln der 'Ndrangheta zufolge hätte ihm damit ein höherer

Rang zugestanden. Allerdings gilt der Mord an einer Frau als Sakrileg. Um dennoch weiter kriminelle Karriere machen zu können, habe Marmo einen eigenen Clan gründen wollen. Und dazu schon konkrete Vorbereitungen getroffen. So habe sich Marmo zum Zeitpunkt des Anschlags in Deutschland aufgehalten, um seine dortigen Gefolgsleute zu treffen und eine gepanzerte Limousine zu kaufen. Da solches Abweichlertum nicht geduldet werden kann, habe die oberste Führungsspitze der 'Ndrangheta befohlen, mit Marmo kurzen Prozess zu machen und seinen Ambitionen ein Ende zu bereiten.

Der Entschluss, einen »öffentlichkeitswirksamen«, aufsehenerregenden Anschlag durchzuführen, sei ganz bewusst erfolgt und habe die beabsichtigte Wirkung entfaltet, was durch die mittlerweile in dem kalabrischen Dorf San Luca eingezogene Ruhe bestätigt werde. Dort ist seit dem blutigen Anschlag von Duisburg, der den Endpunkt einer Serie wechselseitiger Racheakte mit insgesamt zehn Opfern allein im Jahr 2006 darstellt, kein einziger Schuss mehr gefallen. Als anschließend die staatlichen Behörden massiv auf den Plan traten, war die 'Ndrangheta nur allzu gern bereit, wieder in die gewohnte Unsichtbarkeit abzutauchen.

Insgesamt wurden im Zusammenhang mit der »Fehde von San Luca« über sechzig Personen verhaftet. Eine erste, »Fahida« genannte Operation, die unmittelbar nach dem Anschlag im August 2007 durchgeführt wurde, hatte 29 Haftbefehle zum Ergebnis, unter anderem wegen Waffenbesitz, Zugehörigkeit zu einer mafiösen Vereinigung und Mord. Eine zweite Operation namens »Zaleuco« führte zu neun weiteren Festnahmen, darunter befanden sich unter anderem zwei Selbständige aus Norditalien, denen Begünstigung der Mafia vorgeworfen wurde. Unter den Festgenommenen waren zudem auffällig viele Frauen. »Schwestern im Schweigen«, wie sie in Mafia-Kreisen genannt werden, Frauen also, die ihren Ehemännern, Vätern,

Söhnen und Brüdern zur Flucht verholfen hatten, die Auseinandersetzung mittrugen, Geheimnisse bewahrten und die Geschäfte weiter betrieben.

Einer der Statthalter der 'Ndrangheta auf deutschem Boden war Bruno Nesci. Im Oktober 2011 wurde er in Italien zu zwanzig Jahren Haft verurteilt. Den kalabrischen Ermittlern zufolge, die ihn im Februar 2011 festgenommen hatten, fungierte er als Chef der Mafia-Zelle in Singen am Hohentwiel. Vier weitere Zellen wurden allein im Großraum Bodensee-Oberschwaben nachgewiesen. Ihren Sitz hatten sie in Ortschaften wie Radolfzell, Rielasingen, Ravensburg und Engen.

Die Präsenz der 'Ndrangheta dort wurde von den italienischen Beamten in Kooperation mit ihren deutschen Kollegen aufgedeckt. Auch diese Zellen sind dem Mutterhaus in Kalabrien unterstellt. Sie arbeiten hier speziell eng mit den 'Ndrangheta-Vorposten in der Schweiz zusammen, wie sie etwa in Frauenfeld und Zürich ermittelt wurden. Koordiniert wird die grenzüberschreitende Zusammenarbeit der 'Ndrangheta-Ableger von den Mafiosi in Singen. Die in der Schweiz residierenden Clan-Chefs kamen zu diesem Zweck regelmäßig über die Grenze nach Deutschland, wo sie an den sogenannten »Samstags-Treffen« in Radolfzell-Böhringen teilnahmen. Weitere von den Ermittlern nachgewiesene Treffen gab es in einer Gaststätte in Singen. Den italienischen Staatsanwälten zufolge sollen bei diesen Treffen legale und illegale Aktivitäten besprochen und neue Mitglieder den Aufnahmeriten unterzogen worden sein.

Es geht bei solchen Treffen um umsatzstarke Geschäfte in Deutschland und der Schweiz, getarnt als reguläre Investitionen. Die Mafiosi schleusen auf diese Weise blutbefleckte Drogenmillionen, Resultat der in Südamerika ihren Ursprung nehmenden Kokainströme, in die legale Wirtschaft von Ländern, die von Sitten und Gebräuchen, von Ethos und Folklore der 'Ndrangheta Lichtjahre weit entfernt scheinen. Der Handel mit dem »weißen Gold« macht die Clans seit Jahrzehnten immer reicher. Sie investieren Millionenbeträge vornehmlich in grundsolide, bleibende Werte und kaufen Grundstücke, Gewerbe- und Wohngebäude. Als der 1978 in Toronto geborene Salvatore Femia sich in Singen niederließ, folgte er ebenfalls diesem Prinzip. Seine generelle Rolle vor Ort beschrieb die Anti-Mafia-Behörde aus Reggio di Calabria so: »Femia ist Teil der Zelle in Singen. Für die Treffen der Organisation stellt er das Nebenzimmer der von ihm betriebenen Gaststätte *Rikaro* zur Verfügung und deklamiert die Ritualsprüche zu Beginn und am Schluss der Versammlungen.«

Gemeinsam mit seinem Bruder sollen Femia in Deutschland 13 Immobilien gehören. Aber das genügte ihm nicht. Er wollte mehr. In Singen traf er sich beispielsweise mit einer Frau, um über den Kauf eines ganzen Gebäudekomplexes mit Häusern, Wohnungen und einem Geschäftslokal zu verhandeln. Männer wie Femia sind Unternehmer, die mitten im Leben stehen und von denen einige längst den Aufstieg in die gehobene Gesellschaft Europas geschafft haben. Wer bei dem Wort 'Ndrangheta noch immer an Mafiosi mit Schrotflinte und Schiebermütze denkt, verkennt, dass die Mafien längst im 21. Jahrhundert angekommen sind. Bosse reisen völlig unbewaffnet umher, die Pistole haben sie durch Tablet-PCs ersetzt, den Totschläger durch Smartphones.

Die Clan-Chefs der modernen 'Ndrangheta sind in der Lage, archaische Riten mit zeitgemäßem Geschäftsgebaren zu verbinden. So kann es durchaus vorkommen, dass die Paten – wenn sie gerade millionenschwere Investitionen in Zukunftsbranchen erfolgreich abgeschlossen haben – sich mit ihren Gefolgsleuten in verschwiegene Hinterzimmer zurückziehen, die traditionellen Kleidungsstücke der Mafiosi-Folklore überstreifen und jahrhundertealte Riten und Eidesformeln mit Leben füllen.

»Die gemeinsam mit der deutschen Polizei durchgeführten Ermittlungen haben bestätigt, dass die Abläufe innerhalb eines ›'Ndrangheta-Ablegers‹ auch im Ausland genau denen zu Hause in Kalabrien entsprechen. Das betrifft sowohl die Führungsmechanismen als auch die Rituale.« Multinationalen Konzernen gleich, die versuchen, rund um den Erdball ein und dieselbe Unternehmensphilosophie, ein und dieselben Arbeitsabläufe beizubehalten, begehen die Clans in ihren örtlichen Niederlassungen die 'Ndrangheta-Bräuche exakt nach dem in Kalabrien gültigen Schema, und das auf der ganzen Welt, egal, wie weit das jeweilige »Tochterunternehmen« vom »Mutterkonzern« entfernt ist.

Regionale wie nationale Grenzen spielen für die kalabrische Mafia längst keine Rolle mehr. Ihre Aktivitäten lassen sich über Deutschland hinaus in Kanada, in Südamerika sowie in den USA nachweisen, aber auch in Holland, Spanien, Portugal und Russland. So erstaunt wenig, was im fernen Australien mit einem Mann namens Tony Vallelonga geschah. In jungen Jahren auf den fünften Kontinent emigriert, hatte er es bis zum Bürgermeister der Gemeinde Stirling bei Perth gebracht. 2011 wurden gegen ihn Ermittlungen eingeleitet wegen angeblicher Mitgliedschaft bei der 'Ndrangheta. Das Erstaunen war groß. Jemandem, der so ehrenhaft und unverdächtig schien, hätte man dies nie zugetraut. Jemandem, der bei seinen australischen Mitbürgern so beliebt war, dass sie ihn sogar für mehrere Wahlperioden zum Bürgermeister wählten.

Wenn man von der 'Ndrangheta und den anderen Mafien spricht, bleibt der Diskurs meist im Rahmen von solchen Äußerlichkeiten. Dazu gehört auch die generelle Unauffälligkeit der Organisation, die entscheidend zu ihrer Unterschätzung beiträgt, was ja schon fast ein Markenzeichen der kalabrischen Mafia darstellt. Sie hat es bisher verstanden, ihre kriminellen Aktivitäten stets hinter einer nahezu undurchdringlichen Mauer des Schweigens zu betreiben – und sich gleichzeitig im Verlauf der vergangenen Jahrzehnte eine gutbürgerliche Oberfläche zuzulegen, indem ihre Exponenten gleich einem Schutzmantel eine Aura bourgeoiser Wohlanständigkeit pflegen, nicht unähnlich der Tarnkappe eines Alberich.

Doch über die Camouflage hinaus besteht der Dual-Use-Aspekt dieser Aura darin, eines der entscheidenden Mittel zur Generierung dessen zu sein, was die italienischen Ermittler das »soziale Kapital« der Clans nennen. Damit ist das sorgsam gehegte, dichte Netzwerk aus profitierender Mitwisserschaft und Korruptions-geschmierten Beziehungen gemeint, das es den Bossen erlaubt, bis ins gesellschaftliche Zentrum jener Städte und Gemeinden vorzudringen, in denen sie aktiv sind. Dieses »soziale Kapital« setzt sich aus örtlichen Politikern und Unternehmern, Wissenschaftlern und Finanzexperten, Medizinern und Juristen zusammen. Im Norden wie im Süden, in Italien wie im restlichen Europa, auf der Nord- wie auf der Südhalbkugel ist es den Mafiosi gelungen, in ihren Zielgemeinden »anzukommen«. Sie sind dort nicht länger Fremdkörper, sondern akzeptierter Teil der Gesellschaft. Für den Rest sorgt das viele Geld der Clans, das bekanntlich nicht stinkt. Damit kaufen sie alles, nicht nur Immobilien, sondern auch Menschen.

1.

NACH NORDEN

Die Möbelfabrik stand lichterloh in Flammen. Brutal zerstörte die Feuersbrunst das Lebenswerk meines Großvaters Ciccio. Lange hatte er diesen Traum gehegt, ihn passioniert in die Tat umgesetzt. Und jetzt löste sich Ciccios Realität gewordene Vision in Rauch auf.

Mein Großvater war zeitlebens Idealist, möglicherweise ein bisschen naiv. Einer, der seinen Träumen nachhing. Und diese oft der Realität vorzog, vor allem, wenn sie von arroganten Männern reglementiert wurde, die sich kraft ihrer Zugehörigkeit zu einem Mafia-Clan als »Ehrenmänner« gerierten. Die kleine Küchenmöbelfabrik, die mein Großvater trotz unsäglicher Schwierigkeiten und ermüdender Geduldsproben aufzubauen geschafft hatte, fiel nun vor meinen schreckensgeweiteten Augen und unter den ungläubigen Blicken meiner gesamten Familie in sich zusammen.

Ein Anruf hatte uns mitten in der Nacht aus dem Schlaf gerissen. Das Schrillen des Telefons war bedrohlich gewesen, von jener Art, die man nie wieder vergisst. Ein Schrillen, das den Tod eines Traums ankündigt und den Anfang einer Tragödie.

Wir rasten nach Sandrechi. Ein Weiler bei Bovalino, an der Straße nach Careri, Natile und Platì. Das Land ringsum gehört mächtigen 'Ndrangheta-Clans. Hier liegen die Hochburgen von Familien wie den Barbaros, Papalias, Sergis oder Perres. Schon an der Abzweigung Richtung Platì überfiel uns der Schrecken. Wir konnten die Zerstörung riechen, den Geruch von verbranntem Holz, unsere wider alle Wahrscheinlichkeit gehegten Hoffnungen zerstoben.

Die kleine Werkshalle glich einem Flammenmeer. Das Knarzen der brennenden Olivenholzbretter hörte sich an wie leise Hilferufe. Wie letzte Seufzer von zum Tode Verurteilten. Geräusche, die gerade noch hörbar waren und sich deshalb umso unauslöschlicher ins Gedächtnis brannten. Nichts schien die lodernde Wut der Flammen besänftigen zu können. Weder Wasser noch Schmerz, weder Mitleid noch Barmherzigkeit vermochten ihrem furchterregenden Treiben Einhalt zu gebieten. Verzweifelt wohnten wir der Niederlage, der Demütigung unseres Familienoberhauptes, der Vernichtung unserer Zukunft bei.

Die Brandursache stand schnell fest. Kein Zweifel, es handelte sich um einen vorsätzlichen Anschlag. Als die Flammen erloschen, begann in jedem von uns eine quälende Suche nach Antworten. Warum war es geschehen, wer steckte dahinter und mit welcher Absicht hatte man es getan? Berechtigte, richtige Fragen. Aber in Kalabrien werden daraus leicht rhetorische Fragen. Wahrheit und Gerechtigkeit an einem Ort zu erlangen, wo das Recht zu einem Privileg Weniger geworden ist, ist ein Ding der Unmöglichkeit. Wer sie einfordert, den kann es die Freiheit oder das Leben kosten.

Wir schrieben das Jahr 1988. In jenem Juli lag die übliche sommerliche Hitze über Bovalino, wie über dem ganzen Süden Italiens. Und wenn dann noch der Schirokko bläst, nimmt einem die Luftfeuchtigkeit an der Südostküste Kalabriens buchstäblich den Atem. Eine aggressive Schwüle legt sich übers Land, die einen unerbittlich in die Zange nimmt und einem regelrecht den Saft aus dem Fleisch saugt. Genau wie die 'Ndrangheta. Die hat die Lebensadern Kalabriens schon früh angezapft und labt sich an ihnen – bis heute. Damit nimmt sie der Region ihre Energie, ihre Würde.

Kalabrien glich damals dem Dschungel, einem Kriegsgebiet, in dem das Recht des Stärkeren galt. In den achtziger Jahren schlossen dort nur die wenigsten Leute eine Versicherung ab. Mein Großvater hatte auf seine Arbeit und auf die Menschen um ihn herum vertraut. Viele Nachbarn aus Bovalino arbeiteten für ihn. Ehrliche Menschen, bedrückt von der Arbeitslosigkeit und den Verhältnissen hier. Es gab keinen Versicherungsschutz für sein kleines Unternehmen. Ob das daran lag, dass niemals zuvor einer nötig gewesen war?

Auch die Arbeit ist in Kalabrien seit jeher ein Privileg Weniger. Eine Vergünstigung, die man dank der Gnade eines Paten erhält. Aber Ciccio, der zur Ausbildung auch noch die Leidenschaft fürs Holz mitbrachte und so das kleine Unternehmen zum Erfolg führte, hatte nie einen der örtlichen Paten um einen Gefallen gebeten. Der Preis für diese aufrechte Haltung war die Zerstörung seines Lebenstraums.

In dem Augenblick, in dem die juristischen Folgen des Bankrotts einsetzen, geht es nicht um Verständnis für denjenigen, der bankrott geht. Es ist nur ein juristisches Verfahren. Objektiv, gesetzesgemäß und für alle gleich. Oder zumindest fast. Wenn der Schaden eingetreten ist und ein aufopferungsvoll geführtes Leben von der Gier einiger Mafiosi zerstört und den Flammen zum Fraß vorgeworfen wird, spielt all das keine Rolle. Der Bankrotteur muss die Schulden begleichen. Er muss die Schande der Pfändung ertragen.

So kam es auch im Falle meines Großvaters. Da es ihm nicht gelang, das Möbelwerk wieder richtig in Gang zu bekommen, konnte er die Schulden bei den Holzlieferanten und den Möbelzulieferern nicht mehr begleichen. Wenige Monate später starb er, und die Schulden wurden für die ganze Familie zur dauerhaften Erinnerung an die Tragödie.

Seit Jahrhunderten sind es diese ewigen Mafia-Feiglinge, die entscheiden, befehlen, fordern und erzwingen. Mit uns hatten sie noch mehr vor. Das Leid unserer Familie war mit dieser Julinacht 1988 noch nicht vorüber. Die letzte Bestätigung, dass die Südostküste Kalabriens nicht der geeignete Ort war, um unser weiteres Leben zu gestalten, erhielten wir am 23. Oktober 1989. Die Ermordung meines Vaters war das finale Zeichen dafür, dass man uns loswerden, uns aussteißen wollte wie Fremdkörper aus einem Organismus, in dem ohnehin bereits ein tödlicher Tumor wütet. Einem Organismus, der sich an die schlimmste aller Krebsarten angepasst hat. Bereits unfähig, die viehischen Schmerzen wahrzunehmen, die das dunkle Böse ihm zufügt, das von Innen die Hoffnungen und die Träume verschlingt. Taub gegenüber dem Schmerz, den Opfern der Mafiosi und seiner selbst.

Die Hinrichtung meines Vaters geschah auf offener Straße. Er war auf dem Heimweg von der Bank, in der er arbeitete, und wurde von uns zu Hause erwartet. Auf dem Tisch stand die Spezialität meiner Großmutter Amelia, grobe Wurst mit Brokkoli. Amelia war es immer wichtig gewesen, ihre Liebsten und insbesondere meinen Vater kulinarisch zu verwöhnen. An diesem Abend warteten wir vergeblich. Irgendein Mafioso hatte den vorzeitigen Tod meines Vaters beschlossen.

Die Schrotkugeln aus der *Lupara* zerfetzten ihn, sein Gesicht, seinen Körper. Das Attentat wurde niemals aufgeklärt. Stattdessen beerdigte dieser zweite Anschlag uns endgültig bei lebendigem Leibe. Oben die Realität und die gleichgültigen Marionetten, unten wir in unserem hoffnungslosen Zustand. Wir konnten nicht wie diese Unmenschen leben. Aber wir wollten auch nicht Teil des Drogenkartells werden.

Damals verlor ich meinen Vater, wie so viele in Kalabrien davor und danach. Ich wurde Teil der »Waisenmenge«, wie Staatssekretär Alfredo Mantovano die Opfer der verschiedenen Mafia-Gruppierungen bei der Eröffnung der Anti-Mafia-Generalversammlung 2009 etwas missglückt titulierte.

Feuer, Schrotkugeln, Tod und Bankrott – so könnte man meine Kindheit zusammenfassen. Was mir blieb, waren vage Erinnerungen an eine Zeit voller Leid, das nur durch die Liebkosungen meiner tapferen Mutter abgemildert wurde. Es war nicht zu übersehen, wie die Ungerechtigkeit sie zermürbte, wie der Schmerz an ihr zehrte. Die Liebe, mit der meine Mutter sich trotzdem um mich kümmerte, zerriss mir das Herz. Immer wieder suchte ich nach Wegen, um mich abzureagieren, um meine bittere Familiengeschichte zu ertragen.

Meine Familie, also meine Mutter und ihre Geschwister, setzten alles daran, um mich herum eine schützende Hülle zu schaffen. Sie behüteten und umsorgten mich angesichts einer unsicheren Zukunft, in der alle möglichen Gefahren lauerten. Was unsere wirtschaftliche Zukunft anging, so halfen meine Mutter, meine Tanten und Onkel in den folgenden drei Jahren unserer Großmutter dabei, das, was von der Firma *Fonti Küchen* übrig geblieben war, behelfsmäßig fortzuführen. Die Trümmer der abgebrannten Werkshalle mussten beseitigt, Schulden beglichen, Gehälter gezahlt und Ware ausgeliefert werden. Gemeinsam versuchten sie, dem wirtschaftlichen und sozialen Druck zu widerstehen, der Verlockung, einfach alles stehen und liegen zu lassen und anderswo neu anzufangen. Aber 1991 holte uns die Realität ein, der Traum von einem besseren und solidarischen Kalabrien war ausgeträumt.

Meine Großmutter musste die Firma endgültig schließen. Drangsaliert von den Banken, Lieferanten und einer Kleinstadt, die sich bewusst blind stellte gegenüber dem moralischen Verfall, stand sie die entwürdigende Prozedur durch. Wir mussten erkennen, dass wir bis dahin in einem Ort voller Besiegter gelebt hatten, die mit dem Verstreichen der Tage, Monate und Jahre die Anomalie akzeptiert und als ethische Verhaltensregel verinnerlicht hatten. Die Mafia ist in Kalabrien heutzutage Normalität. Will man hier überleben und Teil der Günstlingswirtschaft bleiben, die über Privilegien, Gefälligkeiten und Rechte entscheidet, muss man sich erniedrigen und erniedrigen lassen.

Der Alltag in »Mafia-Land« ist geprägt von kollektiver Verantwortungslosigkeit. Mit dem Ergebnis, dass man sich bereitwillig unterdrücken lässt und Gefälligkeiten vom gerade an der Macht befindlichen Paten oder der gerade führenden Mafia-Familie dankbar annimmt – passive Akzeptanz mafiöser Mechanismen, Gesetze und Handlungsnormen.

Wer nicht bereit ist, blind Gehorsam zu leisten, wer sich weigert, dem unilateralen Machtvollzug zuzujubeln, dem bleibt nichts anderes übrig, als auszuwandern. Die Verbündeten mafiöser Machtstrukturen bezeichnen so jemanden gern als Flüchtling, Ausreißer, Feigling oder Schwätzer. Andere verwenden dafür den Begriff Emigrant, dessen schwermütige Konnotation sich nur demjenigen ganz erschließt, der dieses Schicksal teilen musste: Menschen, die sich gezwungen sahen, ihren Geburtsort zu verlassen, und die nicht selten vor Schmerz verkümmert sind, Männer und Frauen, die sich nichts weiter als ein normales Leben wünschten. Rechtschaffene Wesen, die unbehelligt von der Mafia ein selbstbestimmtes Leben anstrebten.

Natürlich gibt es Menschen, die trotz allem dort bleiben. Deborah Cartisano aus Bovalino und Stefania Grasso aus Locri sind zwei Beispiele für das andere Kalabrien. Beide verloren ihren Vater durch Mordanschläge der ’Ndrangheta. Aber sie hatten den Mut, zu bleiben und gegen die Isolierung zu kämpfen, die eine narkotisierte Bevölkerung zugunsten des Status quo in Sachen Mafia über sie und ihre »lästigen« Erlebnisse verhängen wollte. Wir wählten einen anderen Weg – weder besser noch schlechter, einfach anders. Trauer lässt sich auf vielfältige Weise verarbeiten.

Die uns aufgezwungene Entscheidung, unsere Zukunft neu, anders und anderswo zu gestalten, ließ unsere Wut, unsere

Trauer noch einmal hochkochen. Die Mafia hatte uns zu Opfern gemacht und unser Leben beschädigt. Aber letztlich war es immer noch ein Leben. Und das Bewusstsein, trotz allem noch Herr über unser Schicksal zu sein, gab uns den Lebensmut zurück. Den Mut, uns zu entscheiden, uns aus dem Mafia-Sumpf herauszukämpfen, statt für immer darin steckenzubleiben.

Unsere Zukunft zurückzugewinnen und sie wieder mit Normalität zu erfüllen, das war unser Ziel. Normalität, so viel stand fest, würden wir nur fern von Bovalino finden. In der Provinz Reggio di Calabria wäre es uns mit Sicherheit nie gelungen, unsere Würde während dieser dunklen Jahre zurückzuerlangen – falls wir überhaupt überlebt hätten.

Also brachen wir auf in eine ungewisse Zukunft. Um wieder bei Null zu beginnen. Es ging Richtung Emilia-Romagna. Zielort Modena. Heimat von Motoren, Tortellini, Tortelloni, Balsamessig, Keramik, Kooperativen und Kommunisten. Eine gastfreundliche, solidarische Gegend, denkbar weit weg von jener Logik der Gewalt, mittels derer die Menschen der Region, aus der ich stamme, unterdrückt werden. Einer Region, die zur Geisel von Wenigen geworden ist und zum Gefangenenlager für viele. In Modena konnte ich endlich wieder ein ganz normaler Junge sein. Hier gelang es mir, einen Teil der verlorenen Jahre aufzuholen, die mir in jener Endlosigkeit aus Schmerz und Schweigen abhanden gekommen waren. Endlich fand ich einen Weg, die verwirrenden Bruchstücke, die mir von meiner Kindheit geblieben waren, wieder ansatzweise zusammenzusetzen.

Aus dem tiefsten Süden kommend, irritierte mich, wie ordentlich es trotz aller Hektik und Dynamik in Modena zuging, dieser lebendigen Stadt voller Licht, Verkehr, Durcheinander, großer Gebäude, Ampeln, Kinos und Kilometern von Fahrradwegen. Normalität. Heute erscheint mir dieser Gedanke aberwitzig. Aber in den Augen eines Elfjährigen, der aus einer Gegend kommt, wo nichts normal ist, war das eine völlig neue Erfahrung.

Zuerst überfiel mich immer Trauer und Schwermut, wenn ich an das Haus meiner Kindheit dachte, an die glitzernden Sonnenreflektionen, an den Mond und die Sterne über dem Ionischen Meer, den Duft von Jasmin, Basilikum und Minze, an das Violett der Bougainvilleen, an die Farbspiele der Sonnenauf- und -untergänge. Aber das ging vorbei, als mir klar wurde, was der Umzug in die Fremde gebracht hatte. In Modena stand mir eine Zukunft offen, weit weg von den zerschossenen Verkehrszeichen, von den Blicken, die Unterwürfigkeit fordern, von den blutbefleckten Bürgersteigen, von den knallenden Kalaschnikow-Salven, die mitten in der Nacht auf die Rollläden von Ladenbesitzern abgefeuert werden, die sich weigern, Schutzgeld zu bezahlen.

In Modena bestand eine reale Chance, die noch warmen Blutlachen, den brandigen Gestank meiner Heimat, die sich in mein Hirn und meine Seele eingebrannt hatten, zu vergessen. Diese Fäulnis, die nie behandelt worden war, die man einfach weiterwuchern ließ und die dank der verbreiteten Weigerung, sich zu wehren, bestens gedieh. Da der abgestorbene Fuß nicht amputiert worden war, hatte die Infektion mittlerweile den gesamten Körper erfasst. Dieser Wundbrand manifestierte sich in Form von Bestechung, Politskandalen, Korruption, Schutzgeld, Drogen, Gewalt, Toten, Bomben, Schüssen, Luxus, Supermärkten, Ausschreibungen, Günstlingswirtschaft, Baustellen, Gift und Müll.

Die Emilia-Romagna und ihre alltägliche Normalität haben uns ein neues Leben ermöglicht. Die Entscheidung, damals aus der Not geboren, war richtig. Eine Flucht in die Freiheit. Natürlich hätten wir auch bleiben können. Wir hätten die Hilfe von Sebastiano Romeo, genannt »U Staccu«, dem verstorbenen Paten von San Luca annehmen und die abgefackelte Fabrik wieder aufbauen können. Wir hätten also die Hilfe von jemandem annehmen müssen, der uns ungefragt angeboten hatte, die Geschicke unserer Firma und unserer Familie in »gesunde Bahnen« zu lenken. Aber damit hätten wir die Mafia-Logik akzeptiert, die zum Brand der Fabrik und zum Tod meines Vaters führte.

Sie sind Aasfresser. Sie schaffen aus eigener Hand die Bedürfnisse, die sie hinterher befriedigen. Sie schüren die allgemeine Angst, verunsichern die Leute, um einem dann lächelnd vorzuschlagen, dass man sich durch entsprechende Zahlungen wieder Ruhe erkaufen kann. Durch die Mafia sind Ruhe und Ordnung inzwischen zur Handelsware geworden. Das Schutzgeld ist Mittel zum Zweck. Es ist die Leitwährung in diesem Geschäft. Die Opfer des Machtterrors, der Schlägertrupps eines »Don Rodrigo« Manzonischer Prägung, sind gezwungen, für eine Sache zu bezahlen, die eigentlich ihr Grundrecht ist: ihre Sicherheit.

1988 waren wir zu isoliert, um uns gegen die Clans in Bovalino zu wehren. Außerdem hatten wir schon vor dem möglichen Beginn eines solchen Kampfes unsere ersten Toten zu beklagen. Damals gab es noch keine Opfervereinigungen. Die Bevölkerung Kalabriens lehnte den Begriff 'Ndrangheta noch rundheraus ab, aus Furcht, die ganze Region werde mit diesem »seltsamen Wort« etikettiert. Es war eine beunruhigende Isolation. Angsteinflößend. Bedrohlich. Sie ließ uns einen weiten Weg gehen, weg von den Berggipfeln des Aspromonte und des Pollino, bis ins Alpenvorland nördlich der Apenninen.

Und wenn alles, was damals geschah, sich heute zugetragen hätte? Hätten wir heute den Mut, in unserem kleinen Dorf zu bleiben, umgeben von den Blumen und den Düften des Mittelmeers? Würden wir den Kampf aufnehmen? Fragen, die ich mir in letzter Zeit oft stelle, die aber letztlich nur hypothetischer Natur sind. Die Vergangenheit kann man nicht ändern. Wahrscheinlich ist es auch besser, dass es so ist. So kann sie uns immer wieder den Weg weisen, die früheren Fehler nicht erneut zu begehen, und uns an die erlittenen Untaten erinnern.

Als ich im Alter von elf Jahren in den Norden kam, dachte ich, bestimmte Realitäten und Machenschaften hätte ich endgültig hinter mir zurückgelassen. Es lag außerhalb meiner Vorstellungskraft, dass viele süditalienische Mafiosi zu diesem Zeitpunkt längst konkrete Projekte zur Ausdehnung ihres Aktionsradius umgesetzt hatten. In Modena besuchte ich ab 1992 die weiterführenden Schulen. Ich verbrachte dort meine restliche Jugend, durchlebte die mit ihr verbundenen Grenzüberschreitungen. Schließlich begann ich zu studieren und stellte gleichzeitig fest, dass der Pesthauch von Mafia und Tod die stille Po-Ebene bereits erreicht hatte.

Diese Mistkerle beuten auch unsere neue Heimat aus. Sie verlangen auch hier Schutzgeld und verwandeln unsere Straßen in Kulissen eines Italo-Westerns von Sergio Leone. Heimlich, still und leise hatten sie sich in den Gemeinden Norditaliens niedergelassen. Um hier die Profite ihrer Verbrechen zu investieren und sie so von den Blutkrusten zu reinigen, die an ihnen klebten. Um diese Profite also in legale Aktivitäten einzuschleusen und damit zu »waschen«.

Sowas nennt sich »Ehrenmänner«. Sie lassen ihre ursprüngliche Heimat lieber durch Arbeitslosigkeit, Giftmüll und Schmerz vor die Hunde gehen, statt sich als die Herren des Ganzen zu erkennen zu geben. Um bei der dortigen Bevölkerung, die ihnen zu großen Teilen immer noch Respekt und Achtung entgegenbringt, keinen Neid auf sich zu ziehen, verbergen sie sorgsam ihren auf verbrecherische Weise erworbenen Reichtum.

Denn an der Südostküste Kalabriens und im bergigen Hinterland des Aspromonte trauen sich die Paten nicht, mit ihrem

Reichtum und den damit erworbenen Schätzen zu protzen. Sie wohnen in grauen, unauffälligen, mehrstöckigen Häusern. Aber die Wohnungen selbst sind randvoll gepackt mit den teuersten Dingen: Wasserhähne aus massivem Gold, wertvolle Gemälde, Unterhaltungselektronik neuesten Datums. Schließlich müssen sie ihren Frauen und Kindern demonstrieren, was so ein Mafioso-Leben abwirft. Aber nicht der Bevölkerung, weil das nur Neid erzeugt und Neid bekanntlich der entscheidende Triebfaktor des Denunzianten ist.

Wollen sie den Mythos des volksnahen Mafia-Bosses aufrechterhalten, müssen sie ihren Reichtum verbergen. Folklore, reine Folklore. Die Realität sieht anders aus. Sie investieren im Norden, um keinen Verdacht bei den Ermittlern zu erregen und auf risikoarme Weise Millionen und Abermillionen Euro zu waschen. Und so wird im Norden Italiens eine ohnehin ungebrochen florierende Wirtschaft mit einem unaufhörlichen Zustrom illegalen Kapitals überschwemmt. Gleichzeitig versinkt der Süden des Landes im Elend.

Die legale und die illegale Wirtschaft Italiens spielen sich auf zwei parallel existierenden Ebenen ab. Aber immer häufiger geschieht es, dass sie sich berühren, sich vereinen, eine untrennbare Mischung bilden, in der das illegale Kapital spurlos im legalen verschwindet. Von Orten im Süden wie San Luca, Platì, Reggio di Calabria, Palermo, Catania, Castelvetrano, Casal di Principe, San Cipriano d'Aversa und Neapel fließen unermessliche illegale Kapitalströme in die boomende Wirtschaft des Nordens und in den Finanzsektor. Die Wege dieser Süd-Nord-Finanzströme bilden ein Netzwerk, bilden das eigentliche wirtschaftliche Rückgrat des Landes.

Gelingt es doch einmal, eine mit Drogengeld von einem Clan gekaufte Immobilie zu beschlagnahmen und schließlich zu enteignen, kann die Herkunft des zum Kauf benutzten Geldes meist nicht mehr festgestellt werden, die Herkunft jener schwarzen Liquidität, die auch dazu benutzt wird, in den Aktienmarkt zu investieren. Aus Drogenprofiten werden so unverdächtige Aktien namhafter Unternehmen. Man kauft sie, man verkauft sie.

Die internationalen Finanzmärkte nahmen das Mafia-Geld gern, unter dem Siegel der Verschwiegenheit und so unauffällig wie möglich. Kein Wunder also, dass die europäischen Finanzzentren Mailand, London und Frankfurt am Main heutzutage gleichzeitig Brennpunkte der Geldwäsche sind. Die Abgesandten der 'Ndrangheta haben dort längst Fuß gefasst und massiv investiert. Schätzungen zufolge setzt die »Mafia AG« inzwischen 135 Milliarden Euro pro Jahr um und macht dabei einen Gewinn von siebzig Milliarden Euro. Beträge, über deren genaue Höhe man streiten kann, die aber mit Sicherheit eine ungefähre Vorstellung von den Summen vermitteln, um die es sich hierbei handelt.

Mailand ist mittlerweile eine 'Ndrangheta-Hochburg, genau wie San Luca und Platì in Kalabrien. Weit auseinanderliegende Orte, verbunden durch den Kult der kriminellen Macht. Genährt und abgesichert durch »das weiße Pulver«, das es einem ermöglicht, mit unserer rasenden, destruktiven Gegenwart schrittzuhalten. Über eine Million Kokain-Konsumenten gibt es in Italien, grob geschätzt. Eine ständig steigende Nachfrage, der ein nie versiegendes Angebot gegenübersteht, geliefert von Kreisen, die dafür Sorge tragen, dass die Süchtigen – von denen sich kaum einer als süchtig bezeichnen würde – niemals auf dem Trockenen oder »auf dem Affen« sitzen, wie man im Szenejargon sagt.

Denn im Gegensatz zum Heroin isoliert einen *Bamba* oder *Barella*, wie man Kokain in Mailand bezeichnet, nicht. Es stellt einen nicht ins Abseits und schließt einen nicht aus. Im Gegenteil, es zieht seine Anbeter mitten rein ins bunte Leben, es trägt sie, es verbessert ihre Performance in jenem Boxring, in dem täglich der Wettkampf ums Überleben ausgetragen wird. Maurer, Arbeiter, Lkw-Fahrer, Manager, Rechtsanwälte, Politiker und Ärzte, alle vertrauen auf »das weiße Pulver«.

Kokain ebnet die sozialen Klassen ein. Es ist eine von vielen geschätzte Arznei, um Müdigkeit und Apathie zu verdrängen. »Vor zwanzig Jahren war das noch nicht so, da zogen sich nur die Reichen, die Unternehmer, die Rechtsanwälte sowas durch die Nase«, erklärt mir Giulio zu Beginn unserer Unterhaltung. Er ist Lkw-Fahrer und arbeitete jahrelang in einem der Vorzeigebetriebe der Modeneser Industrie. »Für alle anderen gab es Heroin und LSD. Zeug, das dich automatisch an den Rand der Gesellschaft befördert und es dir unmöglich macht, das vorgegebene Arbeitstempo zu halten. Als der Preis für Kokain plötzlich zu fallen begann, haben wir uns alle darauf gestürzt. Zu Lire-Zeiten kostete ein Gramm 200.000 [hundert Euro], heute bekommst du schon für fünfzig Euro ein *Piece* [ungefähr ein Gramm] mittlerer Qualität. Du kannst auch hundert dafür ausgeben, dann bekommst du zu neunzig Prozent reines Zeug. Ist aber schwer zu kriegen, außer du kaufst direkt an der Quelle, bei einem, der seinen Stoff von Kalabresen bezieht. Alle, die danach den Stoff weiterhandeln, strecken ihn, und du läufst Gefahr, irgendeine Scheiße zu kaufen, die dich umbringt. Sowas findest du für dreißig Euro das *Piece*, aber da packen die alles Mögliche rein, von Mannit bis Aspirin. Für vierzig Euro kriegst du ein *Piece*, das mit viel Amphetamin verschnitten ist. Das eignet sich am Besten für die Arbeit. Noch bessere Qualität besorg ich mir für die VIP-Partys am Wochenende, die wir in einer Wohnung, einer Villa oder einer Discothek rund um Bologna organisieren. Abgefahrene Partys. Da sind sie alle. Einmal hab ich dort einen Politiker getroffen, den ich aus den Nachrichtensendungen kannte. Ich versteh nichts von Politik, interessier mich auch nicht dafür, aber das Gesicht hab ich sofort erkannt. Und dann wer weiß wie viele Ärzte. Zum Beispiel einer aus Bologna. Hatte beste Verbindungen zu den Clans von San Luca, die sich hinterher alle über den Haufen geballert haben. Immer wieder fing er davon an, dass seine Freundin ziemlich reines Zeug direkt von den Pizzatas und Martès aus San Luca bezieht. Die wurden wenig später verhaftet, und dann kam raus, dass ihnen bis heute Pizzerien und Cafés im Zentrum von Bologna gehören. Dann waren noch jede Menge junger Rechtsanwälte bei unseren Feten. Das weiß ich, weil mich einer von denen mal vor Gericht verteidigt hat, als ich Probleme mit der Polizei hatte.«

In Giulios Welt existieren dank Kokain und Mafia keine Klassenunterschiede mehr. Doch das kam nicht von heute auf morgen. Verbündet mit den Dealern auf der Straße, eroberten die 'Ndrangheta-Clans nach und nach das Monopol für den Drogenhandel zwischen Turin und Mailand. Heute ist Norditalien ihr Hauptabsatzmarkt. Aber auch im Süden steigt der Kokainkonsum stetig an.

Selbst in einer Kleinstadt wie Bovalino sterben junge Menschen an Drogen. Mitte der siebziger Jahre fing es an. Ab 1978 überschwemmten die Clans aus dem nahegelegenen Küstenort Africo unser Dorf Bovalino und die übrige Region regelrecht mit Drogen. Die Clans aus Platì und San Luca zogen nach und stiegen ebenfalls in den extrem gewinnträchtigen Drogenhandel ein.

Eines der Opfer aus meinem Geburtsort war Alfio. Er brauchte binnen kurzem immer höhere Dosen. Zunächst wartete er noch darauf, dass ihm Dealer der Clans das Heroin nach Bovalino brachten. Doch kurz vor seinem Tod fing er an, selbst nach Africo zu fahren, um sich Nachschub zu besorgen. An einem Tag fuhr er hin, am nächsten kam er zurück. Das ging eine Weile so. Aber dieses Kommen und Gehen wurde in Africo, der Hochburg der 'Ndrangheta, nicht gern gesehen. Es missfiel speziell den Mafia-Bossen, die gerade mit ihren neuen

Geschäften in der Lombardei beschäftigt waren und um jeden Preis verhindern wollten, dass in ihrem Heimatort lästige Gerüchte aufkamen.

Africo war das Reich von Giuseppe »U Tiradrittu« Morabito, seinem Sohn Salvatore und von Giuseppe Pansera, dem Mediziner und Handlanger von »U Tiradrittu«. Das Reich der Palamaras und Bruzzanitis. Alfios Leben und das von vielen anderen lagen in der Hand dieser Leute. Leben oder Tod hingen ab von dem Gewinn, den die Mafiosi mit einer bestimmten Ladung Heroin machen wollten. Zu rein, zu wenig verschnitten, niedrigere Gewinnmarge, höheres Neukundengeschäft bedeutet Tod. Als er die Augen schloss und darauf wartete, dass die Wirkung einsetzte, wusste Alfio nicht, dass es sein letzter Schuss sein sollte. Eine Reise ohne Rückfahrkarte, eine Reise hinab in die Abgründe der Unmenschlichkeit. In eine düstere Höhle voller Träume und Alpträume, aus der jeder Abhängige früher oder später raus will.

So wäre das auch für Alfio und viele andere gewesen, wenn sie in einer norditalienischen Stadt mit Heroin angefangen hätten. Vermutlich wären sie von der Polizei festgenommen und in ein Rehazentrum gebracht worden. Sie hätten eine Methadon-Therapie begonnen und versucht, irgendwie aus diesem schwarzen Loch herauszukommen. Alfio und die anderen Jugendlichen von der kalabrischen Südostküste konnten darauf nicht hoffen. Statt Rehazentren gibt es hier die 'Ndrangheta. Sie entscheidet, ob man mittlerweile zu einem lästigen Kunden geworden ist, den es zu beseitigen gilt.

Drogenabhängige, die Probleme machen, die bei den Bullen singen könnten oder die mitten zwischen den Leuten auf die Piazza kotzen, sind ein Ärgernis für die ruhiggestellte Gemeinde. Der Mafia liegt inzwischen – nachdem sie sich andere Absatzmärkte erschlossen hat – viel daran, zu verhindern, dass sich die einheimische Bevölkerung des Drogenproblems bewusst wird. Also ist es besser, den zur Last gewordenen Drogenabhängigen von der Bildfläche verschwinden zu lassen. Aber natürlich erst, nachdem er genügend Geld in die Kassen gespült hat.

Der einträglichste Drogenmarkt mit den treuesten und wahllosesten Konsumenten, die man mit dem weißen, gelben, braunen oder wie auch immer gefärbten Pulver zuschütten kann, erstreckt sich von Rom aus nach Norden. Auf ihn konzentrieren sich die Clans mittlerweile. Außerdem ist es den Drogenbossen möglich, ihr Ansehen in ihrer Heimatregion Kalabrien zu wahren, wenn sie im reichen Norditalien – und nicht mehr zu Hause im Mezzogiorno – ihnen unbekannte Jugendliche anfixen lassen.

Zu Hause zeigt sich der Pate gern aufmerksam »seiner« Gemeinde gegenüber, besorgt um das Schicksal einheimischer Jugendlicher, deren weitere Förderung seine Herzensangelegenheit zu sein scheint. Was außerhalb der Gemeindegrenzen passiert, bleibt der einheimischen Bevölkerung zumeist verborgen: die in ihrer Kotze liegenden Fixer in den öffentlichen Parks, die zusammengekrümmten, zitternden Süchtigen auf Turkey. So erklärt sich, wie die Clans darauf kamen, ihr Absatzgebiet in die Städte Norditaliens zu verlegen. Dort konnten die Mafiosi schnell und ohne negative Folgen für ihr heimisches Ansehen eine weitaus höhere Nachfrage in Gang setzen.

Modena, unsere neue Heimat, war natürlich längst ebenfalls Umschlagplatz dieser Drogenindustrie. Auch hier sorgten die Clans mittlerweile dafür, dass man leicht an Drogen kam. Erst mit gigantischen Rauschgiftlieferungen, dann mit den unaufhörlich hereinströmenden Drogenprofiten, die zusätzlich in die boomende legale Wirtschaft eingeschleust wurden und so die Region noch reicher machte. Für die verschiedenen Mafia-Gruppierungen stellen Modena und die ganze Emilia-Romagna mittlerweile strategische Zentren dar.

Hatte ich wirklich angenommen, dass es ausreichen würde, einfach die Region zu wechseln, um nie mehr mit der Mafia konfrontiert zu werden? Ich hatte es gehofft. Naiverweise. Ein Traum, eine Utopie, die ich für möglich gehalten hatte. Tatsächlich hatte ich in meinen ersten 17 Lebensjahren in mir die Überzeugung genährt, dass das Leben stärker als alles Übel der Welt sei und dass es dem Tod gleichkäme, wenn man aufhört, an die Kraft der Träume zu glauben. Einem mentalen Selbstmord, der eine weitere Niederlage für uns und einen weiteren Triumph für die Drogen-Mafia bedeutet hätte.

Ich möchte wieder nach Bovalino zurück. Nach Kalabrien. Heute fühle ich mich reif dafür. Ich bin bereit, einen Kampf aufzunehmen, den ich einige Jahre zuvor mit Sicherheit nicht überstanden hätte. Ich habe gelernt, Schicksalsschläge zu ertragen, dank dem Schönen, das es überall auf der Welt gibt. Das habe ich von meiner Mutter. Das und vieles andere mehr. Grundlegende Wertvorstellungen, ohne die es mir nicht möglich gewesen wäre, zu überleben.

Nicht das Leben an sich ist ekelhaft, die Welt als Resultat schlimmster menschlicher Perversionen ist es. Die Träume sind der Motor unserer Handlungen. Ohne Träume, ohne die aus ihnen resultierenden Handlungen kann die Macht der Mafia niemals zerschmettert, besiegt oder einfach nur lächerlich gemacht werden. »Ein Lachen wird es sein, das euch beerdigt« heißt es bei uns. Ein Lachen, das ist meine Hoffnung, wird eines Tages die Mafia überwinden.

Nach Norden also, auf der Flucht vor dem vulkanischen Feuer meiner Heimat, das Träume und Leidenschaften zu Asche zerfallen lässt. Um sich dann, diesmal nicht als Opfer, sondern als Augenzeuge und Chronist von Mechanismen wiederzufinden, die ich nur zu gut kannte, die ich alle schon am eigenen Leib erfahren hatte.

2.

DIE EROBERUNG

Ein Tag Anfang Mai 1991. Ich schlendere mit meiner Familie durch die engen Gassen der Altstadt von Modena. Schmale Straßen, in denen der Atem der Geschichte spürbar ist und wo die Triumphgesänge der antifaschistischen Widerstandsbewegung des Zweiten Weltkriegs noch nachklingen. Ohne Ziel ziehen wir umher, um die Stadt kennenzulernen, um in jene Realität einzutauchen, die unseren neuen Lebensabschnitt prägen wird. Die Luft riecht hier anders, die Menschen bewegen sich mit ungebrochenem Stolz, die Geschäfte wimmeln von Kunden. Die Qualen unserer Vergangenheit scheinen langsam zu versickern.

»So ist es (wenn es Ihnen so scheint)«, wie es bei Luigi Pirandello heißt. Nichts ist so, wie es scheint. Aber das habe ich erst viel später verstanden. Anfang der neunziger Jahre war ich noch ein kleiner Junge von elf Jahren, der nichts wollte, außer endlich mal wieder glücklich zu sein. Von den Veränderungen des Wirtschaftssystems hatte ich nichts mitbekommen, die unermessliche Liquidität der Mafia-Organisationen war ein Phänomen, das außerhalb meines Horizonts lag. Dass die Mafia bereits seit den siebziger Jahren zum großen Schlag ausgeholt hatte und nicht nur die engen, einschränkenden Grenzen des Südens hinter sich gelassen hatte, sondern begonnen hatte, globale Strukturen aufzuziehen, war mir damals nicht klar. Längst waren einige der Bosse zu richtiggehenden Unternehmern geworden, skrupellosen Profiteuren, die in der Phase des entfesselten Kapitalismus ein offenes System vorfanden, dem sie ihre Regeln aufpressen konnten.

Modena schien uns der ideale Ort zu sein, um jene Normalität zu erleben, nach der ich mich so sehr sehnte. Aber die norditalienische Universitätsstadt war inzwischen eine der Melkkühe im Finanzsystem der Mafia geworden. Und so wachte ich nach diesem traumverlorenen Spaziergang am folgenden Morgen auf und wurde durch einen Zeitungsbericht ohne Vorwarnung brutal mit der überwunden geglaubten Vergangenheit konfrontiert. Mit einem Schlag wurde klar, wie doppelbödig die Realität hier im Norden war. Natürlich gibt es die bekannte, scheinbar intakte Oberfläche, wo Werte wie Solidarität, Produktivität, Hilfsbereitschaft, Transparenz und Legalität etwas gelten. Darunter erstreckt sich aber noch eine weitere Ebene, die, für die meisten unsichtbar, von Korruption, mafiösen Interessen, Drogengeld, verbreiteter Illegalität, Einschüchterungsversuchen und Attentaten geprägt ist.

»Schusswechsel zwischen Mafia-Angehörigen« lautet die Schlagzeile, die mein mühsam geformtes neues Weltbild ins Wanken bringt. Eine Schießerei hatte die nächtliche Ruhe der norditalienischen Provinzstadt erschüttert. Es war kein böser Traum, sondern bittere Realität. Zwei verfeindete Mafia-Gruppierungen hatten sich in der Via Benedetto Marcello, einer Sackgasse mitten in einem Neubaugebiet östlich der Altstadt, eine Schießerei geliefert. An diesem Tag wurde auch dem letzten Einwohner Modenas endgültig bewusst, dass die Camorra längst in ihrer Stadt angekommen war. Genauer gesagt, der Casalesi-Clan. Doch mit diesem Namen konnte man im Norden erst etwas anfangen, als *Gomorrha*, der dokumentarische Mafia-Roman von Roberto Saviano, 2006 zum Bestseller geworden war.

Die Hintergründe des bewaffneten Zusammenstoßes sind schnell erläutert. Im Anschluss an Meinungsverschiedenheiten war es unter Mitgliedern verschiedener Clans zum Streit gekommen, der in eine Spirale der Gewalt mündete und für zahlreiche Leichen sorgte. Im Zuge dieser Abrechnung wurde eine neue Führungsschicht innerhalb der örtlichen Mafia-Zelle etabliert. Die kurzzeitig unterbrochenen illegalen Geschäfte wurden umgehend wieder aufgenommen.

Die beiden Fraktionen, die sich bei der Schießerei gegenüber gestanden hatten, gehörten einerseits zur Gruppe der Familien De Falco, Caterino und Maisto, andererseits zur Gruppe der Familien von Francesco Schiavone und Francesco Bidognetti. Erstere hatten zuvor die Geschäfte für den Clan geführt, letztere, so die Einschätzung der Staatsanwaltschaft, setzten sich am Ende durch.

Während des bislang größten Mafia-Prozesses in Italien, dem sogenannten »Spartacus«-Prozess gegen den Casalesi-Clan im Jahr 2008, wurde festgestellt, dass Modena bereits »seit 1989 zur neuen Heimat einer zunehmenden Zahl von Einwohnern Casal di Principes geworden ist, die dem Camorra-Clan der Casalesis zugeordnet werden können«. Giuseppe Caterino, per Gerichtsbeschluss aus Kalabrien nach Modena verbannt, wurde 1991 zusammen mit Pasquale Spierto wegen illegalem Waffenbesitz an der Autobahn-Mautstelle Modena-Nord verhaftet. Die Abhörmaßnahmen, die zu seiner Verhaftung führten, ergaben, dass zu den fraglichen Delikten auch einige dem Clan gehörende illegale Spielcasinos zählten, von denen eines in den Katakomben des Stadions an der Via Pergolesi betrieben wurde.

Zu den anderen in Modena ansässigen Mitgliedern des Casalesi-Clans zählten Francesco Compagnone, Giuseppe Caterino, Vincenzo Maisto und Nicola Nappa. Alle waren auf die eine oder andere Weise in die Schießerei verwickelt. Vincenzo und Alfredo Maisto gehörten zur De-Falco-Fraktion, während Nicola Nappa, Nicola Biondino und Giorgio Marano dem gegnerischen Schiavone-Bidognetti-Caterino-Clan unterstanden. Letztere unternahmen in dieser Nacht den Versuch, die Maistos zu töten und somit der De-Falco-Familie die Vorherrschaft in Modena zu entreißen.

Dario de Simone, ein Kronzeuge, der im »Spartacus«-Prozess aussagte und der 1994 den ehemaligen Staatssekretär im italienischen Wirtschaftsministerium, Nicola Cosentino, der Zusammenarbeit mit der Mafia beschuldigte, machte auch Angaben zu den Vorkommnissen in Modena. Er behauptete, einer der Initiatoren des Anschlags gewesen zu sein. Während des Prozesses sagte de Simone aus: »Nicola Nappa wohnte damals – genau wie Raffaele Diana – in Bastiglia, einem Dorf nördlich von Modena, er kannte die Vertreter der De Falcos vor Ort [die Familie Maisto] und schloss sich ihren Rivalen Giuseppe Caterino und Raffaele Diana an.«

Die Gegner der De Falcos entschieden, zu handeln. Ein Killerkommando aus Trentola bei Neapel machte sich auf den Weg nach Modena, im Gepäck eine mit einem Zeitzünder versehene Bombe, die für die Statthalter der Familie De Falco, die Maistos, bestimmt war. Doch der Anschlag scheiterte. »Sie sagten mir, dass es unmöglich gewesen sei, den Sprengsatz unauffällig unter dem Auto anzubringen«, erklärte de Simone, »weil es in der offenen Tiefgarage unter dem Wohnhaus der Maistos stand und weil die Straße davor sehr befahren war.« Wäre die Bombe hochgegangen, hätte das den Einsturz des Wohnhauses über der Tiefgarage zur Folge gehabt. Viele Menschen wären dabei ums Leben gekommen.

Ein zweiter Anschlag schlug ebenfalls fehl. Ein Informant vor Ort hatte das »Mutterhaus« darüber unterrichtet, dass ein Familienmitglied der De Falcos an der Auffahrt Modena-Nord auf die Autobahn gefahren sei. Die Männer um Schiavone und Diana verwechselten jedoch das Fahrzeug und beschossen irrtümlich eine Zivilstreife der Carabinieri. Dadurch ließen sie sich aber nicht von ihrem Vorhaben abbringen und versuchten es noch ein weiteres Mal. Bis an die Zähne bewaffnet, brachen sie am 5. Mai 1991 Richtung Modena auf. Dort erhielten sie Verstärkung von örtlichen Vertretern des Clans, die den De Falcos ebenfalls feindlich gegenüberstanden. Dutzende von Pistolenschüssen und Salven aus Maschinenpistolen zerrissen die nächtliche Stille Modenas. Die Spurensicherung der Polizei fand später über fünfzig Patronenhülsen am Tatort. Zwei Verletzte lagen am Boden, Francesco Biondino und Vincenzo Maisto. Letzterer überlebte das Attentat.

Seit diesem Schusswechsel, der in die Annalen der Kriminalgeschichte Modenas einging, sind viele Jahre vergangen. Fast zwei Jahrzehnte. In dieser Zeitspanne ist die Region der Emilia-Romagna Schauplatz weiterer beunruhigender Vorfälle geworden. Schon in den ersten Ermittlungsberichten aus den Anti-Mafia-Prozessen der neunziger Jahre tauchen örtliche Bankdirektoren, Handwerker, Angestellte und Unternehmer als Beteiligte auf. Francesco Fonti, ein weiterer Kronzeuge aus den Reihen der 'Ndrangheta, hat nicht nur den Skandal um die von der Mafia vor der Küste Italiens versenkten Frachter voller Giftmüllfässer aufgedeckt, sondern auch in umfassenden Geständnissen auf die Zusammenarbeit von 'Ndrangheta und Teilen der Geheimdienste und des Staatsapparates hingewiesen. Er klärte die Staatsanwälte darüber auf, dass zu diesem Zeitpunkt die Kalabresen – und nicht etwa die Camorra – das Monopol des Drogenhandels in der Gegend rund um Modena, in Reggio Emilia und in Bologna innehatten.

Viele Führungsmitglieder und herausragende Familien-Clans der 'Ndrangheta sind in der Emilia-Romagna aufgespürt worden. So auch der Clan der Cordis, eine mächtige 'Ndrangheta-Familie, die in Maranello, der Kleinstadt, in der Ferrari seinen Firmensitz hat, ein großes Waffendepot unterhielt. Während einer Anti-Mafia-Operation wurde ihr Anwesen 1993 durchsucht. Die Ermittler zeigten sich schockiert über die Menge der dort lagernden Waffen, die für ein ganzes Heer ausgereicht hätten. Unter den damals Verhafteten befand sich auch Rocco Antonio Baglio, ein Name, der zusammen mit Fonti Geschichte geschrieben hat. 2011 stand er wieder im Mittelpunkt einer Untersuchung, gemeinsam mit einem Bürgermeister aus dem Apennin. Diesmal ging es nicht um Waffen, sondern um Ausschreibungen für Bauaufträge und Korruption.

Bereits im Januar 1989 war es im Zuge von Auseinandersetzungen zwischen verschiedenen Clan-Gruppierungen aus Reggio di Calabria zu ersten Vorfällen auch in Modena gekommen. Das hatte die Stadt unsanft aus ihrer schläfrigen Ruhe geweckt, die normalerweise das äußere Erscheinungsbild der Stadt prägt. Giuseppe Barbieri war kurz zuvor von Fiumara di Muro (bei Reggio di Calabria) nach Modena umgezogen, und zwar in den Vorort Saliceta San Giovanni. Er war geflohen aus Angst davor, von einigen jener 'Ndrangheta-Clans hingerichtet zu werden, die in diesen Jahren einen erbitterten Krieg um die Vorherrschaft in Reggio di Calabria führten. Über sechshundert Tote kostete dieser Krieg in den Straßen der Stadt an der Meerenge von Messina, und das in nur fünf Jahren. Die Rache des Paviglianiti-Clans, der Verbündeten des De-Stefano- und des Tegano-Clans aus Reggio di Calabria kannte keine Grenzen.

Schon damals hatten 'Ndrangheta-Familien aus Kalabrien das gesamte Land mit ihren weit auseinanderliegenden »Niederlassungen« überzogen. Die Lombardei unterstand den Paviglianitis und den Coco Trovatos. Über das Einwohnerverzeichnis spürten sie den Flüchtling auf, der vom Tegano-Clan beschuldigt wurde, das Leben eines seiner Mitglieder bedroht zu haben. Sie informierten die Paten von Mailand, Domenico Paviglianiti und Franco Coco Trovato. Die zwischen Mailand und Lecco ansässigen 'Ndrangheta-Mafiosi beauftragten zwei ihrer erprobten Killer, den Anschlag auszuführen. Während einer kalten Januarnacht 1989 warteten die beiden Profis stundenlang auf Barbieri vor dessen Haus. Als er es verließ, um in seinen Fiat 132 zu steigen, feuerten sie zwei komplette Revolvermagazine Kaliber 7,75 Millimeter auf ihn ab. Barbieri ging zu Boden. Auf dem Matsch und dem Schnee unter ihm breitete sich eine riesige Blutlache aus.

Bleikugeln, Blut und Morast. Das sind die Charakteristika der Mafia. Ihre Bosse leben mit der permanenten Furcht, schon morgen nicht mehr unter den Lebenden zu weilen. Was ihre Söhne und Töchter angeht, so werden Gefühle notfalls im Namen der Macht geopfert.

Machen wir einen Sprung in die Gegenwart. Wenn man die aktuelle Lage analysiert, stellt man fest, dass sich zwar die Namen der betreffenden korrupten Lokalpolitiker geändert haben, aber die Dominanz der Casalesi-Clans und der 'Ndrangheta trotz aller Gegenmaßnahmen in den vergangenen Jahrzehnten eher noch zugenommen hat. Schon die ersten in die Region Emilia-Romagna verbannten Bosse hatten in den siebziger Jahren damit angefangen, vor Ort die Grundlagen künftiger Macht zu schaffen. Aber nicht allein die unselige Verbannungspraxis war schuld an der mafiösen Durchdringung der nördlichen Territorien. Die wirtschaftliche Hochkonjunktur war der Anziehungspunkt, der die Clans und das Kapital der verschiedenen Mafia-Organisationen in den Norden lockte.

Das Heer der Emigranten aus Kalabrien, Sizilien, Kampanien, der Basilikata und Apulien war auch aufgebrochen, um nicht länger dem Terror der Mafia-Clans ausgeliefert zu sein. Sie wollten den Demütigungen entfliehen, welche sie in ihren Heimatregionen durch die 'Ndrangheta erfahren hatten. Was viele von ihnen nicht ahnten, war, dass die Clans schon in den siebziger Jahren damit begonnen hatten, ihr wirtschaftliches

Interesse auf den Norden Italiens zu richten, auf die wirtschaftlichen Paradiese, ideale und sichere Orte für Geldwäsche, Erpressung, Drogenhandel und Korruption. So war es den Mafien möglich, ihre blutigen Drogengelder zu waschen und in den legalen, boomenden Wirtschaftskreislauf Norditaliens einzuschleusen.

Die Bosse sind sehr anpassungsfähige Potentaten, denen an Unauffälligkeit um jeden Preis gelegen ist, um ihren legalen und illegalen Machenschaften in Ruhe nachgehen zu können. Ihr Geheimnis: sie setzten zwischen der legalen und der illegalen Wirtschaft eine Osmose in Gang. Heute sind beide fast schon untrennbar miteinander verbunden, ein Gutteil des famosen Wirtschaftswachstums geht auf diesen Mechanismus zurück.

3.

UNEHRLICHE KONKURRENTEN

In der Region Modena gibt es 570 Bauunternehmen, deren Eigentümer aus den süditalienischen Mafia-Hochburgen um Caserta stammen. Nicht alle stehen unter dem Einfluss der Mafia. Siebzig bis achtzig Prozent von ihnen haben eine reine Weste, aber die restlichen sind Mafia-Betriebe.

Mafiosi von heute verbinden Grausamkeit mit Gespür für profitable Geschäfte, Dreistigkeit mit Allmachtsgefühlen. Eine explosive Mischung, die sich von Zeit zu Zeit in einem Kugelhagel entlädt. Am 8. Mai 2007, einem Frühlingstag wie vielen anderen, an dem die Sonne über der Po-Ebene mühsam versuchte, die Vormittagsnebel zu durchdringen und die Gegend zu erwärmen und ein kühler Wind über die Gesichter der Menschen strich, passten in Riolo, einem Vorort von Castelfranco Emilia, zwei Killer den Bauunternehmer Giuseppe Pagano ab und schossen ihm in die Beine.

Pagano stammte aus der Camorra-Hochburg San Cipriano d'Aversa und war vor Jahren in die Region Modena gezogen, wo er zusammen mit einem Geschäftspartner eine kleine Baufirma und ein Immobilienbüro betrieb. Die aufsehenerregende Aktion wurde am helllichten Tag ausgeführt. Sie erfüllte zweifellos ihren Zweck: dem Opfer wie auch allen anderen Wankelmütigen Angst und Schrecken einzujagen.

Auftraggeber dieses Anschlags war Raffaele »Rafilotto« Diana, Clan-Chef aus Casal di Principe. Diana, der im bereits erwähnten »Spartacus«-Prozess zusammen mit anderen Casalesi-Bossen zu lebenslanger Gefängnisstrafe verurteilt worden war, befand sich zum Zeitpunkt des Attentats auf der Flucht. Er gehörte damals zu den dreißig meistgesuchten Straftätern Italiens. Drei Jahre zuvor war er während eines Freigangs aus dem Hochsicherheitstrakt des Gefängnisses von Sant'Anna di Modena geflohen und war fortan unauffindbar geblieben. Erst am 4. Mai 2009, fast genau zwei Jahre nach dem Attentat auf Pagano, gelang es, ihn wieder zu verhaften.

Die Beamten der *Squadra Mobile* (dt.: Mobiles Einsatzkommando) spürten ihn in Casal di Principe auf, der Hochburg des Clans. Dort hatte Diana sich in einem kleinen Betonbunker im Keller eines Wohnhauses verborgen gehalten. Die einzigen dort im Bunker vorhandenen Unterhaltungsangebote waren ein Buch über den berühmten süditalienischen Geistlichen und Stigmata-Träger Pater Pio, der 2001 von der katholischen Kirche heiliggesprochen wurde, sowie eine Kopie der Nikolaus-Statue aus der Kirche San Nicola in Bari.

Das Geistliche und das Weltliche, unabdingbare Elemente im Leben eines echten Mafia-Bosses. Ein Leben, das zwischen Geld, Macht, Prunk und Flucht, Abtauchen, Angst verbracht wird. Ende der achtziger Jahre war Diana per Gerichtsbeschluss nach Bastiglia verbannt worden, wohin ihm seine gesamte Familie folgte. Zwei Monate nach der Verhaftung Dianas wurde auch seine Ehefrau festgenommen, die angeblich die Geschäfte des Clans weitergeführt hatte.

Als er in Norditalien angekommen war, hatte Diana den Ableger des Clans in Modena übernommen. Dessen Führung teilte er sich anfangs mit Giuseppe »Peppinotto« Caterino, der ebenfalls nach Modena verbannt worden war. 1991 verhaftet, tauchte Caterino nach seiner Entlassung ab. Erst 2005 ging er den Ermittlern an der Westküste Kalabriens ins Netz.

Die beiden Regionalbosse Diana und Caterino überließen die Schmutzarbeit Nicola Nappa, der mittlerweile ebenfalls im

Norden ansässig war und dem die illegalen Spielcasinos unterstanden. Sie beschränkten sich darauf, die Fußtruppen zu überwachen, und hielten den Kontakt zum Mutterhaus unter dem Kommando von Francesco »Sandokan« Schiavone.

Schon nach der ersten Verhaftung von »Peppinotto« Caterino war in Modena ein Machtvakuum entstanden. Der Großrat des Clans beauftragte Raffaele Diana damit, die alleinige Aufsicht über die örtlichen Mafia-Aktivitäten zu übernehmen. Die Einnahmen der Mafia-Zelle in Modena stammten damals neben dem illegalen Glücksspiel hauptsächlich aus dem Bereich der Bauwirtschaft, in welchem der Clan mit Schutzgelderpressung, Materialbeschaffung und der Übernahme von Subaufträgen aktiv war. Zement, Schutzgeld und Auftragserschleichung brachten dem Clan damals die meisten Profite ein. Nachdem auch »Rafilotto« verhaftet worden war, übernahmen Alfonso »O Pazzo« (dt.: Der Verrückte) Perrone und Sigismondo di Puorto das Kommando, beides Gefolgsleute von Antonio »O Ninno« Iovine, der 2010 nach 15-jähriger Flucht als oberster Boss des Casalesi-Clans verhaftet wurde.

Francesco Vallefuoco wiederum ist das Haupt der gleichnamigen mafiösen Unternehmensgruppe, die sowohl in der Emilia-Romagna wie auch in San Marino aktiv ist. Aus abgehörten Gesprächen geht hervor, dass ein gewisser »Renato« danach die Macht übernahm, der zu Iovine gehörte. Nach dem ersten Zusammentreffen mit dem neuen Boss vertraute Vallefuoco freudestrahlend seiner Lebensgefährtin an: »Alle Probleme sind gelöst, ich hab die Nummer des neuen Clan-Chefs.« Der Name »Renato« reichte jedenfalls künftig aus, um bei Verhandlungen mit Mafia-Bossen, Unternehmern und Handwerkern den Ausschlag zu geben. Den Kontakt zwischen Vallefuoco und dem neuen Clan-Chef hatte Francesco di Tella hergestellt, ein Unternehmer, der sich regelmäßig mit Vallefuoco traf, wie ein Anti-Mafia-Verfahren in Neapel ergab.

Zu di Tella hieß es in den Akten des Verfahrens weiter: »Allzeit bereit zu allen möglichen Aktivitäten (Gewalttaten oder Geschäften)«, »der Verbindungsmann zum Casalesi-Clan« und »mit seinen Betrieben an der Geldwäsche beteiligt«. Di Tella wurde Anfang Oktober 2011 im Zuge der Operation »Staffa« festgenommen. Den Abhörmitschriften zufolge erwähnte Vallefuoco auch einen gewissen »Remigio«. Wie in anderen Fällen vermieden es die Beschuldigten sorgsam, die entsprechenden Familiennamen der erwähnten Personen zu nennen. Zu »Remigio« hieß es, dieser sei mit den Schutzgelderpressungen im Raum Modena beauftragt und arbeite für Nicola Esposito, den Bruder von Vallefuocos Geliebter, wie die Ermittler der Soko »Staffa« vermerkten.

»Remigio« sorgte zeitweise für heftigen Streit unter den Clans. Einer seiner Gefolgsleute hatte versucht, einen Unternehmer zu erpressen, der zu den »Freunden« des Clans gehörte und daher von solchen Belästigungen verschont werden sollte. Das brachte »Remigio« in ziemliche Schwierigkeiten. Vallefuoco setzte seine Fußtruppen in Marsch, »Remigio« kam heulend angelaufen und flehte Vallefuoco an, ihm zu glauben. Er habe überhaupt nichts von der Sache gewusst, es sei ihm völlig unbekannt gewesen, dass der Unternehmer sowohl zu »Rocco wie auch zu Nicola« gehöre. Mit dieser mafiatypischen Unterwerfungsgeste rettete »Remigio« sein Leben.

Francesco »Franco« Vallefuocos Name wurde erstmals im Februar 2011 während der Operation »Vulcano« der Anti-Mafia-Direktion Bologna aktenkundig. Damals gehörte er zu den Verhafteten. Insgesamt 29 Verdächtige wanderten hinter Schloss und Riegel. Darunter waren auch einige bis dato völlig unverdächtige Honoratioren der Republik San Marino, die für die Clans Finanzunternehmen führten, die alle im Zusammenhang mit Vallefuoco standen.

Vallefuoco war bis zu diesem Zeitpunkt sehr umtriebig, was

seine geschäftlichen Aktivitäten anbelangt. Sie reichten vom Immobiliensektor über Handelsunternehmen bis hin zum Finanzsektor. Den Erkenntnissen der Ermittler in Bologna und Neapel zufolge dienten diese legalen Unternehmungen zur Verschleierung von Geldwäsche, Zinswucher und Erpressung. Nachdem schon 2009 und 2010 einige Beteiligte verhaftet worden waren, traf im April 2011 Egidio Coppola mit seiner gesamten Familie im Raum Modena ein. Er galt als Spitzenmann der Camorra-Clans und hatte schon in der Vergangenheit Haftstrafen wegen mafiöser Verstrickungen absitzen müssen. Gerade wieder auf freien Fuß gekommen, stand er damals unter spezieller Überwachung. Sein »neues« Leben wollte er in Bomporto beginnen, einer Kleinstadt nördlich von Modena. Auf die lautstarken Anti-Mafia-Proteste der Gebietsbürgermeister hin entgegnete Coppola, er habe seine Probleme mit der Justiz geregelt, er sei jetzt ein freier Mann, der sich entschlossen habe, sein Leben zu ändern, und schließlich und endlich lebe man ja in einem Rechtsstaat.

In der Emilia-Romagna boomt der Bausektor nach wie vor, trotz Wirtschaftskrise. Wohn- und Geschäftshäuser, Werkshallen, Einkaufszentren schießen ohne Unterlass wie Pilze aus dem Boden. Gerade die Bauwirtschaft hat in der Vergangenheit zahllosen ehrlichen Emigranten aus Süditalien Lohn und Brot verschafft. Zugleich ist sie jedoch seit langer Zeit das bevorzugte Ziel mafiöser Unterwanderung, und zwar innerhalb der gesamten Produktionskette: vom Grundstückserwerb über die Bauausführung bis hin zum Immobilienhandel.

Es ist kein Zufall, dass viele Baufirmen der Region eigene Immobilienabteilungen gründen, die ganz korrekt bei der Handelskammer angemeldet werden und umgehend mit dem Immobilienhandel beginnen. Doch zuletzt stockte der Boom. Es wurde nach wie vor viel gebaut, aber deutlich weniger verkauft.

Und welche legale Baufirma kann sich den jeglicher wirtschaftlichen Logik widersprechenden Luxus leisten, ihr Produkt in großem Umfang und für längere Zeit auf Halde zu legen? Es ist daher ziemlich wahrscheinlich, dass das eigentliche Unternehmensziel dieser Firmen, die die Landschaft der Emilia-Romagna zubetonieren, nicht im Immobilienverkauf zur Deckung der Kosten und der Erwirtschaftung von Gewinn liegt, dem naturgegebenen Ziel jedes legalen Unternehmens, sondern vielmehr schmutziges Geld durch dessen Verwandlung in Häuser und Gewerbeimmobilien gewaschen werden soll.

Diese These vertritt jedenfalls Vito Zincani, der zuständige Bezirksstaatsanwalt von Modena. Der Bausektor ist seiner Auffassung zufolge von zentraler Bedeutung für die »Sublimierung« von Geld, das aus den übelsten Machenschaften der Mafia stammt und auf diese Weise spurlos verschwindet. Sich in Luft auflöst und in Form von Gebäuden wieder materialisiert. Deshalb ist die Bauwirtschaft auch von so großem Interesse für die Mafien. Vor allem der Casalesi-Clan kontrolliert mittels Korruption und Gewalt große Teile der mittelständischen Bauwirtschaft Italiens.

Die Knieschüsse, die 2007 Giuseppe Pagano, den Bauunternehmer aus San Cipriano d'Aversa, trafen, waren nicht der einzige Vorfall dieser Art. Wie im Folgenden ausgeführt werden soll, hatte bereits im Jahr 2000 hatte eine ähnliche Aktion die Einwohnerschaft von Castelfranco Emilia aufgeschreckt, einer ansonsten denkbar ruhigen Gemeinde. Allerdings wurden dort auch einige illegale Spielhöllen der Clans betrieben, sowie eine Inkasso-Firma, die sich regelmäßig zwecks »Amtshilfe« an den Clan wandte. Vor allem im Zusammenhang mit Bauwerken, die dem Clan zugeschrieben werden, spielte das Unternehmen eine Rolle.

Rein ökonomisch gesehen, stört der Auftritt der Clans die

üblichen Funktionen der freien Marktwirtschaft. Wo diese ihren Fuß hinsetzen, wird der Wettbewerb zur Utopie, zu einem Hirngespinst. Er wird gemäß den Interessen der Clans zurechtgebogen. Konkurrenz, die normalerweise das Verhältnis zweier Firmen im selben Sektor kennzeichnen würde, wird somit unterbunden. Denn das Mafia-Unternehmen bedient sich vieler illegaler Wettbewerbsvorteile, die anderen Firmen, die sich weder der Unterstützung noch des Rückhalts bei Mafia-Bossen erfreuen können, die sich also an Recht und Gesetz halten, nicht zur Verfügung stehen.

Der Einsatz von Mafia-Methoden, um Konkurrenzfirmen aus dem Rennen zu werfen, und die bereitstehende, quasi unerschöpfliche Liquidität außerhalb jeglicher ordnungsgemäßer Buchführung stellen zwei dieser Vorteile dar. Für die Clans gelten auch die normalen Geschäftsfristen nicht. Bei ihnen muss man sofort und ohne Murren zahlen. In der Emilia-Romagna konkretisieren sich diese mafiösen Praktiken in Form von gewonnenen Ausschreibungen und der Ausführung von Bauaufträgen. Im Dschungel der Subunternehmerschaft profitieren die Clans, sprich die von ihnen dominierten Firmen von der mangelnden gesetzlichen Aufsicht. So können sie mühelos ihre Preise durchsetzen, die Materialzulieferung übernehmen und auch Arbeitskräfte stellen.

Die ersten Opfer der klassischen, parasitären Erpressung und des Schutzgeldsystems in Form aufgezwungener Subunternehmerfirmen waren Bauunternehmer aus dem Süden Italiens. Unabdingbare Voraussetzung, um die in der Emilia-Romagna tätigen Unternehmer unter Druck zu setzen, waren neben der physischen Einschüchterung vor Ort in Norditalien die Herkunft der Unternehmer aus einem Dorf in den Mafia-Regionen Süditaliens. Diese machte die Unternehmer zusätzlich erpressbar, da die Mafien in solchen Fällen auch die restlichen Familienmitglieder im Geburtsort bedrohen können.

Gerade die aus dem Süden emigrierten Unternehmer zu erpressen, folgt einer präzisen Logik: Die Herkunft der Firmeneigentümer aus Mafia-Regionen garantiert den Mafia-Bossen, dass die betroffenen Unternehmer mit dem gewohnten »Entgegenkommen« auf Angebote reagieren, »die man nicht ablehnen kann«. Für die Unternehmer ist das umso schlimmer, da sie sich eigentlich sicher wähnten, bestimmte mafiöse Geschäftspraktiken in der Heimat zurückgelassen zu haben, nur um nun erneut Opfer der Clans zu werden. In Modena und Umgebung brauchte der Casalesi-Clan, um seine Regeln durchsetzen, daher nur selten die üblichen Instrumente einzusetzen. Er konnte darauf bauen, dass die Konsequenzen unkooperativen Verhaltens den Betroffenen bekannt waren. Mittlerweile wird das Schutzgeld als »Serviceangebot« auch an Firmen herangetragen, die in der Emilia-Romagna heimisch sind, so dass immer häufiger auch solche Unternehmen den Clans in die Falle gehen.

Man hatte ihn, den erfolgreichen Unternehmer aus Kalabrien, gewarnt. Die gerade vergebenen, profitablen Renovierungsarbeiten hatte eigentlich die Firma von Vincenzo Esposito haben wollen, einem Unternehmer aus Afragola (bei Neapel), seit 1991 Besitzer der Baufirma *Edil Prima 2* in Modena. Der Preis, den der siegreiche Konkurrent zu bezahlen hatte, weil er die Mafia-Fraktion ausgestochen hatte, war hoch. In der Notaufnahme des örtlichen Krankenhauses mussten sein Schädeltrauma und die Gesichtsverletzungen behandelt werden. Die Täter des »erzieherischen« Überfalls waren den Ermittlungen der regionalen Anti-Mafia-Direktion zufolge Brüder des »Unternehmers« Esposito. »Weil jeder schauen muss, wo er bleibt«, hatte der Konkurrent einem der Brüder als Grund angegeben, weshalb er den Auftrag trotz Vorwarnung übernommen hatte. Daraufhin habe ihm der Schläger geantwortet: »Aber nicht zu viel schauen, davon kann man blind werden.« Die Verletzungen, die die Kriminellen ihrem Opfer zufügten, waren so schwer, dass dieser selbst nicht mehr in der Lage war, einen Krankenwagen zu rufen. Weil sie polizeiliche Ermittlungen verhindern wollten, brachten die Schläger den misshandelten Unternehmer zum Krankenhaus von Baggiovara, einem Vorort von Modena. Und sorgten dafür, dass ihr Opfer das »Richtige« sagte. Der Unternehmer gehorchte. Er erklärte den Ärzten, er sei durch einen unglücklichen Zufall aus dem Auto gefallen und habe sich dabei seine Verletzungen zugezogen.

Der Unternehmer erstattete auch danach keine Anzeige. Trotz der erlittenen Verletzungen hielt er sich an das Schweigegebot der *Omertà*. Als ich das Café seiner Frau aufsuchte, um sie für ein Interview zu gewinnen, lehnte sie rundheraus ab, obwohl ich ihr die Wahrung ihrer Anonymität zusicherte. Das einzige, was sie sagte, bevor sie mich aus dem Laden schob, brannte sich in mein Gedächtnis ein: »Sie sind Bestien, wir haben Angst.« Sätze wie diese gehören in Casal di Principe und Bovalino zum Alltag. In Modena waren sie die Vorzeichen dafür, dass sich die Situation aus Mafia-Sicht »normalisierte«.

Die Esposito-Brüder standen im Fokus der Operation »San Cipriano«, die von der regionalen Anti-Mafia-Direktion in Bologna koordiniert wurde. Dabei gelang es, den Umfang der Erpressungsaktivitäten und der sonstigen Geschäfte des Casalesi-Clans zwischen Modena und Mantua in großem Umfang aufzuklären. Allerdings mussten die Brüder aus Mangel an Beweisen freigesprochen werden. Verurteilt wurden dagegen die lokalen Statthalter des Clans: Alfonso »O Pazzo« Perrone, und Sigismondo di Puorto. »Herr Präsident, Sie müssen mir helfen«, schrieb »O Pazzo« daraufhin an den italienischen Staatspräsidenten Giorgio Napoletano, »denn ich kann durch Fakten belegen, dass ich ein echtes Justizopfer bin. Mehr habe ich nicht hinzuzufügen, außer der Bitte, dass Sie sich meines Falles annehmen und mir die Möglichkeit geben, mein gesetzestreues Leben in Ruhe und Frieden fortzusetzen, ohne künftig dem Terror der Polizei ausgesetzt zu sein, die mich permanent beleidigt und misshandelt und in meinem Fall seit Jahren echten, willkürlichen und ungerechten Amtsmissbrauch betreibt. Hochachtungsvoll, Perrone.«

Den Brief hatte Perrone im November 2008 verfasst, lange vor seiner Verhaftung, und einen weiteren an den Innenminister geschickt. Perrone klagte damals, er fühle sich verfolgt, protzte aber gleichzeitig mit seinem Reichtum und seiner Macht in dem kleinen, verschlafenen Ort Nonantola im Hinterland von Modena, verübte Gewalttaten gegen seine Landsleute und benutzte sogar ein Blaulicht der Polizei auf seinem Privatauto, um seine Opfer zu beeindrucken und ihnen zu suggerieren, dass er sogar die Polizei in seiner Hand habe. Hinter Gitter kam er am 18. März 2010. Vorgeworfen wurde ihm, der Pate des Casalesi-Clans in Modena zu sein. Die Untersuchungen, die zur Verhaftung von Perrone, Mario Temperato und Sigismondo di Puorto führten, brachten den Beweis, dass er in enger Verbindung mit der Führungsebene des Clans stand, mit Bossen wie Diana, Schiavone und Zagaria.

In der Autowerkstatt in der Via Nonantola 82 in Modena, die Perrone als Treffpunkt für seine Besprechungen diente, war beispielsweise der flüchtige Chef des Clans, Raffaele Diana, gesehen worden. Die Ermittler sind sich ziemlich sicher, dass er es war. Jedenfalls war 2008 auf den Bildern der Überwachungskameras eine Person zu sehen, deren körperliche Eigenheiten denen Dianas weitestgehend entsprachen. Auch die anschließende Videoanalyse belegte den Experten zufolge, dass es sich bei dem geheimnisvollen Mann um »Rafilotto« handeln müsse.

Perrone und seine Helfershelfer standen damals auch mit dem Chef des Clans, Michele Zagaria, in Kontakt. Während eines abgehörten Telefonats unterhielt sich Perrone mit Salvatore Buonincontri. An einem bestimmten Punkt reichte Perrone den Hörer an jemand anderen weiter, der sich nicht vorstellte und daher den Gesprächspartner verwirrte. Aber Perrone selbst gab seinem Gesprächspartner einen Hinweis: »Es ist ›O Cuoll'sstuorto‹ [Spitzname von Zagaria].« Und Buonincontri entgegnete: »Ach ...« Noch bezeichnender ist, was Buonincontri nach dem Ende des Telefonats sagte: »Habt ihr nicht verstanden, das war Michele Zagaria.« Pasquale Maisto, der sich unter den Anwesenden befand, fragte daraufhin: »Und Perrone gehört zu dem?«

Dass Perrone in Verbindung mit dem flüchtigen Zagaria stand, ergab sich auch aus einem anderen Abhörprotokoll. Dieses Mal hatte es keinen Hinweis auf die Identität des Gesprächspartners von Perrone gegeben, aber die Stimme war den Ermittlern zufolge identisch mit der der bereits vorhandenen Aufnahme. Ein Audioexperte bestätigte das mit achtzigprozentiger Wahrscheinlichkeit.

Es gibt weitere Abhörprotokolle, in denen sich Perrone über den Paten Zagaria äußert. In einem davon behauptet er, mit dem Flüchtigen befreundet zu sein. Zagaria habe ihm sogar eine Villa in Baia Domizia (bei Neapel) schenken wollen. Perrone erläuterte: »Die erste Villa gehörte ihm [Michele Zagaria], die zweite Pasquale [dem Bruder von Zagaria und Ehemann der Tochter des Bauunternehmers aus Parma, der wegen mafiöser Verbindungen verurteilt wurde] und die dritte Antonio [Antonio Zagaria oder Antonio Iovine].« Perrone sollte die vierte Villa bekommen, erklärte aber den Anwesenden, dass er das Geschenk abgelehnt habe, aus Gründen, die mit seiner Vergangenheit zusammenhingen, als er zur Truppe des verstorbenen Paten Alberto Beneduce gehörte, der ein Freund des Flüchtigen Zagaria war.

Der Blick des Mädchens verrät, dass es ihr sehnlichster Wunsch ist, von jemandem hier weggebracht zu werden. Sie ist hübsch. Mit ihrem deutlichen osteuropäischen Akzent und ihrer lauten Stimme erzählt sie mir davon, dass sie seit ihrer Kindheit Italien als »gelobtes Land« gesehen habe. »Italien, Italien, dachte ich, schönes Land. Aber ich hab nur durchgeknallte, gewalttätige Leute getroffen.« Während sie das sagt, setzt sie sich neben mich. Ich warte auf meine Pizza. Sie nennt sich Sonja und »arbeitet« im *Big Bijou*, dem Nachtclub über der Pizzeria. Das als Nachtclub getarnte Bordell, in dem sie beschäftigt ist, ist ein Alptraum. Und trotzdem immer noch besser als der Straßenstrich.

»Aber ich hab keinen Bock mehr auf dieses Scheißleben« sagt sie. Sie hat einen Sohn, bald kommt der zweite zur Welt. Sein Vater ist irgendein Kerl, der gar nicht weiß, dass er Nachwuchs gezeugt hat. Die Zahl der Freier im Nachtclub ist hoch. Sie kommen aus allen Bevölkerungsschichten. Reiche, Selbständige, Mediziner, Jugendliche, Studenten, Arbeiter. Es ist eine abseitige Welt, in der es sich gut verdienen lässt. Und überall dort, wo sich gut Geld verdienen lässt, ist auch die Mafia nicht weit. In diesem Fall tritt sie in Person von Alfonso Perrone in Erscheinung. Seine Männer gehen im *Big Bijou* ein und aus, dem Nachtclub am Rande der Altstadt von Modena. Im Club führen sie sich wie wandelnde Mafioso-Klischees auf. Sie bekommen Champagner gratis, und »Unterhaltung« sowieso.

Als einmal einer der Kellner einen von ihnen irrtümlich zur Kasse bitten wollte, riefen sie Perrone an und reichten das Handy an den in der Zwischenzeit herbeigerufenen Nachtclubbesitzer weiter. Perrone, am anderen Ende der Leitung, legte sofort los: »Weißt du überhaupt mit wem du sprichst? Wegen so einer … kannst du dir in deinen Arsch stecken, du … lachst du mich gerade aus?« Der Nachtclubbesitzer, der mittlerweile verstanden hatte, wer da am anderen Ende der Leitung war, begann herumzustammeln und entschuldigte sich wortreich. Dank der Intervention von »O Pazzo« war die Sache geklärt und die Clan-Mitglieder konnten ihren Abend im Nachtclub ungestört und unbehelligt von weiteren finanziellen Belästigungen zusammen mit ihren beiden Begleiterinnen fortsetzen.

»Furchtbare Leute«, sagt Sonja, deren nächste Schicht gleich beginnt, »sie kommen rein, führen sich auf wie die Paschas und lassen die Puppen tanzen. Wir müssen sie oft exklusiv bedienen.« Ihre Mimik verrät, welche Demütigungen sie über sich ergehen lassen musste als Spielzeug für aufgegeilte, überhebliche Mafiosi, zerfressen von der Macht, die sie über die schwächsten Glieder der menschlichen Gesellschaft ausüben.

Binnen kurzer Zeit war Alfonso Perrone zum Schrecken der aus Süditalien stammenden Unternehmer im Raum Modena geworden. Seine Methoden beschränkten sich nicht auf Drohungen, die im Verborgenen ausgesprochen wurden. Baseballschläger und Totschläger kamen zum Einsatz. Sein Anwalt Paolo Molaro höchstselbst riet ihm, wie er mit einem Unternehmer umspringen sollte, der seinen Schulden nicht nachkam: »Man muss ihm klarmachen, dass das alles bislang noch harmlos war, dass er es auch gern anders haben kann (...). So ein Scheißkerl. Das können wir uns nicht bieten lassen, den sollte man am besten einfach abknallen.« So geben es zumindest die Protokolle der abgehörten Gespräche zwischen Perrone und seinem Rechtsvertreter wieder, Belege für die gefährliche Nähe zwischen manchen Juristen und ihren Mandanten aus den Reihen der Mafia-Paten.

Perrones Männer hielten wiederholt Rücksprache mit engen Verwandten von Francesco »Sandokan« Schiavone. So trafen sich Mario Temperato und Francesco »U Cicciarello« Schiavone, Cousin ersten Grades von Francesco »Sandokan« Schiavone. Bei diesen regelmäßigen Treffen im Raum Modena waren auch andere Größen des Clans wie Diana, Zagaria oder Schiavone zugegen. Perrone führte für einen bestimmten Zeitraum einen Teil der Geschäfte des Clans in Modena. Damit beauftragt worden war er von der Clan-Spitze. Die Verhaftungen im Zuge der Anti-Mafia-Operation mit dem Decknamen »Medusa«, die auch zwei Wärter des Gefängnisses von Modena betrafen, versetzten der alten Garde um Diana einen harten Schlag. Auf diese Weise kam Perrone ins Spiel, der sich schnell die entsprechende Mannschaft zusammenstellte und von der Clan-Führung schließlich den offiziellen Auftrag erhielt. Dabei wurde er einem anderen Mafia-Boss in der Region unterstellt, Sigismondo di Puorto, der, wie sich zeigte, auf doppelte Weise mit Antonio »O Ninno« Iovine verbandelt war.

Perrone umgab sich mit Männern, die zu allen Schandtaten bereit waren. Bauunternehmer, die sich der Mafia-Methoden bedienten, um Aufträge zu ergattern und Geld herauszupressen. Das belegen die Ermittlungen der Anti-Mafia-Direktion des Bezirks Bologna. Die Autowerkstatt in der Via Nonantola 82 war die Schaltzentrale, von der aus Perrone und seine Bandenmitglieder jahrelang Angst und Schrecken unter den Unternehmern im Raum Modena verbreiteten. Folterungen fanden dort ebenso statt wie die Planung von Strafexpeditionen. In einer Unterhaltung, die die Fahndertruppe aufzeichnen konnte, kommentiert Perrone eine Ausstrahlung der Sendung »Anno Zero«, zu deren Gästen Roberto Saviano zählte. Er war sich mit den übrigen Anwesenden einig, dass Saviano nur deshalb noch am Leben ist, weil der Clan gerade keinen Krieg mit der Polizei gebrauchen kann, wie er damals losging, nachdem der Pfarrer von Casal di Principe, Giuseppe Diana, erschossen worden war.

Gewalt und Herumgeprotze. Eine Lebensweise, die manche Mitglieder des Clans zur Schau stellen. Das Gebot der Unauffälligkeit, unter dem normalerweise die Mafia-Familien in

Norditalien leben, ist ihnen egal. »Eines Morgens kam einer von ihnen in mein Büro«, vertraute mir ein Angestellter einer Versicherungsfirma an, der es vorzog, seine Aussage anonym zu machen. »Er fing mit absurden Forderungen an, außerhalb jeglicher rechtlicher Grundlagen, auf der Basis von Verträgen, die damit überhaupt nichts zu tun hatten.« Als der Inhaber der Versicherungsagentur sich weigerte, seinem Anliegen nachzukommen, sei der junge Mann gewalttätig geworden, habe ihn beim Kragen gepackt und gegen die Wand geschleudert. Als dem Inhaber seine Mitarbeiter zu Hilfe kamen, sei der Jugendliche hinausgestürmt. Er habe ihnen noch zugerufen, dass sie wohl nicht wüssten, mit wem sie es zu tun hätten. Einige Zeit später entdeckte der Angestellte den Betreffenden unter den Verhafteten, die im Zuge der Operation »San Cipriano« vor Gericht gebracht wurden.

»Ich komme zu dir nach Hause und zieh dir die Haut ab (…), du hast einen Scheiß kapiert (…), weißt du eigentlich, dass du es mit den Männern aus Afragola zu tun hast? Du gehörst zu denen, die ich in den Arsch ficken werde! (…) Ich werde Dir richtig Feuer unterm Hintern machen, du Stück Scheiße! Wenn ich nach Rovigo komme, dann nicht allein! Ganz ehrlich, Alfonso, der hat mich richtig wütend gemacht, ich war drauf und dran, ihn zu totzuschlagen.« Es ist nicht das erste Mal, dass Tonino, ein Bauunternehmer, der lange Zeit in Rovigo gearbeitet hat, auf diese Weise von Alfonso und Giovanni Perrone bedroht wird. Drohungen dieser Art gehören zu seinem Alltag. Er ist eines der Opfer des Perrone-Clans. Tonino versuchte mit allen Mitteln, den Fängen des Clans zu entkommen und Zahlungen an die Verbrecher zu vermeiden.

»Ey Tonino, du hast von ein, zwei Tagen gesprochen, aber das Geld ist immer noch nicht da. Was ist los mit dir?«, herrscht ihn Perrone an. Der Tag des Jüngsten Gerichts, das der Clan

Tonino zugedacht hatte, kündigte sich an. Eine Lektion in Sachen Gewalt, um ihm Respekt vor den Honoratioren des Clans beizubringen. Einen bestrafen, um hundert Respekt beizubringen, scheint das Motto des Clans zu sein, wie es Augusto Balloni definiert, Professor für Kriminologie in Bologna. Ehre, Respekt, Macht, Geld sind wie Drogen, von denen die Männer der Clans abhängig sind. Am Ende bezahlte der nach Rumänien ausgewanderte Unternehmer das vom Clan geforderte Schutzgeld. Er zahlte, um den Drohungen gegen seine Kinder und seine Ehefrau ein Ende zu machen, und er zeigte diese Verbrecher nicht an, aus Furcht davor, ganz allein dazustehen.

Das, was Tonino widerfahren ist, ist kein Einzelfall. Der leitende Staatsanwalt von Bologna hatte die betroffenen Unternehmer bereits mehrmals nachdrücklich dazu aufgefordert, Anzeige zu erstatten, bevor sie Opfer von Prügelattacken oder Schlimmerem werden. Sein Appell verhallte ungehört. Bis heute gibt es nur wenige Unternehmer in der Emilia-Romagna, die es wagten, sich auf diese Weise zu wehren. Die Übrigen ziehen es vor zu zahlen und zu schweigen.

Die Aussagen von zwei Bauunternehmern, die sich trauten, gegen die Mafia juristisch vorzugehen, finden sich in den Akten der Operation »San Cipriano«. Bereits nach den ersten Drohungen hatten sie sich an die Carabinieri gewandt und von ihren Erlebnissen mit dem Clan erzählt. Ihre Berichte enthüllen eine heimtückische, weniger offensichtliche Erpressungsvariante. Einer dieser Unternehmer war von Alfonso Perrone aufgefordert worden, seine Schulden in Höhe von 6.000 Euro bei Massimo Gugliuzza und dessen Teilhaber aus Foggia (Apulien), Giuseppe »Gamberone« Ferraro, zu begleichen. Aber der Betroffene war damit nicht einverstanden. Gugliuzza und Ferraro hatten auf einer Baustelle des Unternehmers Fliesen verlegt. Ein Auftrag im Wert von 2.000 Euro, der aber äußerst schlampig ausgeführt worden sei, wie der Unternehmer bei seiner Aussage gegenüber den Carabinieri betonte. Die ursprüngliche Forderung der beiden hatte sich zwischenzeitlich um den Anteil des Clans an dieser Summe erhöht. 4.000 Euro für den Service des Clans, »Außenstände« einzutreiben. Ein umfassender Service, der befreundeten Handwerkern vonseiten des Clans angeboten wird.

Als »Außenstände« für Mario Maggio eingetrieben werden sollten, einem weiteren Unternehmer, der im Gebiet zwischen Mantua und Modena aktiv war und der sich an Perrone gewandt hatte, sicherte dieser dem erpressten Opfer zu, dass der Mahnbescheid, den Maggio beim Amtsgericht in Modena gegen das Opfer erwirkt hatte, zurückgezogen werde. »Mach dir keine Sorgen um das Geld, ich regle das«, hatte Perrone dem Unternehmer versprochen.

Die Wirtschaftskrise und alltägliche Schwierigkeiten, mit denen eine Baufirma konfrontiert ist, lassen einen Mann wie Perrone kalt. Auf Einwände solcher Art reagiert »O Pazzo« nicht. »Nimm das, was passiert ist, ernst. Sowas zieht sonst schwere Prügel nach sich«, rief er. Die Inkassoagentur von Perrone und seinen Bandenmitgliedern verfügt für solche Zwecke über verschiedene Drohungsszenarien. Eines dieser Szenarien, wie es in einer Aussage gegen Perrone beschrieben wurde, ist bezeichnend für die Vorgehensweise.

Nachdem die Clan-Mitglieder den betroffenen Unternehmer in eine der Clan-Unterkünfte verschleppt haben, setzen sie ihn auf einen Stuhl. »Wie vor einem Tribunal«, beschreibt das Opfer die Szene. Er muss seine Autoschlüssel abgeben und wird immer wieder geohrfeigt. Eine demütigende Aktion. An diesem Punkt ergreift der Pate das Wort und erinnert das Opfer daran, dass er damit beauftragt worden sei, Außenstände für die Firma AGR einzutreiben, ein Bauunternehmen der Region, deren Eigentümer sich bester Beziehungen zu Alfonso Perrone erfreut. Um die 13.500 Euro einzutreiben, die der in wirtschaftliche Schwierigkeiten geratene Unternehmer der AGR schuldet, wandte die sich an Perrone. Das Opfer weiß nicht, wie er das Geld zur Begleichung der Schulden auftreiben soll, durch Zinseszins wachsen die Schulden rasch auf 60.000 bis 70.000 Euro an. Der Erpresste bittet um Zeit, um das Geld aufzutreiben, ein normaler Vorgang in der normalen Wirtschaft. Aber wenn der Clan über Zeitpunkt und Modalitäten der Zahlungen entscheidet, gibt es keine normalen wirtschaftlichen Abläufe mehr, keinen freien Entscheidungsspielraum, aus normalen Mitbewerbern werden unfaire Konkurrenten.

Schläge, Feuer, Drohungen, Schüsse, Diebstähle. Beunruhigende Indizien, die in der Provinz Modena immer öfter zu verzeichnen sind. Von 2007 bis 2010 wurden den Daten der örtlichen Verwaltung zufolge über 350 vorsätzlich gelegte Brände registriert. Die Ziele dieser Anschläge: Pizzerien, Restaurants, Cafés, Tiefbaufirmen, Baggerverleihfirmen, Baustellen, Baumaschinen, Firmenfahrzeuge, Lastwagen. »Alarmierende Vorgänge«, wie sie die Staatsanwälte der Region bezeichnen. Die Staatsanwälte können die bittere Wahrheit umfassend belegen: Die Macht der Mafia und ihre Einschüchterungsmethoden sind definitiv im Herzen des Wohlstandsmotors Italiens angekommen. So zu tun, als ob es sich dabei um unwichtige, vorübergehende und letztlich nicht typische Erscheinungen handle, erleichtert dem unwillkommenen, gewalttätigen Gast nur den weiteren Zutritt zu den zentralen Ebenen der örtlichen Gesellschaft. Und schwächt deren Abwehrkräfte gegenüber dem Verbrechen.

Das, was sich gerade in der Lombardei, in Ligurien, Piemont und Latium abspielt, wo Politik und Mafia immer engere Verbindungen eingehen, versinnbildlicht die generelle Degeneration der Führungsschicht Italiens. Die Politik zeigt sich unfähig, langfristige Gegenbewegungen zu initiieren. Sie verlässt sich auf die Stimmenbeschaffung durch die Mafia, um ihre lukrativen Erbhöfe nicht zu verlieren. Nominierungen, Macht, Austausch von Gefälligkeiten haben Ideologie und Programmatik ersetzt. Die Auflösung des bisherigen Politikverständnisses kommt dem Vormarsch der Mafia zugute. Die Mafia findet hier ein fruchtbares Terrain vor, um ihre korrumpierenden Praktiken vertiefend anzusetzen.

Korruption und Mafia sind zwei Seiten derselben Medaille. Der Mafioso bedarf der politischen Unterstützung der legalen Macht, um zu »regieren«, um die öffentlichen Ausschreibungen zu manipulieren und seine legalen Unternehmungen zu pflegen. Umgekehrt brauchen Teile der Politik auch die Mafia. In der Konsequenz führte das zur Entstehung jener Grauzone, in der sich servile Politiker, aus dem Ruder laufende Geheimdienste, Staatsanwälte und »Freunde« aus den Reihen der Strafverfolgungsbehörden herumtreiben. Um die Macht über eine bestimmte Region zu erringen, setzt die Mafia ihre bekannten Mittel ein: schießen, bestechen und erpressen. Das traditionelle Italien mit seinen Wertvorstellungen wird dabei von den verschiedenen Mafia-Organisationen ausgekontert, die auf diese Weise ihren Vormarsch Richtung Norden vollenden.

Modena und die gesamte Emilia-Romagna sind Präzedenzfälle unter den verschiedenen Kriegsschauplätzen der Mafia. Einzelhändler und Landvermesser, politisch agierende Rechtsanwälte, Bankdirektoren und Geschäftsführer, Notare, Unternehmer und wie diese Strippenzieher alle heißen – Hunderte solcher »Leistungsträger« stehen auf der Gehaltsliste der Mafiosi, die ein ahnungsloser italienischer Staat eigenhändig nach Norden, nach Modena und in die Emilia-Romagna verpflanzte. Sie nehmen dort führende Rollen ein, auch in der Stadt Modena, die sich öffentlich gern ethisch einwandfrei gibt und in der angeblich alle eine weiße Weste haben.

Doch hinter der ehrbaren Fassade betreiben die Strippenzieher das Geschäft der Mafia, den versierten Slalom zwischen legaler und illegaler Ökonomie. Und das mit dem Grad an Professionalität, den die Mafia-Banden von ihren Strohmännern in der legalen Wirtschaft verlangen. Paolo Raviola, der zu den Verhafteten im Rahmen der Operation »San Cipriano« zählte, ist ein gutes Beispiel hierfür. Er hat sich den Spitznamen »Steuerberater« redlich verdient. Er kann auf eine Verbrecherkarriere zurückblicken, die sich ausschließlich im Bereich der Wirtschaftskriminalität abspielte. Neben seinen Fähigkeiten, die Spur von gewaschenen Erpressungsprofiten zu verwischen, gelang es ihm auch, verschiedene Konten zu eröffnen, die auf die Namen von Bauunternehmern liefen, die ebenfalls in die untersuchten Machenschaften verwickelt waren. Er war trotz allem das »legale Gesicht« der Bande mit Kontakten und Erfahrungen, die er sich im Lauf der Zeit angeeignet hatte, sowie Verbindungen zu den Direktoren verschiedener Bankfilialen in der Region. Aber er verfügt nicht nur über Geschick und hohe kriminelle Energie. Gemeinsam mit Alfonso Perrone soll er auch an einigen »Stoßtruppunternehmen« teilgenommen haben, die dazu dienten, »Rechnungen zu begleichen«.

Das ist Modena heute. Eine Stadt mit zwei Gesichtern. Die Stadt mit den geschmeidigen Strukturen, innerhalb derer sich die legalen und illegalen Aktivitäten oft überkreuzen. Nach außen sichtbar ist die immer weiter fortgeschriebene Erfolgsgeschichte der glänzend funktionierenden, boomenden legalen Wirtschaft. Häufig in neue Bahnen und Richtungen gelenkt wird diese allerdings von der dahinterstehenden illegalen. Die idyllische, traditionsreiche, vielfach gesegnete Stadt am Fluss Panaro tanzt auf dem Vulkan, angefeuert von der Mafia, die daran prächtig verdient.

4.

DIE SPIELHÖLLEN DER CLANS

Eine farbig bedruckte Walze, der man die eigene Zukunft anvertraut. Ein Stoppknopf, der über Sieg oder Niederlage entscheidet. Eine einprogrammierte Gewinnmarge, die die Kassen der Mafien klingeln lässt. Spielautomaten sind ein echter Goldesel für die organisierte Kriminalität. Denn im Zeitalter des globalen Prekariats verschwenden immer mehr Frauen und Männer einen Großteil ihrer Tage in den überall aus dem Boden schießenden Spielhöllen. Das Glücksspiel ist legalisiert und egalisiert worden. Arbeitslose, Angestellte, Rentner, Studenten – *Slot Machines* weisen keinen ab. Es sind perfide Geräte, die mit einer Konzession der staatlichen Glücksspielaufsicht überall und jederzeit legal betrieben werden können. Auf den Automaten ruhen die Hoffnungen von denjenigen, die sonst keine Hoffnung mehr haben. Schwache, vom Leben enttäuschte Persönlichkeiten, die nach jeder Runde noch gieriger und verzweifelter werden, süchtig nach dem, was ihnen allein eine bessere Zukunft zu garantieren scheint.

Sie zocken ohne Pause. Zeitweise scheinen sie von einem Glücksspielrausch umnachtet zu sein. Verlieren schon mal tausend Euro am Tag. Und kehren in einem schlechteren Zustand in ihre Behausungen zurück, als sie diese morgens verlassen haben. Nach zehn Stunden Arbeit sitzen andere weitere fünf Stunden vor dem Spielautomaten, womöglich um den Lohn aufzubessern und sich ein »Päckchen«, eine abgepackte Portion Kokain, zu kaufen.

Ich betrachte die Meute der Verlorenen, die ihre Seelen an die Maschinen verkauft haben, während ich ein Bier trinke, das mir der befreundete Barmann an den Tisch gebracht hat. »Aber wie viele Stunden verbringen sie so vor diesen Automaten?«, frage ich ihn unvermittelt. Er lacht. Er weiß, wie viele sich in den unsichtbaren Fallstricken verheddern, die aus einem Spielanfänger binnen kurzer Zeit einen rettungslos Süchtigen machen.

»Es gibt welche, die hier den ganzen Tag bleiben. Auch Frauen. Die setzen sich morgens hin und gehen erst abends wieder. Die Arbeiter kommen nach Schichtende, hocken sich vor die Maschinen und bleiben viele Stunden. Und dann gibt es noch die Schlaumeier, die die Automaten mit allerlei Tricks dazu bringen wollen, all das verlorene Geld wieder auszuspucken«, antwortet er ohne Anzeichen von Mitgefühl.

Ich frage mich, warum er diese bescheuerten Geräte überhaupt aufgestellt hat, die noch dazu überhaupt nicht zur Einrichtung des Lokals passen. Als er plötzlich ernst wird, bemerke ich, dass ich wohl laut gedacht haben muss. Er fürchtet, dass mich jemand gehört haben könnte, und zischt mir ins Ohr: »Wenn's nach mir ginge, wären diese Scheißdinger hier nie aufgestellt worden.« Seine Stimme zittert dabei ein bisschen. Ich verstehe. Verstehe dieses »Wenn's nach mir ginge«, diese Passivität, mit denen er den Befehlen anderer folgt. Aus der Sichtweise derjenigen, die die Macht und Skrupellosigkeit verkörpern, nennt sich das »erlernte Angst«. Oder schlicht und einfach Mafia.

Der Glückspielmarkt gehört zu den expansiven Wirtschaftszweigen. 2009 wurden auf diesem Gebiet 55 Milliarden Euro umgesetzt, 2010 war ein Wachstum von 28 Prozent zu verzeichnen. Das Glücksspiel kennt keine Wirtschaftskrise, keinen Abschwung. Es kennt nur eine Richtung: das Mehr. Genau wie die Mafia-Organisationen. Sie sind es, die von diesem

Business, das mit so viel Hoffnung handelt, den Löwenanteil übernommen haben. Seit dem 1. Mai 2004 sind die traditionellen Video-Poker-Maschinen in Italien verboten. Dafür haben die *Slot Machines* ihren Platz eingenommen. Die Zahl der Spielsüchtigen steigt. Dabei halten sich viele Betroffene gar nicht für süchtig. Spielsucht als Krankheitsbild wird auch von ärztlicher Seite nur selten wahrgenommen.

Die Auswirkungen der Sucht sind verheerend. Sie führt zur Verelendung vieler Menschen, zu Beschaffungskriminalität, zur absoluten Isolation der Süchtigen. Auf der anderen Seite wächst die Industrie, die die Spielsucht aktiv fördert, ohne Unterlass. Und die Mafia generiert mit den Süchtigen und ihrer verzweifelten Suche nach Glück zusätzliche Gewinne.

Angeliefert werden die Glücksspielautomaten auf Lastwagen der Clans. Die Gaststätten sind vorher sorgfältig ausgewählt worden, ihre Betreiber sind entweder Freunde oder Erpressungsopfer. Die Vertriebswege sind vielfältig. Sie kreuzen sich in Sizilien, Kalabrien, Kampanien. Firmen aus dem Bereich arbeiten vorübergehend mit Mafia-Organisationen zusammen. Es geht darum, die Spielsüchtigen so lange auszunehmen, bis sie keinen Cent mehr in der Tasche haben.

Domenico Bidognetti, Kronzeuge der Anklagebehörden, war der erste, der darüber sprach, wie schon die früheren Video-Poker-Maschinen den Kneipeninhabern aufgezwungen worden waren. Und wie das Geschäft schon vor 15 Jahren formell ganz legal von Casal di Principe bis nach Modena ausgeweitet werden konnte. Es war die erste Boomphase des legalen Glücksspiels. Aus dem Raum Caserta gingen die Video-Poker-Maschinen direkt in die Region Modena, unter der Kontrolle bekannter Mafia-Familien. Bidognetti hatte Mario Iovine und Alfonso Schiavone als die führenden Köpfe hinter der äußerst lukrativen Video-Poker-Aktion denunziert. Iovine ist der Cousin des legendären, 2010 nach langer Flucht endlich verhafteten Antonio »O Ninno« Iovine, Schiavone arbeitete lange Zeit als Gymnasiallehrer und stellvertretender Direktor einer Schule an der Küste von Baia Domizia bei Neapel.

Die Idee, in das Geschäft mit Video-Poker-Maschinen einzusteigen, stammt laut Bidognetti von Renato Grasso, einem Unternehmer aus Neapel, dem über Strohmänner unzählige Glücksspiel-Betriebe gehören sollen, dazu Wettannahmestellen und Bingohallen. »Seit 2005 hat Grasso, unterstützt von Angestellten und Familienangehörigen, systematisch Bingohallen vor allem in Norditalien aufgekauft, mit dem Ziel, dort die Glücksspielautomaten aufzustellen, die seinen Firmen gehören«, schrieb der Untersuchungsrichter des Gerichtshofs von Neapel in einer Urteilsbegründung aus dem Jahr 2009. Renato Grasso habe es mit seinem Bruder Francesco verstanden, strategische Bündnisse mit den vorherrschenden Clans in den Vierteln Neapels zu schließen und seine Arbeitsbeziehungen bis zum Gebiet von Aversa auszubauen. Dabei knüpfte er auch Verbindungen zum Casalesi-Clan. Zusammen mit Mario »Riffi« Iovine, der für die Casalesis das Glückspielgeschäft betreibt, gründete Grasso eine Firma unter dem Deckmantel der *Giemme Giochi* von Gianfranco Maddalena, der als Verbindungsmann zwischen den Casalesis und Grasso angesehen wird.

Sowohl Grasso als auch Iovine gibt sich nach außen hin als biederer Geschäftsmann. »Zwischen beiden entstand eine außergewöhnliche Synergie«, so heißt es weiter in der Urteilsbegründung, »die auf einer gemeinsamen Basis an ökonomischer Professionalität, mafiösem Einschüchterungsvermögen, einem sich überschneidenden Bekanntenkreis und einer beunruhigenden Willfährigkeit ihrer Gesprächspartner beruhte. Dadurch war die Gruppe in der Lage, in das Gebiet der Online-Wetten vorzustoßen und über die Grenzen der eigenen Region hinaus zu expandieren.« Und zwar bis in die Emilia-Romagna.

Schon 1995 wurden in den Bars im Raum Modena die ersten Video-Poker-Maschinen der neapolitanischen Mafiosi aufgestellt. Iovine und Schiavone brachten mit Hilfe der örtlichen Clan-Vertreter wie Nappa, Compagnone und Caterino die Maschinen in den Gaststätten von Modena und Umgebung unter. Die Geschäftsfreunde Iovine und Grasso hatten von den Camorra-Clans aus Neapel freie Hand bekommen, die allerdings ihren jeweiligen Prozentsatz verlangten. Die beiden enttäuschten ihre Geschäftspartner nicht und errichteten im nördlichen Vorposten unter der Kontrolle von Iovine, der im Zweifelsfall von dem unverdächtigen Gymnasialprofessor Schiavone vertreten wurde, eine Art Mafia-Kolonie.

»Dieser herausragende ›Erfolg‹ der Mafia in der Emilia-Romagna genau wie in den Mafia-Hochburgen hing mit den Versprechungen zusammen, durch die neue Aufstellungsorte gewonnen wurden«, schreibt der Untersuchungsrichter weiter. Grasso und Iovine sicherten den Gaststätteninhabern, die ihre Video-Poker-Maschinen aufstellten, zu, sowohl mögliche Unkosten bei polizeilichen Beschlagnahmungen als auch mögliche Strafzahlungen zu übernehmen. Das beflügelte den Vormarsch der Mafia-Spielautomaten. Nach Aussagen Bidognettis erhielt der Clan allein von Renato Grasso in den Jahren 2001 und 2002 rund 100.000 Euro im Monat. Ob mittlerweile andere Leute für das Geschäft in Modena zuständig sind, ist nicht bekannt, klar ist jedoch, dass der Casalesi-Clan nach wie vor auf diesem überaus lukrativen Sektor aktiv ist.

Das Vorgehen war dabei immer gleich. Teils wurden die Automaten im Namen von Grasso per Lkw nach Modena gebracht, teils wurden bereits vorhandene Automaten aufgekauft. Sowohl im Raum Caserta (bei Neapel) als auch in der Provinz Modena bediente sich der Clan dabei lokaler »Buchhalter«, die junge »Mafia-Soldaten« in die Kneipen schickten, um Einnahmen abzurechnen, Geld einzutreiben oder mit noch unentschlossenen Besitzern Klartext zu reden: »Deine Bar hat noch keine Video-Poker-Maschine, besorg dir doch welche von Tizio und Sempronio. Du hast schon deine eigenen Video-Automaten? Es wäre besser, wenn du welche von uns nimmst, dann kriegst du vierzig Prozent der Einnahmen, und wir sechzig. Wenn sie kaputtgehen, übernehmen wir die Reparatur.« So erklärte der Kronzeuge den Staatsanwälten die Geschäftspraktiken der Mafia.

Mario »Rififi« Iovine kennt Modena. Es ist erwiesen, dass er selbst schon vor Ort war, zusammen mit Sigismondo di Puorto, der rechten Hand von Alfonso »O Pazzo« Perrone. Di Puorto gilt als das Bindeglied zwischen der Mannschaft in Modena und dem »Mutterhaus« des Clans. Der dokumentierte Besuch Mario Iovines in Modena ist ein zusätzlicher Beleg für die Aussagen des Kronzeugen Bidognetti, der Iovine als »Clan-Manager für Video-Poker« in Modena bezeichnet hatte. Es spricht einiges dafür, dass Iovine bis heute der Statthalter vor Ort ist.

Eine Abfolge von Lagerhallen, weitläufig und zugig. Das Industriegebiet Torrazzi bei Modena ist ein Gebiet hoher Produktivität, aber auch heimlicher Aktivitäten. Äußerlich weisen die hiesigen Firmen alle Anzeichen ordnungsgemäßer Tätigkeit auf. Unternehmen, die auf einem angeblich freien Markt ihre Produkte und ihre Dienstleistungen anbieten. Die Leitlinie ihrer Geschäfte, geben sie vor, folge dem Gesetz von Angebot und Nachfrage. Dahinter verbirgt sich eine Ökonomie der erpresserischen Beziehungen, ohne Substanz, ohne reguläre Buchhaltung. Diese Ökonomie scheint fließend und durchdringend zu sein. Kommunizierenden Röhren gleich sind hier legale und illegale Ökonomie miteinander verbunden.

Nach zahllosen Anläufen finde ich die Straße, nach der ich die ganze Zeit gesucht habe: die Via Grecia. Es sind viele, die hierherkommen und alle dieselbe Frage stellen: »Ich bin daran interessiert, Spielautomaten aufzustellen. Was kostet mich das?« Die Antwort gibt gewöhnlich Luigi, der Sohn von Antonio Padovani. Zusammen mit Renato Grasso bildet er das mythische Königsgespann auf dem Gebiet der Spielautomaten, Bingohallen und Online-Wetten. Die Anteile von Padovani wurden auf Befehl des Gerichtshofs von Neapel beschlagnahmt und nur wenige Monate später durch denselben wieder freigegeben. Sein Imperium besteht aus Firmen, die Spielautomaten vermieten, denen Wettannahmestellen gehören, die Bingohallen betreiben.

Eine dieser Firmen sitzt in Modena. Und eben diese Firma, die sich auf Verleih und Verkauf von Spielautomaten spezialisiert hat, ist den Staatsanwälten zufolge von Grasso und Padovani dazu benutzt worden, eine Bingohalle in der Nähe von Mailand zu kaufen. Nach dem Ankauf habe Padovani dann das Eigentum an Grasso übertragen. Nicht direkt an Grasso, sondern an eine der zahllosen, von Strohmännern geleiteten Firmen aus dessen Imperium. In den so erworbenen Bingohallen hätte Grasso dann seine Spielautomaten aufgestellt. In einem Absatz des Untersuchungsberichts wird eine Episode wiedergegeben, in der Padovani vorschlägt, sich der Gesellschaft mit Sitz in Modena zu bedienen. Er plädierte dafür, Bingohallen in Imola und Mailand zu erwerben, um diese anschließend Grasso zu überlassen. Beide zusammen drehen das große Rad. Sie betreiben ambitionierte, millionenschwere Projekte, von denen einige bis heute laufen. So zum Beispiel ein Spielcasino in Bukarest.

Antonio Padovani wurde 2011 vom Gerichtshof in Caltanissetta wegen Fälschung von Gebrauchsgütern, nicht aber wegen organisiertem Verbrechen verurteilt. Bevor sie die Firmenanteile beschlagnahmten, die in seinem direkten Besitz gewesen waren, herrschte er mittels Strohmänner über ein Firmenimperium, welches unter anderem, so die Urteilsbegründung, der

Steuerhinterziehung diente. Einer seiner Angestellten war der Ehemann der Tochter von Mafia-Boss »Piddu« Madonia. Der Verwandte des Paten, das ergaben abgehörte Gespräche, besuchte einmal im Monat die Mafia-Firma, in der »Padovani seine Sachen herstellen ließ«.

Darüber hinaus wird in den Akten des Gerichtshofs in Neapel erläutert, welcher Art die Kontakte zwischen Grasso, der Anklage zufolge ein Freund der Camorra im Allgemeinen und des Casalesi-Clans im Besonderen, und Antonio Padovani als Gefolgsmann der Mafia-Clans von Catania (Sizilien) und Caltanissetta (Sizilien) waren. Diesen Untersuchungen zufolge ist Padovani das sizilianische Pendant zu Grasso. Zwischen beiden bestehe eine reguläre Geschäftsbeziehung, wie die beträchtlichen Investitionen des sizilianischen Unternehmers in Firmen belegten, die zu Grassos Imperium gehören. Padovani, so steht dort zu lesen, sei »Mafia-Mitglied und für seinen Clan seit einiger Zeit im Bereich der Spielautomaten tätig, wo er auch durch die Komplizenschaft korrupter Beamter die notwendigen Konzessionen erhält und für die Eröffnung neuer Spielhallen sorgt, die nominell Dritten gehören, aber nachgewiesenermaßen im Besitz der Mafia sind.«

Aus den Plädoyers der Staatsanwälte in Neapel und Caltanissetta geht hervor, dass es zwischen den Vertretern verschiedener Mafia-Zweige ein hohes Maß an Zusammenarbeit zum gegenseitigen Nutzen gab. Besonders aufschlussreich im Hinblick auf die Verschleierungstaktik der Mafien sind diejenigen davon, die sich den Anschein der Legalität geben, aber hinter denen sich den Anklägern zufolge das mafiöse Systems des dritten Jahrtausends verbirgt, das Pistolenschüsse nur noch als Ultima Ratio nutzt. Sie sollen uns später noch beschäftigen.

Digitalkameras überwachen den Eingang des Lokals. Drinnen ist es ziemlich verraucht, Hoffnungen werden im Minutentakt geschöpft und endgültig begraben. Mit starren Gesichtern sitzen die Spieler vor den Automaten, setzen, gewinnen und verlieren. In diesem heruntergekommenen Souterrain-Raum wird der Wert des Lebens jeden Tag aufs Neue missachtet. Das einzige Gesetz, das hier Gültigkeit besitzt, ist das des Clans. In meinen Augen ist dieser Ort eine Melkmaschine für Verzweifelte. Angesichts der Überwachungskameras, die mich beobachten, unterdrücke ich meine Empörung, die dieser Anblick von versammelter Verzweiflung in mir auslöst. Die diese Industrie, die die Verzweifelten ausbeutet, in mir auslöst. Mir wird speiübel, und ich bin drauf und dran, wieder umzukehren. Aber ich kann nicht. Denn hier spielen sich die Geschichten ab, von denen ich berichten will.

Finstere Gesichter, stumpf von Alkohol und Zigaretten. Jemand scheint gerade Kokain genommen zu haben. Ich tausche Scheine gegen Münzen. Eine lächerliche Geste, typisch für Anfänger oder für Spione. Hier spielt man mit schwermütigem Ernst. Ich bin in einem der ehemaligen staatlichen »Erholungsheime«, die zu Etablissements des Casalesi-Clans geworden sind. In Carpi, einer Kleinstadt, zwanzig Kilometer von Modena entfernt. Der Name des Clubs ist bezeichnend. *Matrix 2*. Auch die Camorra-Bosse wissen, dass das, was sie aufgezogen haben, eine Art Parallelwelt darstellt, die die Verdammten dieser Erde verschlingt. Es ist ein verzerrtes Spiegelbild der Wirklichkeit, jenen Spielernaturen zur Qual, die vor meinen Augen die unbarmherzigen Automaten beschimpfen.

Zwischen Spieler, Automat und Clan besteht eine perverse Beziehung. Ich meine das Stockholm-Syndrom. Genau dieselbe Abfolge ambivalenter Verhaltensweisen. Im ersten Moment hasst und fürchtet das Opfer denjenigen, der ihm wie ein Blutsauger die Lebensenergie entzieht. In der nächsten Phase unterwirft man sich und überhöht den eigenen Folterknecht, der über die Macht verfügt, über Leben oder Tod zu entscheiden.

Der Täter wiederum gibt sich scheinbar milde gegenüber seinem Opfer, dem bereits der letzte Rest Würde genommen wurde.

Neben mir sitzt eine Frau um die fünfzig, die plötzlich jubelnd 10.000 Euro gewinnt. Ein ausländischer junger Mann flucht angesichts seiner Pechsträhne. Jemand, den hier alle Michele nennen, verliert 5.000. Die Frau gewinnt wieder, aber sie lässt den Hebel nicht los, der so viele Träume verspricht und der sie mal zu Jubelschreien, mal zu tiefen, kummervollen Seufzern verleitet. Die Automaten schaffen eine Art Gleichheit unter den Spielern. Sie alle sind durch den verzweifelten Kampf miteinander verbunden, den sie – jeder für sich – mit den elektronischen Manipulatoren ausfechten. Systematische Vereinzelung der Opfer, die klassische Raubtierstrategie. Wenn man erst mal die Hände auf den Knöpfen und Hebeln hat, verschwinden Familie, Kinder, Arbeit. Zweifel und Reue werden über Bord geworfen. Neues Spiel, neues Unglück. Immer wieder von vorn, um das eigene Schuldbewusstsein zu betäuben. Ersatzbefriedigung, die den eigenen Niedergang nur noch beschleunigt, wenn man einmal in ihre Fänge geraten ist.

Es sind kaum zehn Minuten vergangen, seit ich diesen Höllenschlund betreten habe. Eine junge Blondine, mittelgroß, schlank, betritt den Raum. Ich beobachte, wie sie – mit dem Gestus einer Geschäftsführerin – erklärt, anordnet, Aufgaben verteilt. Sie scheint Ordnung in ihren Laden zu bringen. Meinen Augen, tränend von der sündengeschwängerten Luft in diesem Schuppen, erscheint sie zu jung, um einen solchen illegalen Laden leiten zu können. Ihr Handy klingelt. »Ja?« Ich versuche mitzuhören, irgendeinen Wortfetzen zu erhaschen, um zu verstehen, wer sie ist, was für eine Rolle sie spielt, so jung, so verloren. »Umso besser … aber … na gut … wusste ich nicht … nein, das ist mein privates Handy.« Sie legt auf, nachdem sie noch ein »okay, dann bis später« hinterher geschickt hatte. Nach einer knappen Viertelstunde verlässt die Frau die Spielhölle wieder.

Wie ich später herausfinde, heißt die junge Frau Ioana Ancuta Gurlui und stammt aus Rumänien. Sie wohnt zusammen mit einem gewissen Antonio Noviello. Er wird zum Clan der Casalesis gerechnet und sitzt mittlerweile im Gefängnis von Castelfranco. Ioana hielt auch den Kontakt zu Nicola Mennillo, einem Gefängniswärter der Justizvollzugsanstalt Sant'Anna in Modena, dessen Spitzname ebenfalls Antonio lautet. In Sant' Anna waren zeitweise Noviello, Nicola Nappa und andere Clan-Angehörige der Clans Schiavone, Zagaria, Iovine und Diana inhaftiert.

Es ist ein klassischer Korruptionsfall, der von den Staatsanwälten der Anti-Mafia-Direktion Bologna aufgedeckt wurde. Ihre Anti-Mafia-Operation »Medusa« betraf zahlreiche Mitglieder des Casalesi-Clans. Die auch noch aus ihren kargen Gefängniszellen heraus Anweisungen gaben und Botschaften verschickten. Unter anderem auch mit den ihnen zur Verfügung stehenden Handys. Sant'Anna ist kein spezialisiertes Riesen-Mafia-Gefängnis wie etwa die Anlage von Ucciardone in Palermo. Aber genau deswegen hatte die Taktik von Mafia-Bossen aus der Gegend von Aversa hier größere Aussicht auf Erfolg.

Sie schafften es, zwei Wärter zu bestechen: Die beiden korrupten Justizvollzugsangestellten Nicola Mennillo und Roberto Micillo waren den Bologneser Staatsanwälten zufolge »komplett in der Hand des Clans und erleichterten unerlaubterweise nicht nur die Haftbedingungen von Nicola Nappa, Antonio Pagano, Pasquale Ciocia und Antonio Noviello – etwa mit dem heimlichen Einschmuggeln von zahlreichen Waren aller Art –, sondern sorgten auch dafür, dass Besuche von Angehörigen stattfinden konnten, die offiziell nie erlaubt worden wären. Dies war nur mit gefälschten Dokumenten möglich.

Aber damit nicht genug, wirkten die beiden auch noch bei verbrecherischen Umtrieben der Clan-Vertreter in Castelfranco und Carpi mit, die für die Clans enorme Profite abwarfen, so etwa im Wettgeschäft.«

So weit die Ausführungen der Staatsanwälte, die durch ein abgehörtes Telefonat belegt werden. Zwei Clan-Mitglieder hatten sich darüber unterhalten, dass der Clan dazu verpflichtet sei, Roberto Micillo die Spielhalle in Carpi als Zeichen der Anerkennung für geleistete Dienste innerhalb und außerhalb des Knastes von Sant'Anna zu überlassen. Das, was die Ermittler da mithörten, war eine Lektion in Sachen Knastgebräuche: »Er sorgt dafür, dass sie sich im Freien treffen können, um zu quatschen … im Hof … ach Scheiße … er schmuggelt ihnen die Sachen rein … Mozzarella und so … er nimmt die Sachen einfach mit rein … versteh doch, es ist riskant … er bringt ihn dazu, seinen Posten zu riskieren … er sagt, entweder ihr gebt mir den Laden oder ich stoppe alles … er sagt, ich hab was riskiert, riskiere immer noch was … du hast es mir angeboten, ich hatte nicht drum gebeten … er hat genau aufgeschrieben, was sie tun müssen … wenn du dich gegen die Wärter stellst, hast du ausgespielt.«

Die zwei Gefängniswärter sorgten dafür, dass die Clan-Gefangenen MP3-Player, Rasierwasser und kleine Botschaften erhielten, sowohl schriftliche wie mündliche, und dazu noch Besuche außerhalb der regulären Zeiten empfangen konnten. Den Anklägern zufolge wurde Micillo zusammen mit seinem Schwager Carlo di Bona die Leitung der Spielhölle *Matrix 2* in Carpi übertragen. Die Profite aus dem Wettgeschäft teilten sie mit dem Clan.

Zwei Männer aus Bologna, Gianluca und Maurizio Maselli, Vater und Sohn, wurden von den Ermittlern als Lieferanten von Spielautomaten für die Clan-Spielhalle in Carpi ausgemacht. Sie sollen die Automaten auch manipuliert haben, indem sie mittels Fernbedienungen die Software änderten. Damit, so schreiben die Ermittler weiter, konnten sie illegale Profite generieren. Zum Nachteil der Spieler, denen natürlich nicht bewusst war, dass die Manipulation die Rate an verlorenen Spielen drastisch erhöhte. Damit betrogen die Mafiosi auch den Staat und die staatliche Monopolverwaltung, da die Software-Änderung dazu führte, dass die Verbindung zu den staatlichen Servern unterbrochen wurde und somit deren Prozente nicht abgerechnet werden konnten. Letzter Anklagepunkt war schließlich die Förderung der mafiösen Verbrechen des Casalesi-Clans im Raum Modena.

Illegale Profite nannten es die Ermittler. Wobei alles minutiös auf Papier festgehalten wurde. Ein Betrug, der dem Clan alle zwei Wochen 100.000 Euro einbrachte. Die Steuerung dieser Geldmaschine hatte der Clan einer Frau, eben jener Ioana, anvertraut. Diese war angeblich auch Nicola Schiavone sehr zugetan, dem Unternehmerfilius von »Sandokan«, der 2005 für kurze Zeit am Rand der Innenstadt von Modena wohnte. Mittlerweile sitzt er hinter Gittern, aber bis letztes Jahr war er noch völlig frei von Vorstrafen, und seine unternehmerischen Aktivitäten erstreckten sich bis nach Rumänien.

Die Spieler, denen man das Geld mittels Betrug aus den Taschen zog, gewannen zwischendurch auch vereinzelt höhere Summen. In einem dieser Fälle geriet Ioana in Panik. Aber ein gewisser »Rocco« beruhigt sie. »Rocco« ist ein bezeichnendes Beispiel, um die Zusammenarbeit der verschiedenen Mafia-Organisationen zu verstehen. Dieser Mensch, den Ioana um Rat bat, heißt im richtigen Leben Nicola Femia. Er stammt aus Marina di Gioiosa Ionica, im Hinterland von Locri, Provinz Reggio di Calabria. Den Staatsanwälten zufolge lieferte er die Online-Spiele des Clans und garantierte die entsprechenden Gewinne. Im Hinblick auf die Spielautomatenfirma *Slot Point Production* im norditalienischen Varese fungiere zwar einer seiner Verwandten als Geschäftsführer, aber in Wahrheit sei er für das Geschäft mit den Mafia-Spielhöllen in Carpi und Castelfranco zuständig, die dem Casalesi-Clan unterstehen. Er habe den Clans die Software geliefert und sei Ansprechpartner der Lokalbesitzer für die Online-Spiele.

Femia hat ein langes Vorstrafenregister und wurde 1998 erstmals wegen Zugehörigkeit zu einer mafiösen Vereinigung verurteilt. 2002 erließ die Anti-Mafia-Staatsanwaltschaft von Reggio di Calabria einen Haftbefehl gegen ihn, da sie ihn als Exponenten des Drogenhandels im Auftrag der Mafia-Clans aus Locri ansah. Femia war im Raum Ravenna festgenommen worden, wo er einen Videospielverleih aufgezogen hatte, den die Staatsanwälte trotz vorhandenen Kundenstamms als Tarnfirma entlarven konnten.

Marina di Gioiosa Ionica, der Ort, aus dem Femia stammt, gehört zum Reich mächtiger Mafia-Familien wie den Coluccis, Aquinos und Mazzaferros. Sie stehen für den internationalen Zweig der 'Ndrangheta. Um die Spitzenstellung eines jener Bosse der genannten Familien zu verstehen, muss man sich nur die Verhaftung des Paten Giuseppe Coluccio in Erinnerung rufen, den sie in Toronto schnappten. Die auf ihn angesetzten Staatsanwälte waren einige Jahre hinter ihm her, bis sie ihn schließlich in seiner Penthousewohnung mit Blick auf den Lake Ontario stellten. Ein Luxuswohnapartment, in dem die Polizei Diamanten und höhere Beträge in verschiedenen Währungen beschlagnahmte. Bei den Autos, die er sich während seiner Flucht zugelegt hatte, handelte es sich ausnahmslos um schnelle und teure Luxusmodelle.

Femia stammt aus demselben Ort wie Coluccio. Den Anklägern zufolge war er über die Aktivitäten des Coluccio-Clans bestens im Bilde, sowie über den Casalesi-Clan insgesamt. Als Ioana ihn wie erwähnt wegen der Gewinne eines ihrer Kunden anrief, antwortete er stoisch: »Geld, das man gewinnt, das verliert man auch wieder. Wo ist das Problem?« An Femias Antwort lässt sich erkennen, wie grundverschieden die Herangehensweisen der beiden Mafia-Clans sind. Der Casalesi-Clan zeichnet sich durch Ungestüm und Grausamkeit aus. Die Männer der Clans aus Kalabrien dagegen bewerten jede Situation vornehmlich aus dem Blickwinkel der Professionalität. Nur wenn es nötig ist, handeln sie gemäß der atavistischen Triebe, die Tod und Verderben bringen können.

Die Familien-Clans der Mafia leben in einer Parallelwelt, in einer Art reziproken, antagonistischen Wirtschaft. Sie generieren ihren Verdienst aus den Verlusten ihrer »Kunden«. Dazu bedienen sie sich auch gern norditalienischer »Einheimischer«. Im Juli 2009 wurde eine illegale Spielhölle entdeckt, die von Giuseppe Arrighi betrieben wurde, der einer bekannten Modeneser Familie entstammt. Gemeinsam mit ihm wurden vier weitere Einwohner Modenas verhaftet, Loris Pinelli, Giovanni Aversano, Luigi Biolchini und Franco Berselli. Pinelli stammt eigentlich aus dem nahe gelegenen Vignola. Ihm wird nachgesagt, der Chef des Clan-Vorpostens in Modena zu sein und Verwalter der Spielhöllen im Auftrag der Bosse. Je mehr Einwohner Modenas die Spielhöllen frequentierten, umso stärker klingelten die Kassen des Clans und wurden so zu einer wichtigen Einnahmequelle. Die Gewinne wurden benutzt, um die jahrelange Flucht des Clan-Bosses Diana zu finanzieren, seine und die Familie von Giuseppe Caterino zu unterstützen.

Norditalien nährt die Mafia-Clans mittels der schwarzen, parasitären, im Verborgenen wirkenden Parallelwirtschaft, auf der Achse zwischen Aversa bei Neapel (dem Hauptquartier des Casalesi-Clans) und Modena. Nach seiner Verhaftung erklärte Pinelli, ein einfacher Kunde des Clans gewesen und nur deshalb ins Visier der Fahnder geraten zu sein. Er sei von Francesco Caterino kontaktiert worden, dem jungen Spross des Paten Giuseppe Caterino, der gleichzeitig Neffe von Raffaele

»Rafilotto« Diana ist. Der junge Francesco habe Pinelli unmissverständlich deutlich gemacht, dass ein gewisser Prozentsatz der üppigen Gewinne dem Clan zusteht. Und er habe ohne zu zögern zugestimmt. Pinelli hatte verstanden, dass seine Gewinne durch die Decke gehen würden, wenn erst einmal der Clan über seine dunklen Geschäfte wachte. Und als er die Bosse rufen hörte: »Macht die Pakete klar«, machte sich Loris mit seinen Komplizen umgehend daran, auszurechnen, wie viel Geld künftig in die Kassen des Clans fließen würde.

Biolchini hingegen sorgte nicht nur für Nachschub an Spielern, »die man ausnehmen konnte wie Hühner«, sondern spielte auch eine entscheidende Rolle bei den Erpressungen. In einem abgehörten Gespräch überbrachte Biolchini einem Unternehmer »Forderungen, die nicht von mir stammen, ich spreche für andere, für wichtige Leute«. Da lag der Verdacht nahe, dass Biolchini für den Casalesi-Clan sprach. Biolchini und Pinelli sind zwei Beispiele für Einwohner Modenas, die von der Macht des Clans profitiert haben. Pinelli ist ein guter Bekannter von Alfonso »O Pazzo« Perrone und dessen Anwalt, so dass es kein Wunder ist, dass der Pate am Ende eines Gesprächs bittet, seine Grüße auch Loris (Pinelli) auszurichten.

Von den Spielhöllen bis zur Bauwirtschaft, alle Geschäfte der Clans in der Region Modena drehten sich um die unsichtbare Achse Aversa-Modena, deren Exponenten die Familien Schiavone, Zagaria und Iovine sind. Die Geldflüsse von der Emilia-Romagna in die Kassen des organisierten Verbrechens laufen im Mutterhaus zusammen. Von dort aus wandern sie wieder nach Norden, die Halbinsel hinauf und tauchen im Norden in Form von Wucher, Villen, Luxuslimousinen, Firmen, Wohnungen, Cafés, Restaurants, Handelsunternehmen, Hotels oder großen öffentlichen Bauwerken wieder auf. Womit sich der Kreislauf wieder schließt.

5.

DIE 'NDRANGHETA-DISCO

Mailand, Viale Certosa, vier Uhr morgens. Weil ich mich auf der Tanzfläche der Disco verausgabt habe, verlasse ich die gastliche Stätte und gehe raus auf den Parkplatz des Vergnügungstempels. Mein Auto parkt in einer entfernten Ecke. Plötzlich höre ich ein jämmerliches Stöhnen. Jemand wimmert wie ein geprügelter Hund. Ich drehe mich um und sehe in diese weitaufgerissenen Augen. Der halbnackte Junge blutet an Augenbraue und Wange. Seine Blicke flehen um Hilfe. Hätte ich noch weiter getanzt, hätte ich ihn nicht rechtzeitig gefunden. Niemand hätte ihn gehört. Zwar sind noch viele Autos unterwegs, aber sie rasen auf der vierspurigen Schnellstraße vorbei. Gestreift vom Licht der Straßenlampen. Taub gegenüber den Geräuschen der Außenwelt.

Im Dezember spürst du die Kälte in der ehemaligen Moral-Hauptstadt Italiens bis in die Knochen. Zehn Grad unter Null melden die Wetterstationen in dieser Nacht. Er liegt vor mir auf dem Kiesboden. Spitze, kleine, eiskalte Steinchen drücken sich in die von Blutergüssen übersäte Haut seines Brustkorbs. Rings um uns Stille, die nur von den vorbeisausenden Autos und den aus der Discothek dringenden Musikfetzen unterbrochen wird. Der von mir gerufene Krankenwagen lässt auf sich warten. Ich trage ihn bis zu meinem Auto, setze ihn rein, starte den Motor und steuere die nächste Notaufnahme an.

Er heißt Luis. Während der Fahrt erzählt er, was ihm zugestoßen ist. »Ich war in einer Toilettenkabine mit einem Mädchen. Sie hat mich gefragt, ob ich ihr ein Päckchen [Kokain] verkaufen könne. Ich hatte was dabei. Hab ihr zwei Päckchen gegeben. Alles in allem nicht mal ein halbes Gramm. Auf einmal kommt der Kalabrese rein. Einer der Türsteher. Ein Berg von einem Mann. Ich dachte nicht, dass er wegen 'nem halben Gramm so ausrasten würde. Er packt mich sofort und schreit: ›Komm mit, du Arsch.‹ Ich will mich entschuldigen, aber er hört mir gar nicht richtig zu und schleppt mich nach draußen auf den Hinterhof. Wie ein Irrer prügelt er auf mich ein. Ich flehe ihn an, aufzuhören, aber selbst als ich am Boden liege, tritt er noch auf mich ein. Mir läuft das Blut aus der Fresse. Dann kniet er sich zu mir nieder, zerrt mich an den Haaren zu sich ran und zischt: ›Hier verkaufen so Arschlöcher wie du nicht. Nächstes Mal mach ich dich kalt.‹«

Im *Madison* kann nicht einfach jeder dealen. Als die Discothek noch Mafia-Boss Franco Trovato und seinen Kumpanen gehörte, gab es eherne Regeln dafür. Ein Kronzeuge berichtete den Staatsanwälten, dass im *Madison* der Verkauf von »Päckchen« (Kokain) und *Pieces* (Haschisch) allein den eigenen Männern der Mafia vorbehalten war. Trovato ist einer der erbarmungslosen Eintreiber der 'Ndrangheta, der in Oberitalien zwischen Lecco und Mailand in den achtziger und neunziger Jahren für Angst und Schrecken sorgte. Damals hat er ein riesiges Vermögen gemacht, das sich aus Wucher, Erpressung, Geschäftsanteilen und Drogenhandel speiste. Reichtum, den er umgehend wieder in die legale Wirtschaft investierte.

Trovato untersteht dem Clan der Familie Arena aus Isola di Capo Rizzuto und dem Clan der De Stefano-Tegano aus Reggio di Calabria. Mächtige Familien, denen Kalabrien »gehört«. Trovatos Geschichte ist eng mit der Lombardei verwoben. Als die 'Ndrangheta-Bosse im Hinterland Mailands Fuß fassen wollten, war er ihr Ansprechpartner. Trovato, ein Choleriker, hat ein Faible für Geschäfte. Seine Truppe gilt als dreist und rücksichtslos. Trovato und seine Leute haben früh erkannt, dass sich mit Kokain viel Geld machen lässt. Für die Beschaffung nutzten sie ihre Verbindungen nach Mittel- und Südamerika. Um das »weiße Gold« zu vertreiben, schufen sie entsprechende Strukturen. Sie kauften Gaststätten, Cafés, Discotheken und Pizzerien. Als Franco Trovato verhaftet wurde, wurde sein ganzer Besitz beschlagnahmt. Damals zerfiel ein Imperium, zu dem auch Luxuskarossen, Finanzgesellschaften und Immobilienunternehmen gehört hatten.

Bevor er Kronzeuge wurde, arbeitete Giuseppe di Bella für den Clan von Franco Coco Trovato und war einer seiner engsten Vertrauten. Auf der Grundlage seiner Aussagen hat Gianluigi Nuzzi ein Buch mit dem Titel *Metastasen* verfasst. Ein Exemplar landete auf dem Tisch des Leitenden Staatsanwalts von Rom. Di Bella wurde darin mit der Aussage zitiert, dass Trovato den ehemaligen Justiz- und Verkehrsminister Roberto Castelli bei Wahlen in den neunziger Jahren durch Stimmenbeschaffung unterstützt habe. Di Bella nennt die Namen von Unternehmern und hochrangigen Wirtschaftsvertretern aus dem oberitalienischen Lecco, die zum Aufstieg des brutalen Paten und zur Entstehung seines Imperiums beigetragen hätten. Er beschreibt ein System, das die Erfolgsgeschichte der 'Ndrangheta in der Lombardei erklärt. Ein System, das sich auf Korruption, Mitwisserschaft, geheime Absprachen, Gewalt und Geld gründet.

Nachdem der Mafia-Boss verhaftet worden war, tauchten plötzlich Mario und Emiliano Trovato auf, die Sprösslinge von Franco. Sie übernahmen das Kommando. An ihrer Seite die Vertrauten des verhafteten Paten: Palmerino Rigillo, Vincenzo Falzetta sowie Angelo und Vincenzo Musolino. Der Marsch der neuen Generation auf den Olymp der 'Ndrangheta war damit eröffnet.

Der aus Catanzaro stammende Franco Trovato war 1967 im Alter von zwanzig Jahren in die Lombardei gekommen. Anders als viele seiner Kollegen an der Spitze der Mafia wurde Trovato nicht im Rahmen des unglückseligen Anti-Mafia-Programms in den Norden verbannt, sondern kam aus freien Stücken hierher. Er war ein einfacher Emigrant, der seine Karriere der lombardischen Gesellschaft zu verdanken hatte. In den ersten Jahren arbeitete er auf dem Bau und half mit, die Häuser jener Wohngebiete hochzuziehen, die damals ins Umland der Industriestädte Norditaliens wucherten. Eine anstrengende Arbeit, die auch heute noch von vielen Emigranten aus Kalabrien ausgeführt wird. Jeden Morgen um fünf Uhr aufstehen. Arbeiten bis zum späten Nachmittag. Über zwölf Stunden täglich, um neue Trabantenstädte, neue Stadtteile entstehen zu lassen.

Das Leben des künftigen Mafia-Bosses war zu dieser Zeit von Armut geprägt. Doch Trovato stand der Sinn nach anderem. Er wollte Geld, Ruhm und Anerkennung und fing an, an seiner kriminellen Karriere zu basteln. Am Anfang standen kleineren Straftaten wie Körperverletzung und Diebstahl. Dann kamen die ersten Auftragsmorde hinzu. Mit steigendem Bekanntheitsgrad versammelte er um sich ein Heer jugendlicher Schläger, aus denen er eine eingeschworene Truppe formte. So wurde er zum Boss seines Viertels, und sein Aufstieg begann. 1991 änderte er offiziell seinen Familiennamen. Nach der Anerkennung einer Vaterschaft hieß er fortan nur noch Trovato. Aber in der Geschichte der Mafia-Verbrechen in der Lombardei wird er immer als Coco Trovato in Erinnerung bleiben.

1992 wurde er schließlich verhaftet. Die Polizeibeamten stöberten ihn in seinem Schutzbunker auf und brachten ihn ins Gefängnis von Foggia. Seine Kommandozentrale hatte er in der Pizzeria *Wall Street* im oberitalienischen Lecco gehabt. Dort wurden von ihm und seinen Spießgesellen Strategien entwickelt, Mordanschläge geplant und gefoltert. Dort beschlossen sie, welche Unternehmer sie als Nächstes ausnehmen wollten.

Die wirtschaftliche Potenz des Trovato-Clans war beeindruckend. Seit den achtziger Jahren hatten sie sehr divergierende Geldanlagen angehäuft. Restaurants, Pizzerien, Nachtlokale, Bars, Immobiliengesellschaften, Finanzunternehmen. Werte, an denen Blut klebt, und die Coco Trovato zusammen mit seinem Rangkollegen Pepè Flachi im Zeitraum von zwei Jahrzehnten angehäuft hatte, genauer gesagt zwischen 1970 und 1992, dem Jahr seiner Verhaftung. Im Jahr danach hagelte es eine Vielzahl präventiver Beschlagnahmebescheide für Coco Trovato und seine engsten Angehörigen.

Die Macht des Trovato-Clans beruhte nicht zuletzt auf seinem Reichtum. Die italienische Finanzpolizei beschlagnahmte zwei Finanzgesellschaften, die *Finadda* und die *AP-Leasing*. Dazu die Immobilienholding *Città Arreda*. Auch der Name seines Pizzeria-Hauptquartiers, *Wall Street*, deutet auf die Vorliebe für die Hochfinanz hin. Das Lokal ist offiziell im Besitz seiner Ehefrau Eustina Musolino, deren Bruder Vincenzo Musolino ebenfalls zum ökonomischen Umfeld der Bosse gehörte. Von den dort stattfindenden Misshandlungen erzählte mir ein im süditalienischen Lecce geborener Unternehmer, der in den achtziger Jahren nach Mailand kam, um dort mit seiner Baufirma das große Geld zu machen. Und er hatte sofort Erfolg. Er gewann Ausschreibungen, und die Gewinne stiegen kontinuierlich. Dann trat Coco Trovato in seinen Weg. Der Boss, dem nicht die kleinste geschäftliche Veränderung in seinem Herrschaftsgebiet entging, wollte seine Firma und drohte ihm. Der Unternehmer widersetzte sich, zeigte den Mafioso an und sagte im Prozess gegen ihn aus. Nach seiner Weigerung, mit Trovato zusammenzuarbeiten, hatten ihn dessen Schläger verschleppt. »Sie schleiften mich ins Kellergeschoss der Pizzeria, der eigentlichen Machtzentrale Trovatos. Dann begannen sie mich zu verprügeln und schrien, sie würden mich umbringen«, gab der Unternehmer zu Protokoll. Heute ist er ein führendes Mitglied der von ihm gegründeten Anti-Mafia-Organisation im heimatlichen Apulien, wohin er zurückgekehrt ist, um eine neue Firma aufzubauen.

Auch familiär ist Coco Trovato mit der ’Ndrangheta aus der Provinz Reggio di Calabria aufs engste verbunden. Seine Tochter Giuseppina Trovato heiratete Carmine De Stefano, den erstgeborenen Sohn des örtlichen Mafia-Statthalters Paolo De Stefano. Protagonist, Henker und Opfer des zweiten ’Ndrangheta-Krieges. In dieser blutigen Schlachtenfolge standen sich die Clans der Imertis, Condellos und Serrainos auf der einen Seite, und die Clans der Teganos, Libris und De Stefanos auf der anderen Seite gegenüber. Ein Krieg, der in den Straßen Reggio di Calabrias tobte. Für sechs lange Jahre bildeten die Stadt und die umliegende Provinz den Kriegsschauplatz. Insgesamt starben zwischen 1985 und 1991 mehr als sechshundert Menschen bei diesen tödlichen Auseinandersetzungen. Rachefeldzüge wurden auch über die Grenzen der Region hinaus durchgeführt. Etwa in Mailand, Modena und Bologna.

Das Reich von Franco Trovato gründete sich auch auf ein Netz von Verbindungen ins Gebiet zwischen Reggio di Calabria und Crotone. Die De Stefanos und Teganos waren seine Verbündeten in Reggio di Calabria, und der Arena-Clan unterstützte ihn von Isola di Capo Rizzuto bei Crotone aus.

All das kann Luis natürlich nicht wissen. Er ist gerade mal zwanzig Jahre alt, und abgelenkt von den Reizen der hektischen Mailänder Nachtclubszene richtet sich seine Aufmerksamkeit hauptsächlich auf das schnelle Vergnügen, wie man es in Pillenform oder in *Lines* erleben kann. Aber genau diese Form der »Unterhaltungsindustrie« ist das ureigenste Tätigkeitsgebiet der ’Ndrangheta in Oberitalien. Woher die Drogenpäckchen in seiner Tasche stammen, interessiert Luis nicht. Genauso wenig wie die Frage, wer ihn misshandelt hat, weil er als nicht autorisierter Dealer gegen die ungeschriebenen Gesetze der Branche verstoßen hat. Ihm sind diejenigen egal, die ihm Schmerzen zugefügt haben und denen er jedes Wochenende sein Geld in den Rachen wirft. Ihn interessiert nur, heil nach Hause zu kommen und am nächsten Wochenende neue Streifzüge jenseits jener Legalität zu unternehmen, die er während der Arbeitswoche respektieren muss.

Ausbrechen! Das ist das Hauptantriebsmoment für Luis. Es führt ihn in die Lokale der Mailänder Partyszene, die von Clans der 'Ndrangheta betrieben werden. Etwa das *Café Solaire*, das *Madison*, das *Le Monde*. Vincenzo Falzetta, ein Mafioso aus dem Umfeld von Coco Trovato, war beispielsweise der Mehrheitsteilhaber des *Madison*. Bis 1994 gehörten ihm fünfzig Prozent der Anteile. Einerseits war er Eigentümer des Lokals, andererseits Angestellter der Sicherheitsfirma, die für die Discothek arbeitete.

Einer seiner Brüder, Vincenzo Falzetta, genannt »Banane«, war Teilhaber einer anderen 'Ndrangheta-Discothek, dem *Café Solaire*. Es befand sich in der Gemeinde Peschiera Borromeo, in der Nähe des Flughafens Mailand-Linate und direkt am ehemaligen Mailänder Wasserflughafen. Wie die Untersuchungen ergaben, war auch das *Le Monde*, ein Swinger-Club, ein »'Ndrangheta-Ding«, wie es in den abgehörten Gesprächen der Führungsfiguren von Trovatos Truppe heißt. Die jeweiligen offiziellen Lizenzverlängerungen lassen sie sich eine Menge Geld kosten. Sie gingen sogar so weit, die Unterstützung der damaligen Verwaltungsspitze der Provinz zu erkaufen.

Vom Drogenhandel bis zur Auswahl der Sicherheitsfirmen, in den 'Ndrangheta-Discotheken sorgte das Mafia-System für alle Dienstleistungen. In der Operation »Oversize« wurden unter anderem Falzetta und der Sohn Trovatos, Emiliano, verhaftet. Dabei wurden zahlreiche Hinweise auf andere Mafiosi gefunden, die als Sicherheitspersonal der 'Ndrangheta-Discotheken arbeiteten. Mit diesem Trick hatte die Mafia dafür gesorgt, dass ihre Gefolgsleute legale Arbeitsplätze erhielten und gleichzeitig ganz offiziell den Drogenhandel in den Discotheken kontrollieren konnten. Eben jenen Drogenhandel, der die Profite der Mafia erst so richtig explodieren ließ.

Der für den Kokainverkauf in den 'Ndrangheta-Discotheken zuständige Unterweltler war Palmerino Rigillo, der Neffe von Vincenzo Falzetta. Diese »Arbeit« verschaffte ihm ein Einkommen von 10.000 bis 15.000 Euro pro Monat. Er hatte die Erlaubnis, auch außerhalb der Mafia-Lokale zu verkaufen, solange er selbst den Stoff vom Trovato-Clan einkaufte. Palmerino vertickte auf diese Weise dreißig bis vierzig Kilo Kokain pro Monat. Der Stoff wurde in einem Lager in Lecco gebunkert. Und von dort auf den lombardischen und toskanischen Markt verteilt. Aber nicht nur das. Große Mengen wurden auch an die Clans der Provinz Reggio di Calabria und der Küste am Ionischen Meer weiterverteilt.

Diese enge Zusammenarbeit von Süd- und Norditalien ist ein sprechender Beleg für jene moderne 'Ndrangheta, die keine Grenzen mehr kennt. Auch keine Staatsgrenzen. Mit ihrem »weißen Gold« unterwandert sie die Märkte, reißt Schutzmauern ein und errichtet Imperien. Weltweit gilt die 'Ndrangheta mittlerweile als Monopolist im Kokainhandel. Dieser Handel ist in mehrere Ebenen unterteilt. Die 'Ndrangheta-Clans beherrschen die beiden obersten Ebenen. Sie sind Finanziers und Zwischenhändler, Akteure, die im Zwielicht operieren und nahezu unsichtbar bleiben. Sie knüpfen Kontakte und sorgen für Kapitalnachschub. Den schmutzigen Teil der Arbeit überlassen sie anderen, den Großhändlern und Dealern, den sogenannten »Pferden«, die in der Mafia-Hierarchie an unterster Stelle stehen.

Auf diese Weise saugt die Mafia Italien aus. Und verdient dabei Milliarden. Geld, das den bitteren Geruch von »Päckchen« verströmt und das von den Clans aus der schwarzen in die weiße Wirtschaft gepumpt wird. Damit gelingt es ihnen, die legale Wirtschaft zu unterwandern, zu verseuchen und unter Drogen zu setzen. Zwei Seiten derselben Medaille. Aus Kokain werden Geschäfte, Einkaufszentren, Supermärkte, Wohnhäuser, Baumaschinen, Bingohallen, Gaststätten und Discotheken. In letzteren wird dann wieder das »weiße Gold« gehandelt, so schließt sich der Kreislauf.

Kokain ist für viele Jugendliche zum Lebenselixier geworden. Jugendliche, die sich betäuben wollen, die man anfixen und auf den tödlichen Weg in den Abhängigkeit schicken kann. Wie Luis, der intellektuelle Anstrengungen als lästig empfindet. Er betrachtet die künstliche Euphorie des Wochenendes als einziges Gegenmittel, um seine Unsicherheit zu überwinden, seine Leistungsfähigkeit zu steigern und nicht ins Prekariat abzurutschen, das die Gegenwart zum System erhoben hat.

Er zieht es vor, sich den Gorillas der 'Ndrangheta auszusetzen und sein Geld den »offiziellen Dealern« hinterherzuwerfen. Und er ist bereit, weiteres Geld auszugeben für die alkoholischen Zaubertränke, die sie in den 'Ndrangheta-Nachtclubs ausschenken. Luis ist nur ein kleiner Soldat im großen Heer, das auf den nächsten Trip aus ist. Er und viele andere spülen ihr sauberes Geld in die Taschen der Mafia, als Gegenleistung für ihre giftige Handelsware. Solche wie Luis arbeiten hart unter der Woche. Junge Männer und Frauen, die mit Würde ihren Lebensunterhalt verdienen. Ihr an den Werktagen erworbenes Geld wird von der 'Ndrangheta still und heimlich umgelenkt. Junge Menschen, die die Profite der 'Ndrangheta explodieren lassen, ohne sich der Konsequenzen ihres Handelns bewusst zu sein. Schwächen, die sich in Laster verwandeln und von den Clans ausgenutzt werden für ihre eigenen

Zwecke. Aber auch, um die verschiedenen Clans zusammenhalten.

Man hilft sich gegenseitig. So wie im Falle eines Mannes aus der Familie Pesce in Rosarno. 2005 erteilt ihm Palmerino die Erlaubnis, eine Bude außerhalb der Discothek aufzustellen, um Snacks zu verkaufen. Und verspricht ihm bevorzugte Behandlung im Vergleich zu den vielen anderen Ständen vor dem Tanzschuppen. Eine Gefälligkeit, die darauf zurückzuführen ist, dass der Mann einem Mafia-Clan angehört, der die Mafia-Geschichte Süditaliens wesentlich mitgeformt hat. 2005 war es also der Pesce-Clan, der von der vorherrschenden Clan-Familie eine Erlaubnis erbat, um sich nicht den Zorn des Trovato-Sohns zuzuziehen. Von 2007 bis 2011 setzte man den claninternen Konkurrenzkampf aus. Die Gruppe von Coco Trovato war verurteilt worden, und der Pesce-Clan übernahm für sie die Schutzgeldgeschäfte mit den Budenbetreibern. Zusammen mit dem Flachi-Clan fordern sie seitdem die Beträge ein, die für den Verkauf von Brötchen mit Mailänder Salami fällig werden.

Die Pesce-Familie selbst ist ebenfalls ein mächtiger Clan. In Rosarno nördlich von Reggio di Calabria haben sie ihren Hauptsitz. Der Boss Peppe Pesce wurde in den achtziger Jahren des Mordes an Peppe Valarioti, dem Ortsgruppenleiter der Kommunistischen Partei Italiens (PCI), beschuldigt. Dieser war am 11. Juni 1980 nach einer Siegesparty ermordet worden. Rosarno ist auch die Heimat von Domenico Oppedisano. Er rangierte als *Capo-Crimine*, dem höchsten Rang der 'Ndrangheta, als er zusammen mit dreihundert weiteren Verdächtigen im Rahmen der Operation »Crimine« festgenommen wurde. In diesem Zusammenhang konnte auch endlich die verbreitete These widerlegt werden, derzufolge die 'Ndrangheta nur eine horizontale Struktur aufweise und einzig durch Clans gegliedert sei. »Dieses Mal ist alles beisammen, um in einem einzigen Verfahren alle zur Verurteilung zu bringen, die wir schon seit Jahrzehnten verdächtigen«, nämlich die zentrale Führungsstruktur der ’Ndrangheta, so ein Zitat aus dem Plädoyer der Anklage, vertreten durch Nicola Gratteri, dem beigeordneten Staatsanwalt der regionalen Anti-Mafia-Behörde von Reggio di Calabria. Verlesen wurde das Plädoyer im Oktober 2011. Darin forderte die Staatsanwaltschaft eine Verurteilung von 118 Beschuldigten zu einer Gesamtstrafe von 1700 Jahren Haft.

Die Aktivitäten der ’Ndrangheta in der Welt der Nachtlokale beschränken sich nicht auf Mailand. Sie finden auch in der Emilia-Romagna statt und setzen sich bis nach Rom fort. Auch die bunten Lichter, die die Nächte an der adriatischen Riviera erhellen, gehören zu ’Ndrangheta-Lokalen. In Reggio Emilia gehörte dazu bis vor drei Jahren die legendäre Discothek *Italghisa*. Im Juni 2009 wurde deren bisheriger Betreiber, Salvatore Grande Aracri von den Carabinieri in Brescello bei Modena verhaftet. Aracri ist der 31-jährige Neffe von Nicolino »Mani di gomma« (dt.: Gummihände) Grande Aracri, dem Paten des Clans aus Cutro bei Crotone in Süditalien, und seit Jahren in der Po-Ebene zu Hause. Er lebt in Brescello, dem Dorf, in welchem die Geschichten von Don Camillo und Peppone verfilmt wurden, nach den berühmten Romanen von Giovanni Guareschi. Er ist dort als Bauunternehmer tätig und besuchte häufig seine Discothek in Reggio Emilia.

Dorthin brachten ihn auch die Carabinieri, nachdem sie ihn in seiner Villa in Brescello verhaftet hatten. Im ersten Stock der Discothek lagerten Waffen und Drogen. Aussagen zufolge war auch Salvatore Grande Aracri einer der Teilhaber der Discothek. Aber nach den Angaben der offiziellen Eigentümer und der übrigen Ex-Gesellschafter war er nur ein einfacher Angestellter. Oder höchstens für die PR der Discothek zuständig. Nicht mehr. Schließlich wurde er wieder freigelassen und von der Anklage des Drogenhandels und des Waffenbesitzes freigesprochen. Aber die Aussagen des entscheidenden Zeugen, Luigi Boschetti, stimmen nachdenklich. Er war lange Jahre Türsteher der Discothek und hätte eigentlich den Schlüssel zu dem Lagerraum haben müssen, in dem die Drogen und die Waffen gefunden wurden. Mit unsicheren und konfusen Sätzen beharrte er darauf, dass er telefonisch von Unbekannten bedroht worden sei. Dann versicherte er, dass er den Schlüssel einige Tage vor der polizeilichen Durchsuchung an Salvatore Grande Aracri übergeben habe. »Er hat ihn dann behalten«, sagte Boschetti aus und ergänzte, »und ich wollte nichts mehr davon wissen.« Und wieder gerät das janusköpfige Doppelgesicht aus Unterhaltungsindustrie und 'Ndrangheta in den Blick, die beide vom Zerstreuungsbedürfnis der Jugendlichen leben.

Eine engere Beziehung zwischen den Teilhabern und Salvatore Grande Arcri wird durch die Aktivitäten einer Immobilienhandelsgesellschaft mit Sitz in Reggio Emilia belegt. Teilhaber sind die heutigen Besitzer der Disco, die Gebrüder Muto, und Grande Aracri. Sie waren zwar nicht offiziell gemeinsam in Bezug auf die Discothek geschäftlich tätig, das ist wahr. Aber bei vielen anderen Projekten. Belegen lässt sich damit jedenfalls, dass sich die heutigen Teilhaber und Salvatore Grande Aracri sehr gut kannten.

Luis wirft mir einen erschütternden Blick zu. Dann, von einem Augenblick auf den anderen, strahlt mich sein von Blutergüssen übersätes Gesicht wieder an. Seine Gedanken drehen sich bereits um die nächsten Partys der Mailänder Szene. Das, was ihm widerfahren ist, die Schläge, die ihm verpasst wurden, betrachtet er als annehmbares Risiko für Abende mit maximalem Vergnügen. »Nächsten Samstag ist Ralf im *Madison* zu Gast, ein Hammer-DJ, den ich auf keinen Fall verpassen darf«, sagt er mit einem nur noch ansatzweise Schmerz verratenden, freudestrahlenden Lächeln auf den zerschundenen Lippen.

Wir haben Freitag. Seit ich Luis zur Notaufnahme brachte, ist eine Woche vergangen. Eine weitere Runde voller Wochenendvergnügungen im Mailänder Nonstop-Nachtleben steht vor der Tür. Mein Handy klingelt. Es ist Luis. »Hast du heute Abend schon was vor? Ich kann dich ins *Café Solaire* reinbringen, Türsteher hin oder her. Aber dieses Mal ohne k.o. zu gehen, ich versprech's dir. Ich hab nur Päckchen für mich selbst dabei. Diesmal verkaufe ich nichts, die Türsteher werden mich nicht rausschmeißen.« Ich höre aus seiner Stimme heraus, wie sehr er sich auf den Abend freut. Die erfahrene Demütigung zählt für ihn nicht. Er will zurück in die »weißen Nächte«, die auf ihn in den Clubs der 'Ndrangheta warten. Er kann es kaum erwarten, sich die erste *Line* reinzuziehen, die ihn zurückbringen wird in jene Matrix der Realität, wo alles möglich ist und er endlich wieder glücklich zu sein kann. Kokain ist für Jungs wie Luis eine Metapher für das Leben. Eine Existenzform, die für einen kurzen Moment dauerhaft zu sein vorgibt. Für die Zeit, die es braucht, um eine *Line* zu ziehen, high zu werden und dann wieder abzustürzen. Die *Line* ist das Symbol für eine Gesellschaft, die vom Egoismus des permanenten Wettbewerbs ausgeglüht wird. Der Egoismus hinterlässt im Organismus genauso verheerende Spuren wie das Kokain. Er macht ihn sich zu eigen und greift direkt aufs Hirn zu. Davon kommt man nur schwer wieder runter. Geld ausgeben, konsumieren, sich was durch die Nase ziehen, um nicht zusammenzuklappen, das ist das Motto, das Luis in Bewegung hält. Die Kassen der 'Ndrangheta füllen sich immer weiter.

6.

SEINE ~~HOH~~GESUNDHEIT, DER BOSS

Auch Peppe hatte die Gegend um Locri verlassen. Im Gegensatz zu mir aber erst nach dem Abitur. In Kalabrien steht man dann vor einer grundlegenden Entscheidung. Ob man aus dieser sonnenverbrannten Region ohne Entwicklungsmöglichkeiten fortgeht oder dort bleibt und sich – während man auf den erhofften Job wartet – mit Gelegenheitsjobs durchschlägt. Dem Gesetz nach hat jeder ein Recht auf Arbeit. Aber in Süditalien ist dieses Recht nur in Form von Vergünstigungen oder Vorzugsbehandlung durch einen Paten zu bekommen. Und um den Beruf, für den sich Peppe entschieden hat, auszuüben, hätte er in seiner alten Heimat mit der »ehrenwerten« Gesundheitsindustrie zusammenarbeiten müssen. Er hätte dem »Biest« direkt in die Augen schauen und die üblichen Rücksichtslosigkeiten ertragen müssen. Aber das wäre noch längst nicht alles. Als Arzt in Kalabrien tätig zu sein, kann gefährlich, mitunter sogar tödlich sein. Denn auch hier lauert die 'Ndrangheta, die im Gesundheitssektor ein neues lohnendes Geschäftsfeld erkannt hat.

Peppe hatte seinen Entschluss getroffen. Er ging weg und fing ein Medizinstudium in Pavia an. Nach dem Abschluss, auf dem Weg zu höheren Weihen, begann die Ochsentour in den Krankenhäusern. In der Warteschleife, hoffend auf eine freie Stelle. Als »Frischling« waren ihm die überlangen Schichten vorbehalten. Das hieß: kein Privatleben, dafür Prekariat und unsichere Zukunftsaussichten.

Dann die überraschende Wende: Er ergatterte eine Festanstellung. In einer noblen Privatklinik. »Besser als nichts«, wie er mit bitterer Zufriedenheit sagt. Ein sicherer Arbeitsplatz, der Mama und Papa stolz macht. Eine Anstellung, die es ihm endlich erlaubt, Pläne zu schmieden und zu verwirklichen. Er schätzt sich glücklich, denn viele seiner Kommilitonen rackern sich verzweifelt ab, ohne auch nur den Monatsunterhalt erwirtschaften zu können. Arbeitslose Promovierte, ausgebeutete Doktoren, allesamt unterbezahlt. Als wir uns treffen, neckt er mich mit den Worten: »Journalist? Wäre es nicht besser, als Akkordarbeiter auf den Feldern um Rosarno zu schuften? Da bekommst du wenigstens 25 Euro am Tag. Das ist doch besser als die lausigen vier Euro pro Artikel. Das ist doch der neue Tarifsatz, den die Zeitungen zahlen, oder?«

Peppe ist eine bekannte Persönlichkeit in Pavia. Alle kennen ihn. Und im Dunstkreis der Emigranten aus Kalabrien hat er sich Anerkennung verschafft. Er hat eine Position. Er gilt als Spitzenmediziner in der Abteilung für Rehabilitationsmedizin, festangestellt in der Privatklinik der Stiftung *Maugeri* vor den Toren Pavias. Das ist schon eine bemerkenswerte Leistung für einen jungen Mann von knapp dreißig Jahren, vor allem wenn man bedenkt, dass er dies ganz allein erreicht hat, ohne sich vor jemandem – weder vor einem Politiker noch vor einem Paten – zum Affen zu machen. Für einen wie ihn lebt es sich gut in Pavia. Er hat sein Haus, sein Welt, seine Freunde, Emigranten aus Kalabrien ebenso wie Einheimische. Die Jahre in Kalabrien, die geprägt waren von Unterdrückung und dem Pesthauch des Todes, der eine ganze Region überzieht, scheinen unendlich fern. Fort ist die Angst, dass man den nächsten Morgen nicht erlebt, weil man für irgendeine Hirnrissigkeit des amtierenden Paten bezahlen muss.

Aber die Vergangenheit kommt zurück. Dreist klopft sie an die Pforten der Gegenwart. Kaum hat man den charakteristischen Gestank, das Gejaule der hungrigen Bestie registriert, ist es auch schon zu spät. Und Peppe bekommt die Rückkehr der Vergangenheit schockartig vor Augen geführt, oder vielmehr in seine mit Gummihandschuhen für die Visite versehenen Hände gelegt.

Er stand direkt vor ihm. Erst wollte es Peppe nicht glauben, aber dann hat er ihn wiedererkannt. Denn der Mediziner aus Bovalino verfolgt natürlich auch in seiner neuen Heimat das Geschehen in seiner Geburtsstadt. Er kennt die Gesichter der Plünderer, die ihm seine Träume und seine Zukunft raubten. Er kennt die Schlächter seiner Hoffnungen und Aussichten, weiß um ihre chamäleonartige Verwandlungsfähigkeit. Er bemüht sich, gelassen zu bleiben und sich nicht als Landsmann zu erkennen zu geben. Aber sein Akzent verrät ihn. Dass er aus der Gegend um Locri stammt, entgeht seinem Gegenüber nicht. Peppe war bis dahin noch nie einem flüchtigen Mafia-Boss begegnet. Es war das erste Mal. Und nie hätte er im Traum daran gedacht, einmal direkt vor Francesco »Ciccio Pakistan« Pelle zu stehen. Vor allem nicht hier, in dieser Klinik, dem Ort der Heilkunst, wo man sich um Linderung der Schmerzen und Überwindung von Krankheiten kümmert, und nicht um Morde und Profite.

Francesco Pelle gilt als zentrale Führungsfigur im Clan der Pelle-Vottari aus der Mafia-Hochburg San Luca in Kalabrien. Seit 1991 liegt dieser Clan in einem erbitterten Kampf mit einem anderen örtlichen Clan, jenem der Familien Nirta-Strangio. Diese blutigen Auseinandersetzungen kulminierten in dem bekannten Mordanschlag vom 15. August 2007 in Duisburg, den ich bereits im Vorwort beschrieben habe. Hintergrund war eines jener Aufnahmerituale für neue Mitglieder, bei denen jedes Mal der archaische Grundzug der 'Ndrangheta mit Hingabe erneuert wird. Aus dieser Mischung von Archaik und Modernität bezieht die 'Ndrangheta ihre Energie. Das hat sie zur mächtigsten und geheimnisvollsten Mafia-Organisation der Welt gemacht.

Peppe war unsicher, wie er sich verhalten sollte. Vielleicht irrte er sich ja auch. Also entschloss er sich, den auf einem Rollstuhl hereingeschobenen Patienten vorerst nicht dazu zu befragen, und fing mit den routinemäßigen Untersuchungen an. Pasquale, der Name stand auf dem Aufnahmeformular der Klinik, machte auf ihn rein äußerlich einen anständigen Eindruck. Und überhaupt, dachte sich Peppe, wenn er wirklich ein flüchtiger Straftäter ist, wäre er nicht so einfach in die Klinik gekommen, einen der medizinischen Spitzenbetriebe in der Lombardei.

Es ist Juli, und Peppe wäre jetzt gern an einem anderen Ort. Fern von der üblichen Dunstglocke über der Po-Ebene, welche die Lunge und den Geist verseucht. Lieber würde er jetzt in der Sonne liegen, die über seiner Heimatregion scheint, oder im Meer vor der kalabrischen Küste baden. Wenn man uns nur wirklich berufliche Chancen bieten würde, zu Hause, in der Region um Locri, wer würde dann freiwillig diesen klaren, tiefblauen Himmel und den verführerischen, betörenden Duft von Jasmin und Meeresluft gegen den im Norden vorherrschenden Smog eintauschen? Das Heimweh ist ein schreckliches Monster und ein ewiger Begleiter des Emigranten. Es durchbohrt die Seele und martert dein Hirn. Beide füllen sich immer zur Unzeit mit Gefühlen und Bildern aus der Kindheit. Idyllische Bilder. Gerade geerntete Tomaten, kleine grüne Oliven, Basilikum, der dort in ganzen Büschen wächst, Minze mit fingerdicken Ästen, Freunde, mit denen man gemeinsame Wanderungen gemacht hat.

Aber dann kommen die schmerzhaften Erinnerungssplitter aus der Vergangenheit hoch. An die Gegend mit ihrer nervtötenden, unter dem Mafia-Terror erstarrten Gesellschaft. Eine Gegend, die sich gleichgültig gibt gegenüber der Vielzahl von

Jugendlichen, die von hier fortziehen, gegenüber den Söhnen und Töchtern, die von der 'Ndrangheta mit *Luparas* und Maschinenpistolen über den Haufen geschossen werden. Eine Gegend, die kein Mitleid hat mit den auf den Bürgersteigen ermordeten Opfern oder mit den Frauen und Männern, die einfach verschwunden sind oder deren Überreste Jahre später in der Bergregion des Aspromonte gefunden werden. Es lässt sie kalt.

Am Ende solcher Überlegungen, die einhergehen mit Melancholie und tiefer Trauer, gelangt Peppe immer an denselben Punkt: Er tröstet sich, dass es trotz allem richtig war, von dort wegzugehen, »die einzige Chance, das normale Alltagsleben eines freien Menschen leben zu können«. Peppe hat gelernt, sich damit zufriedenzugeben. Das Fruchtsorbet auf der Haupteinkaufsstraße und die kühle Mandelmilch in den Cafés am Meeresufer hat er eingetauscht gegen einen Spaziergang unter den Bogengängen der Piazza Vittoria von Pavia. Statt im Aspromonte zu wandern, unternimmt er jetzt Ausflüge in die Alpen. Hausgemachte handgedrehte Maccheroni wurden durch Buchweizen nach Art des Valtellina ersetzt. Den frischen Pecorino der Hirten aus dem Aspromonte durch die Weichkäse der Region um Pavia. Es sind nur noch wenige Wochen bis zu den Sommerferien. Noch ein bisschen Arbeiten und dann ab nach Kalabrien. Meer. Sonne. Abende mit Freunden. Lagerfeuer, um nicht zu vergessen, wer wir sind. Und um sich zwischen einem Gitarrenakkord und einem Trinkspruch an verbotene jugendliche Streifzüge zu erinnern.

Die Kliniksekretärin hatte Peppe mitgeteilt, dass der Neuankömmling das Empfehlungsschreiben eines bekannten Mailänder Professors bei sich trage. Peppe war verwirrt und verblüfft über die vielen Ehrbezeugungen, die »Ciccio Pakistan« vorweisen konnte. Es vergingen ein paar Tage. Peppe untersuchte, analysierte, gab medizinische Empfehlungen und scherzte mit »Pasqualino«, wie sich der Neue vom Klinikpersonal nennen ließ. Peppe hörte genau, dass der Neue sorgsam darum bemüht war, seinen Heimatdialekt zu verbergen. Und er empfand spontan Unbehagen, als er den in seinen Augen mysteriösen Patienten eines Tages unfreiwillig dabei belauschte, wie er vor anderen Patienten mit seinem umfangreichen Immobilienbesitz angab und von Ländereien, Villen, Luxuslimousinen erzählte. »Was für ein Depp«, dachte Peppe.

Immer, wenn er den Neuen sah, saß dieser vor dem Computer. Peppe wurde langsam misstrauisch. Als sie bei einer weiteren Untersuchung im Bein des geheimnisvollen Patienten Fragmente eines Projektils fanden, wurde aus dem Verdacht Gewissheit. An diesem Punkt geriet Peppe in Panik. Die Zweifel verflüchtigten sich. Die reale Identität des Patienten war nicht mehr zu bestreiten, nicht mehr zu beschönigen. Es handelte sich um niemand geringeren als Francesco »Ciccio Pakistan« Pelle, den Sprössling vom ’Ndrangheta-Olymp. Ein »Ehrenmann«, der mit zahlreichen einflussreichen Clans verwandt ist. Zum Beispiel mit jenen der Pelle-Vottari. Aber auch mit den Morabitos aus dem kalabrischen Africo, deren neues Hauptquartier der Gemüsemarkt in Mailand ist.

»Ciccio Pakistan« war der Auftraggeber des Massakers von Weihnachten 2006, dem Maria Strangio zum Opfer fiel. Die Ehefrau von Giovanni Luca Nirta, Führungsfigur des Clans der Nirta-Strangio. Das Attentat war die Rache für einen Anschlag im Sommer gewesen, bei welchem »Ciccio« vier *Lupara*-Schüsse mit grober Schrotmunition abbekommen hatte. Sein Zustand war lebensbedrohlich, als er ins Krankenhaus von Locri eingeliefert und von da aus nach Reggio di Calabria verlegt wurde.

Während die Frauen des Clans die traditionellen Trauergesänge anstimmten, reinigten sie den blutverschmierten Bürgersteig, bevor die Polizei eintraf. Im Krankenhaus wachten nicht weniger als zwanzig Verwandte und Freunde auf dem Flur vor seinem Krankenzimmer, da sie befürchteten, es könnte jemand ausgeschickt worden sein, um die angefangene Arbeit zu Ende zu bringen. Erneut verlegt, diesmal in eine Klinik in Norditalien, wurde ihm nach einigen Tagen und zahlreichen medizinischen Untersuchungen mitgeteilt, dass er nie wieder in der Lage sein werde, zu laufen. Fortan ging es »Ciccio Pakistan« darum, sich für die Querschnittslähmung, die ihm zugefügt worden war, zu rächen und seine Ehre, die für einen Mafiosi mehr als alles gilt, wiederherzustellen. Dass er am Tag der Geburt seines ersten Sohnes vom rivalisierenden Clan über den Haufen geschossen wurde, dafür brauchte es eine adäquate Antwort, die einem 'Ndrangheta-Boss würdig ist. Daher entschied er sich trotz der ablehnenden Haltung seines eigenen Clans dafür, seine Anhänger zusammenzutrommeln und die Weihnachtsfeier 2006 in der kalabrischen Kleinstadt San Luca mit einem Blutbad zu überhöhen. Jenes San Luca, das die eigentliche Hauptstadt der 'Ndrangheta und ihrer archaischen Traditionen ist.

Neben Maria Strangio, die bei dem Anschlag umkommt, wird ein Kind verletzt. Eine »starke« Aktion von »Ciccio Pakistan«. Denn Francesco Pelle selbst ist kein Boss, sondern »nur« ein aufsässiger Killer aus dem Mittelbau des Clans, der um seinen Aufstieg kämpft. In Africo, im Bannkreis der Gebietshauptstadt Locri, wollte er nach der Festnahme des Clan-Chefs Peppe »U Tiradrittu« Morabito Karriere machen, indem er die Führungsschicht der 'Ndrangheta ein wenig aufscheuchte. Doch sein kurzer Höhenflug, sein zeitweiliger Aufstieg in der 'Ndrangheta-Hierarchie hatte ihn nicht weiter als bis in den Rollstuhl gebracht. Endgültig gescheitert ist er angesichts der grausamen Antwort des Nirta-Strangio-Clans, dem Anschlag von Duisburg mit den sechs Toten in jener Augustnacht 2007. Ein Massaker fern der Heimat, in einem fremden Land durchgeführt, das die ’Ndrangheta nur zu gut kennt. Hier beherrschen die kalabrischen Clans schon seit Jahrzehnten den Kokainhandel und reinvestieren ihre üppigen Gewinne in Restaurants und in Finanzgeschäfte.

Peppe kommt ins Grübeln. Er seufzt, wenige Zentimeter von dem ’Ndrangheta-Mitglied entfernt. Sein Instinkt sagt ihm, zur Polizei zu gehen. Aber etwas hält ihn davon ab. Er denkt an seine Heimatregion. An die dunklen Zeiten. Er denkt daran, dass Francesco Pelle mit Sicherheit über ein riesiges Netzwerk von Unterstützern verfügt. Wie könnte ein flüchtiger Straftäter im Rollstuhl sonst den wachsamen Augen der Ordnungskräfte und der Öffentlichkeit entgehen, fragt sich Peppe.

Weitere Tage vergehen. Der August beginnt. Peppe fährt ins heimatliche Bovalino. Er will nicht mehr an die Sache denken. Er schweigt. Erzählt niemandem etwas davon. Erst einige Tage vor der Rückkehr nach Norditalien entschließt er sich, mir sein Herz auszuschütten. Es war an einem der letzten Abende. Wir verbrachten ihn mit Bier am Meeresufer in einem der Dörfer rund um Bovalino und genossen anschließend Fruchtsorbets auf der historischen Piazza im Zentrum von Ardore Superiore. Nach Bovalino zurückgekehrt, warteten wir traditionsgemäß am Strand auf den Sonnenaufgang. Die endlosen Diskussionen darüber, was aus uns, unseren Zielen und unserer Gegenwart geworden war, setzten sich fort. Unterhaltungen, die Minuten und Stunden wie im Flug vergehen ließen. Bis endlich dieses Kaleidoskop aus zarten Farbtönen am Himmel erschien. Hingehaucht. Ein Geschenk des Universums für uns. Die Morgenröte ist die Nacht, die sich in einen Tag verwandelt. Dieser unglaubliche Moment, in dem der nächtliche, sternenübersäte Augusthimmel dem neuen Tag weichen muss. Nacht und Tag gehen für kurze Zeit ineinander auf und lassen Raum für unsere unschuldigen Vorstellungen. Von einer Zukunft, die wir in der Heimat, in der wir geboren waren, verbracht hätten. Von Erinnerungen, die aus Kämpfen bestehen, von Schlachten, in denen es um Gerechtigkeit ging.

Der mit einem zarten Rosa überzogene blaue Morgenhimmel wölbt sich über uns, als Peppe in Tränen ausbricht. Er fühlt sich als Feigling. Erzählt von seinem querschnittsgelähmten Patienten. Sein Unbehagen, seine Zweifel, seine Ängste kann ich nur zu gut verstehen.

Schließlich kamen zwei Ärzte in die Klinik, die niemand jemals zuvor gesehen hatte. Sie nahmen ihn beiseite und klärten ihn auf, dass sie als Ärzte verkleidet seien und jetzt die Klinik durchsuchen würden. Ihr Ziel sei »Ciccio Pakistan«. Die letzten Minuten des flüchtigen Schwerverbrechers in Freiheit begannen. Als die verkleideten Ärzte sein Krankenzimmer betraten, reagierten die geschärften Sinne des geübten Kriegers, er merkte sofort, dass etwas nicht stimmte. Der Mafioso geriet in Panik. Er fürchtete um sein Leben. Vor den feindlichen Clans hatte er mehr Angst als vor dem Gefängnis. Peppe beobachtete das Ganze. Der Knabe im Rollstuhl machte ihn wütend. Er hatte ganze Familien zerstört. Aber Peppe hatte auch Mitleid mit ihm. Pelle hatte seine Existenz geopfert, das einzige Leben, das er hatte, um der Chimäre der Macht zu folgen, der absoluten Herrschaft. Besoffen vom Ehrenkodex der 'Ndrangheta hatte er sich in die Vorstellung verrannt, dass sich Verbrechen doch auszahlt. Den Preis dafür hat er bereits bezahlt. Er wird für immer querschnittsgelähmt bleiben.

Vor den Polizisten des Sondereinsatzkommandos stritt der Mafioso zunächst ab, Francesco Pelle zu sein. Doch das half ihm nichts, die Carabinieri nahmen ihn fest. Statt fernzusehen, war »Ciccio Pakistan« mit seinem Laptop im Internet auf Seiten von Spezialversendern unterwegs gewesen. Abhörwanzen und andere Technologien im Dienste der Sicherheit. Und er hatte Skype genutzt, das abhörsichere Kommunikationsmedium. Das er während seiner Bettlägerigkeit nutzte, um mit

Freunden und Verwandten zu reden. Neben den kleinen Nachrichten in Zettelform, einem archaischen Mittel, um im Zeitalter umfassender staatlicher Überwachungsmöglichkeiten sichere Botschaften zu versenden, wird nun zunehmend eine neue Dialogform genutzt, ohne die alte völlig zu ersetzen: die über Chat ausgetauschten Botschaften.

Peppe sah dem Auto der Carabinieri hinterher, das den gelähmten Schwerverbrecher zum Gefängnis fuhr. Jetzt konnte er endlich wieder frei aufatmen. Die Anwesenheit des Clan-Mitglieds hatte ihm vor Augen geführt, wie sehr die ’Ndrangheta bereits in Norditalien Fuß gefasst hatte. Dass es sich nicht um separate Unterwanderungsversuche einzelner kalabrischer Clans handelte, sondern um einen Generalangriff, der von der Unterstützung durch Politik, Wirtschaft und Selbständige profitierte. Peppe wurde immer klarer, dass es die ’Ndrangheta in der Lombardei geschafft hatte, sich einen artgerechten Biotop zu schaffen, indem sie in Dialog mit der Grauzone trat. Sprich mit der korrupten Bourgeoisie, die seit 150 Jahren ’Ndrangheta, Camorra und Cosa Nostra am Leben erhält. Die Anwesenheit von »Ciccio Pakistan« in der Klinik von Pavia war dafür ein klarer Beleg. »Beunruhigend sind die Beziehungen der ›ehrenwerten Gesellschaft‹ mit Exponenten der öffentlichen Institutionen: mit Ordnungshütern, Wahlkandidaten, Vertretern der Verwaltung. Die ’Ndrangheta ist nicht einfach eine kriminelle Vereinigung, sondern ein eigenes Machtsystem, das zu anderen Mächten Beziehungen knüpft. Sie setzt dabei auf stabile Verbindungen nicht nur korrumpierenden Charakters, sondern auch solchen der Nähe und der Nachbarschaft.« So die Einschätzung des Untersuchungsrichters, der für die Operation »Infinito« zuständig war, einem Teil der umfassenderen Operation »Crimine«, die von den Anti-Mafia-Direktionen Mailand und Reggio di Calabria koordiniert wurde. »Crimine« endete mit 304 Verurteilungen zu Sicherungshaft.

Es war eine historische Operation, die die neue, im letzten Viertel des 20. Jahrhunderts entwickelte Führungsstruktur der 'Ndrangheta eindringlich beleuchtete, die zuvor schon Kronzeugen wie Scriva am Ende der achtziger Jahre beschrieben hatten und die viel zu lange unterschätzt worden war.

Seit den siebziger Jahren hatte die horizontale Struktur dieser Mafia eine immer stärkere vertikale Ausrichtung erfahren. Dies geschah, um die großen Geschäfte besser unter sich aufteilen und künftige Aktionen, die nächsten Mordanschläge, besser vorbereiten zu können. Oder auch, um aussichtslose oder kontraproduktive Anschläge zu verhindern.

Die 'Ndrangheta hat sich verändert. Sie besteht immer noch aus einzelnen, voneinander mehr oder weniger unabhängigen Clans. Doch die Paten der 'Ndrangheta haben nun ein oberstes Beratungsgremium geschaffen. Eine Art übergeordnete Ebene, um für die Organisation überlebenswichtige Strategien zu koordinieren. Im heimatlichen Kalabrien steht an der Spitze der 'Ndrangheta die »Provinz« *(Provincia)* oder in einigen Fällen auch der »Frevel« *(Crimine)*. Diese sind in drei Teilbereiche aufgeteilt, je für einen Teil Kalabriens zuständig: *Ionico* für die Ostküste, *Tirrenico* für die Westküste und *Città* für Reggio di Calabria. *Crimine* oder *Provincia* sind unterteilt in zahllose *Locali*, die auf unterer Ebene die Geschäfte der Mafia betreiben. Jedes dieser *Locali* wird von einem oder mehreren Familien-Clans gebildet, den *'Ndrine*. Die Realität ist präzise definiert in der 'Ndrangheta-Republik Kalabrien. Ebenso in der Lombardei. Auf dem Gebiet der Lombardei existiert seit den achtziger Jahren eine Struktur mittleren Niveaus, die von ihren Mitgliedern *Lombardia* genannt wird. Schon aus den ersten Ermittlungsaktionen im Rahmen der Operation »Nord-Sud« Anfang der neunziger Jahre ging die Existenz dieser Zwischenstufe einer Führungsorganisation deutlich hervor. Kronzeugen wie Saverio Morabito haben davon erzählt. Von ihren Erlebnissen in ihrem eigenen *Locale* auf dem Gebiet der Lombardei. In seinem Fall in Buccinasco. Und von den betreffenden Führungsfiguren. Zum Beispiel der hinter Gittern sitzende Clan-Chef des kalabrischen Städtchens Platì, Antonio Papalia, der bis zu seiner Verhaftung für alle *Locali* der Lombardei zuständig war. Zuständig dafür, die Reibereien zwischen den einzelnen *Locali* der Region zu schlichten. Heute leitet angeblich sein Sohn Antonio Junior die »Lombardei«. Die Geschäfte sind vom Vater auf den Sohn übergegangen, im Zeichen der Ehre.

Auch aus den Untersuchungen der Anti-Mafia-Regionaldirektionen in Kalabrien geht hervor, dass schon in den neunziger Jahren Anhaltspunkte für die Existenz einer Koordinationsstruktur zwischen den lombardischen *Locali* gefunden worden waren. Während der Operation »Armonia« ergaben sich Erkenntnisse über langandauernde Streitereien zwischen den lombardischen *Locali* und dem »Mutterhaus« in Kalabrien. Führungsfiguren der ’Ndrangheta-Clans Kalabriens hätten sich demzufolge lange geweigert, den Angehörigen der lombardischen *Locali* den gleichen Rang zuzugestehen wie den *Locali* in der kalabrischen Heimat. Kalabrien hätte die Lombardei längere Zeit in Unterwerfung gehalten, wie eine Kolonie. Der Groll und die Unduldsamkeit wären erst bei einem höchst bedeutsamen Gipfeltreffen weit hinten in der zerklüfteten Bergregion des kalabrischen Aspromonte beendet worden, der in Montalto stattfand und der zur neuen Einheit zwischen Nord und Süd geführt habe.

Die Klinik der *Maugeri*-Stiftung gehört zur Galaxie der direkt oder indirekt von der *Azienda Sanitaria Locale* von Pavia, der örtlichen Gesundheitsbehörde, geführten Betriebe. Der Direktor der Gesundheitsbehörde ist Carlo Chiriaco. Er wird von einigen Stadträten in Pavia als Mann der ’Ndrangheta in der Lombardei angesehen. Er stellt die zentrale Verbindungsfigur zwischen dem mafiösen Untergrund und der Behördenebene dar, also jener Grauzone, innerhalb derer die 'Ndrangheta in der Lombardei wächst, blüht und gedeiht. Geboren in Reggio di Calabria, verließ der heute Sechzigjährige in seiner Jugend Kalabrien, um anderswo zu studieren. Nach seinem Abschluss in Medizin und Chirurgie an der Universität Pavia begann er seine Karriere als Gesundheitsinspektor an der Poliklinik San Matteo in Pavia. Er machte schnell Karriere und wurde 2008 Direktor der Gesundheitsbehörde von Pavia.

Der Zuständigkeitsbereich der Behörde erstreckt sich auf 530 000 Menschen im Großraum Pavia. Ihr Jahresbudget liegt 2008 bei 780 Millionen Euro. Zahlen, die die Begehrlichkeit der 'Ndrangheta wecken. Eine Behörde von dieser Größe zu beherrschen, bedeutet eine enorme Macht. Man kann sie beispielsweise als Tauschobjekt in den Verhandlungen mit der Politik, den Unternehmern und Angestellten einsetzen. Der Gesundheitsbereich ist immer ein Bereich gewesen, dem die 'Ndrangheta besondere Aufmerksamkeit widmete. Es ist ein Bereich, in dem sie große Profite generiert. Sei es in Form von Kreditgeschäften mit eigenen Kliniken oder durch Beförderungen, Ausschreibungen, Visiten, Gratisoperationen und Zertifizierungen. Die »angeschlossenen« Kliniken dienen aber auch als Zufluchtsort, um Haftstrafen zu umgehen oder um flüchtige Bosse im Falle von Erkrankungen oder Behinderungen zu verstecken.

So wie im Fall von »Ciccio Pakistan«, der einige Monate seiner Flucht in den luxuriösen Einzelzimmern der Privatklinik der *Maugeri*-Stiftung vor den Toren der Stadt Pavia verbrachte. Dort war er vor indiskreten Blicken sicher. Chiriaco weiß natürlich, dass er zu den Verdächtigen gehört, die die Flucht des Paten gedeckt haben sollen. Seiner Steuerberaterin vertraut er an, dass er sein Telefon nur zu offiziellen Zwecken nutze, da sie ihn »für einen von denen halten, die Mafiosi verstecken«. Direktor Chiriaco hatte einen Tipp bekommen »von ’nem Typen«, einem der Ermittler, die mit der Mafia unter einer Decke stecken. Chiriaco ist der Joker der Mafia in der Lombardei. Eine Person wie er erlaubt es der ’Ndrangheta, mit hochrangigen Politikern in Kontakt zu treten. Aber auch mit der Elite der Lokalpolitik in Pavia. Selbständige, Polizisten, Politiker, Unternehmer, Freimaurer. Überallhin hat Chiriaco seine Beziehungen, die er dem lombardischen Zweig der ’Ndrangheta gern zur Verfügung stellt. Es geht dabei um Ausschreibungen für große Projekte, vorzeitige Beförderungen von Verwandten der Mafiosi, lukrative Aufträge und den Eintritt in die Welt der Politik. Das ist die »Handelsware« des Direktors der Gesundheitsbehörde in den Tauschgeschäften mit den Mafia-Bossen. Doktor Chiriaco schaffte es zudem, zwei Beförderungen der besonderen Art genehmigt zu bekommen.

Noch heute lassen die Namen der Neuankömmlinge in den Reihen des Gesundheitsdienstes viele Menschen erschauern. Sie rufen Erinnerungen an den ’Ndrangheta-Krieg in Reggio di Calabria vor 1991 wach. Einen Posten schanzte Chiriaco einer Frau namens Sonia Suraci zu, ihres Zeichens Ehefrau von Pasquale Libri. Libri war der zuständige Abteilungsleiter für Ausschreibungen im Mailänder Großkrankenhaus *San Paolo*. Er starb wenige Tage nachdem bekannt wurde, dass er zu den Verdächtigen in der Operation »Crimine« gehörte. Die Besetzung des Postens im Rang eines Verwaltungsangestellten hielt Chiriaco lange Zeit geheim. Auch gegenüber dem Verwaltungsleiter seiner Klinik verriet er nichts. Nachdem er die Zusage bekommen hatte, den Posten nach eigenem Gutdünken besetzen zu können, war die Bahn frei für die Ehefrau von Libri und ihre Auserwählten, ihre neuen Arbeitsstellen in der lombardischen Gesundheitsbehörde anzutreten.

Chiriaco beschreiben die ermittelnden Untersuchungsrichter als »eine Quelle ersten Ranges für die ’Ndrangheta, wenn es um Jobs für Verwandte, Aufträge, Ausschreibungen, Politikerkontakte in den Entscheidungsgremien der Region sowie um die Vermittlung anderer Kontakte, Gelegenheiten zur Wäsche von Drogengeld und vielem anderen geht. Aus gutem Grund gilt er daher als eine nützliche Informationsquelle und als ›wertvoller Türöffner‹ für die Mafia, eine Art Zukunftsversicherung, auf die man in Notlagen zurückgreifen kann.«

Der Name Chiriaco ist in Pavia wohlbekannt. Man vertraut ihm. Er ist Arzt und Direktor der Gesundheitsbehörde. Zugleich ist er jemand, der Stimmenfang für Politiker betreibt, die der Mafia nahestehen, wie für Giancarlo Abelli, Vertreter des von Berlusconi geführten Parteibündnisses *Polo delle Libertà* (dt.: Pol der Freiheiten). Abelli ist ein Politiker, der aus dem christdemokratischen Umfeld hervorgegangen ist. 1974 wurde er Präsident der Poliklinik *San Matteo* in Pavia. Bald darauf wurde er wegen Unterschlagung im Amt verhaftet, abgeurteilt und wieder freigelassen. Nach der Auflösung der *Democrazia Cristiana* (Christlich-Demokratische Partei Italiens) schloss er sich Roberto Formigoni an, dessen Beauftragter für das Gesundheitswesen er schließlich wurde. 2008 ging er als Abgeordneter ins Parlament. 2009 wurde er in den Skandal um den »König der Bodensanierung«, Giuseppe Grossi, verwickelt. Die Staatsanwälte werfen Grossi Geldwäsche und Steuerhinterziehung in Höhe von 22 Millionen Euro vor. Aber die Ermittlungen sind damit noch nicht zu Ende. Vielmehr führen sie zur Ehefrau von Abelli, Rosanna Gariboldi. Dieser schenkte Grossi 1,2 Millionen Euro, den Staatsanwälten zufolge für die Steuerung eines Schwarzgeldkontos mit dem Titel *Associati* (dt.: Gesellschafter) bei einer Bank in Montecarlo. Offizieller Kontoinhaber ist Abelli.

Im Januar 2010 entschloss sich Rosanna Gariboldi zu einem »Deal« mit der Staatsanwaltschaft. Sie konnte daraufhin den Gerichtssaal als freie Person verlassen. In diesem Zusammenhang tauchte der Name Chiriaco wieder auf. Am 20. Oktober 2010, dem Tag der Verhaftung von Rosanna Gariboldi, steigt die Sorge in Chiriacos Umfeld. Denn der trägt sich mit dem Gedanken, Gariboldi ein Gefälligkeitsgutachten auszustellen, dem zufolge sie an Depressionen leide und deshalb prozess- und haftunfähig sei. Chiriaco hat schon alles vorbereitet. Er weist die Sekretärin von Gariboldi an, den Terminkalender ihrer Chefin um einen auf den 11. August zurückdatierten Eintrag zu ergänzen. Dieser soll beweisen, dass Gariboldi an diesem Tag den befreundeten (und eingeweihten) Arzt aufgesucht habe. Dieser Termin war zuvor vom Generaldirektor der Poliklinik *San Matteo* in Pavia bestätigt worden. Dank seiner Kontakte war das für Chiriaco ein Kinderspiel. In dem Moment, wo er sie für seine Freunde braucht, funktionieren sie wie ein Wunderwerk.

Seine Rolle als Direktor wiegt schwer. Und es genügt ein Wink von ihm, um die normalen Routinekontrollen der Gesundheitsbehörde in örtlichen Gaststätten entweder zu verhindern oder abzumildern. Auch das passiert in Pavia. Und Chiriaco spielt die Hauptrolle in diesem trüben Reigen.

Eines Tages rief ihn ein bekannter Politiker aus Pavia, Ettore Filippi, aufgebracht an: »Du gehst mir sowas von auf den Sack! Jeden Tag schickst du die Kontrolleure vom Gesundheitsamt in meine Betriebe.« Sofort sprach Chiriaco mit dem zuständigen Beamten. Und mit der Gemütsruhe von jemandem, der sich mit natürlicher Geschmeidigkeit in den Mäandern der Macht bewegt und der weiß, welche Züge er machen muss, um ein bestimmtes Ziel zu erreichen und das bisherige Gleichgewicht zu erhalten, schlug er seinem Kollegen vor: »Gigi, hör mal … heute dürfen die da nicht hingehen … sag ihnen, sie sollen heute mit Wohlwollen prüfen, das ist auch ein politisches Problem. … Also in den Grenzen der Angemessenheit.« Chiriaco kann mit Macht umgehen. Und wenn er darauf hinweist, dass das »auch ein politisches Problem ist«, weiß er genau, wovon er redet. Er und die Politik sind nicht voneinander zu trennen. Und gerade in der Gesundheitsbehörde geht es hauptsächlich um Politik, Interessenausgleich, Vergünstigungen. Man gibt Geld aus, um Ausschreibungen durch ihm nahestehende Firmen gewinnen zu lassen. So wie die seines Cousins Rodolfo Morabito. Chiriaco hat daraus ein ganzes System entwickelt. Er ist die zentrale Anlaufstelle in diesem gallertartigen System. Entscheidungen, Auswahl, Ratschläge gehen von ihm, von seinem Büro aus.

Von außen scheinen die Gesundheitsbehörden von Locri in Kalabrien und Pavia in Norditalien Welten voneinander zu trennen. In Pavia funktioniert das Gesundheitssystem auf effiziente Weise. Gebäude und Ausstattung sind auf dem neuesten Stand. Menschen aus ganz Italien reisen nach Pavia, um sich behandeln zu lassen. Auch das Personal kommt aus anderen Teilen Italiens, hauptsächlich aus dem Süden. An der Ostküste Kalabriens setzen die Menschen nicht viel Vertrauen in die zuständige Gesundheitsbehörde von Locri. Die Verschwendungen der letzten Jahrzehnte haben die Behandlungsqualität spürbar sinken lassen. Millionen Euro wurden heimlich in Privatkliniken umgeleitet, die angeblich zum Umfeld der ’Ndrangheta gehören. Dieser Verschwendung entspricht jedoch auch dort nicht die Behandlungsqualität. Deshalb unternimmt man die weite Reise in den Norden, wenn man es sich leisten kann. Nach Pavia, Mailand, Modena oder Bologna. Auf der Suche nach einer angemessenen Behandlung, einem menschenwürdigen Krankenhausaufenthalt. Ohne dass man, wie in Locri, durch die Gänge laufen und dabei himmelschreiende Zustände mitansehen muss: Zigarettenstummel auf den Fensterbänken, kaputte Stromleitungen, Schmutz, verklemmte Fenster.

Eine Gesundheitsbehörde zu leiten, die solche Zustände zu verantworten hat, hätte Chiriaco sich rundheraus geweigert.

Seine Stärke ist es, einen herausgehobenen Servicestandard zu garantieren, dabei aber heimlich Gelder für sich abzuzweigen und diese für andere Vergünstigungen und Bewilligungen einzusetzen. Einen Posten oder eine Vergünstigung konnte Chiriaco jederzeit bei vielen anderen einfordern, weil er sich auf diese Weise die Wohlgesonnenheit seines Umfelds erworben hatte. Er hat dabei die Gesundheitsbehörde von Pavia nicht ruiniert, wie es der entsprechenden Behörde in Locri passierte, die 2006 nach dem Mord an Francesco Fortugno, dem Vizepräsidenten des Regionalparlaments, wegen mafiöser Unterwanderung aufgelöst wurde. Als sie Fortugno in Locri erschossen, direkt vor dem Wahllokal, in dem er seine Stimme abgegeben hatte, war er – gewählt von den Abgeordneten des linksliberalen Wahlbündnisses *La Margherita* – gerade in sein neues Amt aufgerückt. Zuvor war er Chefarzt der Notaufnahme des Krankenhauses von Locri, das als völlig von der 'Ndrangheta unterwandert gilt. Nach seiner Ermordung ging ein Aufschrei der Entrüstung durch die Medien, der dazu führte, dass die lokale Gesundheitsbehörde unter die Aufsicht eines Staatskommissars gestellt wurde. Während umfangreicher juristischer Ermittlungen gegen die bisherigen Amtsinhaber der Behörde wurden eine umfangreiche Verschwendung von Steuergeldern und die unberechtigte Vergabe von Geldern an Privatkliniken aus dem Umfeld der 'Ndrangheta festgestellt.

Bis heute unbekannt ist der Name des Spitzenmediziners, der die Flucht von »Ciccio Pakistan« ermöglichte und ihn an die *Maugeri*-Klinik in Pavia überwies. Mitte Juli 2011 kam während des vierten Sitzungstages des »Infinito«-Prozesses mit 38 Angeklagten (unter ihnen Carlo Chiriaco) ein Detail zur Sprache, das für viel Aufsehen sorgte und nicht wenige Zweifel an der Legitimität hervorrief. Die Ermittlungen gegen die Gesundheitsbehörde von Pavia, welche von einer nach der

Verhaftung Chiriacos eingesetzten Kommission der Präfektur durchgeführt wurden, wurden zur Geheimsache erklärt. Eine umfangreiche Untersuchung, die auf Vernehmungen von 6 000 Personen, darunter Angestellte und Auftragsnehmer, und der Analyse von Hunderten von Dokumenten beruht. »Es ist schon sehr bedenklich, dass der italienische Staat einerseits Chiriaco auf die Anklagebank setzt, und andererseits mögliche Entlastungsindizien der Geheimhaltung unterwirft«, äußerte sich Mazza, der Rechtsbeistand von Chiriaco, in den Verhandlungen. »Wir verlangen, dass das Gericht direkt beim zuständigen Minister interveniert und eine Kopie der Untersuchungsergebnisse anfordert.« Die Untersuchung dauerte sechs Monate und kam nach Aussagen des Ex-Präfekten Buffoni, bis Juni 2011 im Amt, zu einem guten Ende: »Die Ergebnisse der Untersuchung sind beruhigend.« Im Übrigen »machen sie uns stolz auf unser Gesundheitssystem«. Aber warum werden diese Untersuchungsergebnisse und die entsprechende Bewertung des Innenministers dann geheim gehalten? Die Antwort der Präfektur auf den entsprechenden Antrag der Anwälte Chiriacos fiel folgendermaßen aus: »Das Dokument wurde gemäß dem Gesetz 124/2007 (Regulierung des Staatsgeheimnisses) für streng vertraulich erklärt.« Hierfür gäbe es Motive (welche nicht weiter ausgeführt wurden), die im Bereich »der öffentlichen Ordnung und der Sicherheit sowie dem Schutz von Dritten« lägen, eine Veröffentlichung sei daher nicht möglich.

Mazza bestreitet, dass das Staatsgeheimnisgesetz hier korrekt angewendet wurde. »Dieses Gesetz«, so erklärte er vor der Presse, »verbietet eigentlich dessen Anwendung in einem solchen Fall. Daher protestieren wir gegen die Entscheidung des Ministers und des Präfekten, die wir als gesetzlich nicht rechtens ansehen. Das ist ein einmaliger Fall, nicht einmal im Fall der Gemeindeverwaltungen, die wegen mafiöser Unterwanderung aufgelöst wurden, wurde es angewendet.« Davon betroffen waren in Italien zweihundert Gemeinden sowie drei Gesundheitsbehörden. Mazza zufolge ist in der Untersuchung, die eigentlich nichts Geheimnisvolles enthülle, »der Beweis für die Unschuld Chiriacos enthalten«, weil sie die Verdächtigungen der Staatsanwälte widerlege. In der Tat hat das Gericht wenig später beim zuständigen Minister Einsicht in die Akten erbeten. Sollte Minister Maroni ein zweites Mal auf Staatsgeheimnis plädieren, könnten sich die Richter an den Parlamentspräsidenten wenden. Und sollte auch dies nichts fruchten, bliebe ihnen immer noch als letzter Ausweg der Gang zum Berufungsgerichtshof.

Chiriaco war in die Untersuchungen verwickelt, weil man den flüchtigen Straftäter »Ciccio Pakistan« alias Francesco Pelle in seinem Zuständigkeitsbereich entdeckt hatte. Das war auch der Grund, weshalb man ihn der Begünstigung beschuldigte. »Zu diesem Punkt haben wir den Antrag gestellt, das Verfahren einzustellen.« Es gebe keine belastenden Anhaltspunkte, dass Chiriaco tatsächlich die Flucht des Mafia-Bosses gedeckt habe. »Das hat auch Carabinieri-Kommandant Farres bestätigt, und zwar vor dem Gerichtshof in Pavia (wo auch der andere Prozess stattfand, der mit dem Freispruch Chiriacos und des ehemaligen Stadtratsabgeordneten Pietro Trivi vom Vorwurf des Stimmenkaufs endete). Damit ist bewiesen, dass die Hypothese der Anklage widerlegt worden sei.«

Wer hat dann also die Flucht des Paten gedeckt? Dazu müsste man ja nur einen Blick in die Krankenakten werfen. Aber warum wird Chiriaco angeklagt, der als Leiter der Gesundheitsbehörde gar nicht darüber zu befinden hat, wer in der Klinik behandelt wird und wer nicht, und warum nicht gegen denjenigen ermittelt, der den Einlieferungsschein unterschrieben hat?, fragt sich der Rechtsbeistand Chiriacos. Nicht auszuschließen, dass die Antwort auf diese Frage in der zum Staatsgeheimnis erklärten Untersuchung zu finden wäre. »Wir wissen, dass die Angelegenheit von den Ermittlungsbeamten diskutiert wurde«, fügt Mazza hinzu. »Ciccio Pakistan« Pelle gehörte zu jenem Teil der Clan-Familien Pelle, Vottari und Romeo, die zu Ehren des ehemaligen Clan-Chefs Sebastiano »U Staccu« Romeo »Stacchi« genannt werden. Alles Mafia-Familien aus San Luca, die den Radius ihrer ökonomischen Aktivitäten zunächst auf die gesamte Region, dann auf die Lombardei und schließlich über ganz Europa ausgedehnt haben.

Speziell der Romeo-Clan engagierte sich umfangreich im Bereich der Privatkliniken. Der Untersuchungsbericht, der 2006 Grundlage für die Auflösung der Gesundheitsbehörde von Locri war, nennt beispielsweise die *Cooley*-Klinik mit Sitz in Bovalino, die sich im Besitz von Filippo Romeo (ebenfalls Teil des gleichnamigen Clans) befindet, als eine jener Einrichtungen, bei der mit Sicherheit von einem 'Ndrangheta-Zweig als Betreiber ausgegangen werden könne. Zu den Teilhabern dieser Klinik gehörte auch ein bekannter Herzchirurg von der privaten Poliklinik *Monza*. Es handelt sich um Profesor Salvatore Spagnolo, der in den neunziger Jahren zum Anteilseigner wurde. In diesem Zusammenhang muss erwähnt werden, dass dieser während der zahllosen Untersuchungen nie selbst zu den Verdächtigen zählte. In der Folge – als die Verurteilung Filippo Romeos rechtskräftig wurde und dieser aus dem Kreis der Teilhaber ausschied – blieb er Mitbesitzer der Klinik, die im Laufe der nächsten Jahre von Filippo Romeo an Antonio Sciarrone überschrieben wurde und 2007 schließlich in den Besitz von Salvatore Spagnolo überging. Damit ist die *Cooley*-Klinik endgültig vom Ruch der Mafia-Nähe befreit und hat im Jahr nach der Auflösung der Gesundheitsbehörde ihre Neuzulassung erfolgreich beantragt.

Seit 2009 gehört zu den Teilhabern der Klinik auch die Poliklinik *Monza*, die eine Filiale im fernen Bovalino eröffnet hat, wofür sie die Zulassung der Gesundheitsbehörde von Locri

erhielt und wo nun einmal im Monat der weltbekannte Herzchirurg selbst an den OP-Tisch tritt. Im Vergleich zu den Verhältnissen in den neunziger Jahren hat man in der *Cooley*-Klinik aufgeräumt und all jene Angestellten entlassen, die in den Untersuchungen zur Mafia-Unterwanderung erwähnt wurden, nur der Sitz blieb derselbe. Noch immer residiert die Klinik in einer Immobilie des Romeo-Clans. Dabei handelt es sich um ein Betongebäude von vier Stockwerken, das einigen Brüdern und Schwestern des Clans gehört, die heute teilweise der Beschlagnahme durch den italienischen Staat unterliegen. Der Sitz der Filiale des Poliklinikums *Monza* im Viale Calabria liegt nur wenige Schritte von der *Cooley*-Klinik entfernt.

Dass sich die Mafiosi der 'Ndrangheta unter den Spitzenmedizinern der Lombardei gut auskennen, belegt auch ein Abschnitt des Haftbefehls im Zusammenhang mit der Operation »Infinito«. Darin spricht Antonio Chiarella, Chef des 'Ndrangheta-Zweigs in Mailand, von einem Arzt, den er Antonino Lamarmore vorgestellt habe, dem »Mastro generale« (dt.: Feldmarschall) der 'Ndrangheta im Mafia-Koordinierungskomitee *La Lombardia*. Dabei fiel der Name Spagnolo, der als Arzt an einem Krankenhaus in Monza arbeiten solle.

Von der Verhaftung Chiriacos bis zur Ermordung von Libri vervielfachen sich bei einer Reise entlang der Achse Kalabrien-Lombardei die düsteren Schatten und die Zweifel. Auf den Spuren der Verbindungen zwischen den Gesellschaftern der verschiedenen in Verruf geratenen Betriebe beginnt man zu ahnen, was hinter der Entscheidung der Regierung stecken könnte, die Untersuchung zur Gesundheitsbehörde von Pavia zum Staatsgeheimnis zu erklären. Sie zu veröffentlichen, wie es die Verteidigung Chiriacos verlangt, könnte die Verdachtsmomente gegen die Gesundheitsinstitutionen der Lombardei zerstreuen. Oder im Gegenteil noch massiv verstärken. Wie auch immer. Der Mammutprozess gegen die kalabrischen Mafia-

Clans in der Lombardei und ihre Komplizen wird weitergehen, ob mit oder ohne die ominöse Untersuchung.

Vom äußersten Süden bis ans nördliche Ende von Oberitalien hat die 'Ndrangheta das Gesundheitssystem und seine Spitzenvertreter ins Visier genommen. Der Grund ist leicht zu verstehen. Für die 'Ndrangheta genügt ein Mann vom Kaliber Chiriacos, um eine ganze Region zu infiltrieren. Chiriaco hat sich in einem abgehörten Telefonat selbst entlarvt: »Ich, er und Pizzata, wir waren die Chefs der 'Ndrangheta in Pavia (...).« Und in seiner Unterhaltung mit Pasquale Libri fährt er fort: »Nach außen hin habe ich mich als jemand hingestellt, der nur Verwaltungsdirektor ist.« Mit solchen Leuten wie Chiriaco vertrauten Umgang zu haben, sich in der Grauzone der korrumpierbaren Honoratioren in regelmäßigem Austausch zu befinden, ist für die lombardische Außenstelle der 'Ndrangheta von vitaler Bedeutung. Schlüsselfiguren wie Chiriaco bei ihrer weiteren Karriere zu unterstützen, heißt, politische Abschirmung zu bekommen. Mit der Politik im Rücken kann man Millionen Euro an Drogengeldern in den Wirtschaftskreislauf einschleusen. Da werden Bebauungspläne und Nutzungsvorschriften geändert und Baugenehmigungen erschlichen. Das ist Sache der Politik, die sich für die Stimmen der 'Ndrangheta erkenntlich zeigen muss. Und es ist auch die Politik, die dafür sorgt, dass die hehren Grundsätze der Bürokratie zugunsten der Mafiosi aufgeweicht werden. So schafft man ein ganzes System. Eine teuflische, leise arbeitende Maschine, deren Getriebe Gesundheitswesen, Politik, Unternehmen und Mafia verbindet. Ein Perpetuum Mobile, das bis in alle Ewigkeiten so weiterarbeiten wird. Ein System, das es den 'Ndrangheta-Clans in der Lombardei erlaubt hat, Bedingungen dafür zu schaffen, Mafia-Strukturen analog zu jenen in Kalabrien zu etablieren. Strukturen, die sich über eine Entfernung von tausend Kilometer hinweg in permanentem Dialog miteinander befinden. Und dank der ethischen Schwäche, der die Lombardei anheimgefallen ist, ist die ökonomische Lokomotive Italiens heute die norditalienische Kernregion der ’Ndrangheta.

All dies konnte sich Peppe nicht vorstellen, als er mit einem Koffer in der Hand Kalabrien verließ, um sein Studium im norditalienischen Pavia zu beginnen. Und er steht wieder vor einer wichtigen Entscheidung. Soll er wegsehen, wenn er dem Boss in seiner neuen Krankenhaus-Behausung in Pavia begegnet, einfach starr geradeaus schauen? Gleichgültigkeit schafft wenigstens keine Probleme, denkt er sich. Oder soll er reagieren, diese Machenschaften ins Rampenlicht zerren? Mit dem Wissen, das er von geheimen Vorgehensweisen hat. Soll er sich isolieren mit dem Mut von jemandem, der sich erinnert und der sich engagiert? Peppe kann sich zu keiner Entscheidung durchringen. Er fährt fort, mit halbherziger Haltung zu leben. Sein Geld in Restaurants zu schleppen, die der ’Ndrangheta gehören, und den Bossen die gebotene Verehrung zu erweisen. Man weiß ja nie, sagt er sich, irgendwann könnte es einem vielleicht von Nutzen sein.

Willkommen in der Lombardei, steht auf einem Schild an der Straße, auf der ich fahre. Aber aus den Erzählungen von Peppe und aus den Untersuchungsakten zeigt sich mir ein anderes Bild: Alles verweist auf das »System Kalabrien«, auf seine Riten, seine Geheimnisse, die man nicht beichten kann, seine ’Ndrangheta-Logik. Es gibt jedoch einen entscheidenden Unterschied: In Kalabrien ziehen Unternehmer vor Gericht, um sich vom Mafia-Joch zu befreien.

7.

LOMBARDISCHE POLITKORRUPTION

Pasquale Libri wird von Phantasmagorien heimgesucht. Stunde um Stunde verbringt der 37-Jährige im Juli 2010 damit, über die Vergangenheit, die Zukunft und seine Freveltaten nachzudenken. Sein väterlicher Freund Carlo Chiriaco ist verhaftet worden, die Anti-Mafia-Behörde ermittelt gegen ihn. Es sind niederschmetternde Tage für Libri. Die Staatsanwälte zählen ihn zum lombardischen Zweig der ’Ndrangheta. Und es ist in dieser Situation nicht gerade hilfreich, in Reggio di Calabria geboren und mit der Nichte des obersten Mafia-Bosses Kalabriens verheiratet zu sein – Rocco Musolino, jenseits der Achtzig, das Clan-Oberhaupt »aus den Bergen«, ist der Onkel von Sonia Suraci, der Ehefrau von Libri.

Musolino gilt als eine der charismatischen Führerfiguren der ’Ndrangheta. Er gehört zum Serraino-Clan aus Reggio di Calabria. Und es ist seinem Charisma und seiner Autorität als Krimineller zu verdanken, dass es unter seiner Oberherrschaft im dortigen Gebiet nie zu mafiainternen Auseinandersetzungen oder Umsturzversuchen gekommen ist. Bis zum 23. Juli 2008. An diesem Tag wird Musolino in einer klassischen Mafia-Verschwörung ermordet. Carlo Chiriaco, Jahrgang 1950, geboren ebenfalls in Reggio di Calabria, und Pasquale Libri unterhalten sich darüber in einem während der Operation »Crimine« abgehörten Gespräch. Sie kommentieren aus einer Entfernung von über tausend Kilometern das Geschehen. »Haben sie auf ihn geschossen?«, fragt Chiriaco. Libri antwortet: »Ja, sie haben ihn am Arm getroffen. Er war nichtsahnend im Auto unterwegs.« Daraufhin der Direktor der Gesundheitsbehörde von Pavia: »Verdammt, haben sie ihn mit 'ner Schrotflinte umgelegt?« – »Mit 'ner *Lupara*«, bekräftigt die Stimme am anderen Ende der Leitung, die von den Ermittlern als Pasquale Libri identifiziert wurde. »Bei Santo Stefano haben sie auf ihn geschossen (...). Was das Problem war? Dass es alle von den Serrainos wussten.« Chiriaco will es jetzt genauer wissen: »Aber gehörte er denn zu Serraino?« – »Scheiße, und ob er dazugehörte, und zwar bis heute.« – »Und es gab keine Reaktion darauf? Haben sie niemanden verhaftet deswegen? Wurde niemand anderes umgebracht?« Libri erklärt seinem Freund, dass es noch keine Reaktion vonseiten der Clans gibt, »aber die Staatsanwälte haben sich beschissen verhalten, die haben alles beschlagnahmt, was ihm gehörte (...) präventiv, das machen die sonst nie.«

Das sind Reaktionsweisen, die man nur verstehen kann, wenn man die 'Ndrangheta kennt, ihre typischen Reaktionsweisen, die Hunderte von Kilometern entfernt von Kalabrien spürbar werden. Vom Dorf Santo Stefano im Aspromonte bis ins oberitalienische Pavia verbreitet sich die Nachricht vom vergossenen Blut des Paten schnell innerhalb der Mafia-Strukturen. Die Verwandten von Pasquale sind keine kleinen Nummern in der Mafia-Hierarchie. Er selbst ist als Abteilungsleiter für die Auftragsvergaben am *San-Paolo*-Krankenhaus in Mailand zuständig. Mit seinem Kollegen Chiriaco unterhält er sich oft über die 'Ndrangheta. Dann erinnern sie sich an vergangene Zeiten, als sie noch selbst an der Macht waren, als sie in der Mafia etwas galten. Sie scherzen miteinander, »und jetzt sind wir zu kleinen Gesundheitsbeamten geschrumpft«. Sie bilden eine verschworene Gemeinschaft und sehen sich oft.

Pavia ist eine kleine, gemütliche Stadt, die hinter ihrem glänzenden Äußeren jedoch eine geheime Macht beherbergt, welche auf heimtückische Weise die legale Macht infiltriert. Wirtschaft, Politik, Gesundheitswesen. Die 'Ndrangheta wächst still und heimlich heran, sie kreist die Beute auf Zehenspitzen ein, um dann brutal zuzupacken. Aus den Abwasserrohren unter den prächtigen Palästen der Macht kriechen »Beauftragte« mit ehrlichem Gesicht. Wichtige Verbindungspersonen, die beide Welten zusammenbringen. Zusammen bilden 'Ndrangheta und die legalen Institutionen ein »System«.

Pasquale und Carlo. Sie sind Freunde, bekleiden bedeutungsvolle Posten innerhalb des Gesundheitswesens in der Lombardei. Pasquale denkt an seinen inhaftierten Vertrauten. An die Wahllokale. An die Geschäfte, die sie zusammen angeschoben haben. Wie jenes, das er ihm gegenüber bereits ein Jahr zuvor angedeutet hatte. Rocco Musolino musste damals eine größere Geldsumme als Investment unterbringen. Pasquale sprach mit Chiriaco darüber, der ihm empfahl, zu bauen und dann wieder zu verkaufen. Der Ziegelstein als Zinsgarant. »Das Kapital dazu hat er. Ihm gehören Häuser in Rom und in Mailand, in New York und in Paris.« Als Libri seinem Freund die Absichten des investitionsgestimmten Onkels erläuterte, erwiderte Chiriaco: »Viel besser wäre ein einziges Investment zu 15 Millionen Euro, am besten er kauft 'ne ganze Häusersiedlung.« Libri gab Chiriacos Rat weiter.

Aber nach der Verhaftung seines Freundes Carlo befällt ihn die Angst. Mit den Geheimnissen, von denen der Freund weiß, könnte dieser ganze Bücher füllen. Ganz zu schweigen davon, was er mit Geständnissen für sich rausholen könnte. Pasquale ist verwirrt. Die 'Ndrangheta-Orthodoxie bestraft solche Schwächen ohne Gnade. Jemanden zu verpfeifen kommt einem Selbstmord gleich. Entweder ermorden sie dich, oder sie bringen dich dazu, dich selbst umzubringen. Wie Bruno Piccolo, denkt Pasquale. Wenn er aussagt, würde er seine eigene Frau verraten. Schande käme über sie. Würde sie ihn verlassen und

Trauerkleidung tragen? Zu viele Gründe, die gegen eine Kooperation mit der Polizei sprechen, für einen Mann, dem von klein auf die symbolische Liturgie der 'Ndrangheta vorgelebt wurde. Auch wenn er kein direktes Mitglied ist, so ist ihm die 'Ndrangheta-Kultur doch in Fleisch und Blut übergegangen. Und wenn sie erst mal in dein Herz und in dein Hirn eingedrungen ist, ist es fast unmöglich, sie wieder aus dem Leib zu bekommen. Er weiß, dass die Reaktionen seines familiären Umfelds vom geltenden Mafia-Wertesystem bestimmt würden. Für Pasquale gibt es kein Vertun.

Als Erstes hätte er es mit der Polizei und den Staatsanwälten zu tun. Aber nicht nur mit ihnen, vermutlich. Er fühlt, dass nach der umfangreichen Verhaftungswelle vom Juli das Ende nahe ist. 304 Verhaftungen zwischen der Lombardei und Kalabrien. Seine Geschichte nähert sich dem Ende. Und der Gedanke an seinen Freund Carlo, der hinter kalten Kerkermauern sitzt, lässt ihn nachts nicht mehr ruhig schlafen. Es ist nicht nur das Gefühl, die Anti-Mafia-Behörde an den Hacken zu haben. Es ist vor allem die unangenehme Erkenntnis, sich ins Licht der Öffentlichkeit gezerrt zu fühlen. Wenn du die geheimen Netzwerke der 'Ndrangheta kennst und vor Gericht aussagst, hängt dein Leben am seidenen Faden. Es geht nicht nur um die 'Ndrangheta-Verbrechen, die seinen Kopf füllen. Es geht um das innere Gleichgewicht, das ihm langsam entgleitet. Und Pasquale erträgt die Rolle des Seiltänzers nur schwer. Sie ist Teil dessen, was ihn langsam, aber sicher umbringt.

Wie jeden Morgen trifft Pasquale im *San-Paolo*-Krankenhaus in Mailand ein. Er arbeitet dort als leitender Angestellter. Sie kennen ihn dort alle. Um elf Uhr hat er ein wichtiges Treffen mit dem Führungsgremium der Klinik. Nach dem Termin verlässt er das Haus wieder. Und denkt an das, was sein Leben einmal gewesen ist. Er erinnert sich daran, wie er einmal Teilhaber einer Treibstoffgesellschaft war, und er denkt an das

Scheitern dieses Projekts zurück. Dann das Krankenhaus. Kalabrien. Die ’Ndrangheta-Atmosphäre, die ihm seit frühester Kindheit an vertraut ist. Die Erinnerungsfetzen überstürzen sich. Er denkt wieder an Chiriaco. An die Bosse. An Cosimo Barranca, den lokalen ’Ndrangheta-Machthaber von Mailand. Und an jene Begegnung in der Via Pirelli in Mailand während der Wahlkampagne, als Chiriaco und Barranca sich zum Wahlkomitee von Angelo Giammario begaben, dem Regionalabgeordneten des *Partito delle Libertà* (dt.: Partei der Freiheiten).

Und er erinnert sich an die Diskussionen mit Chiriaco über die ’Ndrangheta, die öffentliche Auftragsvergabe und die Aufteilung des Kuchens im lombardischen Gesundheitswesen. Er erinnert sich in seinem von Angst paralysierten Hirn daran, wie sie seiner Frau Sonia einen Arbeitsplatz versprachen. Dann überlappen sich die Gedanken. Der Druck wird immer stärker. Die letzten Momente im Denken von Pasquale Libri sind rabenschwarz, eingefärbt wie die finstere Nacht. Dann ist da nur noch Leere.

Sie finden ihn am Fuß der Treppe, die hinauf bis ins achte Stockwerk führt. 25 Meter im freien Fall. Und Ende. Libri fällt in einen Zwischenraum von einem Meter Durchmesser. Sein Schädel knallte mehrfach gegen Treppenvorsprünge, bevor er auf dem Marmorboden aufschlägt. Die edle Steinfläche färbt sich rot.

Niemand hat etwas gesehen. Selbstmord, sagen die Experten. Die Ermittlungsbeamten folgen zunächst dieser These. Kurze Zeit später ändern sie ihre Meinung. Angeblich wurde Pasquale kurz vor seinem Tod mit zwei Unbekannten gesehen. Dann gibt es noch das rätselhafte Polohemd, das jemand um den Kopf des Toten gewickelt hat. Und warum hätte Pasquale sich im Treppenhaus in den Tod stürzen sollen? Rundum gibt es zahlreiche Fenster, die sich dafür besser geeignet hätten.

Langsam wird ein Krimi daraus. Die Staatsanwälte nehmen auch andere Möglichkeiten ins Visier. Wurde er umgebracht, weil er Einzelheiten von Intrigenspielen zwischen Politik und Gesundheitswesen kannte, deren Enthüllung kompromittierend für beide sein könnten? Oder war es doch Selbstmord?

Sonia ist verzweifelt. »Er hat nicht mal einen Abschiedsbrief hinterlassen«, beklagt sie, während sie einsam in ihrem stillen Zuhause sitzt, von den Familiengeheimnissen bedrängt. »Pasquale hatte keine Angst. Natürlich sprachen wir zu Hause über das, was so passierte, von den Verhaftungen, die bekannt geworden waren. Für kurze Momente schien er in dieser Zeit irgendwie anders, vielleicht etwas angespannt. Aber er hatte überhaupt keinen Grund sich umzubringen.« Die Ärzte, die Kollegen von Pasquale, vermeiden jeden Kontakt mit der Presse, mit der Öffentlichkeit. Sie zeigen sich erschüttert. »Es ist eine schwierige Situation«, flüstern sie sich untereinander zu.

Das *San-Paolo*-Krankenhaus war Pasquales Leben. Es stellt einen übergroßen Teil seines Berufslebens dar, der helfen könnte, das Dunkel aufzuhellen, das die verschiedenen Formen der 'Ndrangheta-Präsenz in der Lombardei umgibt. Auf seinem Schreibtisch finden sich Artikel über die Verhaftungen vom 13. Juli 2009 sowie Dokumente über die Vergabe der Großaufträge am *San-Paolo*-Krankenhaus. Darunter viele, die Pasquale selbst leitend beaufsichtigte. Die Sicherheitsprüfung für das Computertomographiegerät, die Vergabe der Gartenarbeiten, der Wettbewerb um die Sanierung des gesamten Gebäudekomplexes, die Sanierungsarbeiten an der Kantine.

»So geriet auch die Verbindung zwischen Pasquale Libri, Chiriaco und dem Generaldirektor des *San-Paolo*-Krankenhauses, Giuseppe Catarisano, ins Blickfeld der Ermittler. Die Zusammenarbeit der drei begann 2003, als sie sich gemeinsam am *Dental Building* (dt.: Haus der Zahnmedizin) beteiligten, einem öffentlich-privaten Gemeinschaftsunternehmen, das

2005 in Konkurs ging und an dem das Krankenhaus *San Paolo* zu sechzig Prozent beteiligt war, während die restlichen vierzig Prozent der Anteile von privaten Investoren gehalten wurden, die sich in der Stiftung *Ge.si.s* zusammengeschlossen hatten. Dieses Projekt der Pseudoprivatisierung zahnärztlicher Behandlungen wird als der größte Fehlschlag im lombardischen Gesundheitssystem der letzten zehn Jahre angesehen.

Auch wenn die These vom Selbstmord bestätigt wurde, blieben die Untersuchungen zum Todesfall Libri in den Händen der Anti-Mafia-Behörde und wurden auf andere Ausschreibungen im Gesundheitswesen ausgedehnt. Es ist nur zu verständlich, dass die Geldgier der Mafia von einem Geschäftszweig angezogen wird, in dem allein in den letzten zehn Jahren öffentliche Gelder in Höhe von vier Milliarden Euro investiert wurden, aufgeteilt in 589 öffentliche Bauvorhaben im Bereich des Gesundheitswesens. Die Ermittler zeigten sich davon überzeugt, dass sich von den Vorgängen rund um das *San-Paolo*-Krankenhaus Verbindungen zu anderen Vorkommnissen herstellen lassen. Es geht dabei um weitere Krankenhäuser der Lombardei«, so Cesare Giuzzi im *Corriere della Sera*.

Gesundheitswesen und Politik sind in Italien zwei Seiten derselben Medaille. Die Regionalpolitik bestimmt die jeweiligen Führungskräfte, legt Veto ein, bietet Arbeitsplätze, führt Ausschreibungen durch und organisiert das Pflegewesen. Das alles ist mittlerweile ein milliardenschweres Geschäft geworden. Eine Goldgrube für die Mafia. Die staatlichen Gesundheitsbehörden werden von den Clans benutzt, um ihren Einfluss auf die Politik zu vergrößern. Denn vom Gesundheitswesen in die Politik ist es in Italien nur ein kleiner Schritt. Der im Gesundheitsbereich engagierte Mafia-Boss stellt die Allegorie der modernen organisierten Kriminalität dar. Mit sauberem äußeren Erscheinungsbild, aber schmutzigen Händen. Mediziner und Mafia-Bosse sind diejenigen, denen die Menschen ihre

Zukunft anvertrauen. In der Hoffnung auf ein sorgenfreies Leben.

Der Mafia-Boss wird in den von Folklore durchtränkten Legenden als Ehrenmann beschrieben, der in der Lage ist, die inneren und äußeren Konflikte der Gemeinschaft zu lösen. Er kann demjenigen eine sorgenfreie Zukunft verschaffen, der ihm Respekt und Ehrerbietung entgegenbringt. Das Gesundheitswesen besitzt für die 'Ndrangheta auch symbolische Bedeutung, die die Aura des Bosses zu erhöhen vermag. Im kalabrischen Locri ist die Gesundheitsbehörde bis heute Verteilstation für gutbezahlte Posten, Beförderungen, Vergünstigungen und Ausschreibungen mit hohen Etats.

Politische und kriminelle Strukturen leben im Gesundheitswesen einträchtig zusammen. Die Vorherrschaft der 'Ndrangheta in diesem Bereich erlaubt es den Clans, das Alltagsleben der Menschen in Kalabrien noch stärker zu dominieren, in unmittelbaren Kontakt mit ihnen zu treten und sie zu »beraten«. Im Norden sorgen die Weißkittel der Mafia dafür, dass diese für ihre subjektiven Interessen innerhalb der lombardischen Lokalpolitik ein Forum erhält. Von den einzelnen Gemeinden bis an die Spitze der Region und der Provinz. Lange verbarg die 'Ndrangheta ihr Interesse am ökonomischen und sozialen Bereich der Lombardei. Um schließlich, in einem günstigen Moment, ihr tödliches Gift in einen von Korruption zerrütteten Organismus zu injizieren, Gift, das dafür sorgt, die letzten Widerstandsnester von Ethik und Anstand in einer verführbaren politischen Klasse mit dem Raffinement der Mafia zu zersetzen. Eine politische Klasse, die sich am anderen Ende der sozialen Skala hart und erbarmungslos gegenüber Einwanderern und Armen zeigt.

An Politikern, die das öffentliche Interesse so deformieren, dass es den Interessen der Clans zugänglich wird, herrscht in der Lombardei kein Mangel. Das lässt die Mafiosi in der Lombardei letztendlich glauben, in der Lombardei gebe es eine Masse von unverdächtigen und manchmal sogar unbewussten Unterstützern der Mafia. Äußere Mitläufer, die das menschliche Kapital der Mafia bilden, so definieren es die Staatsanwälte. Wie zum Beispiel der Mediziner und Direktor der Gesundheitsbehörde von Pavia, Carlo Chiriaco, der lange Zeit als Spitzenvertreter der 'Ndrangheta im Gesundheitswesen der Lombardei galt.

Den Ermittlungsbeamten gelang es, ihn dabei zu filmen, wie er das Büro des Abgeordneten Giancarlo Abelli betrat. Die beiden kennen sich, Abelli selbst gab es öffentlich zu. Es kann sein, dass der Abgeordnete Abelli die problematische Vergangenheit, die dunkle Seite von Chiriaco nicht kannte, sondern den damaligen öffentlichen Eindruck von der unbefleckten Weste des Mediziners, seines Engagements für die Interessen der Region teilte.

In Untersuchungshaft genommen wurde Chiriaco auf Antrag des Gerichtshofs in Mailand. In den Akten wird seine Vergangenheit so beschrieben: »Chiriaco wurde für einfache und schwere Erpressung in Pavia am 26. September 1991 verurteilt, zusammen mit Renato Ferrari, Fortunato Pellicanò und Fortunato Valle. Seine Komplizen wurden abschließend einzeln verurteilt, während er nach zwei Siegen in Berufungsverhandlungen einen Freispruch wegen Verjährung erzielen konnte. Aus den abgehörten Telefongesprächen und den Abhörmaßnahmen vor Ort geht hervor, was sich damals wirklich abgespielt hat. 1991, als Chiriaco schon stellvertretender Direktor im Gesundheitswesen und Abteilungsleiter für Sicherheit in der universitätsmedizinischen Poliklinik *San Matteo* von Pavia sowie Präsident der angeschlossenen Fürsorge-Institutionen war, verstrickte er sich in einen Fall schwerer Erpressung, verließ aber zum Abschluss des anschließenden Prozesses mit List und (strafrechtlich nicht belangbaren) Lügen den Gerichtssaal als freier Mann. Und das, obwohl es sich um eine Straftat handelte, die in typisch mafiöser Art und Weise betrieben worden war, und an der er aus freien Stücken mitgewirkt hatte.«

Das ist nicht der einzige Fleck in der Vergangenheit des Spitzenmediziners. 2007, ein Jahr bevor er Direktor der Gesundheitsbehörde wurde, wurde er abschließend wegen Bruch des hippokratischen Eides verurteilt. Das Gericht sah es als erwiesen an, dass Sergio Daffra – obwohl er als Zahntechniker nicht über die notwendigen medizinischen Abschlüsse verfügt – mit Wissen von Chiriaco zahnmedizinische Behandlungen vorgenommen hatte. Zusammenstöße mit der Justiz, die seine Karriere nicht weiter beeinträchtigten. Chiriaco ist ein Mediziner mit Geheimnissen. Er selbst gab im Verlauf einer abgehörten Unterhaltung zu, den Tod von Menschen in Kauf genommen zu haben.

»Mit 19 stand ich das erste Mal vor Gericht. Es ging um Mordversuch, aber die Gesetze kommen uns ja wunderbar entgegen. Wenn du etwas machst, kannst du dir sicher sein, dass du davonkommst. Wenn du jedoch etwas nicht machst, riskierst du es, verurteilt zu werden. Die ganze Geschichte ist wahr, wir haben versucht, ihn zu erschießen (er flucht), es stimmt, dass wir auf ihn geschossen haben. Das Ganze endete mit einem Freispruch wegen nicht nachgewiesener Beteiligung.« Anschließend beklagte er sich, sechs Monate in Untersuchungshaft zugebracht zu haben. Wie seltsam ist die Gesetzeslage, dachte Chiriaco. Aber nicht weniger seltsam verhält es sich mit dem Gesundheitswesen. Vergleichbar einer verstopften Arterie, bedroht von Klumpen diffuser und latenter Macht, die das kollektive Wohl dem Eigeninteresse von Politik und Mafia unterordnen.

Die Stimmabgabe ist Ausdruck der Macht des Souveräns und erfolgt durch das Volk. Sie kann zur Handelsware werden. Ein Recht, das man gegen Vergünstigungen und garantierte

Vorzugsbehandlung eintauschen kann. Die Mafia-Mentalität des Stimmenkaufs hat sich mittlerweile bis in den letzten Winkel des ausgepowerten Italiens verbreitet.

Doch bis heute verbindet die große Mehrheit der Italiener das Phänomen der Mafia ausschließlich mit den südlichen Landesteilen, mit den »Dumpfbacken« vom unteren Ende des Stiefels. Aber die Ereignisse, die Ermittlungen, die Anzeigen der Staatsanwaltschaft und die Berichte der Polizisten zeichnen ein anderes Bild. Wenn Demokratie eine Idee ist, die ständig angestrebt werden muss, dann versperren die Clans den Weg zu echter Demokratie. Auch in der Lombardei generiert die 'Ndrangheta mittels der individuellen Stimmrechte Profite – durch den Verkauf von Wählerstimmen an den Meistbietenden.

Sie zahlt, schmiert, bedroht, isoliert. Sie regiert im Stillen und im Verborgenen. Durch zwischengeschaltete Personen. Sie vergibt Aufträge an Personen, die von diesen in den Regierungsgebäuden umgesetzt werden. Unverdächtige Selbständige mit doppelter Moral. Im Büro oder in der Anwaltspraxis sind sie Erfolgsmenschen ohne Fehl und Tadel. Aber sobald sie unbeobachtet sind, werden sie zu Drahtziehern der Mafia. In den abgehörten Autos und bei geheimen Versammlungen geben sie zu, mit der Mafia zusammenzuarbeiten. Selbst führende Stellungen in der Mafia innezuhaben.

Die Staatsanwälte der Anti-Mafia-Behörde von Mailand schreiben: »Man kann mit Fug und Recht behaupten, dass Cosimo Barranca und Pino Neri versprochen haben, beiden Kandidaten bei den lombardischen Regionalwahlen (Giancarlo Abelli und Angelo Giammario) eine bestimmte Anzahl von Stimmen zu beschaffen. Dies geschah auch durch ›Vermittlung‹ von Carlo Chiriaco, dem führenden Vertreter des Gesundheitswesens in der Lombardei.«

Das sind nicht nur Worte. Die Staatsanwälte konnten auch

die entsprechenden Geldsummen beziffern, die den Besitzer wechselten. »Fünfzig bis sechzig Fotokopien«, vermutlich 50.000 bis 60.000 Euro, die Rechtsanwalt Sciarrone, ein Spießgeselle von Giammario, zu diesem Zweck von dritter Seite erhielt, »im Hinblick auf die Regionalwahlen 2010«. Das Interesse der Familie Barranca an der Wahl von Giammario wird offenbar auch durch eine Unterhaltung bestätigt, die Pasquale Barranca (der Bruder von Clan-Chef Cosimo) mit Carlo Chiriaco führte. Darin sagt Barranca, dass seine Tochter »dort, im Viale Monza, die Anrufe für Giammario entgegennimmt«.

'Ndrangheta und Politik verbinden sich nicht nur in Gestalt des Abgeordneten Abelli und des Regionalrats Giammario. In den Mailänder Abhörprotokollen der Operation »Crimine« wurde auch der Name von Antonio Oliviero genannt, gegen den zurzeit im Rahmen eines Strafverfahrens ermittelt wird. Oliviero war früher Abgeordneter in der vom Abgeordneten Penati, dem Chef des linksliberalen Parteienbündnisses der Lombardei, geleiteten Fraktion der Regionalversammlung. Oliviero habe bei den Kommunalwahlen 2009 in Cologno Monzese die Kandidatur von Leonardo Valle in die Wege geleitet, dem Sprössling von Mafia-Boss Francesco Valle. Der Name Oliviero stellt keinen Zufallstreffer dar. Er ist mit der Tochter von Antonia Mancuso, der Schwester der Brüder Pantaleone, Antonio und Cosimo Mancuso, verheiratet. Die Mancuso-Jungs sind die Bosse des gleichnamigen Clans, deren Herrschaftsgebiet die Provinz Vibo Valentia in Kalabrien ist.

Aus den Ermittlungsakten zur Operation »Tenacia« der Anti-Mafia-Behörde von Mailand geht hervor, dass dem ehemaligen Abgeordneten des Berlusconi-Wahlbündnisses PdL und Ex-Regionalrat Massimo Ponzoni, gegen den aber bislang keine Anklage erhoben wurde, Beziehungen zur Mafia »von gegenseitigem Interesse« vorgeworfen werden. Auch Emilio Santomauro, Führungsfigur der christdemokratischen Nachfolgepartei UdC, zuvor in der *Alleanza Nazionale* aktiv, fiel in diesem Zusammenhang auf. Am 25. Januar 2000 war er in eine Schießerei vor seinem Büro verwickelt. Als Strohmann des Mafia-Clans Guida wurde gegen ihn ermittelt, die Anklage jedoch wieder fallengelassen.

Auch die *Lega Nord*, die sich vor allem durch ihre Fremdenfeindlichkeit auszeichnet, zeigte sich einem Flirt mit der Mafia nicht abgeneigt. Angelo Ciocca, der mit einem Vorsprung von 18 000 Stimmen zum Abgeordneter der Regionalversammlung in der Lombardei gewählt wurde, erscheint in den Akten der Anti-Mafia-Behörde wegen seiner Beziehungen zu Pino Neri, der zusammen mit Chiriaco verhaftet wurde und als Boss der örtlichen Mafia gilt. Neri habe Ciocca kontaktiert, damit dieser einen seiner Vertrauten bei den Kommunalwahlen unterstütze. Zudem wurde Ciocca zusammen mit Neri fotografiert.

In den Abhörprotokollen brüstet sich Neri damit, dass er Ciocca in »schöne Immobiliengeschäfte eingebunden« habe. Bis heute wurde keine Anklage gegen den *Lega-Nord*-Abgeordneten erhoben, der zum Zeitpunkt der Aufnahmen auf der Piazza Petrarca in Pavia Regionalabgeordneter der Partei war. Nach den Anschuldigungen des Kronzeugen Di Bella vermieden es Ciocca und Castelli daraufhin, gemeinsam abgelichtet zu werden.

Es herrschen finstere Beziehungen zwischen der Politik und der ’Ndrangheta in der Lombardei. Es sind Geschichten von den ungekrönten Königen des Gesundheitswesens. Von verwirrten Politikern, die auch dort auf Stimmenfang gehen, wo sie es eigentlich gar nicht dürften. Von skrupellosen Unternehmern, die im Luxus leben und auf Koks sind. Sie verschleudern öffentliche Gelder, während sie in Luxuskarossen herumfahren und Schmiergelder verteilen, um öffentliche Aufträge zu bekommen, um Beförderungen und medizinische Behandlung zu erlangen. Rechte, die eigentlich jedermann zustünden.

Und die hier, wie im Süden, in den Ruch von Vergünstigungen und Vorzugsbehandlung gekommen sind.

Institutionelle Aktivitäten und Partikularinteressen bringen den freien Markt vom Weg ab. Eine perverse, brutale Osmose findet statt, die die Demokratie untergräbt. Diese zerbricht unter den wiederholten Schlägen einer skrupellosen Allianz zwischen Politik und Unternehmertum, die es den verschiedenen Mafien ('Ndrangheta, Cosa Nostra, Camorra etc.) seit 150 Jahren erlaubt, als selbständig handelnde Wirtschaftssubjekte aufzutreten, als integraler Teil des produktiven Wirtschaftssystems nicht nur Italiens.

Es ist kurz nach zwölf Uhr mittags an diesem 19. Juli 2010 in Mailand. Viele hoffen darauf, dass die Zeit wieder ihr frenetisches Tempo des mythischen Mailands aufnehmen möge. Die weiße Umrisszeichnung am Fuß des Treppenhauses wird in den nächsten Tagen bald verschwunden sein. Noch erinnert sie an gefährliche Verwicklungen und an Alpträume, die den Selbstmörder heimgesucht hatten. Sie gleicht dem Fingerabdruck jenes geschmeidigen lombardischen 'Ndrangheta-Systems, das seine Macht aus dem innersten Zentrum ihrer Hochburgen in Kalabrien bezieht und sich von dort aus nach Europa und in die ganze Welt ausbreitet. Wie ein Blutegel saugt die Mafia den vitalen Lebenssaft aus der Demokratie, blockiert sie die Spielräume der Wahlfreiheit. Sie zerrüttet die Regeln der Marktwirtschaft, zersetzt die Ethik mit der scharfen Säure ihrer Macht.

Pasquale Libri ist eines der Opfer dieses Systems. Ein Angeklagter, ein Verdächtiger. Freund und Spießgeselle der Mafiosi. Am Ende ist er tot. Ermordet oder aus freien Stücken. In jedem Fall ein Zeuge furchtbarer und abartiger Verbrechen. Mit Chiriaco hatte sich Pasquale in den abgehörten Gesprächen über die 'Ndrangheta unterhalten, über öffentliche Ausschreibungen und das Postengeschacher im lombardischen Gesundheitswesen. Libri war sowohl Beobachter als auch Akteur in diesem System. Er hat die 'Ndrangheta wachsen sehen, und hat miterlebt, wie sie sich die Region der ehemaligen moralischen Hauptstadt Italiens unter den Nagel riss, diese in einen Schraubstock zwängte und zudrehte. »Sicher ist nur, dass er tot ist«, schrieb Tommaso Besozzi 1950 in der Wochenzeitschrift *L'Europeo* über den berühmten Urahn der sizilianischen Mafia, Salvatore Giuliano, der von manchen auch als Märtyrer und Widerstandskämpfer angesehen wird.

Das Wurmnest, welches das hervorragende Gesundheitswesen der Lombardei in seinem Inneren birgt, ist derzeit nicht in Gefahr. Und seine Aktionsfreiheit ist ungebrochen.

8.

KALABRISCHE EXILANTEN

»Mit den Leuten aus Kalabrien, die auf unseren Baustellen arbeiten, sind wir sehr zufrieden. Niemand von denen macht Ärger.« Ivano weiß, dass man sich mit den Männern der ’Ndrangheta im Zweifelsfall besser gut stellt. Denn dank ihrer Mitwirkung wird auf den Baustellen in der Lombardei ohne größere Störungen gearbeitet. Eine Region, die schon in süßen Träumen von künftigem Geldsegen schwelgt. Gleichzeitig lauern die Verwalter riesiger Anlagevermögen darauf, in die lukrativen Projekte für die Expo 2015 in Mailand zu investieren.

Mit dem Begriff »Calabrotti« (Kalabrische Exilanten) bezeichnet die unternehmerische Entourage von Ivano jene aus Kalabrien gebürtigen Männer, die für Subunternehmer auf den Baustellen der Firma *Perego General Contractor* arbeiten. Eine Firma, die eine wirkliche Erfolgsgeschichte vorweisen kann. Für die ’Ndrangheta ist sie eine verführerische Beute, die mit den Zähnen gepackt und in großen Bissen heruntergeschlungen wird. Eine von vielen Firmen in der Lombardei, die attraktiv ist für diese Art von »Anlegern«. Ivano ist nicht der einzige, der Illusionen hegte, was die mutmaßliche Antriebskraft des ’Ndrangheta-Kapitals anging, das so harmlos im eleganten Zweireiher daherkommt. Sie gleichen eher klassischen Managern aus Mailand als dem, was sie eigentlich sind: Söhne einfacher Leute aus dem verarmten Hinterland Kalabriens. Ivano träumt davon und will unbedingt erreichen, dass die *Perego* Marktführer in Sachen Tiefbau wird.

Die Wunschträume von Ivano setzen eine perverse Spirale der Eskalation in Gang. Er sieht, Tag für Tag, wie seine Firma zusehends in Stücke zerfällt. Und obwohl seine Geschäftsbilanzen mittlerweile dunkelrote Farbe angenommen haben, sucht er weiter die Unterstützung der 'Ndrangheta. Die Anziehungskraft von Macht ist wie eine Droge für den lombardischen Unternehmer, schlimmer als Kokain. Sein Leben läuft schnell aus dem Ruder. Es verliert zusehends den Zusammenhalt in den Händen der Teilhaber, an die er sich hilfesuchend gewandt hatte und mit denen er enge, vertrauensvolle Beziehungen pflegt. Andrea Pavone und Salvatore Strangio vertraut Ivano blind. Und als sie sich bei ihm als jemand vorstellen, der für die gegenwärtige Krise von Ivanos Firma mit Sitz im oberitalienischen Lecco die Lösung hat, öffnet er ihnen Tür und Tor.

Salvatore Strangio zählt für die Mailänder Staatsanwälte zu den schweren Jungs: »Pistolen, Maschinenpistolen, Handgranaten, Geschäfte mit der Schwester von Pablo Escobar (dem berühmten kolumbianischen Drogenbaron), Falschgeld. Das Ganze abgeschmeckt mit Kommentaren zu seinem Verhalten vor, während und nach der Haft. Diese prototypischen Diskurse belegen die verbrecherische Gesamtpersönlichkeit Strangios. Er ist nicht nur Mitglied einer der wichtigsten 'Ndrangheta-Gruppierungen, sondern zugleich jemand, der mit Gewohnheitsverbrechern und Händlern aller möglichen illegalen Waren auf vertrautem Fuß steht.« So weit die Ausführungen in den Ermittlungsakten der Operation »Tenacia« vom Juli 2010, zusammengestellt von der Anti-Mafia-Behörde Mailand.

Ivano arbeitet seit Jahren mit »Calabrotti« zusammen. Im Netzwerk der Subunternehmer hat die 'Ndrangheta das letzte Wort. Das wissen die Unternehmer. Jede Schaufel Erde, die im Norden, im Süden, im Osten oder im Westen der Lombardei transportiert wird, rollt auf Lastwagen, die zum Firmenimperium der 'Ndrangheta in der Lombardei gehören. Das Gesetz der Mafia wird hier allgemein respektiert. Wer das nicht tut, hat mit Drohungen und Einschüchterungen zu rechnen.

Den Mafiosi, die seit den achtziger Jahren eigene Firmennetzwerke aufgebaut haben, mangelt es jedoch teilweise an entsprechender Qualifikation. Ihre Unternehmensführung ist ausschließlich von Partikularinteressen bestimmt. Für das Gewinnstreben der Clans werden giftige Schlacken in Betonfässer gefüllt und illegal vergraben. Krankmachende Materialien, begraben unter der Erde, die von den Tiefbaufirmen der 'Ndrangheta ausgehoben, transportiert und abgelagert werden. Giftige Abfälle und Fundamente aus Stahlbeton. So arbeiten die Clans der lombardischen 'Ndrangheta-Ableger.

In den Jahren, in denen persönliche Besitztümer von Mafiosi im Rahmen von Gerichtsverfahren beschlagnahmt wurden, der Reichtum der Clans aber dennoch exponentiell anstieg, war es das Interesse der 'Ndrangheta in Norditalien, die Führung einiger Industriesektoren im Norden in die Hand zu bekommen. Inzwischen geht es ihr darum, Produktivprozesse vom Innern der Firmen selbst aus zu lenken und zu leiten. Um damit einen kontinuierlichen Prozess des Geldumschlags zwischen Nord und Süd des Landes in Gang zu setzen, wo jeweils sehr unterschiedliche Wirtschaftsformen zu Hause sind.

Die 'Ndrangheta setzt alles daran, diese durch Aussondern ihres Giftes von innen aufeinander abzustimmen. Die Unternehmen, zu deren Teilhabern die Mafiosi gehören, verbinden die zwei Randgebiete des Systems Italien miteinander. Das Beispiel der Firma *Perego*, einem führenden Unternehmen der Lombardei, ist dabei typisch und steht für viele andere Fälle, in denen kalabrische Großunternehmen unter die Führung von Clans kamen. In der Lombardei, in Ligurien und in der Emilia-Romagna – jenseits der imaginären Linie, die Nord- von Süditalien trennt, die vom Kapital der 'Ndrangheta permanent durchstoßen wird – spielen sich die Bosse als Unternehmer auf.

Dunkle Teilhaber, die über Wohl und Wehe der Firmen entscheiden.

Anfangs hatte der Mann, dem Ivano die Rettung seiner Firma anvertraute, versprochen, die tief in den roten Zahlen befindlichen Konten der Firma aufzufüllen. Salvatore Strangio ist ein Mafioso, Ivano spürte das sofort. Aber er macht sich keine Gedanken deswegen. Er ist unbesorgt, »mit Salvatore, dem Calabrotto, an meiner Seite, wird es niemand wagen, mir in die Quere zu kommen«.

Er hatte ihn anheuern lassen und mit der Sicherheit der Baustellen beauftragt, was zugleich Sicherheit für ihn selbst bedeutete. Im November 2008 lässt Ivano den Vertrag mit Strangio unterzeichnen. Ivano hat im Laufe der Zeit einige Kalabrier kennengelernt. Die Firma *Perego* vergibt seit Jahren Subaufträge an ihre Unternehmen. Es ist ein schleichender Prozess der Unterwanderung seiner eigenen Firma, dem Ivano beiwohnt. Er fühlt sich wehrlos, umnebelt von der weißen Droge, die ihm die Nasenschleimhäute wegätzt. Strangio kennt die Schwächen von Ivano. Vor seinen Untergebenen beschreibt er ihn als »verrückten Kokser«, der wegen seiner Drogenabhängigkeit die Firma in den Ruin treiben werde. Strangio verspricht ihm, das Schicksal der Firma, die sich gerade um einen Löwenanteil der Ausschreibungen für die Expo 2015 beworben hat, zum Besseren zu wenden. Die Weltausstellung ist für die Clans eine attraktive Beute. Das Mittel, um sie in ihre Fänge zu bringen, stellt die Firma *Perego General Contractor* dar.

Die Allmacht der Clans ist unübersehbar. Im Bausektor nimmt sie die Form von Gebäuden, Straßen, Brücken, Bahnhöfen und Kongresszentren an. Tiefbau als Entäußerung einer Macht, die ihre Wurzeln in der Wiege der 'Ndrangheta im Aspromonte hat, jener mythischen »Mutter Kalabriens«, die als das pulsierende Herz der unehrenhaften Gesellschaft gilt. Aus dem heimatlichen San Luca in Kalabrien empfängt Salvatore

Strangio seine Anweisungen, wie er im Falle der *Perego* vorgehen soll. Es war der inzwischen verstorbene Oberboss Antonio »Ntoni Gambazza« Pelle, der die Planung der Unternehmenspolitik von Ivanos Firma übernommen hatte.

Hinter Ivano Perego, der die Firma offiziell leitete, stand die 'Ndrangheta. Sie entschied, was zu tun war. Ein Gipfeltreffen in Bovalino (Kalabrien) besiegelte das Schicksal der Firma. »Das, was zwischen Sommer 2008 und Frühjahr 2009 rund um die Firma *Perego* geschah, ist prototypisch dafür, wenn es gilt, die ökonomischen Kontrollstrategien zu verstehen, die die 'Ndrangheta-Bosse konzipiert haben. Es ist klar, dass eine Firma wie die *Perego* für die Kriminalität vom Schlage der Mafia einen enormen Wert darstellt. Die Kontrolle einer Firma dieses Typs bietet mindestens drei unschätzbare Vorteile für die Mafia: Sie kann Tiefbauarbeiten, das bevorzugte Arbeitsgebiet der lombardischen Ableger der 'Ndrangheta, selbst direkt steuern; sie kann Ausschreibungen und Unterausschreibungen befreundeten Firmen zukommen lassen, wie etwa dem Unternehmen SAD von Salvatore Strangio, zu deren weiteren Teilhabern Bosse wie Pavone und Morabito gehörten; und natürlich an oberster Stelle: sie kann durch zwischengeschaltete Personen direkt über ein Unternehmen verfügen, das die richtige Größe dafür hat, um sich wesentliche Teile öffentlicher Ausschreibungen unter den Nagel zu reißen, und dank ihres absolut unverdächtigen und ordnungsgemäßen äußeren Erscheinungsbildes kommt sie auch für Großprojekte wie die Expo 2015 in Frage.«

Diesbezüglich erhebt die Anti-Mafia-Behörde von Mailand schwere Vorwürfe gegen die 'Ndrangheta: »Hier gibt es einige Herren, die ohne jegliche berufliche Ausbildung, die ihr Auftreten rechtfertigen könnte, sich das Recht anmaßen, zu entscheiden, wer eine bestimmte Kapitalgesellschaft führt, wer davon ausgeschlossen wird, wer für wen den Posten aufgibt, wie die Arbeiten verteilt werden. Und sie sorgen für permanenten Austausch mit dem fernen Kalabrien, wo andere, wie der verstorbene Pate Antonio Pelle im besagten San Luca oder in Rosarno, gebeten werden, aufgetretene Streitigkeiten zu schlichten, mit einem Durchsetzungsvermögen, das ihnen zuerkannt wird ohne Diskussionen und ohne den Hauch eines Zweifels von allen Beteiligten. (…) All das bestätigt das eindrucksvolle Kontrollvermögen der organisierten Kriminalität aus Kalabrien und ihr internes Strukturierungspotential.« So weit die Untersuchungsakten der Operation »Tenacia« der Anti-Mafia-Behörde Mailand.

Salvatore Strangio, der Mann, dem Ivano und der damalige Oberboss Antonio Pelle vertrauen, beginnt mit der Umsetzung eines präzisen Plans: Rettung der ins Schlingern geratenen Firma. Das Mittel dazu ist, die Firma bis zum Platzen mit ’Ndrangheta-Kapital vollzupumpen. Die Firma *Perego General Contractor* ist nur eine der Firmen, die Ivano und seine früheren Geschäftspartner schufen. Aber die übrigen Firmen sind größtenteils schon stillgelegt, eine davon, die *Perego Straßenbau*, hat 18 Millionen Euro Schulden und soll über einen Vergleich abgewickelt werden. Bis das geschieht, versteckt sich die Mafia hinter der Firma und Ivano schiebt den Männern von Strangio die Wachstumsprojekte zu. Andrea Pavone entwirft mit Zustimmung von Strangio einen Plan zum Wiederaufstieg der *Perego*. Ivano ist verblüfft. Hinter diesem Plan entdeckt er, benebelt von Korruption und verhätschelt vom Luxus, den Rettungsanker. Fusionen und die Übernahme von konkurrierenden Firmen gehören zur Strategie, die die Mafiosi verfolgen.

Von den rauen Bergen Kalabriens bis zu den geschmeidigen Erhebungen des Finanzkapitalismus ist es für die Mafiosi nur ein kleiner Schritt. Die ’Ndrangheta hat ihre Überzeugungen und ihre archaischen Charakterzüge auf dem deregulierten System des Kapitalismus im dritten Jahrtausend aufgebaut.

Dem Turbokapitalismus. Einem weltweiten Wettstreit, in dem die Skrupellosigkeit gewinnt, mit der Firmen und Finanzen geschaffen werden. Auf der Verliererseite steht die Ethik, die unter den tödlichen Schlägen des im Wettbewerb befindlichen Egoismus und des kriminellen Profits ins Wanken gerät. Am Ende triumphiert derjenige, der den unternehmerischen und politischen Weitblick, wie er ethisch orientierter Geschäftsführung innewohnt, hinter sich lässt.

Die Mafia-Clans haben im Norden ein System geschaffen und im Süden ein Gemetzel veranstaltet. Letztlich halten sie das Land zusammen, das unter dem Ansturm autonomistischer Tendenzen von jedem Winkel des Landes aus leidet. Und das darin geübt ist, ein auf Korruption, Befehlen und Vergünstigungen gegründetes Netzwerk zu knüpfen. Blut, Blei und Einschüchterungen stellen den Klebstoff dar, der die verzweigten Intrigennetze zusammenhält, welche die Mafia im Laufe ihrer über hundertjährigen Geschichte geknüpft hat. Und es ist jene mafiöse Bindekraft, die Italien seit seiner Vereinigung 1870 zusammenhält, die von der Vereinigung *daSud* aufgegriffen wurde, die zum Jubiläum der italienischen Einheit eine provokante Kampagne startete, »Die Mafia-Clans schweißen uns zusammen«. Provokant, aber realistisch. Ein für Italien typisches Paradoxon, das von der ewigen Herrschaft des mafiösen Systems zeugt, welches den Alltag im Süden regiert und im Norden die Wirtschaft leitet.

Ivano weiß nichts von den Hintergründen, warum seine Firma auserwählt wurde. Nicht einmal, warum die Clans aus der Lombardei ihren gierigen Blick überhaupt auf seine Firma richteten. Vage hat er eine Vorstellung davon, aber er wird abgelenkt von dem Luxus, mit dem er sich umgibt, und von den üppigen Geschenken, die er an Mafiosi und Politiker verteilt. In der Lombardei sind Typen wie Ivano Perego die typischen Schnittstellen zwischen Mafia und Politik. Das ist ihm bewusst.

Er stellt sich mit beiden Seiten gut. Von der einen sind öffentliche Ausschreibungen und Vergünstigungen zu erwarten, von der anderen Schutz und Hilfe, wenn es darum geht, die Konkurrenz auszuschalten.

Er bildet sich ein, alles unter Kontrolle zu haben. Doch dabei hat er längst überhaupt nichts mehr unter Kontrolle, sondern er leitet lediglich einen Namen, eine leere Hülle. Der Wirtschaftsbulldozer der 'Ndrangheta, in Gestalt von Salvatore Strangio und Andrea Pavone, hat sein Werk vollbracht. Die Steuerung der Firma ist bereits in der Hand der Mafia. Augenblicklich fordert sie von Ivano Beförderungen, die Verteilung der Subaufträge nach ihrem Gusto, politische Kontakte, öffentliche Ausschreibungen sowie Privataufträge. Ivano ist in die Vorhölle eingedrungen, ohne sich dessen zunächst bewusst zu sein.

Er fährt fort, sich jovial und makellos zu zeigen. Er nimmt an den Parteiveranstaltungen teil, bei denen man als Unternehmer dabei gewesen sein muss. Er schleicht sich ein in die Treffen der *Compagnia delle Opere Lombarde* (COL, ein christlicher Industrieverband der Lombardei), begleitet von seinem Freund, dem Politiker Antonio Oliviero. Seine enge Verbindung zu dem Politiker stellt Ivano gern zur Schau. Dann kann es schon mal vorkommen, dass er einen Sportwagen Marke Audi RS6 verschenkt. »Antonio ist mein Wohltäter«, rechtfertigt er sich oft vor Bekannten und Freunden und setzt seinen Kurs Richtung Abgrund zielstrebig fort. Die politischen Versammlungen mit Oliviero. Das Handy, das unaufhörlich klingelt. Die Versprechungen der Politiker, was das weitere Wachstum der Firma angeht, dass er Mitglied des COL werden könne, was Ivano in die Lage versetzen würde, Zugang zu Krediten der im COL zusammengeschlossenen Banken zu erhalten. Von alldem ist er fasziniert, gleichzeitig enthebt es ihn auf angenehme Weise von den Verantwortlichkeiten, die jemand intensiv wahrnehmen müsste, dem wirklich am Wohl seiner vor dem Untergang stehenden Firma liegt.

Ivano zieht es vor, öffentliche Auftritte zu inszenieren. Wenn er sich selbst im Fernsehen sieht, ist er hochzufrieden. Am besten in der ersten Reihe, Arm in Arm mit einflussreichen Politikern. »Alle waren da, Lupi, Formigoni, und ich in Poleposition mit Oliviero«, erzählt er seinen Freunden mit leuchtenden Augen. Auf der Armbanduhr von Ivano ist ein großes N für 'Ndrangheta eingraviert. Damit lösen sich diese ganzen Lügengeschichten und rassistischen »unpolitischen« Legenden der *Lega Nord* und anderer auf, denen zufolge die Mafia ausschließlich ein Phänomen des zurückgebliebenen Südens Italiens sei. Eingerahmt zwischen repressiven Maßnahmen gegen Süditaliener und Slogans von der Partei Umberto Bossis, die in etwa lauten »Im Norden sollen nur Firmen aus dem Norden Arbeit finden«. Es wirkt fast wie ein Beweis des Sankt-Florian-Prinzips, wenn man sie auf die entgegengesetzte Politik der Mafia-Clans anwendet. Die ja ruhig immer weiter um sich greifen kann, aber nicht in meinem Vorgarten. Die *Lega Nord* propagiert ernsthaft, auf diese Weise die mafiösen Organisationen zu bekämpfen, und ignoriert dabei bewusst die vielen Norditaliener, die mittlerweile in den Diensten der Mafia stehen.

Bossis Partei schiebt damit dieses kriminelle, politische und ökonomische Phänomen, das mit Teilen der herrschenden politischen Klasse im boomenden Norden in bestem Einvernehmen steht, erneut ausschließlich den Süditalienern zu. Dieser äußerst aggressive Virus hat jedoch längst die vielen gerühmten sozialen Antikörper niedergemacht, auf die die Lokalpolitiker in der Po-Ebene, in der Lombardei und in Ligurien so stolz sind. Die Werte und Ideale, die den Widerstand gegen den Nazifaschismus inspirierten, sind nur noch eine ferne Erinnerung. Die Erfahrungen dieser außergewöhnlichen Epoche des Kampfes für die Menschenrechte wurde restlos vom Karrierestreben verdrängt, hat dem Druck des vordringenden, krankmachenden und zersetzenden Sickerwassers nachgegeben, mit denen die Mafia-Clans solche Ideale zerstören. Und begraben. Ideale, welche in den Ideen und Aktionen einer verantwortungsbewussten Gesellschaft leben, die zur Erinnerung fähig ist. Aber nicht nur auf rhetorische, sondern auch auf aktive Weise. Projektbezogen. Sie sind die Basis des Fortschritts der freien Gesellschaft, die sich den üblen Mafia-Schädigungen entgegenstellt. Eine Gegenbewegung von unten, die in den Regionen des Nordens kämpft, anklagt und unbeeinflusst vom unermesslichen Reichtum der Mafia-Organisationen unermüdlich für wirklichen sozialen Fortschritt eintritt.

Dagegen hat sich der Lombarde Ivano Perego dazu entschieden, die mächtigste und geheimnisvollste Verbrecherorganisation der Welt ins Boot zu holen. Mit seinen politischen Freunden und zahllosen Unternehmerkollegen aus Norditalien, die dem Werben der Clans mit ihren angebotenen Diensten nur zu gern erlegen sind, spielte er eine zentrale Rolle beim Aufstieg der lombardischen 'Ndrangheta-Ableger. Dabei treffen zwei Arten der wirtschaftlichen Betätigung aufeinander, jene von Strangio und jene von Perego. Salvatore Strangio, geboren in Natile di Careri, ist Inhaber der Firma *Ivano* innerhalb des örtlichen Riesenunternehmens *Perego*. Ersterer bekommt Aufträge von letzterem und führt dabei eigentlich die Gesellschaft, die ihm die Aufträge erteilt. Aufträge und Subaufträge, die Strangio wiederum an die zwanzig örtlichen Mafia-Unterzentren verteilt. Eine Steuerzentrale, die dem Mafioso Strangio untersteht. Wenn er die Arbeiten verteilt, achtet er sorgsam auf die Gleichbehandlung aller örtlichen Mafia-Ableger. Das lombardische Territorium ist in Einflusszonen der einzelnen Mafia-Ableger aufgeteilt. Wenn ein Auftrag der *Perego* die Stadt Rho betrifft, muss der Subauftrag den 'Ndrangheta-Clans vor Ort zugewiesen werden. Betrifft der Auftrag den Ort Bollate, fahren die Lkws der dort ansässigen 'Ndrangheta-Statthalter den Aushub von den Baustellen zur Deponie. Ein längst aus dem Ruder gelaufener und verzerrter Markt, der geprägt ist von den Übereinkünften zwischen dem örtlichen Unternehmertum und den 'Ndrangheta-Firmen. Das ist nicht das Vorspiel zu einem Monopol. Das ist ein bereits zum System erhobener und von der 'Ndrangheta in der Lombardei gesteuerter Trust.

Es ist kein Aufflackern von Unternehmerstolz, was Ivano dazu bringt, Strangio wieder loszuwerden. Er ist eingeschnappt und wird in seinen separatistischen Plänen vom Bewusstsein bestärkt, andere 'Ndrangheta-Vertreter auf seiner Seite zu haben. Ivano erträgt es nicht mehr, von Strangio über die Art und Weise der Unternehmensführung nach 'Ndrangheta-Methode belehrt zu werden. Er weiß, dass Strangio ihn für unfähig hält. Es sind Gerüchte aufgekommen. Sie ärgern und verängstigen Ivano. »Er möchte mich ersetzen«, denkt er sich und zerbricht sich den Kopf darüber, was er jetzt tun kann. Man hat ihm zugetragen, dass Strangio ihn durch einen »echten« Unternehmer ersetzen will. Einen, der die Gesellschaft wirklich führt.

Für Ivano ist es eine absurde Situation. »Stimmt schon, um die Finanzen unserer Firma steht es schlimm«, räumt er im Stillen ein. »Das Unternehmen steht kurz vor dem Zusammenbruch.« Und Strangio möchte es um jeden Preis retten. »Warum?«, fragt sich Ivano. »Was ist der Grund dafür, dass sich Strangio so engagiert, dass er einen echten Geschäftsführer in mein ausgezehrtes Unternehmen setzen will?« Die Antwort ist banal und beleuchtet gleichzeitig eine raffinierte Mafia-Methode der Bosse des dritten Jahrtausends. Salvatore Strangio kennt die desaströsen Bilanzen von *Perego General Contractor*. Mit seinem Vorhaben, einen versierten Geschäftsführer einzustellen, der die aufgelaufenen Probleme lösen soll, hält Strangio an der Firma fest. Denn es ist ein Tarnunternehmen, Camouflage, die ihn mitten hinein in die Fülle der lukrativen Aufträge für die Expo 2015 und vieler anderer Vorhaben in der Lombardei bringen soll. Dorthin, wo die Milliarden verteilt werden.

Strangio hält Ivano tatsächlich für komplett unfähig. Seiner Meinung nach besteht dessen Talent einzig und allein darin, Geld zu verschleudern. Strangio vertraut nicht einmal seinem Kumpanen Andrea Pavone, trotzdem zieht er ihn für die Beziehungen zu den Vergabeinstitutionen in Erwägung. Eines weiß Mafioso Strangio ganz sicher: Wenn es mit der *Perego* so weitergeht, wird die Firma untergehen und damit das Ansehen der 'Ndrangheta beschädigen. »Die Firma darf nicht abschmieren, das ist nun mal so, dafür gibt's gute Gründe, sehr gute. Die dürfen wir keinesfalls über die Wupper gehen lassen«, argumentiert Strangio. Ihm liegt daran, sich die Aussichten auf künftige Milliardengewinne offenzuhalten. Noch verstecken diese sich hinter den Abgasen der Metropolenregion, in den hochtoxischen Abwässern der Industriebetriebe und unter den Hunderttausenden von Kubikmetern Beton, aus denen die Gebäude der Mailänder Weltausstellung 2015 entstehen sollen.

Ivano ist fest entschlossen, sich zu wehren. Er denkt mittlerweile gar nicht mehr daran, sich so einfach beiseiteschieben zu lassen. Und zieht dafür Andrea Pavone auf seine Seite, den offiziellen Teilhaber an der *Perego* und Strohmann Strangios im Unternehmen. Pavone kennt die Welt von Strangio nur zu gut. Er ist nicht leicht zu erschrecken. Nicht einmal, wenn die Männer von Strangio vor seiner Villa ein riesiges Kreuz ablegen. Eine Einschüchterungsmethode, die Pavone auf die Seite anderer möglicher Investoren für die *Perego* treibt. Eine Aktion, die zunächst unbeachtet bleibt und im Nachhinein Strangio und seine Schlägertypen ungläubig dreinsehen lässt.

»Lasst uns einen blutigen Ziegenkopf, einen Hundekopf oder irgendwas anderes vor seine Hütte schmeißen, das ihm das Blut gefrieren lässt, direkt vor sein Haus, damit er weiß wird vor Schreck. Wir fangen an mit dem Kreuz. Wir zimmern ein Kreuz und schmeißen ihm das vor die Tür.« Das war der Plan, wie er von den Abhörmikrofonen der Polizei mitgeschnitten wurde. Ausgetüftelt wurde er von Strangio und Pasquale Nocera, um die übrigen Firmenteilhaber daran zu erinnern, dass man einem Boss wie Strangio Respekt schuldet. Denn Perego und Pavone arbeiten gerade daran, Strangio auszubooten. Sie haben die Zahlungen an ihn vonseiten der *Perego General Contractor* eingestellt, sie informieren ihn nicht mehr darüber, welche anderen »Calabrotti« sie jetzt mit den Erdarbeiten für die Baustellen beauftragen. Den Schaden zu Lasten von Strangio besiegelt schließlich eine Zeitungsschlagzeile. »Der Strangio-Clan aus San Luca ist an den Bauarbeiten für die Expo beteiligt«, titelt die Mailänder Zeitung *Corriere della Sera*.

Strangio wird von Panik erfasst. Obwohl der *Corriere della Sera* den Heimatort verwechselt – Salvatore Strangio gehört zu jenem Teil der Familie, der aus Natile di Careri (bei Reggio di Calabria) stammt –, fühlt Strangio, dass der Wind sich gedreht hat, und möchte sich in Sicherheit bringen. Durch die Gerüchte, die Ivano Perego und Andrea Pavone in Umlauf setzen, werden die Spannungen noch verschärft. Strangio entwickelt Wahnvorstellungen und verschwindet, ohne weitere Forderungen zu stellen. Doch Strangio wird einfach durch einen anderen ersetzt: Rocco Cristello, Statthalter der 'Ndrangheta in Mariano Comense (nördlich von Mailand). Und während Strangio noch alles daran setzt, in Erfahrung zu bringen, ob seine nächste Verhaftung bevorsteht, stellt Cristello die Baustellen der *Perego* unter seinen Schutz, übernimmt die Verteilung der Aufträge und wird stiller Teilhaber.

Cristello macht seinen Job als Mafia-Unternehmer. Aber er verlangt einen Anteil dafür. Perego soll umgehend die umfangreichen Kredite ablösen, die sich bei den 'Ndrangheta-Firmen in den langen Jahren der Zusammenarbeit angehäuft haben. Weder Perego noch Pavone haben auch nur die leiseste Ahnung, wie sie das bewerkstelligen sollen. Stattdessen bieten sie ihm die Firma an. Cristello akzeptiert und bereitet den nächsten Schachzug vor. Dazu hielten die Staatsanwälte von Mailand in ihren Untersuchungsakten fest: »Cristello wird Teilhaber, über die Tarngesellschaft *Comitalia* und über den Strohmann Brusadelli (zusammen mit Alessandra Coruzzi und Hasan Bayati) von der *Pharaon*-Gruppe. 2009 ist der Südtiroler Baukonzern *Cosbau* noch unternehmerisch aktiv und hat gerade für den Wiederaufbau der vom Erdbeben zerstörten mittelitalienischen Stadt Aquila Aufträge im Wert von 21 Millionen Euro ergattern können. Ziel von Cristello ist es, Anteilseigner eines neuen Megakonzerns zu werden, der aus der *Cosbau*, dem Engagement neuer Kapitalgeber und der anschließenden Fusion mit dem, was an Werthaltigem in der *Perego* bleibt, entstehen soll. Am 16. November 2009 beginnen die Transaktionen, mit denen die Übertragung der Anteile ausgeführt werden sollen. Sie ziehen sich bis Anfang Dezember hin. Dadurch werden Cristello und die Statthalterei der 'Ndrangheta in Mariano Comense Teilhaber der *Perego*.«

Durch den Einsatz von Pavone wird die Fusion erfolgreich zum Abschluss gebracht, die 'Ndrangheta hat bei der *Cosbau* zumindest für kurze Zeit den Fuß in der Tür. Doch dann fallen all die schönen Pläne in sich zusammen, denn die *Cosbau* geht in Konkurs. Pavone und Perego steht das Wasser bis zum Hals. Das Unternehmen *Perego* steht vor dem Aus. Die schiere Größe, die Ivano immer als Wettbewerbsvorteil ansah, stellt sich nun als Nachteil für die ins Trudeln geratene Firma heraus, die unter der Last der Kreditzinsen und der hohen laufenden Kosten zusammenbricht.

Daraufhin wollen Strangio und Cristello ihr Geld zurück und sinnen auf Rache. Als Erster reagiert Strangio und entführt Pavone. Eine Blitzentführung, die durch das Einschreiten eines anderen Bosses beendet wird. Der Bruder von Rocco Cristello lässt Pavone frei. Der hat dem Tod ins Auge geblickt. Vor seinen Augen zog sein ganzes Leben vorüber. Vieles, was er bereut, oder auch nicht. Er hat Angst und sucht Hilfe. Er heult, ist verzweifelt. Er weiß, dass das Mafia-Tribunal die zugedachte Strafe ohne Zögern ausführt. Er hat bis jetzt überlebt. Ohne Orientierung schleppt er sich durch Lecco. Seine Gedanken kreisen um das, was noch kommen könnte. Er denkt an die Schreckgespenster aus der Vergangenheit und an die Fallen, die in der Zukunft lauern.

Das, was Andrea Pavone und Ivano Perego widerfahren ist, erinnert mich an das, was mir ein Unternehmer aus dem Gebiet der Brianza (bei Mailand) erzählte, der ebenfalls direkte Erfahrungen mit der 'Ndrangheta machen musste. Als Opfer. »Die haben den Norden bereits erobert. Still und heimlich sind sie in die Lombardei gekommen, haben sich ganz unauffällig verhalten und in der Zwischenzeit mit skrupellosen Unternehmern und Lokalpolitikern ein engmaschiges Netzwerk geknüpft. Diese Beziehungen bestehen aus Korruption und gegenseitigen Begünstigungen. Aus Rechten werden Gunstbeweise. Auf dieser Grundlage konnte die 'Ndrangheta nach und nach ihre ganze mafiöse Gewalt entwickeln. Die Mafiosi können jetzt als Unternehmer andere Unternehmer treffen und ganz offiziell deren Baustellen betreten, um dort ihre Macht durchzusetzen, wenn sie bisher bei der Vergabe von Arbeiten oder dem Anheuern von Arbeitskräften nicht bedacht wurden. Ihr wahres Gesicht zeigten sie erst, als sie schon ihr Netzwerk in die korrumpierbare Schicht der lombardischen Gesellschaft ausgedehnt hatten.«

Die Worte des Unternehmers wiegen schwer. Sie sind geeignet, die Überzeugungen von denjenigen zu erschüttern, die generell abstreiten, dass sich das Imperium der 'Ndrangheta mittlerweile bis nach Norditalien ausgedehnt habe und den Rahmen von Ordnungswidrigkeiten längst hinter sich gelassen hat. Es handelt sich keineswegs um solche vermeintlichen Ordnungswidrigkeiten, wenn bei großen Teilen der Wirtschaft in der Lombardei Recht und Gesetz durch ein Flechtwerk aus Vergünstigungen und Korruption ersetzt werden. Es ist das beunruhigendste Indiz für die Herrschaft einer mafiösen Organisation in einem bestimmten Gebiet. Wie in Kalabrien, Kampanien, Sizilien, Apulien und mittlerweile auch in der Lombardei. Eine 'Ndrangheta von brutaler Dynamik, die sich ausgedehnt hat und schon etablierter Teil des Gesellschaftssystems geworden ist.

Diese mafiöse Unterwanderung steckt längst nicht mehr in einer embryonalen Phase, wie die Hardliner der Nordparteien glauben machen wollen. Dazu faselt die Regierung unverständliches Zeug von einem angeblichen Kampf gegen die Mafia. Man sonnt sich im Glanze vermeintlicher Erfolge, die nur durch den entsagungsvollen Kampf einiger verdienter Angehöriger der Exekutive zustande kamen, um dann dieselben Personen als »Krebsgeschwüre« zu beschimpfen – wie etwa im Fall der Staatsanwältin Ilda Boccassini, die für ihre Erfolge in der Anti-Mafia-Operation »Crimine« in den Himmel gelobt wurde, um dann für ihre Ermittlungen im Sexskandal um den damaligen Ministerpräsidenten Berlusconi und die minderjährige Prostituierte mit dem Künstlernamen Ruby Rubacuori (dt.: Ruby Herzensbrecherin) alias Karima el-Mahroug aufs Übelste beschimpft zu werden.

Die Regierung bleibt leider überwiegend gleichgültig gegenüber denjenigen, die täglich systematischen Widerstand leisten gegen die Herrschaft der Mafia, die in konkreten Aktionen ihren Anti-Mafia-Widerstand unter Beweis stellen. Gegenüber denjenigen also, die Abendveranstaltungen organisieren, das

Problem Mafia im Gespräch halten, vom täglichen Widerstand erzählen, von der Auflehnung gegen die Mafia, die Unterdrückungsmechanismen der Mafia anklagen, zum Konsumentenboykott von Mafia-Unternehmen aufrufen und vorleben, wie man vermeiden kann, durch tägliche Unbedachtsamkeiten die Taschen der Bosse noch weiter zu füllen.

Und die Regierung? Feiert in Arcore (dem Landsitz Berlusconis) mit minderjährigen Prostituierten und mit jenem »Talentscout« Dario Lele Mora, der zu den Angeklagten im Ruby-Prozess gehörte und bis heute wegen betrügerischem Bankrott, Steuerhinterziehung und anderer Vergehen hinter Gittern sitzt. Von Mora existieren Aufzeichnungen abgehörter Gespräche mit dem 'Ndrangheta-Boss Paolo Martino. Natürlich nutzt man auch die Hauptnachrichten der wichtigsten TV-Sender Italiens, um die Verhaftung flüchtiger Mafia-Bosse zu verkünden. Aber indem von den glänzenden Siegen der Macht über die Kriminalität berichtet wird, wird die Dimension der Mafia auf die Jagd nach flüchtigen Bossen, auf das Niveau eines Räuber-und-Gendarm-Spiels reduziert. Außerdem wird dabei der chamäleonartige Charakter der Mafia verschwiegen, ebenso wie ihr wirtschaftlicher und politischer Einfluss, der nicht zuletzt auf Regierungsmaßnahmen beruht. Dies hat sich beispielsweise in den wiederholten Steueramnestien während der Berlusconi-Herrschaft gezeigt. Aber auch nicht verabschiedete Gesetze wie jenes zur Geldwäsche, die dadurch nicht im international üblichen Maße verfolgt werden kann, haben dazu beigetragen, dass der Einfluss der Mafia stetig wuchs.

9.

DER LOMBARDISCHE UNABHÄNGIGKEITSKÄMPFER

Der Traum von der Unabhängigkeit endet für Carmelo »Nunzio« Novella am 14. Juli 2008 in San Vittore Olona, im tiefsten Hinterland der Lombardei. Umgestürzte Tische, Munitionshülsen und überall Blut. Der Schauplatz einer Hinrichtung. In dem Café-Club *Ex-Combattenti e Reduci* (dt.: Club der Veteranen und Versehrten) sieht es aus wie am Schauplatz eines Gangsterfilms. Die Exekution des Abtrünnigen ist ein Beispiel wie aus dem Bilderbuch für die pädagogischen Fähigkeiten der modernen 'Ndrangheta, die diese gern gegenüber desertierenden Statthaltern oder Kronzeugen anwendet. »Nunzio« gehörte unbestreitbar zu der ersten Kategorie. Machthungrig war er in dem Maße, wie sich die ehrlichen Kalabresen nach Gerechtigkeit sehnen.

Zur Gruppe der Killer, die Novella ermordeten, zählte auch Antonio Belnome, der seit Oktober 2010 mit der Justiz zusammenarbeitet. »In der 'Ndrangheta hatte ich keine Zukunft«, erklärte er zu seinen Motiven, als Kronzeuge auszusagen. Die Staatsanwälte ergänzten, dass das interne Geschehen innerhalb der Organisation von Neid und Eifersucht bestimmt wird. Diese seien oft Vorboten für tödliche Auseinandersetzungen. Der Kronzeuge unterstrich, dass eine tendenziell unumkehrbare Entscheidung wie die, sich einer kriminellen Organisation mafiöser Art anzuschließen, weitreichende Auswirkungen auf das Privatleben habe. Außerdem fügte er hinzu, dass das »Lebensmodell«, das viele junge Handlanger der Mafia so stark anzieht, ein normales Familienleben kaum noch zulässt, da ständig die Verhaftung oder gar die Ermordung der betroffenen Mafiosi droht. »Man wird zum Opfer von Rachefeldzügen, an deren Entstehung man völlig unbeteiligt war. Wenn man sich vor Augen führt, dass die Entscheidung, sich der 'Ndrangheta anzuschließen, in der Regel vom Vater auf den Sohn übergeht, wollte Belnome in diesem Fall auch seine eigenen Söhne vor diesem traurigen Schicksal bewahren.«

Der Kronzeuge berichtet den Ermittlungsbeamten von vier Mordanschlägen zwischen 2008 und 2010 in der Lombardei, an denen er beteiligt war. Belnome erzählt von Verbrechensabläufen und Rache nach Art der Mafia. Seinen Berichten zufolge gleicht die Lombardei mittlerweile Mafia-Hochburgen wie San Luca, Africo, Platì. Er sagte aus, dass »Nunzio« aus persönlichen Gründen erschossen wurde, wegen einer Beleidigung, einer »Nachlässigkeit« im Jargon der 'Ndrangheta, die die Mutter eines Clan-Angehörigen der Familie Gallace aus Guardavalle betraf. Die Bosse dieses Clans hätten abgewartet, bis »Nunzio« seine letzte Haftstrafe abgesessen hatte und wieder in seine Hochburg San Vittore Olona zurückkehrt war. Dann exekutierten sie das Todesurteil. Niemand hatte zuvor Verdacht geschöpft, dachten sie. Aber hinter dem Mord an »Nunzio« tat sich noch eine weitere Dimension auf, so die Meinung der Staatsanwälte. Denn natürlich konnte die Hinrichtung eines 'Ndrangheta-Statthalters nicht ohne das »Plazet« der *Provincia*, der obersten Koordinierungsbehörde in Reggio di Calabria stattfinden.

Wie die Gallaces, so hatten auch einige aus der *Provincia* in letzter Zeit mit Sorge an das Verhalten ihres lombardischen Statthalters gedacht. Denn »Nunzio« hegte einen revolutionären Traum. Für seine Verhältnisse. Er wollte die 'Ndrangheta in der Lombardei vom »Mutterhaus« in Kalabrien lösen und zu einer eigenen, unabhängigen Organisation weiterentwickeln. Losgelöst von den Maßgaben und Direktiven der Zentrale, die als Herz und Hirn der 'Ndrangheta in Kalabrien gilt.

»Ich bin der Boss der Bosse«, berauschte sich der Mafioso aus Guardavalle bei Catanzaro (Kalabrien). In der Lombardei fühlte er sich wie ein König. Er wurde als Regionalboss und zentrale Institution des organisierten Verbrechens in der Lombardei anerkannt. Seine Macht wuchs unaufhörlich. Bis zu seiner Verhaftung 2005. Er war während der Operation »Mythos« in den Fokus der Ermittler geraten, die von der Anti-Mafia-Behörde von Catanzaro koordiniert wurde. »Nunzio« sah das zunächst als Bagatelle an, Berufsrisiko für einen Boss wie ihn. 2007 kam er wieder frei, da die Staatsanwaltschaft die vorgeschriebenen Fristen zur Anklageerhebung nicht einhielt. Kalabrien läßt ihn nicht los. Er kehrt aber zunächst nach San Vittore Olona zurück, ins Mailänder Hinterland.

Novella ist zu diesem Zeitpunkt noch immer ein anerkannter Regionalboss. Aber tief in seinem Innersten ahnt er, dass sein Vorhaben, größere oder totale Unabhängigkeit zu erreichen, den in der *Provincia* versammelten Clan-Chefs wie auch den anderen Regionalbossen der Lombardei missfällt. Die Bestätigung für diese Annahme erhält »Nunzio« kurze Zeit später. Zur Hochzeit der Tochter des Oberbosses Rocco Aquino wird er nicht eingeladen. Zur prachtvollen Hochzeitsfeier am 14. Juni 2008 reisen zahlreiche verdeckte Ermittler an, aber trotz intensiver Beobachtungen können sie unter den zahlreichen aus ganz Italien angereisten Clan-Chefs nicht den Kumpel »Nunzio« Novella ausmachen.

Nach den ungeschriebenen Regeln der 'Ndrangheta gehört es zur Tradition, dass die beiden Familien, die die Feier ausrichten, alle befreundeten Clans und Regionalableger zu den Feierlichkeiten einladen. Bleibt eine Einladung aus, kann man auf einen Bruch der Freundschaft schließen. Eine für Insider kaum chiffrierte Botschaft, die die 'Ndrangheta »Nunzio« damit zukommen lässt. Genau einen Monat nach der prachtvollen Hochzeit erledigen die losgeschickten Todesengel das »Problem« Novella. Der Status quo ist damit gesichert, ebenso die Glaubwürdigkeit und die »Ehre« der kalabrischen Clan-Chefs. Und die Geschäfte können ungestört weiterlaufen.

Als zusätzliches Motiv kamen noch die Schwierigkeiten zwischen Novella und dem Clan-Chef Vincenzo Gallace aus Guardavalle hinzu, wie der Kronzeuge Belnome berichtet. Diesem gefiel die Idee der Loslösung einer kompletten Mafia-Provinz vom Regiment der Koordinierungsinstanz in Kalabrien ebenfalls nicht. »Nunzios« Projekt war – so der Kronzeuge weiter – von vornherein zum Scheitern verurteilt. »Denn in der Lombardei geht nichts ohne die Zustimmung aus Kalabrien.«

Für Abweichler wie »Nunzio« ist in der »geeinten« 'Ndrangheta kein Platz. Seine aufrührerischen Absichten drohten, die Herrschaftsstrukturen der Mafia zu untergraben. Eine ansonsten perfekt funktionierende Maschine, die sich von Zinsen und Profiten nährt. Warum sollte auch nur die kleinste Kleinigkeit daran verändert werden? So denken jedenfalls die Bosse. Und diejenigen, die sich anfangs von »Nunzios« abweichlerischen Ideen anstecken ließen, kehren angesichts seines von Kugel durchsiebten Kadavers reumütig und unterwürfig in die alten Reihen zurück und passen ihre Überzeugungen wieder an die Parameter an, wie sie im Schoße der Familie gelten.

»Nunzios« Schicksal könnte eine Metapher sein für jene unveränderbare und unbeständige, eherne und fließende Organisation. Fähig, jahrhundertealte Riten und Strukturen zu bewahren, und sich gleichzeitig an den Turbokapitalismus der Gegenwart anzupassen. Das Schicksal von Kumpel »Nunzio« eröffnet aber noch eine andere Perspektive: Die höheren 'Ndrangheta-Chargen haben offenbar mittlerweile erkannt, dass sich die Ableger in der Lombardei in einem Umfeld bewegen, das dem Gedanken einer Loslösung von der *Provincia* förderlich gewesen sein könnte. Hier – fern der Heimat – erhielt der Irrglaube, dass eine solche Rebellion ohne gravierende Folgen für Leib und Leben vor sich gehen könnte, auf vielfältige Weise Nahrung. Das ist eine der Lehren aus der Parabel vom Spießgesellen »Nunzio«. Die 'Ndrangheta ist und bleibt ein Monolith. Undurchdringlich von außen. Unveränderbar im Innern, und das seit Jahrhunderten, außer, um sich veränderten Gegebenheiten zugunsten weiter steigender Profite anzupassen.

In der Lombardei sind zahllose Regionalgruppen der 'Ndrangheta aktiv, die sogenannten *Locali*. Die Untersuchungen, die im Juli 2010 zur Verhaftung von über dreihundert Verdächtigen zwischen Kalabrien und der Lombardei führten, belegten ein weiteres Mal, dass in Mailand, Cormano, Bollate, Bresso, Corsico, Legnano, Limbiate, Solaro, Piotello, Rho, Pavia, Canzo, Mariano Comense, Erba, Desio und Seregno mindestens zwanzig dieser Mafia-Zellen aktiv sind. Diese Zellen teilen das Territorium untereinander auf. Sie können von einem oder mehreren Clans gebildet werden, den Familien, der Basisstruktur der 'Ndrangheta. Die örtlichen Mafia-Zellen werden von der Regional-Kommandobehörde, genannt *La Lombardia*, organisiert. Die *Lombardia* wird wiederum vom obersten Koordinationsrat der 'Ndrangheta gesteuert, der *Provincia* mit Sitz in Reggio di Calabria.

»Die Existenz einer Koordinierungsstruktur der örtlichen Mafia-Zellen in der Lombardei, genannt *La Lombardia*, geht aus den Nord-Süd-Untersuchungen hervor. Saverio Morabito beschrieb sie im Zusammenhang mit den Vorkommnissen in seiner eigenen Zelle, jener in Buccinasco, und im Zusammenhang mit den von ihm geschilderten Spitzenleuten wie Antonio Papalia. Über diesen sagte er aus, dass er von Domenico Papalia gehört habe, dass sein Bruder Antonio der Verantwortliche für die gesamte Lombardei sei und damit auch der örtlichen Mafia-Zellen. Seine Aufgabe habe darin bestanden, für diejenigen, die Führungsaufgaben innehätten, auftretende Probleme zwischen den einzelnen Mafia-Zellen zu regeln, kraft der Autorität und dem Charisma der obersten Mafia-Führung«, so die Ausführungen im Gerichtsurteil zum »Infinito«-Prozess des Gerichtshofs in Mailand aus dem Jahre 2010.

Die Beziehungen zwischen der *Lombardia* und der *Provincia* waren nicht immer einfach. Extreme Mittel, wie sie im Fall Novello angewendet wurden, belegen dies. Um Konfusion und gefährliche Missverständnisse zu vermeiden, ist die 'Ndrangheta darauf angewiesen, dass die einheitliche Steuerung der Lombardei uneingeschränkt aufrechterhalten wird. Andernfalls könnten persönliche Zwiste und Störungen zwischen den Zellen entstehen. Die Aufteilung der Subaufträge zwischen den verschiedenen Zellen-Bossen im Aushubgewerbe ist ein Geschäft, das Kaltblütigkeit und uneingeschränkten Respekt gegenüber den vorgegebenen Regeln im Innern der Organisation verlangt. Aus Kalabrien treffen dabei regelmäßig Vorschläge und Hinweise, Befehle und präzise Anordnungen ein. Die Befehlskette sorgt dafür, dass bestimmte Verhaltenskodizes der südlichen Peripherie des Landes auch im Norden gelten.

Für eine bestimmte Zeit lag die Aufgabe der Verteilung der Subaufträge und die Sicherstellung des Informationsflusses von Süd nach Nord in den Händen von Pasquale Barbaro aus Platì, der seit vielen Jahren in Buccinasco wohnt. Er stand im Fokus von zwei wichtigen Ermittlungsaktionen namens »Isola« und »Cerberus«. Dabei konnte seine zentrale Rolle als Garant der einheitlichen Steuerung und der Auftragsverteilung in der Lombardei belegt werden. Dazu gehörten auch die Arbeiten am Schienennetz für die neuen Hochgeschwindigkeits-Zugverbindungen in Italien.

Carmelo Novella war bis zu seinem Tod der oberste Boss in der Lombardei. Ihm unterstand eine größere Mannschaft von treuen Fußsoldaten. Sein Vorgänger war Cosimo Barranca von der Mafia-Zelle in Mailand, nach Novellas Tod folgte ihm Pasquale Zappia als Regionalboss im Amt. Die Zelle von Legnano unterstand Novello direkt, dort waren alle von seinen Ideen eines eigenen Mafia-Imperiums begeistert. Die Familie Novella ist seit 1967 in der Lombardei ansässig und hat seit Jahrzehnten ihren Stammsitz in Legnano. Von dort führte ihn sein steiler Aufstieg in der ehrenwerten Gesellschaft direkt an die Spitze des Regionalkommandos, der *Lombardia*. Während seines Aufstiegs reifte in ihm der Plan, sich ein eigenes Reich zu schaffen. Von eigenen Gnaden. Eine Art lombardische 'Ndrangheta, deren Farbe Ochsenblutrot sein sollte, was das Gelb der Polenta aus dem Süden hätte ersetzen sollen. In Bollate kommt sein Sohn Vincenzo zur Welt, der gemeinhin unter dem Namen »Alessio« bekannt ist. Er ist der einzige Sohn der Familie, die bis 2008 die Spitze der lombardischen 'Ndrangheta stellte. Er konnte gar nicht anders als sich auf die Seite seines Vaters zu stellen. Autonomie oder Tod!

»Alessio« ist der Sprecher seines Vaters und vertritt dessen Ansinnen nach außen. Unter dem Zeichen der Madonna macht er Geschäfte mit Cosimo Barranca, dem Leiter der 'Ndrangheta-Zelle in Mailand, und führt bis zu seiner Verhaftung eine der Familienfirmen, die *Trans-Ven* mit Sitz in Legnano. Ihr Geschäftszweck ist die Durchführung von Erdaushubarbeiten, die im Laufe der Jahre zum Monopol der 'Ndrangheta-Clans in der Lombardei wurde. Neben solchen »legalen« Geschäften ist die Familie, den Untersuchungsakten zufolge, sehr aktiv auf dem Gebiet des Zinswuchers. Sie vergaben Darlehen an Unternehmer, die sich in finanziellen Schwierigkeiten befanden. Obwohl sie um die mafiöse Herkunft ihrer Henkersknechte wussten, hatten sie keine andere Möglichkeit, als das Geld anzunehmen, wie sie den ermittelnden Staatsanwälten gestanden. Die ökonomische Krise, vor allem in den reichen Regionen des Nordens, hat viele Unternehmer dazu gezwungen, die einzigen Akteure um Kredite zu bitten, die solche überhaupt noch in nennenswertem Umfang zur Verfügung stellten. Kredite, die viele Banken seit Beginn der Wirtschaftskrise nicht mehr gewährten. Es war ein Teufelskreis, der die in Schwierigkeiten geratenen wirtschaftlichen Unternehmer direkt in die Fänge der Mafiosi führte.

Fabio Lonati ist einer dieser Unternehmer. Aber der einzige, der gegen seine Erpresser Anzeige erstattete. Andere geben die Annahme solcher Kredite zu, erstatten aber keine Anzeige. Wiederum andere schweigen gänzlich dazu. Eine Art *Omertà* (Schweigegebot der Mafia) des Nordens, gegen die Ilda Boccassini, die Leiterin der Anti-Mafia-Behörde von Mailand, einige Male anzugehen versuchte. Lonati erhielt von »Alessio« Novella einen Kredit zu wucherischen Konditionen. Es ging um rund 500.000 Euro. Der Zinssatz lag bei zehn Prozent – pro Monat. Insgesamt kostete Lonati der Kredit auf diese Weise zwei Millionen Euro. Bis er in weitere Schwierigkeiten geriet und nicht mehr zahlen konnte. Dafür bezog er von der Mafia Prügel und erhielt weitere Drohungen. Typisch für die Lombardei unter der Knute der Mafia, die ihre Ziele mit Zuckerbrot und Peitsche, im Maßanzug und mit der Panzerfaust verfolgt. Von ihr erzählt der mutige Unternehmer: »Alessio [Novella] wollte einen Termin mit mir ausmachen, in einem Café in Legnano. (…) Dort traf ich Novella und einen weiteren Mann, wir haben etwas getrunken, und dann haben sie mich gebeten, ihnen ins Café von Alessios Bruder zu folgen. Als wir zum Parkplatz gegangen sind, um ins Auto einzusteigen, sagte mir Alessio, dass der Schwager von Scarfò mit mir fahren würde. Wir sind am Café von Alessios Bruder vorbeigefahren und dann in eine Garage eingebogen. Novella ging mit mir in eine andere Garage und setzte mich dort auf einen Stuhl und blieb dabei ganz ruhig. Dann hat er mit jemandem über die Gegensprechanlage gesprochen. Vermutlich hat er in der Bar Bescheid gesagt, dass wir da sind. Dann nahm er eine Pistole, Kaliber vielleicht neun oder 7,65 Millimeter, und hat mich damit geschlagen. Dann hat er zwei Wechsel hervorgeholt, die ich nicht bezahlt hatte und befahl mir, sie aufzuessen. Der Schwager von Scarfò war die ganze Zeit dabei. Bevor er wegging, kam ein Junge in die Garage, den ich noch nie vorher gesehen hatte. Er verpasste mir einen Fußtritt und meinte, ich solle die Leute gefälligst anschauen, wenn sie mit mir sprechen. Es war ein junger Mann von ungefähr dreißig Jahren mit dunkler Hautfarbe. Er trat mich auch gegen den Hals. Ich erinnere mich, dass sie mich dreimal mit dem Pistolengriff schlugen. Ich bin nicht ins Krankenhaus gegangen, um mich behandeln zu lassen. Alessio Novella befahl mir, bis Ende des Monats zu zahlen. Andernfalls könne ich ihn ruhig anzeigen.« So beschreibt Fabio die erlittenen Demütigungen. Seine Beschreibungen unterscheiden sich kaum von jenen von Mafia-Opfern aus dem Süden. Der Süden gleicht dem Norden, beide befinden sich in der Hand der 'Ndrangheta.

»Alessio« Novella ist damit beauftragt, die Botschaften seines Vaters an die jeweiligen Adressaten zu übermitteln. Einige Mafia-Angehörige wie Vincenzo Mandalari schätzen »Alessio« sehr. Mandalari hält ihn für den idealen Kandidaten, um im Falle eines »Arbeitsunfalls« seines Vaters in dessen Fußstapfen zu treten und die Spitze der 'Ndrangheta in der Lombardei zu übernehmen. »Hoffentlich gibt ihm Gott der Herr ein langes Leben, aber wenn unser Kumpel Nunzio eines Tages nicht mehr da sein sollte, dann könnt ihr jetzt schon davon ausgehen, dass ich Alessio den nötigen Respekt entgegenbringen werde. Das werde ich ihm auch selbst sagen, bevor es zum Erbfall kommt.« So die von der Carabinieri-Spezialeinheit ROS aufgezeichnete Einlassung von Mandalari.

Vater und Sohn haben die Zukunft der *Lombardia* in der Hand. Sie sind nur noch einen Schritt vom Olymp der 'Ndrangheta entfernt. Aber die Eigenmächtigkeiten des Vaters, der in Eigenregie neue Mafia-Zellen genehmigt und ohne die Zustimmung der Zentrale 'Ndrangheta-Ränge vergibt, werden »Alessio« zum Halbwaisen machen. Er wird keine Chance bekommen, seine Ehre vor den obersten Rängen der 'Ndrangheta wiederherzustellen. »Nunzio« und »Alessio« verband ein normales Vater-Sohn-Verhältnis, auf der Basis der perversen und im Zweifelsfall tödlichen Verhaltenskodizes der Mafia, welche die Zahl von Waisen und Witwen ansteigen lassen. Zunächst hofft Alessio noch darauf, in die Fußstapfen des Vaters treten zu können. Wie sein Vater, möchte er eine andere 'Ndrangheta ins Leben rufen. Eine 'Ndrangheta, die unabhängig ist von der Zentrale in Kalabrien. Doch in dieser Welt müssen die Söhne die Strafen der Väter begleichen. Das ist das Gesetz in der 'Ndrangheta. Alles andere wäre eine Verletzung ihrer ehernen Regeln.

»Alessio« wird nicht umgebracht wie sein Vater. Die 'Ndrangheta bestraft ihn auf eine andere Weise, aber doppelt so hart: Sie sorgt dafür, dass er einerseits seinen Vater verliert und andererseits für seine abartigen Hobbys ins Gefängnis wandert. Das alles vermag die 'Ndrangheta. Die in vielen Legenden verbreiteten Accessoires der Macht wie Reichtum und Ansehen stehen lediglich den oberen Bossen zur Verfügung. Diese sind jedoch gezwungen, den Ball flach zu halten und ihren Reichtum sorgfältig zu verbergen. Denn sonst laufen sie Gefahr, dass er im Zweifelsfall beschlagnahmt wird. Angehäufte Reichtümer, Tod, Gefängnis, Beschlagnahmung. Diese Begriffe kennzeichnen die unsichere Zukunft, die das Schicksal der Mafia-Bosse überschattet, sei es in der Cosa Nostra, in der 'Ndrangheta oder in der Camorra.

Nach der Ermordung seines Vaters legen »Alessio« einige Untergebene nahe, ins Ausland zu gehen. Denn sie gehen davon aus, dass auch er auf der Todesliste steht. Aber das Vorgehen der *Provincia* ist generell rational, auch wenn es mitunter zu emotionalen Ausbrüchen kommen kann. Öffentliche Aufmerksamkeit erregende Massaker wie in Duisburg wollen die obersten Bosse so lange es nur geht vermeiden. »Alessio« Novella wird zunächst einfach von künftigen Entscheidungen ausgeschlossen. Er ist in den oberen Rängen der 'Ndrangheta nicht mehr willkommen. So ist er auch bei dem berühmten Gipfeltreffen im Veranstaltungszentrum von Paderno, das nach den beiden berühmten ermordeten Staatsanwälten Falcone und Borsellino benannt ist, abwesend, auf dem der interimistische Führer der *Lombardia* bis zur endgültigen Entscheidung der *Provincia* bestimmt wird.

Und der dreißigjährige »Alessio«, der von nun an mit dem Makel seines abtrünnigen Vaters leben muss, verfügt nicht einmal mehr über die nötigen Unterstützer, um dem Affront mit Waffengewalt zu antworten. Es bleibt ihm nichts anderes übrig, als den Rückzug anzutreten und seine Verhaftung abzuwarten. Im Juli 2010 ist es dann so weit: Die Ermittlungsbeamten nehmen ihn im Zusammenhang mit jener Mega-Operation fest, die insgesamt dreihundert Verdächtige entlang der Achse Kalabrien-Lombardei in Haft bringt.

10.

DER EMILIA-SCHAUPLATZ

Er ist bereit, die auf dem Tisch liegenden Karten auszutauschen, um seine Schäfchen ins Trockene zu bringen. Ob sie weiß sind oder schmutzig-blutig, ist ihm dabei egal. Hauptsache, sein Einkommen wird gesteigert und alles ist steuerfrei. Denn trotz seines nicht geringen Einkommens als Bankdirektor ist Giovanni unzufrieden. Schöne Autos, festliche Abende, Kokain, Luxusrestaurants, Nobeldiscos. All das gefällt Giovanni sehr. Und um weiter mitspielen zu können, reicht das ehrlich verdiente Bankeinkommen einfach nicht aus. Sicher würde es weniger Stress bedeuten, sich einfach mit seinem Gehalt zufriedenzugeben, denkt er sich im Stillen. Aber was wäre das für ein armseliges Leben! Er weiß, dass es ihm weitaus besser geht als den zwielichtigen Gestalten, die ihn wegen Vergünstigungen, Hilfe, krummen Geschäften in der Bank aufsuchen. Schon einige Male sind Mafiosi, mit denen er zu tun hatte, wegen Geldwäsche verhaftet worden. Aber er selbst nicht. Er weiß, dass die Grauzone in der Lombardei selten juristisch unter Feuer genommen wird. Es ist alles eine Frage der Bilder, denkt er sich. Sie würden es niemals zulassen, dass der Mythos der Emilia-Romagna, der auf den Klischees von Gastfreundschaft und Solidarität beruht, unter dem Sturm skandalöser Enthüllungen ethischer Abgründe beschmutzt würde.

Giovanni ist von einer berauschenden Form des Zynismus befallen. Er betrachtet die berufsmäßige Zusammenarbeit von Unternehmern und Mafiosi als normale Spielart des wirtschaftlichen Wettbewerbs. Im Zeitalter des Turbokapitalismus, in dem auch der Konsum und die menschlichen Beziehungen ein aberwitziges Tempo angenommen haben, hält Giovanni diese Zusammenarbeit für den einzig gangbaren Weg, um nicht in diesem stinkenden Schlamm unterzugehen und sich nicht mit ethischen Überlegungen zu belasten.

Von seiner mafiösen Kundschaft hat er mitbekommen, dass er in deren Umfeld das verdienen kann, was es ihm ermöglicht, weiter mitzuspielen in jener Gesellschaftsschicht des schönen Scheins, in der er sich so wohl fühlt. Sicher hat er manchmal ein schlechtes Gewissen. Aber nur für kurze Momente. Wenn er etwa an die vielen Toten denkt, die die Mafia im Norden wie im Süden im Alltagsgeschäft produziert. Oder daran, dass eben wegen jener Mafiosi, mit denen er Geschäfte macht und Gunstbeweise austauscht, der Süden Italiens zum Armenhaus geworden ist. Ausgebeint, zerrissen, mit offenen Wunden. Ausgeblutet aufgrund eines furchtbaren menschlichen Aderlasses. Wenn Giovanni an all das denkt, tröstet er sich mit dem Spruch, dass man Ethik nicht essen kann. Diesen Spruch benutzt er als Putzlappen, mit dem er sein schwaches Sozialbewusstsein, sein schwaches Bürgergewissen ohne Ethik und Moral aufpolieren kann.

Giovanni empfängt wen auch immer in seiner Bank. Seine bevorzugten Kunden sind die Kalabresen aus der Ortschaft Isola di Capo Rizzuto bei Crotone. Die bringen wirklich Geld ins Haus. Er hat gerüchteweise davon gehört, dass sie Teil eines mächtigen Netzwerks sind. Angeblich gehören sie zum Umfeld des 'Ndrangheta-Clans Arena aus Isola di Capo Rizzuto und sind in Modena wirtschaftlich aktiv. Und zwar auf dem Gebiet der »Informatik«. Sie haben sehr viel Geld. Liquidität, die teilweise nicht mehr rational erklärbar ist und die Giovanni beiseite zu schaffen hilft. Er ist Direktor einer Bank. Und damit deren oberste finanzielle Entscheidungsinstanz. Das, was sich hinter dem mächtigen Geldstrudel verbirgt, der von einem Konto auf ein anderes transferiert wird, interessiert den Direktor nur wenig. Der aus einer alten Modeneser Familie stammende Giovanni ist jederzeit bereit, ein Auge zuzudrücken. Den Arena-Clan zu fördern ist ihm, der mit Tortellini und Lambrusco aufgezogen wurde, zur Leidenschaft geworden.

Verbindungsglied zwischen dem Clan und dem Direktor ist Paolo Pelaggi, welcher im Juli 2010 wegen Geldwäsche und Betrug festgenommen wurde. Die ermittelnden Staatsanwälte beschuldigen ihn, dem Arena-Clan zugearbeitet zu haben. Den Ermittlungsbeamten zufolge gehört er zum Humankapital des Clans. Über seine Firmen half er bei der Geldwäsche und organisierte ein »Umsatzsteuer-Karussell« (Umsatzsteuerbetrug). Paolo Pezzati, ein Schweizer Steuerberater, der im Zusammenhang mit derselben Operation verhaftet wurde, unterstützte ihn dabei. Pezzati wurde in New York aufgespürt, nach einer mehrtägigen Flucht. Im September 2011 wurde er zu zwei Jahren und sechs Monaten Haft verurteilt, jedoch vom Vorwurf, den Arena-Clan unterstützt zu haben, freigesprochen.

Mit zahlreichen Maßnahmen war es den Beamten der Anti-Mafia-Behörde von Catanzaro im Laufe der jahrelangen Ermittlung gelungen, die Zusammensetzung des Arena-Clans aufzudecken. Zu ihrem Organigramm gehören die Brüder Gentile, Fiore und Francesco, sowie der Sohn des letzteren, Tommaso. Bis zu seiner Verhaftung 2006 war Francesco damit beauftragt, Geschäfte des Clans in Modena und in der Schweiz zu koordinieren. Ihm folgten Fiore und Tommaso nach als Aufseher der Millionengeschäfte in der Region der Motoren zwischen Fiorano und Maranello.

In der Emilia-Romagna führen die Brüder Pelaggi die Geschäfte des Clans. Davide, Emanuele und Paolo. Von ihnen erzählt der Kronzeuge Angelo Cortese: »Das Geschäft, das dieser Pelaggi in Maranello hat, ist riesig. Ein Wahnsinn, mit Büros und allem drum und dran. Sie sprachen von Milliarden. Da gab's 'ne Bank, da gab's alles. Er hat sich mit der 'Ndrangheta eingelassen, und das nicht zu knapp, alles getarnt natürlich.« Dem Kronzeugen zufolge wurden die Geschäftsleute aus Maranello von der 'Ndrangheta gedeckt und konnten auch vom Entgegenkommen der Banken profitieren. Eine perfekte Maschinerie, wie Cortese erklärt.

Als die erste Verhaftungswelle vorüber ist, erkennt Giovanni, dass er auch dieses Mal davongekommen ist. Er liest die Namen der Verhafteten, denen Geldwäsche und Betrug vorgeworfen wird. Zudem wird ihnen vorgeworfen, die 'Ndrangheta unterstützt zu haben. Giovanni lächelt. Die 'Ndrangheta, denkt er bei sich, ist eine schöne Erfindung. Er erschreckt nicht einmal, als er den Namen von Paolo Pelaggi unter den Verhafteten entdeckt. Giovanni kennt ihn gut. Sie sind sich bei verschiedenen Gelegenheiten begegnet. Er hat verschiedene Konten für ihn eröffnet. Er überlegt, sucht nach seinen Namen. Ach ja, Gentile. Fiore Gentile, erinnert sich Giovanni, während er mit dem Auto zur Arbeit fährt. Nie hat er wirklich Zeit für sich. Die wenigen Momente, in denen er die permanente Kommunikation mit der Außenwelt unterbricht, sammeln sich auf dem Weg zur Arbeit.

Wie viele Ratschläge habe ich Paolo gegeben, denkt er in dem kaum zu stoppenden Gedankenfluss. Etwas beunruhigt ihn. Er weiß, dass es zu den Aufgaben von Paolo Pelaggi gehörte, Francesco Gentile bei seinen Bankgeschäften im Raum Modena zu unterstützen. Dafür diente er Fiore Gentile als Strohmann für einige Geschäftskonten. Giovanni war es überlassen, für den Rest zu sorgen. Um die entsprechenden Beträge zu sichern und um zu vermeiden, dass diese Transaktionen irgendwelchen Verdacht erregten, schob er das Geld von einem Konto aufs nächste. Er spielte also eine wichtige Rolle, die den

Polizisten und Staatsanwälten eigentlich nicht verborgen bleiben konnte. Doch auch in den neuesten Haftbefehlen gegen Mafia-Mitglieder aus Modena taucht sein Name nicht auf.

Giovanni ist zufrieden. Er hat nie an das Märchen von der bösen Mafia und dem guten Rest der Menschheit geglaubt. Für ihn sind die Arenas eine unternehmerisch tätige Familie. Sie investieren, sie bringen Geld in Umlauf. Und was bist du selbst, denkt Giovanni, wenn nicht gut dafür, den Geldkreislauf in Schwung zu halten? In der Vorstellungswelt von Giovanni gewinnt der, der es am schlauesten anstellt. Also derjenige, der es schafft, am meisten Geld zu bewegen, und der finanzielle Abenteuer nicht scheut, sondern die Risiken, die permanent hoch sind, wie ein richtiger Mann wegstecken kann. Und er ist ein Mann, der es versteht, solche Risiken einzugehen.

Er ist ein Ehrenmann, geboren, um Reichtum und Macht in kürzestmöglicher Zeit zu erlangen. Für Fragen nach der moralischen Einordnung der Mittel, die hierzu nötig wären, ist keine Zeit. Jedes Mittel ist erlaubt. Auch, mit der 'Ndrangheta zusammenzuarbeiten. Vor allem mit der 'Ndrangheta, die selbst jedes verbotene Mittel benutzt, um die gesellschaftlich akzeptierten Ziele zu erreichen. Diese anzustreben, steht natürlich jedem offen, aber für die meisten bleiben sie unerreichbar. 'Ndrangheta, Camorra und Cosa Nostra stellen das Know-how zur Verfügung, um denjenigen zu helfen, die Ziele anstreben, ohne jedoch vom Weg abzukommen.

Der Arena-Clan erfreut sich eines märchenhaften Reichtums. Er investiert, organisiert Geldwäsche und übt Macht aus. Von Isola di Capo Rizzuto aus kontrolliert er das gesamte Territorium von Kalabrien bis in die Lombardei und die Emilia-Romagna. Dazu dienen ihm auch Erpressungen, wobei er sorgsam darauf bedacht ist, den ewigen Konkurrenten und Mafia-Kumpels, dem Nicoscia-Clan, nicht in die Quere zu kommen. Den größten Ertrag werfen die Touristenwohnanlagen ab. Die Küste rund um Crotone gehört zu den schönsten des gesamten Mittelmeers. Nach vielen Jahren der sommerlichen Leere, als alle hier Geborenen vor der Sommerhitze in die Berge flüchteten, wenn sie es sich leisten konnten, hielt der Massentourismus Einzug. Und die 'Ndrangheta sorgte für einen freundlichen Empfang. Hotels, Apartmentkomplexe, Tourismusanlagen gehören zum Anlagevermögen der beiden Clans, welches nach außen durch Strohmänner abgesichert ist.

1975 gab es die ersten Verurteilungen, weil Wachleute im örtlichen *Valtour*-Feriendorf sich als Mafiosi herausstellten. Im Urteil hieß es, dass sich die Männer des Clans als Wachpersonal anstellen ließen und mit Gewalt für Ruhe und Ordnung im Dorf sorgten. Als es in der Ferienanlage zu einem Diebstahl kam – ein schweres Vergehen aus Sicht derjenigen, die für den »Schutz« der Anlage zuständig sind –, wurde der Verdächtige zu Tode getreten. Wo die Mafia die Wachleute stellt, wird seitdem nichts mehr gestohlen. Auch Direktoren eines berühmten Reisekonzerns beugen sich den Wünschen der Mafia, um »arbeiten« und in aller Ruhe kassieren zu können.

Aber es geht nicht nur um traditionelle Geschäfte, legale wie illegale. Der Arena-Clan hat massiv in den Bereich der erneuerbaren Energien investiert. Die Zukunft des Clans speist sich zu einem gewissen Teil aus Windenergie, in die die Clan-Seite zusammen mit Unternehmen aus Deutschland und San Marino Investitionen tätigte. Die jüngere Vergangenheit von Isola di Capo Rizzuto war durch blutige Anschläge gekennzeichnet, die sich der kollektiven Erinnerung seiner Bürger eingeprägten. 2004 begann der Krieg. »Blut fordert weiteres Blut«, Rachefeldzug folgte auf Rachefeldzug. Die Fehde zwischen den Familien Arena und Nicoscia sorgte für viele Tote auf den Straßen von Isola. Kriegsgerät wie Panzerfäuste und Maschinengewehre kam zum Einsatz.

An den Seiten der beiden Clans aus Isola fanden sich zwei weitere mächtige Clans ein, die Dragones und die Grande Aracres aus Cutro (bei Crotone). Der Dragone-Clan, angeführt von »Toto« Dragone, unterstützte die Familie Arena. Daraufhin schlug sich der der Grande-Aracri-Clan, angeführt von Nicolino »Manuzzo« Grande Aracri, auf die Seite der Familie Nicoscia. Während die Spannungen zwischen Cutro und Isola Capo Rizzuto stiegen, festigten sich die strategischen Bündnisse. Jede dieser Familien betreibt Geschäfte im Raum Crotone, aber auch in der Emilia-Romagna. In Reggio Emilia, Modena, Parma und Piacenza sowie in der Lombardei, wo die Clans der Nicoscias und der Arenas die führenden Positionen innerhalb der örtlichen 'Ndrangheta-Ableger einnehmen.

Die Nicoscias sicherten sich gemeinsam mit dem Paparo-Clan aus Isola di Capo Rizzuto einen Großteil der Bauaufträge für das neue italienische Hochgeschwindigkeits-Schienennetz. Die Geschäftsinteressen der Clans aus dem Gebiet von Crotone haben die Grenzen des Heimatgebiets längst überschritten. Die engmaschige Präsenz im Norden hat die Clans in die Lage versetzt, kongeniale Geschäfte miteinander zu tätigen und so mit ihrem System der ausgehebelten Konkurrenz, der heimlichen Absprachen und Kartelle die ehrlichen Unternehmen in den Ruin zu treiben.

Bis 2004 führte Carmine Arena den gleichnamigen 'Ndrangheta-Clan. Im Oktober 2011 wurde er bei einem Attentat getötet, bei dem Panzerfäuste und Maschinengewehre eingesetzt wurden. Isola unterschied sich nur noch wenig von Kabul, Kalabrien nur noch wenig von Afghanistan. Bei diesem Anschlag nach Guerilla-Art wurde auch Giuseppe Arena verletzt, der Cousin und Statthalter von Carmine. Giuseppe war 2006 verhaftet worden, zusammen mit Francesco Gentile, einem weiteren Cousin des Bosses, dem die Aufsicht über die Geschäfte des Clans in der Emilia-Romagna anvertraut worden war, zwischenzeitlich aber wieder freigekommen. Nach der Verhaftung von Giuseppe Arena rückte Fabrizio Arena, Sohn des Oberbosses Carmine, auf die Chefposition auf.

Die Abfolge der Mafia-Massaker ist erschreckend: Nach dem tödlichen Anschlag auf Carmine Arena entkommt einen Monat später Salvatore Arena, ein weiteres Mitglied der Arena-Familie, auf wundersame Weise dem Kugelhagel seiner Feinde. Wieder einen Monat später sind die Nicoscias dran. Pasquale Nicoscia, Cousin des gleichnamigen Oberbosses Pasquale »Macchietta« Nicoscia. Es ist kein Zufall, dass Pasquale direkt vor seiner Haustür erschossen wird. Die Schande, von einem Mord direkt vor dem eigenen Wohnhaus getroffen worden zu sein, wird getilgt und mit gleicher Münze heimgezahlt. Kodex und Liturgie der 'Ndrangheta-Symbolik, die man streng beachten muss, wenn man die Fakten, Exekutionen und Vorgehensweisen der Clans richtig deuten will. Archaik gemixt mit Modernität. Es ist eines der wiederkehrenden Geheimnisse der 'Ndrangheta, dass sie niemals von ihren Traditionen und ihren Gepflogenheiten krimineller Qualität abweicht.

Wie oft ist zu lesen, dass eine Gesellschaft dann zum Untergang verurteilt ist, wenn sie nicht in der Lage ist, die in der Neuzeit eroberten Besitztümer mit den in die Vergangenheit ragenden Wurzeln zu verbinden, welche die Eroberungen ermöglichten. Die 'Ndrangheta-Familien beachten dieses Prinzip, das man als ununterbrochenen Austausch zwischen Vergangenheit und Zukunft definieren könnte, sehr genau. Sie tun dies nicht, um einen positiven Beitrag zur Gesellschaft beizusteuern, sondern weil sie ihre Profite steigern und ihre Macht weiter ausbauen wollen. Eine obsessive Sucht, die vor nichts halt macht, nicht einmal vor dem menschlichen Leben. Die ältere Generation gibt die jahrhundertealten Prinzipien an die jüngere Generation weiter. Die jungen 'Ndrangheta-Kriminellen, von denen viele mittlerweile als »Unternehmer«, Ärzte und Rechtsanwälte arbeiten, passen diese dann der Gegenwart an. Während der Jahre, in denen die Clans Panik auf den Straßen von Isola di Capo Rizzuto verbreiteten, haben sie im Norden erfolgreich Geldwäsche betrieben und ihre Profite kontinuierlich gesteigert.

Für die Mafien kennt das Geschäft keine Atempause, nicht einmal in Zeiten des Krieges. Die den Clans zugeordneten Firmen aus den Bereichen Bauwirtschaft, Transport und Informatik setzten in Modena, Reggio Emilia und in Mailand ihre Geschäfte fort, dienten der Mafia weiterhin zur Geldwäsche und kümmerten sich um die verteilten Subaufträge. 2006 war dann von Isola di Capo Rizzuto bis in die Emilia-Romagna hinein eine Rückkehr zu alten Gepflogenheiten festzustellen. Die beiden verfeindeten Clans der Arenas und der Grande Aracris nahmen Verhandlungen auf, um die Streitigkeiten beizulegen und den Frieden in ihren Herrschaftsgebieten wieder einkehren zu lassen. Denn seit 1999 hatten Cutro und Isola di Capo Rizzuto Schlachtfeldern eines blutigen Krieges geglichen, der die Geschäftstätigkeit und die Profite der beiden Clans in zunehmenden Maße beschränkte. Aus diesem Grund beschlossen die Mafia-Clans aus dem Gebiet von Crotone, der blutigen Fehde ein Ende zu setzen und sich hier, wie auch in der Emilia-Romagna, wieder auf die Geschäfte zu konzentrieren. Das und vieles mehr ging aus den Untersuchungen im Rahmen der Operation »Pandora« im November 2009 hervor.

Einer, der die sich am aktivsten um den Beginn eines Waffenstillstands kümmerte, war Michele Pugliese, angeheirateter Neffe des verstorbenen Clan-Chefs Pasquale Nicoscia und über verwandtschaftliche Beziehungen auch mit dem Arena-Clan verbunden. Pugliese wurde im Juli 2011 wegen Zugehörigkeit zu einer kriminellen Vereinigung zu zehn Jahren Haft und zur Beschlagnahmung seiner Besitztümer verurteilt. Er ist der Sohn von Franco Pugliese, der auf einem Foto im *L'espresso* mit dem Ex-Senator di Girolamo zu sehen war, der – so die Ankläger – mit von der ’Ndrangheta organisierten Stimmen gewählt worden war. Di Girolamo ist Anwalt und enger Mitarbeiter von Gennaro Mokbel, der zur rechtsradikalen Szene Roms und zu den Exponenten der berüchtigten Magliana-Bande zählt. Mokbel ist den Ermittlern zufolge das Hirn hinter dem Mega-Betrug und der Geldwäsche mit den Firmen *Fastweb* und *Telecom Sparkle*.

Pugliese Junior und Senior leben seit einiger Zeit in Norditalien. Der Sohn hat seinen Wohnsitz in Gualtieri di Reggio Emilia, der Vater lebt in der Provinz Modena, die an das Gebiet von Reggio Emilia angrenzt. Die Schwester von Michele Pugliese ist die Verlobte von Fabrizio Arena. Seine Familie gehört zu den erklärten Feinden des Nicoscia-Clans. Im März 2006 planten die Killer der Nicoscias einen weiteren Anschlag. Mit einer Panzerfaust sollte das Auto von Tommaso Gentile in die Luft gesprengt werden. Durch das Zielfernrohr erkannten die Attentäter, dass im Auto auch der Schwager von Pugliese saß, und brachen daher das Attentat ab. Pugliese war bekanntlich der Beauftragte, der zwischen den beiden verfeindeten Clans vermitteln sollte, da er zu beiden verwandtschaftliche Beziehungen hatte.

Den Anführern der Clans aus Isola di Capo Rizzuto war bewusst, dass sie die ehernen Verhaltensnormen der Mafia seit langem verletzt hatten, und sie baten demütig darum, sich wieder dem »Heiligen Buch des Verbrechens, wie es in Reggio di Calabria der Brauch ist«, unterstellen zu dürfen. Ein Ausdruck, den Michele Pugliese benutzte. Beide Clans waren seit 1999 in ein mit wütender Entschlossenheit geführtes Ringen verwickelt, das von jener scheinbar unaufhörlichen Serie gegenseitiger Mordanschläge geprägt worden war.

In den Verhandlungen gelingt es, den Frieden wieder herzustellen. Das beiden Clans unterstehende Territorium im Süden und im Norden Italiens wird zu gleichen Teilen aufgeteilt. Ein Angehöriger des Arena-Clans, der damit beauftragt ist, mit Pugliese zu verhandeln, betont während der Friedensgespräche, wie notwendig es sei, »zum alten Brauch« zurückzukehren, »fünfzig für uns und fünfzig für euch«. Die Verhandlungen finden ihren Widerhall auch im Norden, wo die gemeinsamen Geschäfte ohne Unterbrechung fortgeführt und nicht einmal während der bittersten Momente der Fehde, die sich im Raum Cutro-Isola di Capo Rizzuto abgespielt hatte, ausgesetzt worden waren. Damit bestätigt sich, dass Reggio Emilia, wie Kronzeuge Angelo Cortese berichtete, »das wirtschaftliche Epizentrum der Clans aus dem Gebiet von Crotone« ist.

Bis zu seiner Verhaftung 2009 war Michele Pugliese auch selbst als »Unternehmer« tätig. Zu diesem Zeitpunkt führte er über Strohmänner die Firma *Emiliana Inerti* mit Sitz in Gualtieri di Reggio Emilia, die Autotransportfirma *Nuova Inerti* mit Sitz in Kalabrien und Ablegern in der Emilia-Romagna sowie die Baufirma *Il Muretto* mit Sitz in Trento (Südtirol). Seine Autotransportfirma, so stand es im Beschlagnahmungsdekret zu lesen, machte 2007 einen Umsatz von über zwei Millionen Euro. Seine Unternehmen *Nuova Inerti* und *Emiliana Inerti* symbolisieren die wirtschaftliche Seite des Nicoscia-Clans. Bei der *Nuova Inerti* handelt es sich um eine florierende Firma. Sogar nach der Beschlagnahmung durch die Behörden lief das Geschäft weiter. Wie mir ein anonymer Informant mitteilte, wird die Firma innerhalb der Werkshallen eines anderen großen Autotransportunternehmens mit Sitz in Gualtieri di Reggio Emilia heimlich weiterbetrieben. Seine wirtschaftlichen Aktivitäten betrieb Pugliese mit Hilfe des Strohmanns Federico Periti aus Crotone (Kalabrien).

Neben den unternehmerischen Aktivitäten in der Emilia-Romagna, die von dem Strohmann offiziell geleitet wurden, schöpfte der Nicoscia-Clan einen weiteren Teil seiner Profite aus der Erpressung einiger aus Kalabrien stammender Unternehmer und Einzelhändler, die seit Jahren in Reggio Emilia ansässig waren. Michele Pugliese soll sogar persönlich die Schutzgelder für den Oberboss Salvatore Nicoscia in Reggio Emilia eingetrieben haben. Auf die überhöhten Erpressungssummen ließen sich die Unternehmer mit ihren florierenden, profitablen Firmen ein, weil sie wussten, dass das kleinste Zeichen von Auflehnung Strafaktionen des Paten nach sich ziehen würde. Schließlich war Michele Pugliese der direkte Abgesandte des Oberbosses des Nicoscia-Clans, Salvatore Nicoscia, der gemeinsam mit Pugliese zu zwölf Jahren Haft verurteilt wurde und der Bruder des Regionalbosses Pasquale Nicoscia ist.

Ihre Kontakte untereinander beleuchten das System der Profitteilung und die Verbrechensstruktur, wie sie sowohl in der Emilia-Romagna als auch in Isola di Capo Rizzuto aktiv war. Salvatore Nicoscia bediente sich auch seines Neffen Antonio, um Schutzgelder von Unternehmern im Raum Reggio Emilia einzutreiben. Der Mechanismus ist denkbar einfach. Pugliese machte mit anderen Clan-Angehörigen bei den Unternehmern die Runde. Antonio Nicoscia oder Pasquale Manfredi kamen dann im Auftrag des Oberbosses Salvatore Nicoscia vorbei, um die entsprechenden Beträge abzukassieren. Anschließend wurde das eingenommene Geld unter den einzelnen Familien des Clans aufgeteilt.

Immer wenn die Mafiosi in der Emilia-Romagna auf Inkasso unterwegs waren, wurden die Unternehmer am Vormittag aufgefordert, die »Päckchen« bis zum Abend bereitzustellen. Dies ging aus einer abgehörten Unterhaltung hervor. Auf einer ihrer Inkasso-Reisen sagte Manfredi zu Pugliese, dass er sich wegen der Rückfahrt nach Isola di Capo Rizzuto Sorgen mache und dass er aus diesem Grund die 30.000 Euro, die ihm Pugliese mitgeben wollte, nicht mitnehmen könne. Zudem sei sein

Auto schon randvoll mit Kohle gepackt. Das Geld stammte vermutlich aus dem Kokainhandel, den die Gebrüder Capicchiano bis zu ihrer Verhaftung 2008 im Auftrag der 'Ndrangheta in Reggio Emilia betrieben.

Teilweise fuhr Pugliese selbst die Gelder nach Kalabrien zurück, manchmal kam sogar der Oberboss Salvatore Nicoscia auf einen Sprung nach Norditalien. Es ging dabei um hohe Summen. Und keiner der Unternehmer brachte den Mut auf, die Mafiosi anzuzeigen. Einer von ihnen – ihm gehören mehrere bekannte Baubetriebe in der Region – bezahlte allein 5.000 Euro pro Monat an Salvatore Grande Aracri. Betriebe mit einem riesigen Umsatz, die den Mafiosi aus Cutro und Isola di Capo Rizzuto das Wasser im Mund zusammenlaufen ließen. Eine der alarmierendsten Feststellungen, die sich aus den Untersuchungsberichten ergab, war, wie schnell die Unternehmer den Schutzgeldforderungen nachkamen. Ein im Süden geborener Unternehmer musste natürlich an die Verwandtschaft im Süden denken, die im Zweifelsfall von den Mafiosi bedroht worden wäre. Also bezahlt er die Mafiosi aus Isola di Capo Rizzuto.

Ohne eine einzige Drohungen auszusprechen, bekamen die Clans von den Unternehmern im Norden, was sie wollten. Im Gegenzug versprachen sie ihnen Vorteile bei der Auftragsvergabe im heimischen Crotone. Die Unternehmer zahlten und stellten den Clans zusätzlich vorteilhafte Rechnungen zur Geldwäsche aus. Die Bosse prahlten damit in den abgehörten Gesprächen. Es ging dabei nicht um Kleingeld. Um ihre Ruhe zu haben und ihren einträglichen Geschäften weiter nachgehen zu können, wurden die Unternehmer so – ob bewusst oder unbewusst – zu den Finanziers von zwei der barbarischsten Mafia-Clans in Kalabrien. Regelmäßig werden den Clans die entsprechenden Summen überlassen, ohne dass jemals die Justizbehörden eingeschaltet werden. Die Unternehmer sind nicht nur Opfer der Mafia, sondern zugleich ihre Komplizen, so wie im Fall der fingierten Rechnungen, denen überhaupt keine reale Gegenleistung entspricht.

Der erste Oberboss, der sich in Reggio Emilia niederließ, war Antonio Dragone. Er war 1981 zur Verbannung nach Oberitalien verurteilt worden. Dies geschah im Rahmen jener verhängnisvollen Justizstrategie, die die Bosse von ihren Familien trennen sollte, aber damit nur erreichte, dass die Mafia im reichen Norden Fuß fassen konnte. Dort angekommen, fand sie ein äußerst fruchtbares Terrain für ihre Aktivitäten vor. Der Clan-Chef Nicolino »Manuzza« Grande Aracri wählte dagegen Brescello als Zweitsitz. Hier siedelten sich auch zwei seiner Schwestern und mehrere Neffen an, darunter Salvatore und Nicolinos Bruder Francesco, der im März 2012 das Gefängnis verlassen konnte, in dem er seit 2008 eingesessen hatte, weil seine Strafe verbüßt war.

Ende der neunziger Jahre zerbrach die Allianz zwischen dem Clan der Grande Aracris und dem der Dragones, und mündete in einen blutigen Krieg, der Cutro und das restliche Kalabrien in Angst und Schrecken versetzte. Dies hatte indirekt auch Auswirkungen auf das Gleichgewicht der Kräfte in Reggio Emilia, wo beide Clans aktiv waren. Daher suchten sie neue Verbündete unter den 'Ndrangheta-Familien von Isola di Capo Rizzuto. Die Grande Aracris fanden bei der Familie Nicoscia Unterstützung und die Dragones bei der Familie Arena. Während man im Süden aufeinander schoss und Mitglieder feindlicher Clans auf der Straße ermordete, setzte man im Norden auf Zusammenarbeit. Doch ab 1991 fielen auch dort die ersten Schüsse. Die Mordserie begann mit einem Anschlag auf Nicola Vasapollo, der in Reggio Emilia unter Hausarrest stand.

Die Familie Vasapollo hatte sich vom Dragone-Clan losgesagt und Killer wie den berüchtigten Paolo Bellini aus der Emilia-Romagna engagiert. Während einer gemeinsamen Zeit im Gefängnis hatte Bellini die Bekanntschaft von Nicola Vasapollo gemacht. Vasapollo bat ihn, *San Giovanni*, also Pate eines Kindes von Verwandten zu werden. 1992 wurden zwei Maurer aus Cutro erschossen, die in Reggio Emilia arbeiteten. Für den Doppelmord wurden Angehörige des Dragone-Clans aus Cutro verurteilt. Dann zogen die Jahre 1998 und 1999 herauf, an die man sich in Reggio Emilia als »Phase des Blutvergießens« erinnert. Am 8. Dezember 1998 wurde der junge Giuseppe Abramo, der zum Umfeld des Dragone-Clans gerechnet wurde, erschossen. Das Café *Pendolino* in Reggio Emilia wurde Ziel eines Bombenanschlags, bei dem es zehn Verwundete gab. Das Café war bekannt als »Treffpunkt der Kalabresen«. Ziel des Anschlags war der Mörder von Nicola Vasapollo. Sie verfehlten ihn jedoch. Den Ermittlern gelang es in der Folge, die blutigen Ereignisse zu rekonstruieren, die zwischen 1991 und 1998 für so viele Mordopfer auf den Straßen von Reggio Emilia gesorgt hatten. Dabei handelte es sich nicht einmal um eine echte Fehde zwischen zwei Clans, sondern um Auseinandersetzungen innerhalb eines einzigen Clans, dem der Dragone.

Nach den Jahren der blutigen Kämpfe, die die öffentliche Aufmerksamkeit nachhaltig auf sich gezogen hatten, entschied sich die 'Ndrangheta, wieder zum geräuschlosen Betrieb ihrer »normalen« Geschäfte im Wirtschaftsleben des oberitalienischen Reggio Emilia zurückzukehren. Zwischen den Clans aus der Region Crotone kehrte daraufhin wieder Ruhe ein. Fast schien es, als hätten sie aufgehört zu existieren. Wenn da nicht die gegenseitigen »Warnungen« in Form von brennenden Lastwagen und geklauten Kränen gewesen wären. Vorkommnisse, die selbst den Lokalzeitungen nur wenige Zeilen wert waren. Die 'Ndrangheta, so die Überzeugung vieler, existiert nur, solange sie blutige Anschläge verübt und um sich schießt. Aber solange sie »nur« Geschäfte wie Schutzgelderpressung oder Korruption betreibt, sich Teile des Marktes mit illegalen Mitteln sichert, Material und Aufträge verschiebt, Geldwäsche betreibt und das betroffene Territorium ausbeutet – solange sie also nicht dramatische Schlagzeilen und Polizeieinsätze produziert, sondern nur »alltägliche« Dinge verrichtet –, wird sie nicht mehr als Gefahr wahrgenommen. Dieser Irrglaube ist im ganzen Land verbreitet.

Die bürgerlichen Normen werden dabei zumindest äußerlich respektiert. Gegen diese billige Bauernfängerei wehrt sich der kritische Teil der Zivilgesellschaft immer wieder. Zwar steigt nach jedem Massaker die Empörung, und ein allumfassender Kampf gegen die Mafia wird proklamiert. Aber sobald die Scheinwerfer wieder aus sind, bleiben die verantwortungsbewussten Bürger alleingelassen zurück, ebenso die Staatsanwaltschaften und die Ermittlungsgruppen der Polizei. Die Politik taucht wieder ab ins Alltagsgeschäft. Vielleicht kündigt sie noch einen vom Impuls der Situation bestimmten Verwaltungsakt an, aber praktisch geschieht danach so wenig wie vorher. Konkrete Maßnahmen zum Kampf gegen die Mafia bleiben regelmäßig aus. Bis heute hat es keine der wechselnden Regionalregierungen vermocht, in der Emilia-Romagna ein operatives Außenbüro der zuständigen Anti-Mafia-Behörde zu etablieren. Gerade in dieser Region, in der die Mafia immer skrupelloser die Wirtschaft unterwandert, wäre eine solche Außenstelle dringend nötig. Erst nach einem Artikel in der *Gazzetta di Modena*, der auf diesen Umstand hinwies, hat ein Parlamentsabgeordneter der Demokratischen Partei aus Modena eine diesbezügliche parlamentarische Anfrage bei Innenminister Maroni eingereicht. Jedoch ist ein solches Büro auch im Jahr 2012 noch nicht eingerichtet worden.

In ihrer bislang letzten Publikation von 2010 hat die nationale Anti-Mafia-Behörde beklagt, dass die ’Ndrangheta und andere Mafien in der Lage sind, auf ebenso konstante wie alarmierende Weise auf die Wirtschaft der Emilia-Romagna Druck auszuüben. Für einige Zeit schien es jedoch, als habe sich die ’Ndrangheta aus der Region zurückgezogen. Doch sie war nur aus den politischen Reden verschwunden. Die Gegend verlassen hatte sie nicht. Die Polizei weiß es jedenfalls besser. In mehreren großen Kampagnen versuchte sie in den letzten zwölf Jahren, der Mafia mit den folgenden Einsätzen beizukommen: der Operation »Scacco Matto« (dt.: Schachmatt, 2000), der Operation »Edilpiovra« (dt.: Bau-Mafia, 2003), der Operation »Grande Drago« (dt.: Großer Drache, 2005) und der Operation »Pandora« (2006), die aber erst 2009 abgeschlossen wurde. Im Anschluss an die Operation »Pandora« fiel der Vorhang für die ’Ndrangheta in der Region im Reggio Emilia. Bis zum nächsten spektakulären Anschlag, der dann wieder für momentane Empörung sorgen wird. Die Politik wird sich entsprechend zu Wort melden. Mit Phrasen, die zumeist dem nächsten Wahlkampf geschuldet sind.

11.

DIE BAUUNTERNEHMEN DER MAFIA

Wir schreiben den 23. November 2010. Es ist acht Uhr abends. Vito Lombardo, ein Bauunternehmer, der in Cutro geboren wurde und seit 1968 bei Coviolo wohnt, macht einen Spaziergang in der Nähe seines Hauses. Er befindet sich zwischen der Via Fratelli Rosselli und der Via Ungheria und biegt gerade in die Via Nubi di Magellano ein. Er geht diesen Weg oft entlang. An diesem Abend erwartet ihn dort sein Mörder. Zwei Schüsse treffen ihn, die erste Kugel bohrt sich in seine Hüfte, die zweite in seinen Brustkorb. Mensah George Osei, ein Junge aus Ghana, kommt ihm als Erster zu Hilfe und ruft sofort den Notarzt an. Ihm hat der Unternehmer sein Leben zu verdanken. Vito Lombardo schwebt in diesen Minuten zwischen Leben und Tod. Schließlich fällt er ins Koma. Zwei chirurgische Eingriffe noch am selben Abend retten ihm das Leben.

Die Polizeibeamten, die in dem Fall ermitteln, erhalten von Lombardo einen Tipp, der sie auf die richtige Spur bringt. Schon nach neun Tagen wird Gino Renato verhaftet, Inhaber der Baufirma *Regil*, der offiziell seinen Wohnsitz in Cutro (Kalabrien) hat, aber faktisch zusammen mit seiner Frau in einem Apartment in der Via Medaglie d'Oro della Resistenza mitten in Rosta Nuova, einem Viertel von Reggio Emilia, lebt. Gino Renato wird beschuldigt, das Attentat auf Vito Lombardo begangen zu haben. Zunächst wird angenommen, dass wirtschaftliche Gründe das Motiv gewesen seien. Schulden, die Gino Renato bei Lombardo gehabt habe. Spielschulden oder Schulden, die im Zusammenhang mit einem Grundstückskauf in Kalabrien standen. Ein Darlehen, das den Ermittlern zufolge stark angestiegen war. Eine Hypothese war, dass das Opfer dafür Wucherzinsen verlangt habe. Oder dass es sich um Auseinandersetzungen aufgrund von Wettschulden gehandelt habe. Eine illegale Spielrunde, wofür Vito Lombardo schon einmal in den achtziger Jahren in Schwierigkeiten geraten war, aber weil die Taten bereits verjährt waren, blieb er von Strafen verschont. Die Ermittler schlossen auch nicht aus, dass Renato möglicherweise für Dritte gehandelt habe.

Es gibt zu diesem Zeitpunkt eine Fülle von Hypothesen. Fest steht, dass die Vorgehensweise auf einen klassischen Einschüchterungsversuch nach Art der Mafia hindeutet. Pistolenschüsse als äußerstes Bestrafungsmittel für jemanden, der einen Fehler gemacht hat oder sich auflehnte. Typisch für die 'Ndrangheta. Ob in Cutro (Kalabrien) oder Reggio Emilia (Emilia-Romagna), ob in Platì (Kalabrien) oder Mailand, die 'Ndrangheta verlangt Respekt für die von ihr festgelegten Regeln. Der Anschlag stand am Ende der immer schlechter werdenden Beziehungen zwischen den Unternehmern und der 'Ndrangheta.

Seit Mai 2010 brennt Reggio Emilia. Zwei Brandanschläge in einer Woche erschüttern die Stadt. Am 7. Mai 2010 zerreißt ein primitiver Sprengsatz das Auto eines Maurers aus Kalabrien. Ein paar Tage später geht der BMW von Vito Lombardo in Flammen auf. Die Gebrüder Lombardo leben alle in der Region Reggio Emilia. Antonio ist Bauunternehmer, zeitweise teilte er sich eine Firma mit Vito. Alfonso, der andere Bruder, kam 1994 nach Reggio Emilia. Er ist ein ehemaliger Handelsvertreter mit einer Vorliebe für Cafés. Kaum in Reggio Emilia angekommen, kaufte er für seine Kinder das *Café River*, das im Jahr 2002 vom Arena-Clan in Brand gesteckt wurde. Für diesen Anschlag wurden Nicola Sarcone, Carmine Arena, Marcello und Ottavio Muto sowie Vincenzo Niutta verantwortlich gemacht. Sie wurden von der Polizei verhaftet.

Doch Alfonso Lombardo ist nicht davon überzeugt, dass es sich hierbei um einen Mafia-Anschlag handelte. In der *Gazzetta di Reggio* erklärte er: »Ich denke nicht, dass es die Beschuldigten waren. Ich kenne sie. Sie sind Kunden unseres Cafés. Wir haben uns immer respektiert. Ich bleibe dabei: Das war ein Dummejungenstreich, der mich 26.000 Euro kostete. Ich bin sicher, dass ich keine Feinde habe. Ich habe vor diesem Anschlag keine Drohungen erhalten, und auch nach dem Brand hat niemand von mir Geld verlangt. Ich kann einfach nicht glauben, dass die fünf Beschuldigten diesen Anschlag verübt haben sollen. Warum sollte jemand das Lokal von Freunden anzünden, die ihn immer mit Respekt behandelt haben? Es bleibt dabei: Hier hat sich irgendjemand einen dummen Scherz erlaubt. Die Mafia, das ist etwas ganz anderes.« Seine Ausführungen schloss Lombardo mit den Worten: »In Reggio gibt es viele Leute, die schnell reich werden wollen und dabei illegale Mittel anwenden und sich ziemlich arrogant geben.«

Ein Ziel schnell erreichen unter Einsatz illegaler Mittel bei hoher Arroganz – das ist eine der treffendsten Definitionen, mit denen man die Mafia beschreiben kann. Der Unternehmer gab damit – unbewusst – eine Theorie von Robert K. Merton wieder. Darin integrierte der Soziologe die Mafia in ein Denkgebäude, das die Bedingungen für die Anpassung einer Gesellschaft an Vorgänge wie »Innovation« definierte, im Gegensatz zu Erscheinungen wie dem »Konformismus«. Dabei berücksichtigte er auch die drastische Steigerung des wirtschaftlichen Profits in seiner Theorie; Profit, der Mittel und Zweck geworden sei und mit allen Mitteln angestrebt werde, auch unter Einsatz von unrechtmäßigen, illegalen Mitteln wie der Korruption, der Einschüchterung und der Gewalt.

Ein Jahr nach dem Brand der Bar wurde der Rohbau eines

Wohnhauses in Brand gesteckt, der von einer Firma Lombardos errichtet worden war. Auch in diesem Fall schloss der Unternehmer einen möglichen Zusammenhang mit der Mafia kategorisch aus. Und das, obwohl die Ermittler ihren Blick eben in diese Richtung richteten.

Am 12. Mai ging schließlich der BMW von Vito Lombardo in Flammen auf. Es war die letzte Warnung vor dem Anschlag. »Ich habe dazu genug gesagt und werde an dieser Stelle keine weiteren Ausführungen dazu machen«, antwortete mir Antonio Lombardo schroff. Ich arbeitete gerade an meinem Dossier »Die Mafien in der Po-Ebene«, das später von dem Monatsmagazin *Narcomafie* veröffentlicht wurde. Zur Situation in Reggio Emilia wollte ich die Meinung eines Mitglieds der Familie Lombardo einholen. Aber die Angst, damit Verstimmungen der Mafia-Clans auszulösen, war offenbar stärker. Alles, was öffentliches Aufsehen erregen könnte, lehnen sie ab.

In der von *Narcomafie* veröffentlichten Untersuchung hatte ich geschrieben, dass »Michele Pugliese 2002 ein Haus von Antonio Lombardo kaufte, und zwar in der Via Cento Violini im Ortsteil Gualtieri«. Der Bruder von Vito Lombardo verkaufte also einem ausgewiesenen Mafioso ein Haus mit viereinhalb Zimmern. 2009, als Pugliese im Rahmen der Operation »Pandora« verurteil wurde, beschlagnahmten die Beamten von Staats wegen die Immobilie. Bisher ist die offizielle Konfiszierung noch nicht erfolgt.

Reggio Emilia ist in den letzten Jahrzehnten enorm gewachsen. Die gefräßige Betonlawine hat auch die umliegenden Ortschaften nicht verschont. Einförmige Häuserschluchten, so weit das Auge reicht. Kräne und Pfeiler, die in den Himmel ragen und den Blick nostalgischer Betrachter stören, die auf der Suche nach der bukolischen Emilia der Vergangenheit sind.

Coviolo. Ein überschaubares Ortszentrum, ein Café, eine Kirche, eine Durchgangsstraße, das ist alles. Ringsum neue Gebäude, Wohnhäuser mit Klinkerwänden. Hier bevorzugt man eine moderne Variante des Landhausstils. Nachdem ich einige Fotos gemacht habe, trinke ich noch etwas in einem Café. Als ich wieder auf der Straße bin, sprechen mich Einwohner an. Sie möchten wissen, was ich in Coviolo tue. »Den Druck vonseiten der Mafia, von dem jetzt in den Zeitungen so viel die Rede ist, beklagen wir schon seit zwanzig Jahren«, sagt mir ein Bankangestellter, der sich für meine Recherchen interessiert. Die Lokalpolitik spielt wie immer alles herunter, nur um wieder in hektische Aktivitäten zu verfallen, wenn es zu neuen Schießereien kommt oder das Auto eines weiteres Unternehmers in Flammen steht.

Ein Rentner, gebürtig aus Cosenza (Kalabrien), der schon seit vielen Jahren in Reggio Emilia wohnt, stimmt seinem Vorredner zu. Er zeigt mir den Neubau, in dem sie wohnen. »Einen Teil unseres Hauses hat Grande Aracri errichtet. Das ist normal«, fügt er hinzu, »hier haben sie mit ihren Firmen alles gebaut.« Der andere ergänzt: »Sie haben gute Arbeit geleistet.« Der Bankangestellte stimmt ihm zu. Daraufhin erzählt er mir von seinen Erfahrungen in der Bank. »Man sieht es überall in den Banken der Region. Auch bei uns kommen bestimmte Unternehmer an …« In Reggio Emilia hat die 'Ndrangheta nie aufgehört, als Bauunternehmen aufzutreten. Das war auch nie ein Geheimnis, zumindest nicht für die Einwohner.

Bei der Handelskammer von Reggio Emilia waren im Oktober 2010 genau 13 246 Bauunternehmen registriert, von denen 10 756 Handwerksbetriebe sind. Damit ist Reggio Emilia eine der Provinzen mit dem höchsten Aufkommen an Baufirmen. Einige Bauunternehmen der Region zielen auf ausländische Märkte, wie mir Enrico Bini während eines Interviews erzählt. Bini ist der Präsident der Handelskammer und engagiert sich sehr für den Kampf gegen die Mafien. Die Unternehmen haben sich für Bauaufträge im Irak beworben. »Als der irakische Botschafter nach Reggio Emilia kam, umschwirrten sie ihn wie Bienen den Honig. Ich wies den Botschafter schließlich darauf hin, dass ich nicht derjenige sein wolle, der zugelassen hat, dass die 'Ndrangheta im Irak Fuß fasst.« Bini ist mutig. Seine Erklärungen haben dazu beigetragen, das Problem im öffentlichen Bewusstsein zu halten.

Der Anschlag auf Vito Lombardo geschah wenige Meter vom Ortsschild von Coviolo entfernt, an der Straße, die zur Firma *Iren Emilia* führt. Diese vergab am 4. November 2002 den 1,9 Millionen Euro schweren Auftrag zur Erweiterung der Mülldeponie von Poiatica di Carpineta an die Firma *Paolo Ciampà* aus Crotone, die im Zusammenhang mit der Operation »Black Mountains« in den Blick der Ermittler geraten war. Damals wurden von der Anti-Mafia-Behörde von Catanzaro verbrecherische Praktiken bei der Beseitigung von Giftmüll untersucht.

Acht Jahre nach der Affäre Ciampà geriet die vielseitige Firma *Iren* in die lokalen Schlagzeilen. Zusammen mit der Gesundheitsbehörde von Reggio Emilia und einer weiteren Kommune hatte sie Aufträge storniert, die an Firmen erteilt worden waren, gegen die die Präfektur von Reggio Emilia einen Verbotsbescheid erlassen hatte (der die Vergabe öffentlicher Aufträge an diese Firmen untersagte) und denen sie das Siegel »Anti-Mafia« entzogen hatte. *Iren* stornierte Aufträge in Höhe von 300.000 Euro. Im Verlauf des Jahres 2010 hat die Präfektur rund einem Dutzend Firmen das Siegel »Anti-Mafia« entzogen.

Zu den von der Präfektur durchleuchteten Firmen zählten sowohl das Konsortium *Primavera* als auch das Unternehmen *Giada*, das zu den Anteilseignern des Konsortiums gehört. Sonderbevollmächtigter beider Firmen ist Raffaele Todaro, der Ex-Schwiegersohn des 'Ndrangheta-Bosses Antonio Dragone. Dieser dominierte die Szene in Reggio Emilia bis 2004, dem

Jahr, in dem er von den verfeindeten Clans der Grande Aracris und der Nicoscias aus Isola di Capo Rizzuto erschossen wurde. Raffaele Todaro und Caterina Dragone hatten sich einige Jahre zuvor getrennt. Aber in einem Hinweis, den die Carabinieri erhielten, war von Todaro im Zusammenhang mit den Planungen zu einem Mordanschlag die Rede. Das Ereignis, um das es dem Bericht der Carabinieri zufolge ging, spielte sich im Jahr 2000 ab. Todaro und die damals noch mit ihm verheiratete Caterina begaben sich zum Oberboss ins Gefängnis. Während ihres Besuches äußerte sich der Boss, Caterinas Vater, darüber, wie sehr er unter dem Tod seines kurz zuvor erschossenen Sohnes leide. Zu den ihm unterbreiteten Rachevorschlägen äußerte er sich sibyllinisch: »Ich sehe ihn Tag für Tag leiden … meine Tochter, ich muss sicher sein, dass der Täter dafür mit Höllenqualen bezahlt.«

Gegen die Entscheidung der Präfektur legte Raffaele Todaro Protest ein. Doch das regionale Verwaltungsgericht vertrat die Auffassung, dass Todaro mit gutem Grund der Nähe zur Mafia bezichtigt werden könne, aufgrund von Indizien und Fakten, die sich aus der Zugehörigkeit zu einem Konsortium ergaben, das seinerseits mafiösen Gruppen nahestehe oder objektiv von diesen infiltriert worden sei. Daher wurde der Einspruch des Konsortiums und der Firma *Giada* abgewiesen.

Anti-Mafia-Untersagungen trafen weitere Firmen, die sich von Reggio Emilia aus aufgemacht hatten, das vom Erdbeben zerstörte L'Aquila wieder aufzubauen. Das regionale Verwaltungsgericht der Emilia-Romagna wies etwa den Einspruch von zwei Unternehmen ab, denen die Präfektur das Zertifikat entzogen hatte. Es handelte sich dabei um das Unternehmen *Vasapollo*, das sich im Besitz von Giuseppe Vasapollo befand, und die Firma *Lomonaco*, die Francesco Lomonaco gehörte. Beide hatten Subaufträge im Rahmen der Errichtung von provisorischen Wohnstätten für die Erdbebenopfer von L'Aquila erhalten. Die Firmen arbeiteten dabei für eine temporäre Arbeitsgemeinschaft der Unternehmen CME und *CosmoHaus*, denen eines der Lose des Auftrags zugesprochen worden war.

CosmoHaus und *Consorzio Imprenditori Edili* gehören zu den bekannten Unternehmen der Emilia-Romagna. Das erste hat seinen Sitz in Reggio Emilia, das zweite in Modena. Zu den ausgewählten Subauftragsnehmern gehörten Giuseppe Vasapollo und Francesco Lomonaco. Das Los der beiden Auftragsnehmer entsprach einem Wert von zwölf Millionen Euro. Doch dann nahm die Anti-Mafia-Behörde aus Catanzaro (Kalabrien) mit ihrem Pendant in Bologna Kontakt auf. Die beim Aktenabgleich entdeckten Fakten veranlassten die Präfektur von Reggio Emilia dazu, beiden Firmen die Anti-Mafia-Zertifikate zu entziehen. In der Hektik kurz nach der Naturkatastrophe von L'Aquila war es den Konsortien aus Reggio Emilia nicht aufgefallen, dass sie verdächtige Unternehmen mit Subaufträgen bedacht hatten. Die Anti-Mafia-Behörde von L'Aquila und die Präfektur von Reggio Emilia sorgten dafür, dass Recht und Ordnung wieder hergestellt wurden.

Vasapollo und Lomonaco sollen angeblich zum Umfeld von Nicola Sarconc gehören, der zu den Verurteilten im Rahmen der Bau-Mafia-Prozesse gehörte. Sarcone war den Ermittlern zufolge einer derjenigen, die vom Grande-Aracri-Clan dazu benutzt wurden, das Schutzgeld bei den Unternehmern aus Reggio Emilia einzutreiben. Zu den Unternehmen, denen die Präfektur die Anti-Mafia-Zertifikate entzog, gehörten neben dem Konsortium *Primavera* auch die Firmen *Vertinelli*, *Giada*, *Lomonaco* und *Vasapollo*.

Die Ablehnung traf auch Alberto Filippelli. Der wollte eine Spielhalle in Reggiolo (bei Reggio Emilia) eröffnen. Bevor ihm die Gemeinde die Erlaubnis erteilte, holte sie Informationen über den Antragsteller bei der Präfektur von Reggio Emilia ein. Dabei stellte sich heraus, dass der junge Filippelli eine stürmische Vergangenheit aufwies. Er gehörte zu den Verdächtigen im Rahmen der Operation »Vortice 2«, gemeinsam mit anderen Exponenten des Farao-Marincola-Clans mit Sitz im kalabrischen Cirò. Filippelli hatte eine Haftstrafe von einem Jahr und sechs Monaten wegen Drogenhandel verbüßt. Er soll zudem der Lebensgefährte der Tochter von Giuseppe Muzzupappa vom Mancuso-Clan aus Limbadi sein. Filippelli selbst wird dem Umfeld des Grande-Aracri-Clans zugerechnet.

Mit Instandsetzungsarbeiten für die Gesundheitsbehörde von Reggio Emilia beschäftigt sich die Firma *Global Service*. Im Krankenhaus von Scandiano hat sie einen Subauftrag an Luigi Silipo vergeben, der bereits mit den Arbeiten vor Ort begonnen hatte. Doch dann kam der Einspruch der Präfektur. Der Auftrag wurde storniert. Die Ehefrau von Silipo, Maria Giuseppina Salerno, kam zusammen mit den Söhnen Salvatore und Giuseppe am 4. Mai 2011 hinter Gittern. Der Vorwurf lautete auf Bildung einer kriminellen Vereinigung und Zinswucher. Auch Silipo wurde wegen dieser Vorwürfe angeklagt. Die gesamte Familie war offenbar ins Zinswuchergeschäft involviert. Bis zu 15 Prozent Zinsen pro Monat mussten die Opfer zahlen.

Das Anti-Mafia-Zertifikat wurde auch der Firma *Morrone Trasporti* entzogen, die in Reggio Emilia ansässig ist. Teilhaber und Geschäftsführer waren Enrico Morrone und seine Schwester Antonia. In der Lombardei hatte die Firma die Ausschreibung für einen Auftrag der italienischen Straßenaufsichtsbehörde ANAS und der in öffentlichem Besitz befindlichen Firma *Autostrade Centropadane* gewonnen. Der Auftrag wurde nach dem Entzug des Zertifikats storniert. Im Rahmen der Untersuchungen wurden gesicherte Hinweise auf Beziehungen zu Angehörigen der 'Ndrangheta und der Cosa Nostra gefunden. Morrone soll mit Gerardo und Salvatore Muto in Kontakt gewesen sein. Den Eigentümern von einigen Speditionsfirmen in

Gualtieri konnte die Präfektur Arbeitsbeziehungen und Begegnungen mit Vertretern des Grande-Aracri-Clans nachweisen.

Das Zertifikat wurde auch der Firma *Edil Perna* verweigert, die der Cosa Nostra aus Gela (Sizilien) unterstehen soll. Diese erhielt einen Auftrag von der Stadt Parma für die Sanierung des Geländes am ehemaligen Güterbahnhof Boschi und einen Subauftrag für die Technologiezentrale des großen Krankenhauses von Verona. Beide wurden wegen des Untersagungsbescheids der Präfektur von Reggio Emilia zurückgezogen.

Schließlich stoppte der Präfekt noch Amadeo Amato. Er stammte aus Rosarno (bei Reggio di Calabria) und gehörte zum Zingari-Clan, der in Reggio Emilia, wo Amato seit vielen Jahren wohnt, enge Beziehungen zum Grande-Aracri-Clan unterhält. Amato hatte beantragt, einen Online-Gebrauchtwagenhandel zu eröffnen. Dieser wurde von der Präfektur abgelehnt. Die Untersagung jedoch, die sowohl medial als auch politisch am meisten Aufsehen erregte, war jene, die gegenüber der Gesellschaft *Bacchi* aus Boretto (Provinz Reggio Emilia) ausgesprochen wurde. Das Regionalverwaltungsgericht nahm zunächst den Einspruch der Firma an. Aber während man noch auf das Urteil wartete, wurden die Arbeiten an der Umgehungsstraße von Novellara unterbrochen und die betroffenen Arbeiter nach Hause geschickt.

Der Bericht der Untersuchungsbeamten der Präfektur war alarmierend. Man sprach von Subaufträgen für zwei Firmen, die zum Umkreis der 'Ndrangheta-Clans aus Cutro gehören sollen: die *Tre Emme Costruzioni* und das Baukonsortium M 2. Beide Firmen sind nachweisbar mit der Familie Mattace aus Cutro verbunden, die dem Grande-Aracri-Clan nahestehen soll. Auch für diese beiden Firmen hat das Regionalverwaltungsgericht einen Untersagungsbeschluss erlassen. Es räumte ihnen eine Frist ein, um hierzu Stellung zu nehmen. Immerhin liegt die Verbindung zum Mafia-Clan schon etwas zurück.

Der Firma *Bacchi* wirft die Präfektur vor, zwei Firmen als Subauftragnehmer beschäftigt zu haben, die kein Anti-Mafia-Zertifikat aufweisen konnten. Dabei wird dieses nur bei Aufträgen verlangt, die größer als 155.000 Euro sind. Diese Auflage war umgangen worden, indem man die Aufträge – so die Präfektur – auf zwei Subauftragnehmer aufteilte. Die *Tre Emme* erhielt Arbeiten für 130.000 Euro zugesprochen, und das Konsortium M2 Arbeiten für 50.000 Euro. Die dadurch geweckten Zweifel und Verdachtsmomente werden noch verstärkt, wenn man den Erlass der Präfektur liest: »Es ist festzustellen, dass die Firma *Bacchi* der Firma *Tre Emme* insgesamt 161.000 Euro bezahlte, und damit mehr als vereinbart, und mehr, als man ohne Anti-Mafia-Zertifikat vergeben kann.«

Es gab aber noch eine weitere Anomalie: Die Firma aus Boretto bat die Ausschreibungsbehörde, den Subauftrag bis Ende Juni 2010 zu vergeben. Laut Präfektur hatte die Firma jedoch bereits mit der Familie Mattace einen Vertrag abgeschlossen, der anderthalb Monate vor der offiziellen Anfrage datiert worden war. Hinzukam, dass auf den Baustellen der *Bacchi* die beunruhigende Präsenz von Giuliano Floro Vito zu verzeichnen war. Die Ermittler hatten ihn während einer Durchsuchung identifiziert. Floro Vito ist der Ex-Schwager von Domenico Mattace, dem Präsidenten der *Tre Emme*. Er wird als zentrale Führungsfigur der Clans aus Cutro im Raum Reggio Emilia angesehen. Zunächst wurde er dem Dragone-Clan zugerechnet, später dem Grande-Aracri-Clan. Erstmals war er 2001 im Zuge der Operation »Scacco Matto« wegen Drogenhandel verhaftet worden, musste damals aber wegen mangelnder Beweise wieder auf freien Fuß gesetzt werden. Ein weiteres Mal wurde er im April 2010 verhaftet. Dieses Mal wegen Zinswucher.

Floro Vito steht derzeit unter Hausarrest und Sonderüberwachung. Im Februar 2011 griffen sie ihn auf der Baustelle in

Novellara. Er gab sich dort als Angestellter der *Tre Emme* aus. Doch auch dieses Mal befanden die Richter, dass die Beweise nicht für eine Verurteilung ausreichten. Das Verwaltungsgericht hat darüber hinaus im Juni 2011 den Untersagungsbeschluss der Präfektur aufgehoben und seiner Firma das Anti-Mafia-Zertifikat wieder erteilt. Im Urteil des Gerichts heißt es: »Die vermuteten Verbindungen der beiden Subauftragnehmer-Firmen zum Organisierten Verbrechen ('Ndrangheta) ließ sich aus den vorliegenden Untersuchungsergebnissen nicht mit an Sicherheit grenzender Wahrscheinlichkeit feststellen. Die reine Auftragsvergabe an solche Firmen, ohne dass Elemente feststellbar wären, die eine mögliche Beeinflussung der Firma *Bacchi* durch kriminelle Kreise belegen würden, stellt noch keinen solchen Hinweis dar.« Das Gericht lehnte auch Mutmaßungen über Verbindungen der Firma zur Cosa Nostra ab, wie sie in zwei Untersuchungsberichten von der Anti-Mafia-Behörde in Palermo reklamiert worden waren. Aus Sicht des Regionalverwaltungsgerichts stand die Firma *Bacchi* nicht in Gefahr, von der 'Ndrangheta unterwandert zu werden. Es bleibt jedoch der Umstand, dass auf ihren Baustellen Firmen beschäftigt wurden, die Verbindungen zur 'Ndrangheta aufweisen.

Die 'Ndrangheta-Clans sind auch öffentlichen Geldern nicht abgeneigt. In den Listen der Provinz Reggio Emilia aus dem Jahr 2010 mit den Firmen, an die eine vereinfachte Auftragsvergabe möglich ist, taucht auch die erwähnte Firma *Giada* und ihr Sonderbevollmächtigter Raffaele Todaro auf. Aber nicht nur in der Provinz Reggio Emilia ist die Firma als Zeitarbeitsvermittler bekannt. Auch die Provinz Piacenza führt sie in den Verzeichnissen jener Betriebe auf, die für die wiederkehrende Vergabe von öffentlichen Aufträgen berücksichtigt werden sollen. In einem Bericht von 2008 über ausgeführte öffentliche Aufträge in der Region Emilia-Romagna wird die Firma *Giada* als Ausschreibungsgewinnerin für drei Aufträge aufgeführt, die zusammen einen Wert von knapp über einer Million Euro darstellen. Das Konsortium *Primavera*, an dem die *Giada* beteiligt ist und dessen Sonderbevollmächtigter ebenfalls Todaro ist hat für die Gemeinde Garda (bei Verona) das Umweltzentrum errichtet. 2009 sicherte sich das Konsortium diese Ausschreibung für 480.000 Euro, mit einem Nachlass von knapp 15 Prozent. Doch während der Ausführung stiegen die Kosten für die vergebenen Arbeiten auf über 700.000 Euro an, wie einige Ratsmitglieder von Garda beklagten. Auch die Erschließungsstraße zum Umweltzentrum wurde vom Konsortium ausgeführt, für weitere 250.000 Euro.

Aber nicht nur die Firma *Giada* findet sich in den Listen der Regionen Reggio Emilia und Piacenza zur vereinfachten Auftragsvergabe. Auch die Firma *Impresa* ist dort verzeichnet. Diese gehört Palmo Vertinelli, dem Neffen des Bosses Nicolino Grande Aracri. Vertinelli wurde im Umfeld der Operation »Scacco Matto«, einer umfassende Untersuchung zu den Aktivitäten der Clans aus Cutro und ihren Ablegern in der Emilia-Romagna, vor Gericht gestellt. Ihm wurde vorggeworfen, für die Clans Wettbewerbsvorteile gegenüber anderen Betrieben der Region errungen zu haben. Aber die Richter konnten sich dieser Auffassung nicht anschließen und setzten ihn wieder auf freien Fuß. Nach seiner Freilassung nahm Vertinelli seine Aktivitäten wieder auf. Er wurde Hauptgeschäftsführer der Baufirma, die seinen Namen trägt. Darüber hinaus führt er zusammen mit seinem Bruder ein Restaurant in Montecchio (Umbrien).

2006 vertauschen sich die Rollen. Von einem Beschuldigten in einem 'Ndrangheta-Prozess wurde Palmo Vertinelli (oder »Palmino«, wie ihn die Bosse nennen) zu einem Unternehmer, der an die Clans Schutzgeld bezahlen und die Bosse in seinem Restaurant bewirten musste, wie die Operation »Pandora« ergab. »Es gab Beziehungen krimineller Gefälligkeiten vonseiten der Unternehmer«, zu denen auch Vertinelli zählte, wie die Ermittler in einem Bericht schrieben, der im Prozess »Pandora« Eingang fand. Sie fügten hinzu: »In der Doppelrolle als erpresstes Opfer und gleichzeitig als jemand, der Vorteile von den Beziehungen zu den Clans hatte, gelang es ihnen, sich von den staatlichen Auftraggebern zusätzliche Profite zu verschaffen, die den bezahlten Schutzgeldern entsprachen.« Diese Schlussfolgerung wurde durch einen weiteren Umstand belegt. 2004 fanden Carabinieri im Haus des Bruders von »Palmino« 31 Sparbücher im Wert von 120.000 Euro. Aus den Sparbüchern gingen Geldbewegungen im Gesamtwert von 400.000 Euro hervor.

Im April 2010 gewann Palmo Vertinelli mit seiner Baufirma eine Ausschreibung öffentlicher Arbeiten im Wert von 350.000 Euro, die von der Stadt Crotone organisiert worden war und die den Bau eines Altenheims mit Ausbildungszentrum zum Inhalt hatte. Doch vor der endgültigen Auftragserteilung hielt die Stadtverwaltung von Crotone Rücksprache mit der Präfektur von Reggio Emilia. Daraufhin wurde im August 2010 ein Baustopp verhängt und die Auftragserteilung widerrufen. Dennoch findet sich seine Baufirma 2010 noch auf der Liste mit Firmen, die für eine vereinfachte Auftragsvergabe in Frage kommen, und das sowohl in der Region Reggio Emilia als auch in der Region Piacenza.

Der Kronzeuge Salvatore Cortese, ehemals die rechte Hand von Nicolino »Manuzzo« Grande Aracri, dessen Behauptungen sorgfältig überprüft wurden, beschreibt die Verbindung von Unternehmern, zu denen auch Vertinelli zählte, die in Reggio Emilia tätig sind, und den Mitgliedern der Clans aus dem Raum Crotone, die für sich Respekt einfordern. »Die würden nie jemanden anzeigen, weil sie ihre Ruhe haben wollen«, berichtete Cortese. »10.000 Euro sind für die in etwa so viel, wie wenn ich mir eine Zigarette anzünde. Mit 10.000 Euro erkaufen sie sich den gewünschten Frieden mit allen, mit den Arenas, mit den Nicoscias, mit den Capicchianos, mit den Manfredis, und mit Nicolino Grande Aracri. Sie wollen ihre Ruhe, und sie bekommen sie. Sie werden nicht mehr bedroht, ihre Baustellen und Fahrzeuge stehen unter dem Schutz der Clans, die vorher drohten, alles in Brand zu stecken. Eine Scheinprotektion, die ihnen aufgezwungen wurde und aus der sich die Unternehmer nicht mehr befreien konnten.

Für die Clans stellen diese Unternehmer eine bequeme, kontinuierliche Einkommensquelle dar, eine Art Dauerkonto, von dem sie jederzeit abheben können. Aber es gibt noch weitere Vorteile. Im Zweifelsfall sind die betroffenen Unternehmer bei einigen Banken im Raum Reggio Emilia und Mantua wohlbekannt. Sie kennen die Direktoren persönlich und treffen sich regelmäßig mit ihnen. Der Schritt von einem Unternehmer, der Opfer der Clans ist und von deren erpresserischen Forderungen missbraucht wird, hin zu einem Komplizen und Finanzier ist klein. Indem sie beiden Clans Geld zukommen lassen, sichern sie ihrer eigenen Firmengruppe ein ruhiges Geldscheffeln. Diese Firmengruppen sind von den verschiedenartigsten Erpressungen betroffen. Es gibt nicht nur das klassische Schutzgeld, das eingefordert wird. Verlangt werden auch andere Gefälligkeiten, Lieferungen, Arbeitskräfte und Subaufträge – so sieht das moderne Gesicht der klassischen Schutzgeldindustrie aus.«

In Reggio Emilia ist die kalabrische Community eine Institution. Wenn man die Autobahnabfahrt Reggio Emilia nimmt und von dort aus das Stadtzentrum ansteuert, fährt man eine Straße entlang, die Via Città di Cutro heißt. Ein Dank der Gemeinde Reggio Emilia an die vielen Emigranten, die mit ihrer Arbeitskraft zum wachsenden Wohlstand und zur kulturellen Blüte in der Region beigetragen haben, den es in dieser Form zuvor nicht gegeben hat. Zwei Städte, zwischen denen tausend

Kilometer liegen und die durch den Leidensweg der Emigranten, die in ihrer neuen Heimat ein wenig Normalität suchten, auf ewig miteinander verbunden sind. Seit den fünfziger Jahren hat eine stetig wachsende Zahl von Emigranten aus Cutro die Provinz Reggio Emilia als Zielgebiet gewählt, um auf ehrliche Weise zu arbeiten und sich zu verwirklichen. Diese Diaspora aus Cutro hat ihren Frieden gefunden in der reichen und gastfreundlichen Region rund um Reggio Emilia, der roten Erde des antifaschistischen Widerstands und der Hoffnung.

Heute leben in dieser Gegend über 10 000 Menschen, die ursprünglich aus Cutro (Kalabrien) stammen. Wenn man durch die Straßen und über die Plätze von Reggio Emilia schlendert, kann es einem häufig passieren, dass man den Dialekt von Cutro zu hören bekommt. Ein rauer, harter und zugleich reicher Dialekt, in den sich immer wieder die Erinnerung an die Armut und das Elend in jener Gegend mischt, die man vor langer Zeit verlassen hat und die sich schon viel zu lange in der Hand der Plünderer von der 'Ndrangheta befindet. Verzweiflung, Sehnsucht nach Neubeginn und Normalität trieben die Menschen aus Cutro in die Emigration. Daraus entwickelte sich eine Liebesgeschichte zwischen Cutro und Reggio Emilia, die von den Kannibalen der Träume und der Ressourcen Kalabriens bedroht wurde. Als die 'Ndrangheta-Clans sich dem Heer der ehrlichen Emigranten anschlossen, bemächtigten sie sich ihrer Träume und ließen diese langsam zerplatzen.

Inzwischen gibt es in Reggio Emilia eine veritable Bourgeoisie von Menschen, die alle aus Cutro stammen und als Handwerker oder Kleinunternehmer tätig sind. Diese stellt einen Magneten dar, der neue Ströme von Emigranten aus dem Süden anzieht. Ein Steuerberater aus Cutro, der sich dazu entschließt, ein Büro in Reggio Emilia zu eröffnen, kann sich von vornherein eines großen Kundenstamms sicher sein. Die Anwesenheit so vieler Emigranten, die den Aufstieg innerhalb der sozialen Hierarchien geschafft haben, hat auch die Lokalpolitik beeinflusst. Zu diesen Politikern zählen zahlreiche Vertreter der kalabrischen Gemeinde, viele von ihnen sogar in den vordersten Rängen der größten Parteien vor Ort – zuerst in der Partei der linken Demokraten, jetzt auch in der Demokratischen Partei. Für kurze Zeit gab es sogar wöchentlich drei Flüge von Reggio Emilia nach Crotone, die von der Fluggesellschaft *Air Emilia* angeboten wurden.

Zu Beginn der achtziger Jahre fanden sich die Mitglieder der kalabrischen Community in Reggio Emilia auf der Anklagebank wieder, zumindest was die Berichte von norditalienischen Medien für kurze Zeit betraf. Dies geschah aufgrund der Verfehlungen einer kleinen, aber öffentlichkeitswirksamen Minderheit, so als ob schon die Geburt in Cutro ausreichte, um als Mafioso zu gelten. Dieser aufflammende Rassismus war der Angst geschuldet, die aus den eskalierenden Auseinandersetzungen zwischen verschiedenen Clans aus Cutro resultierte, die in den neunziger Jahren ihre Fehden auch in Reggio Emilia austrugen. Blut verlangte neues Blut. Der Hass der verfeindeten Clans zog beide Städte in einen Strudel von Gewalttätigkeiten, an die sich sowohl die Alteingesessenen als auch die Zugezogenen mit Schrecken erinnern. Tatsächlich lag den Clans vor Ort in der Emilia-Romagna jedoch mehr an den einträglichen Geschäften als an der Austragung von Fehden.

12.

GUTE NACHT, »ROTE« EMILIA-ROMAGNA

Brescello, das von den Einheimischen ironisch gern auch »Cutrello« (dt.: Kleines Cutro) genannt wird, ist seit Jahren bevorzugter Wohnort von Mitgliedern des Grande-Aracri-Clans. Ein bedeutender Zweig dieser Mafia-Familie lebt in dem ruhigen, beschaulichen Ort im Hinterland von Reggio Emilia, an der Grenze zur Provinz Mantua. Nicolino Grande Aracri, das Oberhaupt des gleichnamigen Clans, der bereits auf 17 Jahre hinter Gittern zurückblicken kann, fühlte sich in Brescello sicher. Er hatte hier seine Brüder, Schwestern, Neffen und Freunde um sich.

Nach und nach wagte sich der Clan immer weiter vor und veränderte dabei das Angesicht des kleinen geschichtsträchtigen Ortes. Ihre Arroganz und ihre Allmachtsphantasien verführten die Mafiosi dazu, es zu übertreiben. So zum Beispiel 2003, als sie vom Betreiber des Cafés *Don Camillo* unter den ungläubigen Blicken der beiden Bronzestatuen von Don Camillo und Peppone plötzlich Schutzgeld verlangten. Schockiert schloss der Besitzer für einige Tage das Café und hängte ein Schild an die Tür, auf dem zu lesen war: »Geschlossen wegen mafiöser Drohungen und Schutzgelderpressung.« Statt der erwarteten Solidarität zog er sich jedoch – wie man in »Cutrello« erzählt – den Zorn des Bürgermeisters zu, demzufolge das Schild mit dem Hinweis auf die Mafia-Bedrohung das Ansehen des Ortes unwiderruflich beschädigt habe. Darüber hinaus wurde das Schild gestohlen.

In Brescello verläuft das Leben ansonsten in ruhigen Bahnen. In manchen Eigenarten gleicht der Ort Dörfern im Hinterland Kalabriens, wo alles unveränderlich seinen Gang zu gehen scheint. Nicht einmal die brutale Beschleunigung, die das gesellschaftliche Leben in den letzten Jahrzehnten erfuhr, konnte an den festgefügten sozialen Hierarchien etwas ändern. In diesem Kontext entwickelten die Grandi Aracris ihre Strategie: sich zu tarnen mit einem beschaulichen Alltagsleben und unauffälligen unternehmerischen Aktivitäten.

Dies tat auch Salvatore Grande Aracri, Neffe des Paten Nicolino, der ebenfalls in Brescello wohnte. Salvatore wurde im Februar 2011 aus der Haft entlassen. Die ihn betreffende Anklage werde nicht länger aufrechterhalten, lautete das Urteil der Richter vom Gerichtshof in Reggio Emilia, die die Vorwürfe bezüglich Waffenbesitz und Drogenhandels zu prüfen hatten. Im Juni 2009 war er in Brescello festgenommen worden, um unmittelbar darauf zum Lagerraum einer der bekanntesten Discotheken der Reggio Emilia gebracht zu werden. Dort fanden die Carabinieri fünfzig Gramm Kokain und verschiedene Munitionsarten. »Die Discothek ist seit Monaten geschlossen. Man vermutet, dass sie als Tarnung für die Wäsche von Profiten aus kriminellen Geschäften, als Drogenumschlagplatz und Treffpunkt für Angehörige des aus Kalabrien stammenden Clans gedient haben könnte«, hieß es dazu im Bericht der Anti-Mafia-Kommission des Präfekten von Reggio Emilia.

»Totò« blieb nur wenige Tage in Haft. Im heimischen Brescello wartete er den formellen Freispruch ab. Der Neffe des Paten ist weiterhin als Unternehmer tätig. Von 2006 bis 2008 war er Teilhaber der *San-Francisco*-Immobilienhandelsgesellschaft, gemeinsam mit Michele Pugliese, dem Sohn von Franco sowie Antonio Muto und Giulio Giglio, dem Bruder und Geschäftspartner des Unternehmers Pino. Letzterer war, wie die Operation »Pandora« 2009 ergab, ein Opfer von Schutzgelderpressungen geworden. Die Gelder hatte Michele Pugliese für den Nicoscia-Clan eingetrieben. 2007 kaufte Salvatore die Anteile der übrigen Gesellschafter auf und wurde damit alleiniger Inhaber. Im darauffolgenden Jahr überließ er die Gesamtanteile zwei weiteren Personen, einem Mann und einer Frau aus Reggio Emilia, die die Firma nach vier Monaten an einen Mann aus Cutro weiterverkauften.

»Totò« verkaufte seine Anteile wenige Tage, nachdem die Staatsanwaltschaft von Catanzaro harte Strafen für die damaligen Führer des Grande-Aracri-Clans gefordert hatte. Seit damals ist Salvatore nur noch Teilhaber der *Euro Grande Costruzioni* und der *Nu.sa. Marmorwerke*, für die er 45.000 Euro zahlte. 2009 verkaufte er auch seine Anteile an der *Euro Grande* an zwei junge Verwandte. 2010 schloss sich der Kreis mit dem Verkauf der *Nu.sa. Marmorwerke* an einen anderen Unternehmer aus Isola di Capo Rizzuto. Salvatore entledigte sich damit in kürzester Zeit all jener Firmen, bei denen er Teilhaber gewesen war.

Im Prozess gegen ihn widersprachen die Eigentümer der Discothek *Italghisa* der Annahme, dass Salvatore zu den Teilhabern gehört habe. Höchstens sei er zeitweise als PR-Mitarbeiter beschäftigt gewesen, betonten sie. Bei diesen Discotheksinhabern handelte es sich um die Brüder Cesare und Antonio Muto, zwei von vier Brüdern, die zur Familie Muto aus dem Hinterland von Reggio Emilia gehören. Die Mutos sind an wichtigen Firmen im Bereich des Autotransportwesens beteiligt. Die Familie gilt als »mafianah«, wie die Ermittlungsbeamten hervorhoben.

Antonio Muto war bis 2007 Mitteilhaber der *San-Francisco*-Immobilienhandelsgesellschaft von Salvatore. Ein Jahr zuvor war er Hauptverwalter der Firma *C-Project* geworden, der Gesellschaft, die die bekannte und umsatzträchtige Discothek *Italghisa* betreibt. Und eben jener Antonio Muto versprach

Pugliese, wie die Abhörprotokolle der 2009 durchgeführten Operation »Pandora« beweisen, die vereinbarten Zahlungen anzuweisen. Die Ermittler glaubten, das Pugliese ihn nach den Erträgen des Schutzgeldgeschäftes gefragt habe. Als Beweis, dass Salvatore tatsächlich mehr oder weniger im Verborgenen stiller Teilhaber der Discothek gewesen sei, wurden auch die Aussagen des Kronzeugen Salvatore Cortese herangezogen, der 2008 erklärt hatte: »Ich fuhr zur Discothek *Italghisa* in Reggio Emilia, deren Gesellschafter Salvatore ist, und sprach mit ihm über die Schulden [ein Darlehen an den Schwager von Salvatore]. Salvatore versicherte mir, dass er den Betrag bereits beglichen habe.«

Dass der Clan der Grande Aracris mit dem Land von Don Camillo und Peppone überaus eng verbunden ist, belegen auch weitere Episoden. Im Oktober 2008 wurde Francesco Grande Aracri, Bruder des Paten Nicolino, verhaftet und zu drei Jahren und sechs Monaten Gefängnis verurteilt. Tatsächlich konnte er nach Ablauf der Untersuchungshaft nach Brescello zurückkehren. Er übernahm sogar die Geschäftsführung der Baufirma wieder, deren Eigentümer er war. In der Nähe von Brescello lebt auch Massimo Turrà, tätig im Autotransportwesen und ebenfalls in Cutro geboren. Ihm wird von der Anti-Mafia-Behörde von Catanzaro vorgeworfen, Mitglied einer kriminellen Vereinigung zu sein, und zwar gemeinsam mit einem anderen bekannten Einwohner der Reggio Emilia, Ernesto Grande Aracri, dem Bruder des Paten Nicolino.

Wie Reggio Emilia mit Cutro ist auch Brescello mit einer Gemeinde Kalabriens eine offizielle Städtepartnerschaft eingegangen. Es handelt sich in diesem Fall um Isola di Capo Rizzuto, das Herrschaftsgebiet des Nicoscia-Clans, seines Zeichens Verbündeter des Grande-Aracri-Clans. Kalabresen aus der Gegend von Crotone gibt es in Brescello viele. Sie stellen eine wichtige Wählergruppe und können mit ihren Stimmen den

Ausgang von Wahlen in der Region Reggio Emilia entscheiden. Sie sorgen auch dafür, dass die Lokalpolitik hier manch ungewohnten Weg beschreitet.

Die Städtepartnerschaft zwischen den Gemeinden hat neben einer Reihe von anderen Vorkommnissen vor allem die Kritik von Katia Silva hervorgerufen, der Parteisekretärin der rechtsgerichteten *Lega Nord* in Brescello. Daraufhin drohte ihr ein 'Ndrangheta-Mitglied mitten auf dem Marktpatz: »Wenn unser Boss ausgeht, hast du hier nichts zu suchen. Nicht mal dein Sohn kann dich dann mehr retten.« Was wohl die Statuen von Don Camillo und Peppone gedacht haben mögen, als sich die Szene vor ihren Augen zugetragen hatte?

Drohungen und Einschüchterungen sorgen seitdem für ein angespanntes Klima in Brescello, wo sich die Grande Aracris als Herren fühlen. Nur wenige ahnen, dass diese Mafia ihre Wurzeln tief in das Gebiet der Emilia-Romagna gesenkt hat, in jene Gegend, die die Hauptlast des Widerstands gegen den Faschismus trug. Doch in Wahrheit hat die 'Ndrangheta die berühmten Stellungen der »Gotenlinie«, wo deutsche Truppen im Sommer 1944 versuchten, den Vormarsch der Alliierten aufzuhalten, längst überschritten. Seit dreißig Jahren frönt sie der kriminellen Völlerei innerhalb der boomenden Wirtschaft der Emilia-Romagna. In einer Osmose oder Symbiose ergänzen und befruchten sich die illegale und die legale Wirtschaft der Region unaufhörlich. Erzählungen und Vorfälle lassen es zu, die Konturen der Mafia-Machtstellung in der Emilia nachzuzeichnen.

Der junge Mann um die dreißig ist Handelsvertreter für eine berühmte Enzyklopädie. Eines Tages vertraute er mir ein Erlebnis an, das er in Brescello hatte. Er war gerade dabei, einen Kaufvertrag für die gesamte umfangreiche Enzyklopädie abzuschließen, als der Käufer, ein Kalabrese aus der Gegend von

Crotone, ein Portemonnaie hervorzog, das prallgefüllt mit Banknoten war. Doch die Regeln für die Handelsvertreter sind eisern. Sie dürfen kein Bargeld annehmen. Aber sein Gegenüber insistierte und wollte nichts von irgendwelchen Vorschriften wissen. »Nehmen Sie das Geld schon!« Doch der Handelsreisende musste die 5.000 Euro Cash ablehnen.

Das Brescello des neuen Jahrtausends ist voll von Männern, die auf unvorhergesehene Weise zu Wohlstand gekommen sind. Ihren Reichtum stellen sie dadurch zur Schau, dass sie einem ihr Geld aufdrängen. Von Brescello aus erstreckt sich das Geflecht der wirtschaftlichen Beziehungen in verschiedene Himmelsrichtungen. Kalabrien, Sardinien, Lombardei, Schweiz, Spanien. Etwa in Gestalt von Alfonso Diletto und Francesco Muto, beide in Brescello ansässig, die 2008 während der Operation »Dirty Money« ins Visier der Ermittler geraten waren. Diletto ist der Neffe von Rosario Grande Aracri, dem Bruder des verhafteten Paten Nicolino.

Eine Untersuchung von 2008 führte zur Festnahme von insgesamt neun Personen, denen Verbindung zur Organisierten Kriminalität in Gestalt des Clans der Familien Ferrazzo-Iazolino aus Mesoraca in der Provinz Crotone (Kalabrien) vorgeworfen wurde. Dabei kam ein schwindelerregender Kreislauf der Geldwäsche zwischen der Lombardei, Sardinien, Kalabrien, der Schweiz und Spanien zum Vorschein. Die Angehörigen dieses Clans sollen viele Dutzend Millionen Euro, Profite aus dem Drogenhandel des Clans von Mario »Topolino« Ferrazzo, gewaschen haben. Mittels der von ihnen geführten Finanzgesellschaften sollen die 'Ndrangheta und ihre Finanzdienstleister 1700 Kunden um ihre Investitionen betrogen und einen Schaden von hundert Millionen Franken angerichtet haben.

Für die Geschäftspartner Diletto und Muto, die zu den zugezogenen Einwohnern Reggio Emilias gehören, hatte dies allerdings keine Folgen. Sie wurden nicht verhaftet, sondern in

Sardinien vor Gericht gestellt. Ihnen wurde vorgeworfen, Land und Immobilien gekauft zu haben und damit die Einschleusung schwarzen Kapitals ermöglicht zu haben. Die Einschleusung von Drogengeldern des Ferrazzo-Clans in den legalen Wirtschaftskreislauf Sardiniens stritten sie rundheraus ab.

Diletto und Muto leben schon seit einiger Zeit in Norditalien und gehen zwischen Brescello und Parma unterschiedlichen wirtschaftlichen Aktivitäten nach. 2009 wurden sie Geschäftspartner bei einer Baufirma mit Sitz in Brescello. In der Liste der Teilhaberschaften Dilettos taucht auch eine Beteiligung an der inzwischen verkauften *Di.Mu.Immobilienhandelsgesellschaft* mit Sitz in Olbia (Sardinien) auf. Den Mailänder Staatsanwälten zufolge soll das die Firma gewesen sein, mittels derer Muto und Diletto Geldwäsche auf Sardinien betrieben haben.

Darüber hinaus, schreibt der zuständige Untersuchungsrichter, sei die *Di.Mu.Immobilienhandelsgesellschaft* zu dem Zweck gegründet worden, um Alfonso Zoccola den Einstieg zu erleichtern, der auf diese Weise mit einem Anteil von 49 Prozent die Tochterfirma GMP kontrollierte. Dies sei dem Entgegenkommen Dilettos und Mutos geschuldet, die in dieser Sache im Austausch mit Fortunato Andali standen. Was die GMP betrifft, so ist umfassend dargelegt worden, wie die Investition von Mitteln der Gesellschaften WFS/PP Finance (*World Finance Service* und *PP Finanz Zürich*) eben durch jene Firma organisiert wurde.«

Eine Stunde Autofahrt trennt Reggio Emilia von Mailand. Die Paten aus dem Gebiet von Crotone, die mittlerweile in der Provinz Reggio Emilia ansässig sind, waren in engem Kontakt mit den »Niederlassungen« der ʼNdrangheta in der Lombardei. Es kann nicht ausgeschlossen werden, dass die Strategien, wie sie von den Führungsgestalten der *La Lombardia* in Absprache mit der *Provincia* festgelegt worden waren, auch in der Emilia-Romagna umgesetzt wurden.

Die These, dass in Reggio Emilia ein Ableger der 'Ndrangheta genauso wie in den Regionen Kalabrien, Lombardei, Piemont und Ligurien existiert, sollte man jedenfalls nicht leichtfertig abtun. In den Akten der Operation »Tenacia«, dem nördlichen Ableger der umfassenden Ermittlungsaktion »Crimine«, ist das Protokoll eines abgehörten Gesprächs enthalten, das zu denken gibt. »Reggio Emilia weiß das«, wird darin Mario Polito wiedergegeben, der örtliche Statthalter in Erba (Lombardei), der enge Verbindungen zur Familie Arena aus Isola di Capo Rizzuto unterhält. Die Arenas engagieren sich wirtschaftlich sehr stark im Gebiet zwischen Reggio Emilia und Modena. Das sagte er zu Salvatore Strangio, dem Mafioso aus Natile di Careri, dem stillen, um nicht zu sagen, geheimen Teilhaber der *Perego General Contractor* aus Lecco.

In dieser Unterhaltung listeten Polito und Strangio die Clans auf, die um die wirtschaftliche Potenz der *Perego* wussten, die sie in ihren Besitz gebracht hatten und die allen Familien – von Reggio di Calabria bis Crotone, von Piana bis zum Aspromonte, von der Lombardei bis in die Emilia-Romagna – nützlich sein können. Die Verbindung zwischen der Lombardei und der Emilia wurde auch von anderen Begegnungen belegt, in deren Mittelpunkt Carlo Cosco stand, ein 'Ndrangheta-Mitglied aus Petilia Policastro. Er lebte in Mailand und wurde wegen des brutalen Mordes an seiner Ehefrau Lea Garofalo festgenommen. Die seit Jahren in Mailand ansässigen Brüder Cosco aus Petilia Policastro hatten den Körper ihres Opfers in Säure aufgelöst. Die Baufirma der Brüder war auch an den Arbeiten für die M5, die neue U-Bahnlinie Mailands, beteiligt.

Die Geschichte der Coscos ist mit jener des Clans Carvalli verbunden, der den Mailänder Stadtteil Quarto Oggiaro beherrscht. Während er den Plan zur Ermordung seiner Ehefrau ausarbeitete, suchte Cosco die Zustimmung des Paten Pasquale Nicoscia. Dessen Clan besitzt im Gebiet rund um Reggio Emilia unterschiedlichste Unternehmungen. Unterstützt wird Nicoscia dabei von Michele Pugliese, der bekanntlich über mehrere Grade sowohl mit den Nicoscias als auch mit den Arenas verwandt ist. Er gilt als der eigentliche Mittelsmann zwischen diesen Clans und der Unternehmerschaft Norditaliens. Dass Cosco um die Zustimmung des Paten Nicoscia nachsuchte, verrät einiges. Es bedeutet, dass er Nicoscia als einflussreichen Mann der 'Ndrangheta ansieht, von der wiederum der Petilia-Clan abhängt, dem Cosco angehört. Die Clans aus Petilia stehen zudem den Grande Aracris nahe. »2007, vor meiner letzten Verhaftung hatte ich zweimal die Gelegenheit, Carlo Cosco zu begegnen. Das erste Mal in Reggio Emilia im Club *Amnesia*, wo er sich zusammen mit seinem Cousin Rosario ›Capizzeddu‹, dem Inhaber einer großen Baufirma in Reggio Emilia, amüsierte. Und das zweite Mal in Colorno bei Parma, im Nachtclub *Bataclan*, wo er sich in Begleitung von Luca Megna und anderen Männern aus Papanice, einem Ortsteil von Crotone, befand.« Rosario »Capizzeddu«, Cousin von Carlo Cosco, war zu dieser Zeit Inhaber einer Baufirma, die 2008 in Konkurs ging. Gegenwärtig ist er gemeinsam mit einer Frau aus Petilia Policastro Anteilseigner und Hauptverwalter einer Gesellschaft zur »Begutachtung und Verwertung von Immobilien im eigenen Besitz« sowie einer Baufirma in Reggio Emilia. »Capizzeddu« wurde nicht angeklagt und hat von Petilia Policastro aus seine wirtschaftliche Basis in der Emilia weiter konsolidiert.

Die Abteilung für organisierte Kriminalität der Finanzpolizeidirektion Mailand erwähnt im Zusammenhang mit Mafia-Aktivitäten auch einen bekannten Namen unter den Kooperativen der Emilia, die *Unieco*. Diese ist einer der größten Betriebe dieser Art, geboren aus den vornehmen Prinzipien der Solidarität und der Gleichheit. »Saubere« Unternehmen, die auf ihren Baustellen gefährliche Gäste dulden. Legalität und Illegalität gehen ineinander über. Sie umarmen sich. Eine tödliche Geste für den freien Markt. In den Worten von Maurizio Luraghi, einem Mailänder Unternehmer, der für Verbindung zur Mafia in einem weniger schweren Fall verurteilt wurde und Verbindungen zum Clan der Barbaro-Papalias unterhalten haben soll, wäre es durchaus möglich, das »System« sichtbar zu machen, das die gesamte Zulieferung der Bauwirtschaft in der Region beherrscht.

Luraghi wurde von der *Unieco* ausgewählt, um die Erdarbeiten auf den Baustellen in der Lombardei auszuführen. In Buccinasco, im tiefsten Hinterland Mailands, Herrschaftsgebiet der Clans Barbaro-Papalia-Perre, ziehen Luraghi und die *Unieco* auch gemeinsam Gebäude hoch. Im Bericht der OK-Abteilung von Mailand heißt es: »Wie von Luraghi bestätigt, generiert die *Lavori Stradali* den größten Teil ihres Umsatzes aus den Arbeiten, die sie für die *Unieco* ausführt, einer Gesellschaft, die schon seit zwanzig Jahren existiert. In einem Gespräch wurde der Umstand hervorgehoben, dass es für einige Auftraggeber zur Gewohnheit geworden sei – speziell auch für die *Unieco* –, alle ausgeschriebenen Arbeiten an Firmen zu vergeben, die der kriminellen Umtriebe beschuldigt werden, der diese Untersuchung gewidmet ist. Prototypisch hierfür ist die Firma von Maurizio Luraghi.«

Aufgrund dieses Berichts begannen jene Ermittlungen, die 2008 zur Operation »Cerberus« führten. Der *Unieco* war ein ganzes Kapitel in dem Bericht gewidmet, doch letztlich betraf die Ausarbeitung der OK-Abteilung von Mailand nicht die Kooperative aus Reggio Emilia (die auch einen Sitz in Modena unterhält). Der Unternehmer Luraghi, als Opfer von Schutzgelderpressungen mehrfach zu Gast bei der berühmten Talkrunde »Anno Zero« des italienischen Fernsehsenders RaiDue, war, wie aus dem Bericht und den Verurteilungen in zwei Instanzen hervorgeht, ein Vertrauter des Barbaro-Clans. Die abgehörten Finanziers betonten, dass allein das Gespräch mit Luraghi einer Vereinbarung über die auszuführenden Arbeiten mit dem Mafia-Clan gleichkomme. Demzufolge gebe es keine Notwendigkeit mehr, jemanden einzuschüchtern oder Baufahrzeuge anzuzünden.

Das bestätigte der lombardische Unternehmer, als er während einer abgehörten Unterhaltung die Bereitschaft der *Unieco* zugab, Arbeiten teilweise ohne Kostenvoranschlag zu vergeben, »oder auch höhere Summen für die Arbeiten zu bezahlen, als ursprünglich ausgemacht worden waren«. Doch Luraghi verriet noch mehr. Er betonte, dass er einige Mitarbeiter der *Unieco* »gesponsert« habe. Er sei daher der Mann, dem die *Unieco* vollstes Vertrauen schenke, und die Kooperative sei über die Anwesenheit von ’Ndrangheta-Firmen auf den Baustellen von Luraghi genau im Bilde.

Luraghi kennt natürlich die wirtschaftliche Bedeutung der *Unieco* ganz genau. »Was ist doch diese *Unieco* für ein Glücksfall!«, kommentierte der Mailänder Unternehmer abschließend. Immerhin gehört die *Unieco* zu den bekanntesten im Baugeschäft engagierten Kooperativen Italiens. In der Liste der Baufirmen mit dem größten Umsatz, die alljährlich von der italienischen Zeitung *Il Sole 24 Ore* erstellt wird, nahm sie den siebten Platz ein. »Sie ist auf dem Weg, die größte Kooperative Italiens zu werden. Bislang ist sie schon die zweit- oder drittgrößte«, kommentierte der begeisterte Unternehmer, zu dessen Vertrauten nicht zuletzt Salvatore Barbaro, Sohn von Domenico »L’Australiano« (dt.: Der Australier) Barbaro (und Schwiegersohn des Paten Rocco Papalia), gehört.

»Die *Unieco* vergibt bestimmte Arbeiten hier in der Lombardei ausschließlich an mich, das wirst du ja inzwischen mitbekommen haben. In Pero hab ich die Erdarbeiten ausgeführt, ebenso in Rozzano, Mailand, Abbiategrasso, Legnano, Cinisello. Und da ist noch viel mehr zu holen. Gleich zu Beginn des nächsten Jahres soll ich drei oder vier Abrisse für die durchführen. Außerdem bekomme ich drei oder vier große Aufträge für Erdarbeiten. Das weiß ich jetzt schon, weil ich meine Verbindungen habe (…). Ich hab mich ein bisschen großzügig gezeigt, so um die 2.000 Euro pro Monat (…). Was zum Teufel fangen die mit läppischen 2.000 Euro an? Ich weiß nur, dass ich mit ihnen ein Vielfaches davon verdienen werde.«

»Freunde« innerhalb der *Unieco*, die Luraghi »sponsert«. Ein Satz, der von Bedeutung ist, und den Luraghi mehrfach äußert, unwissend, dass die Finanzpolizei jedes Wort, das er sagt, mitschneidet. Die Bestechung von Mitarbeitern der *Unieco* durch Luraghi war bisher weder Gegenstand polizeilicher Untersuchungen noch von Gerichtsverfahren. Aber es gibt eine weitere Tatsache, die noch viel stärker ins Gewicht fällt, gerade weil es sich bei der *Unieco* um eine Kooperative handelt. Der Unternehmer berichtet, wie entscheidend es für die *Unieco* gewesen sei, bestimmte Baustandards und die Iso-Zertifizierung einzuhalten. Diese Formalia müsse man schon erfüllen, wenn man mit der *Unieco* Geschäfte machen wolle. Dass Luraghi nach Auftragserhalt Subunternehmer beschäftige, die dergleichen nicht aufweisen könnten, spiele keine Rolle. Das sei nun mal so.

Des Weiteren beschreibt Luraghi in dieser Unterhaltung den Querschnitt seiner Verflechtungen. Wenn da etwas von strafrechtlicher Bedeutung dabei ist, dann ist es nicht die Aufgabe des Journalisten, in diese Richtung zu ermitteln, was die soziale Verantwortung der Kooperative angeht. Was deren Geschichte angeht, Werte zu schaffen, aber nur bei gleichzeitigem Respekt vor der Arbeit der Beschäftigten. Aller Arbeiter, auch denjenigen der Subauftragnehmer. Das Netzwerk innerhalb der Bauwirtschaft ist – genau wie in der Agrarindustrie – immer umfassender geworden. Es kann dabei jedoch dazu kommen, dass Firmen und Kooperativen, die sich die soziale Verantwortung auf die Fahnen geschrieben haben, über die Gleichgültigkeit ins Stolpern geraten. Gleichgültig gegenüber den Vorgängen auf den niedrigeren Ebenen des Netzwerks.

Gleichgültigkeit gegenüber dem, was sich nicht im eigenen Hinterhof abspielt, kann manchmal sehr einträglich sein und die Profite steigern. Besteht das oberste Ziel nur noch in der Profitmaximierung, die die Einschränkung der Rechte der Arbeiter zur Folge hat, schließen die Firmen und Kooperativen die Augen vor der Vorgehensweise der Unternehmer, denen sie die Subaufträge zugeschoben haben.

Die Verbindungen zwischen der *Lavori Stradali* von Luraghi und der Kooperative *Unieco* gehen allerdings noch weiter. Die OK-Abteilung der Mailänder Finanzpolizei beschreibt einen spezifischen Kreislauf von Geld verdächtiger Herkunft im Rahmen der Zusammenarbeit beider Unternehmen. Schwarzgeld, das man über die Kassen der Kooperative waschen könne, erklärte Luraghi während einer im Bericht wiedergegebenen Unterhaltung. Aber der in erster Instanz wegen Nähe zu mafiösen Gruppierungen verurteilte Unternehmer verriet noch weitere Details. So war es möglich, das Verhalten des damaligen technischen Direktors der *Unieco*, Giuseppe Maranci, besser zu verstehen. Angesichts der Klarheit, mit der Luraghi den zwielichtigen Prozess erläuterte, soll im Folgenden die gesamte Passage ungekürzt wiedergegeben werden: »Mit der *Unieco* hab ich Sonderzahlungen vereinbart. Für die Baustelle, auf der wir selbst gar nicht arbeiten, haben sie 30.800 Euro bezahlt, davon 20.000 schwarz. Die gehen an Pino Maranci, so weit klar? Der stellt mir jetzt ein Jahr lang jeden Monat eine Rechnung über 30.000 aus. Davon gehen 10.000 an uns, die anderen 20.000 gehören ihm. Denn die müssen von Schwarzgeld zu Weißgeld werden. Sie haben mir gesagt, dass sie es aus Preisgründen vorziehen, eher mit meiner Firma zusammenzuarbeiten als mit anderen. Dabei geht es gar nicht um den Preis. Wenn man 10.000 mit Nichtstun verdient, kann man ja auch nicht wirklich von einem Preis sprechen. Besser als nichts, sage ich immer. Aber darauf müssen noch Steuern gezahlt werden, so als ob wir noch Leute arbeiten lassen würden, und dabei verdienen wir dreißig Prozent (…). Es ist eine Grundstückssanierung, die sie machen und die wir dann untereinander aufteilen. Demnächst wird's noch besser, da machen sie eine Grundstückssanierung in Gallarate [bei Mailand]. Das wird ein paar Jahre gehen. Da machen wir dasselbe Spiel. Die zahlen uns sogar die neue Werkshalle. 10.000 im Monat sind 120.000 Euro im Jahr. Ist mir nur recht, solange sie mich nicht ins Gefängnis werfen (lacht). Geld wie Heu, sage ich dir. Mann, Mann, Mann, was man mit Geländesanierung für ein Geld verdienen kann. Ich verdiene ja schon genug. Stell dir mal vor, die machen das mit zwei oder drei weiteren Firmen. Wer weiß, was die schwarz alles verdienen. Das, was sich die Direktoren in die Tasche stecken, davon kann sich jeder von denen 'ne Villa kaufen. Für 250.000 kannst du dir hier in Reggio Emilia 'ne wirklich schöne Villa kaufen. Sie sind zu dritt, wenn sie jeder eine kaufen (…).«

Solche Gelegenheiten kommen so schnell nicht wieder, erklärt Luraghi seiner Frau und noch einmal seinen Freunden. Er hat's geschafft, denkt er. Seine Firma sitzt genau zwischen zwei der stärksten Lokomotiven der hiesigen Wirtschaft. Zwischen dem Mafia-Clan, dessen Unterstützung er genießt, und der *Unieco*, die – so der Untersuchungsbericht – schwarze Kassen führt. Aus dem an die Operation anschließenden Prozess »Cerberus« ging die *Unieco* makellos und ohne zusätzliche Ermittlungen hervor. Es bleibt ein Schatten von Misswirtschaft, der über die Kooperative fällt, angesichts dieser wenig transparenten Vorgänge, die in der Verantwortlichkeit der Angestellten der Kooperative lagen. Und die schwarz auf weiß in den

Berichten der Mailänder Finanzpolizei festgehalten wurden. Der Fall der *Unieco*, von der man »eigentlich« wusste, dass Luraghi die Arbeitsverteilung auf den Baustellen bestimmte, ist eine Geschichte von unternehmerischen Unachtsamkeiten, die indirekt der 'Ndrangheta helfen, ihre schwarzen Geldkreisläufe aufzuziehen, mit welchen sie ihre Drogengelder waschen. Geschichten von unbewussten Straftatbeständen, von mangelnder Kenntnis des Kontextes, in dem die beauftragten Firmen arbeiteten, von »Nachlässigkeiten«, die der Gier nach Profit geschuldet waren. Oder handelt es sich um ein ganz bewusst am Schreibtisch so entschiedenes Projekt?

Die Geschichte der *Unieco* ist die Geschichte von skrupellosen Firmen aus der Emilia-Romagna. Hierbei handelte es sich keineswegs um Einzelfälle. Nachlässigkeit in dieser Hinsicht bewies auch die *Hera GmbH*. Das vielseitige Unternehmen gehört einigen Gemeinden der Emilia-Romagna. Und schreckte nicht vor Geschäften mit den Gebrüdern Cosentino zurück. Nicht mit dem Ex-Staatssekretär Nicola Cosentino, der sich wegen Vorwürfen der Zusammenarbeit mit dem Casalesi-Clan der Camorra vor Gericht verantworten muss, sondern mit weiteren seiner Brüder, in diesem Fall Giacomo und Giovanni, die im Hinblick auf ihre erworbene Verwandtschaft nicht gerade der »Mafia-Ferne« bezichtigt werden können.

Zu den Aufträgen der Familie Cosentino gehörte das kombinierte Gas-, Heiz- und Elektrokraftwerk von Sparanise, dreißig Kilometer von Casal di Principe, dem Geburtsort der Gebrüder Cosentino, entfernt. Das Kraftwerk weist eine Leistung von 800 Megawatt auf und wurde 2007 in Betrieb genommen, in der Zeit, als Nicola Cosentino noch Parlamentsabgeordneter war. Zu den Hauptgewinnern des 1989 begonnenen Mega-Bauprojektes aus der Camorra-Zone Kampanien gehörten zwei Unternehmen: die *Hera* und die SCR. Erstere kontrollierte mit einem Geschäftsanteil von 50,01 Prozent eine Gesellschaft namens *Hera Comm Mediterranea.* Die restlichen Anteile wurden von der SCR gehalten. Eine mysteriöse Gesellschaft, deren Teilhaberschaft sich hinter einer Treuhandgesellschaft der Bank *Monte dei Paschi* versteckte, der *Montepaschi Fiduciaria.* Dieser gehörte die SCR nicht nur zu hundert Prozent, sie steuerte auch deren geschäftliche Aktivitäten.

Ihre tatsächlichen Teilhaber sind bis heute unbekannt. Bekannt sind hingegen die Mitglieder des Verwaltungsrates der SCR. Zu ihnen gehören Giovanni Cosentino, der Bruder des verurteilten Staatssekretärs, Enrico Reccia, ein treuer Freund der Familie Cosentino, sowie Cristian Fabbri und Vanni Bertozzi. Präsident des Verwaltungsrats ist Loris Lorenzi. Giovanni Cosentino, bisher nicht vorbestraft, ist mit Maria Diana aus San Cipriano d'Aversa verheiratet, der Tochter des verstorbenen Costantino Diana, der in der Operation »Spartacus« verhaftet worden war, welche zur Festnahme zahlreicher anderer Clan-Mitglieder führte, die sich im Raum Modena niedergelassen hatten. Aber das ist noch nicht alles.

Giovanni Cosentino ist nicht nur Mitglied im Verwaltungsrat der SCR, ihm gehört auch – zusammen mit seinen fünf Brüdern – die Firma *Aversana Petroli.* Einer von ihnen, Mario Cosentino hat die Schwester von Giuseppe Russo geheiratet, der wegen Zugehörigkeit zur Mafia und Mord verurteilt wurde. Die Präfektur von Caserta (Kampanien) verweigerte der Firma der Gebrüder Cosentino 1997 das Anti-Mafia-Zertifikat, eben wegen der heiklen Verwandtschaftsverhältnisse.

In diesem Kontext gehörte auch, dass die *Hera GmbH* über ihre Steuerungsgesellschaft *Hera Comm Mediterranea* ihren Sitz in einem der Gebäude der *Aversana Petrolio* der Familie Cosentino hat. Der Vertreter der *Hera*, die sich im Eigentum von 180 Gemeinden der Emilia-Romagna befindet, sitzt also zusammen mit Mafiosi vom Schlage eines Giovanni Cosentino und eines Enrico Reccia in einem Gremium. Letzterer ist Vorsitzender des Aufsichtsrats einer anderen Kooperative, deren weiteres Aufsichtsratsmitglied auch ein gewisser Salvatore della Corte war, verhaftet und verurteilt als Komplize von Michele »Capastorta« Zagaria, dem flüchtigen Mafia-Boss, der als der unternehmerische Kopf des Casalesi-Clans gilt. Sein Bruder Pasquale Zagaria heiratete die Tochter eines bekannten Bauunternehmers aus Parma, der mit dem Clan zusammenarbeitete und deswegen zu drei Jahren und vier Monaten Haft verurteilt wurde.

Die Beziehungen zwischen der *Hera* und den Cosentinos gehen aber noch weiter. Die Grundstücke, auf denen das Kraftwerk errichtet wurde, wurden von der SCR aufgekauft und anschließend an die *Calenia Energia* für neun Millionen Euro weiterverkauft. Die *Calenia Energia*, die das Kraftwerk errichtete und betreibt, gehört wiederum zu 85 Prozent einem multinationalen Unternehmen aus der Schweiz, der EGL, und zu 15 Prozent der *Hera*. Alles ganz legal. Auf der Achse Emilia-Romagna-Kampanien. Auch in dieser Hinsicht vereint. Im Guten wie im Schlechten. Und besonders lukrativ in finanzieller Hinsicht. Geld, das auf virtuellen Pfaden kreist, ein paralleles Beziehungsgeflecht, in dem alles möglich ist und in dem die Ethik schon mal unter die Räder des Turbokapitalismus geraten kann. Die soziale Verantwortung eines Unternehmens gerinnt hier zum PR-Gag, zu einem Absatz im Geschäftsbericht. Und wird in der Regel an den Meistbietenden verkauft.

In der Lombardei und in Ligurien haben die ’Ndrangheta-Mitglieder Kommandostrukturen geschaffen, die denen in Kalabrien gleichen. Und es ist ihnen gelungen, Militärs, Leiter des Gesundheitswesens, Bürgermeister und Abgeordnete zu korrumpieren. Wie zum Beispiel in Massa Finalese (Provinz Modena), wo sich große Unternehmen aus dem Dunstkreis der Mafia niedergelassen haben, wie etwa die *Eco.Ge.* der Gebrüder Mamone, die zum Raso-Gullace-Clan aus Gioia Tauro

(Kalabrien) gerechnet werden. Dieser Firma wurde die Geländesanierung einer Zuckerfabrik in der Po-Ebene übertragen. Darüber hinaus vergab auch die *Hera* 2007 einen Auftrag an die Gebrüder Mamone. Ihre Namen sind den Ermittlungsbeamten in Ligurien und in Kalabrien bestens vertraut. Die Geschäftsbeziehungen der *Hera* sind jedoch letztlich nicht von strafrechtlicher Bedeutung. Sicher ist jedoch, dass sie für Aufsehen sorgen. Und für Empörung unter all denjenigen, die in den Betrieben der Emilia-Romagna bis heute Speerspitzen der sozialen Verantwortung sehen, über das Unternehmerische hinaus, auch für die Zivilgesellschaft.

Die *Hera* stellt eine Unternehmensmacht dar, die auch über politische Mittel verfügt. Die Gemeinden, die ihre Anteilseigner sind, prägen die Politik der Emilia-Romagna. Eine Politik, die im Lauf der Jahre aus der Region eine Erfolgsgeschichte machte, die ihren Konsens auf der Inanspruchnahme von fundamentalen Rechten durch die Arbeitnehmerschaft gründete und die ihren Bürgern einen exzellenten Service garantierte. Aber die auch stolz darauf war, sich gegenüber der Halbwelt immun zu zeigen. Noch vor ungefähr 15 Jahren hätten die Gebrüder Cosentino mit ihrer kriminellen Verwandtschaft niemals einen Fuß in die Tür der Machtzirkel der Emilia-Romagna bekommen. Niemals hätten sie dort Aufträge erhalten, selbst wenn diese grundsätzlich legal gewesen wären.

Alles ändert sich in der Emilia-Romagna. Aber nicht wie im auf Sizilien spielenden Roman *Il Gattopardo* von Tomasi di Lampedusa, in dem es heißt, »Alles ändert sich, damit sich nichts ändert«. Hier im Norden Italiens hat das Weltwirtschaftssystem den Status quo bereits verändert und die meisten der Dämme hinweggefegt, die viele Jahre lang die Entwicklung hin zu einer Deregulierung der Unternehmensethik verhinderten. Heute stinkt Geld auch in der Emilia-Romagna nicht mehr. Die Finanzströme diktieren die Regeln und sorgen für Verbindungen, die früher in der Emilia-Romagna, dem Epizentrum des Widerstandes gegen den Faschismus, niemals denkbar gewesen wären.

13.

»BIT« UND »SILVIUCCIO«

Die Methoden der Mafia-Clans garantieren pünktliche Abläufe. Die Justiz dagegen mit ihren von außen verworren erscheinenden Zeitabläufen und langen Wartezeiten bietet nichts als Unsicherheit. Dieser Meinung war jedenfalls Alessandro Bitonti, ein Rechtsanwalt aus Modena. Von seinen Freunden wurde er »Bit« genannt, und auch Clan-Chef Alfonso »O Pazzo« Perrone, der auf doppelte Weise mit dem im Dezember 2011 verhafteten Oberboss des Casalesi-Clans, Michele Zagaria, verbunden war, nannte ihn so. Ein Anwalt mit einer Schwäche für Autos und Fußball. Seine Fußballbegeisterung ist so groß, dass er 2009 eine Gruppe von Unternehmern aus Modena zusammenbringt, die die Fußballmannschaft von Reggio Emilia kaufen möchte. Ein Jahr zuvor hatte er schon versucht, mit einer römischen Seilschaft den Fußballverein von Modena zu kaufen.

Diese spezielle Geschichte eines Wirtschaftsverbrechens fängt damit an, dass »Bit« bei einem Autohändler in Verona ein ganz besonderes Fahrzeug sieht. Er erliegt sofort der Faszination, die von der Luxuslimousine ausgeht, und will sie haben, koste es was es wolle. Der Rechtsanwalt spricht mit dem Verkäufer, woraufhin zwei Zwischenhändler aus Modena ins Spiel kommen. Der Verkauf wird ohne Probleme abgewickelt und »Bit« kommt zu seinem neuen Auto. Er bezahlt es in mehreren Raten ab. Jedes Mal per Scheck. Aber dann geht etwas schief. Der Verkäufer aus Verona zieht den Kaufpreis auf einmal ein, was zur Folge hat, dass der Anwalt in finanzielle Schwierigkeiten gerät.

Der unverhoffte Schachzug des Autoverkäufers verdirbt »Bit« die Laune. Er hatte ihm vertraut. Vielleicht hat er schlecht verhandelt, denkt er sich und versucht zunächst, das Problem auf legalem Weg zu lösen, und verklagt den Autohändler wegen Betrug. Aber die Mühlen der Justiz mahlen langsam. »Bit« will nicht so lange auf sein Geld warten und wendet sich daher an zwei Bekannte. Er beauftragt diese, mit dem Verkäufer zu verhandeln. Der Versuch scheitert. Die Situation verschärft sich. Bei einer Begegnung ohrfeigt ihn der Verkäufer zweimal. Das ist die Art des Autoverkäufers, dem Anwalt zu vermitteln, dass er gefälligst die Fristen der Justiz abzuwarten habe. »Bit« fühlt sich gedemütigt und wendet sich nun an Alfonso »O Pazzo« Perrone. Dieser erklärt dem Anwalt, dass seine zwei Abgesandten offenbar ein doppeltes Spiel gespielt haben und dass das nicht passiert wäre, wenn er sich gleich an ihn gewandt hätte.

Perrone ruft die beiden ungetreuen Verhandlungsführer an. Er verabredet sich mit ihnen in der Nähe eines Cafés im Zentrum von Modena. Dieses Café ist Perrones zweites Zuhause, seinem Clan dient es als Treffpunkt. Zur Verabredung kommt Perrone mit seinem Cousin Pasquale Perrone und steht dort den beiden Unterhändlern, Douglas Marchesi und Carmine Tammaro, sowie Bitonti gegenüber. Die Unterhändler erhalten für ihr falsches Spiel eine nachhaltige Lektion. Sie werden bedroht, geschlagen und der Summe beraubt, die der Autohändler »Bit« schuldete. Eine Gewalttätigkeit, die an Prozeduren in der Heimatregion der Mafia erinnert, die sich aber mitten im pulsierenden Zentrum von Modena abspielt, das mittlerweile zu einer zweiten Heimstätte der Mafiosi geworden ist.

Einige Tage nach der Schlägerei gehen die Gebrüder Perrone den Ermittlern ins Netz. »Bit« ist alarmiert. Er selbst kommt zunächst davon, aber wie er als Anwalt weiß, sollte man sich in solchen Fällen nie zu sicher fühlen. Es vergehen ein paar Tage, einige Monate, fast ein Jahr seit der Verhaftung von Perrone. »Bit« hat den versuchten Betrug, den Streit mit dem Verkäufer, die Mafia-Methoden von Perrone, der ihm zu Hilfe kam, schon fast vergessen. Er hat die Angelegenheit verdrängt.

Zwischenzeitlich kommt ihm zu Ohren, dass die Wirtschaftsverbände von Modena einer Ethik-Erklärung zugestimmt haben, die im Falle einer Verurteilung für Mafia-Verbrechen den Ausschluss von Mitgliedern sowie bei laufenden Verfahren deren Suspendierung vorsehen. Was für scheinheilige Typen, denkt sich »Bit«. Es geht doch alles nur um den äußeren Schein. Zur Vorstellung der Ethik-Erklärung am 28. Januar erscheint auch die Anwaltszunft von Modena. Auf diese Weise, so denkt sich »Bit«, bekämpft seine Zunft zusammen mit den Lokalpolitikern am Tag die Mafiosi, und bei Nacht übertreten sie trotz aller Moralbeschwörungen die Gesetze, die ihrer mafiösen Klientel schaden könnten. Und am nächsten Tag, wenn die Ethik-Erklärung vorgestellt wird, sonnen sie sich wieder öffentlich im Scheinwerferlicht.

»Bit« hat jetzt endgültig genug. Ihm stinkt diese Scheinheiligkeit, und er denkt an all die Kollegen, die den Gerichtssaal mit der Politikbühne vertauscht haben. Wie viele Strafrechtler verteidigen Mafiosi aus Modena und stimmen gegen die Anti-Mafia-Gesetze, unterzeichnen aber zugleich die Ethik-Erklärung. Oder sind gegen beide. Er ist verwirrt, denkt nach und fragt sich, ob er wegen der Hilfeleistung von Perrone in Schwierigkeiten kommen könnte.

Am 21. Februar 2010 verhaftet ihn die Polizei. Er wird ins Sant'-Anna-Gefängnis von Modena gebracht. Gegen ihn wird wegen der Hilfeleistung Perrones ermittelt. Die Ermittlungsrichter unterstreichen in ihrem Bericht, dass ihm bewusst war, welche Methoden Perrone anwenden würde. Das bringt ihn endgültig hinter Gittern. Er wird nach Artikel 7, erschwerenden Umständen im Zusammenhang mit mafiösen Aktivitäten, verurteilt. Der Anklage zufolge ist der Anwalt zwar kein Gefolgsmann der Mafia, hat aber ihre Dienste genutzt, um ein Problem weit vor den vorgesehenen juristischen Fristen zur Lösung zu bringen. In der Berufungsverhandlung wird diese Beschuldigung wieder aufgehoben, aber die Staatsanwälte halten weiter an ihr fest. Für den Anwalt »Bit« ist das alles ein Alptraum. Staatsanwälte und Ermittlungsbeamte waren bis dato Teil seiner Arbeitswelt. Jetzt findet er sich auf der Anklagebank wieder, mitten in einem Mafia-Verfahren. Mitten in einem Verbrechen, das sich aus Gewalt und Abrechnungen zusammensetzt. Und das nicht in Casapesenna, dem süditalienischen Heimatort von Michele Zagaria, dem Oberboss, sondern im Zentrum von Modena.

Das Schauspiel bietet alles: den Mafioso, den Anwalt, der die Hilfe des Bosses erbittet, das Opfer, die Verletzten, den Mafia-Treffpunkt, die Schläge, die Drohungen, der Täuschungsversuch und die Gegentäuschung. Es gibt ja nicht nur Bitoni, der außergerichtliche Beziehungen mit Perrone unterhält. Es gibt noch einen zweiten Anwalt, der Perrone betreut und ihn berät. Ein Anwalt aus dem süditalienischen Nola, Paolo Molaro. Er hatte Perrone dazu geraten, an den Präsidenten der Republik zu schreiben und sich als Justizopfer darzustellen. Der Anwalt aus Nola riet Perrone auch dazu, wie er sich im Falle eines Erpressungsvorwurfs aus Modena verhalten sollte. »Leute, die Anzeige erstatten, sind Scheißkerle und sollten an einem Hochspannungsmast aufgeknüpft werden.« In einem anderen Abhörprotokoll, das zur Untersuchungshaft für Perrone letztes Frühjahr beitrug, ergänzt der Anwalt aus Nola: »Der Typ schrammte nur knapp an einer Pistolenkugel vorbei. Arschlöcher, die nicht zahlen und Probleme machen, müssen erschossen werden.« Aus diesen Unterhaltungen geht die Intensität gefährlicher Nähe zwischen Mafiosi und ihren Beratern mit weißer Weste hervor. Selbständige, die den Clans dabei helfen, sich in neuen Gebieten festzusetzen und zu gedeihen.

Im Krankenzimmer der Klinik, in welcher »Silviuccio« logiert, gibt es ein ständiges Kommen und Gehen von Personen. In den Gesichtern der Patienten, die mit ihm ein Zimmer teilen, lässt sich die Wut über die Zustände ablesen, die sie ertragen müssen. Die Aussichtslosigkeit, diese Zustände zu beenden und eine surreale Situation aufzubrechen. »Silviuccio« fühlt sich in der Klinik als König. Er kennt die richtigen Leute. Jemand hat ihn sogar mit Frauen in Krankenzimmern gesehen. »Silviuccio« wurde wegen Mitgliedschaft in einer kriminellen Vereinigung und Mord verurteilt, seine Strafe endet 2023. Er ist ein »Ehrenmann« des Ferone-Clans aus Catania, der von Pippo Ferone geleitet wird. Trotz seines Daueraufenthaltes in der Klinik geht es »Silviuccio« gut. Offiziell ist er zu hundert Prozent querschnittsgelähmt. Die entsprechenden Gutachten wurden von einem bekannten Mediziner aus Bologna unterzeichnet.

Wenn man sich über seine eigenen Kreise hinaus begibt, so denkt sich der Klinikdirektor der Einrichtung, die »Silviuccio« beherbergt, dann kann es einem passieren, dass man die Kontrolle über die eigenen Aktionen verliert. Der Mediziner befindet sich in einer kritischen Situation. Er hat einen Mafioso begünstigt. Aber er dachte ja nicht, dass »Silviuccio« Mafioso sein könnte. Zumindest konnte er sich nicht vorstellen, dass er mit seinen Aktionen direkt ein Mitglied des Ferone-Clans aus Catania bevorteilen könnte.

»Silviuccio«, wie ihn der Mediziner aus Bologna liebevoll nannte, heißt eigentlich Silvio Balsamo. Er beging 2011 nach einer Hausdurchsuchung Selbstmord. Er hatte Angst davor, wieder einsitzen zu müssen. Balsamo legte sich eine Schlinge um den Hals und stürzte sich dann mit dem Rollstuhl eine Treppe hinunter. Den Ermittlern zufolge sollte es eine Inszenierung gewesen sein. »Eine untypische Erhängung«, befanden sie. Ihre These ist, dass er einen Selbstmord vortäuschen wollte, um den Nachweis für seine psychischen Probleme zu erbringen, aber dann ging irgendetwas schief.

Im Haus von Balsamo wurden Briefe gefunden, die seine Verbindung zum Clan belegen, falsche Zertifikate und ein Laptop, auf dem E-Mails gespeichert waren, die er mit Professor Mauro Menarini ausgetauscht hatte. Gefunden wurden auch Tausende von unbenutzten Kathetern. Die Ermittlungen rund um den »Selbstmord« führten zur Verhaftung des Mediziners, der Direktor der noblen *Montecatone*-Klinik in Imola und Leiter von deren Rehabilitationsabteilung war. Dazu hielt er Vorlesungen an der Universität. Im Raum Bologna ist der Name von Mauro Menarini jedenfalls wohlbekannt. Ein Arzt, dem alle vertrauen. Unverdächtig. Mit unanfechtbaren Diagnosen.

Den Staatsanwälten der Anti-Mafia-Behörde von Bologna zufolge soll Menarini medizinische Untersuchungsberichte gefälscht haben und Balsamo eine hundertprozentige Invalidität attestiert haben. Wenigstens auf dem Papier litt Balsamo an einer verschärften Form der Syringomyelie, einer seltenen und schmerzhaften Rückenmarkserkrankung, die den Patienten an den Rollstuhl fesselt. Aber Balsamo gab nur den eingebildeten Kranken, wie im gleichnamigen Stück von Molière. Im November 2008 wurde er von der Polizei beim Autofahren erwischt, und in einem Amateurvideo war zu sehen, wie er an Weihnachten unter dem Weihnachtsbaum mit einer Freundin feierte. Dank der falschen Atteste erhielt Balsamo sogar eine Invalidenrente von 730 Euro pro Monat sowie auf Staatskosten drei Rollstühle und Medikamente. Aber der Hauptvorteil war, dass er den Hausarrest für sechs Jahre in der luxuriösen *Montecatone*-Klinik sowie drei weitere Jahre zu Hause verbringen konnte. Auf diese Weise trickste er das Strafvollstreckungsgericht aus.

Der zwischenzeitlich verhängte Hausarrest für Menarini wurde ebenfalls aufgehoben. Bis zur Entscheidung der Staatsanwaltschaft, ob gegen ihn Anklage erhoben wird oder nicht, sprach sich das Berufungsgericht stattdessen für eine verschärfte Meldepflicht aus. In der Zwischenzeit hatte der Verwaltungsrat der Klinik Menarini für die Dauer seines schwebenden Verfahrens von seiner Verpflichtungen suspendiert.

Der Beschluss, mit dem die Staatsanwaltschaft den Hausarrest für den Spitzenmediziner aus Bologna beantragt hatte, enthielt die Beschreibung beunruhigender Vorgänge. Eine Ärztin klagte während der Unterhaltung mit einer Kollegin, sie habe Angst, vor der Staatsanwaltschaft, die sie vorgeladen hatte, das, was sie über Balsamo wisse, auszusagen. Sie hatte Angst vor Racheakten. Ein Hinweis auf die neue *Omertà*, das neue Schweigegebot, das mittlerweile auch in der Po-Ebene gilt.

Drei Tage danach schrieb Menarini an einen Freund: »Ich bin verzweifelt. Die Staatsanwälte wollen meinen Kopf, dieses Mal sehe ich wirklich schwarz.« 2004 schrieb ein Mafioso an Balsamo und bat ihn, bei Menarini schnellstmöglich für ein freies Krankenbett zu sorgen. Die Beziehung zwischen dem Mafia-Boss und dem Klinikdirektor habe im Krankenhaus zu verbreiteten Betrügereien geführt, berichtete eine Zeugin. Zudem teilte sie mit, dass sich eine minderjährige Patientin darüber beklagt habe, dass Balsamo nachts in ihrem Krankenzimmer Sex mit Frauen gehabt habe. Eine Angestellte der Klinik sagte vor der Polizei aus, dass Balsamo Menarini nur mit Glacéhandschuhen anfasste und den Direktor möglicherweise mit Kokain versorgte. Das geht auch aus einer anderen Aussage hervor, in der es heißt, dass der Direktor dem Mafioso im Tausch für Rauschgift weitere Vergünstigungen eingeräumt habe.

Keine schlüssige Antwort gibt es bislang auf die Frage, was den Klinikdirektor und den Mafioso, die eigentlich in getrennten Welten lebten, miteinander verband. Beide waren sie an Aktionen beteiligt, denen eine enge Abstimmung vorausgegangen war, und auch die Auswirkungen bekamen sie beide zu spüren. Was also ging dort wirklich vor? Welche Gegenleistung hatte man dem weltbekannten Mediziner aus Bologna angeboten, damit dieser einen Mafioso mit gefälschten Attesten vor der Gefängniszelle bewahrt? Irgendeine Form gegenseitiger Gefälligkeiten muss es gegeben haben, wie in all den anderen Fällen der illegalen Kommunikation zwischen Mafia- und Verwaltungskadern, zwischen Mafia und Politik, zwischen Mafia und Wirtschaft. Denn warum sollte jemand wie Menarini seinen über viele Jahre mühsam erarbeiteten Ruf für einen Mafioso aufs Spiel setzen?

Es ist ein deprimierendes Bild, das die Anti-Mafia-Behörde von Catania im Untersuchungsbericht zu der von ihr initiierten Operation »Iblis« zeichnete. Darin wurden auch der 2012 zurückgetretene Präsident der Region Sizilien, Raffaele Lombardo, und sein Bruder, ein Abgeordneter, der mafiösen Verstrickung beschuldigt. Es müssen sich also noch weitere hochrangige Mafia-Bosse zur Kur in der *Montecatone*-Klinik von Imola aufgehalten haben. Die Ermittlungen von Polizei und Justiz dauern in dieser Sache noch an. Neue, unangenehme Erkenntnisse sind nicht ausgeschlossen in der Welt des Gesundheitsdienstes der Emilia-Romagna. Dort, wo nicht alles so ist, wie es scheint.

14.

TIEFBAU 'NDRANGHETA GMBH

Seit mehr als einem Jahr wird Antonio regelmäßig vom Lärm der Lastwagen geweckt. Was zum Teufel machen die da nur mitten in der Nacht?, denkt er dann immer. Er ist wütend, hält es nicht mehr aus. Den ganzen Tag arbeitet er, kommt nie vor acht Uhr abends nach Hause. Seine Frau und die Kinder bekommt er nur selten zu Gesicht, manchmal beim Essen. Wenn er dann nicht sofort einschläft, sieht er noch fern. Aber das ist selten. Nach einem anstrengenden Tag auf den Straßen der Lombardei, wo Antonio als Handelsvertreter Kunden davon überzeugen muss, die Kacheln der Firma, die er vertritt, zu kaufen, ist sein einziges Ziel das Bett.

Rumpelnde Geräusche, ferne Stimmen, Gelächter. Antonio hört alles. Einmal mehr oder weniger wach, beschließt er, herauszufinden, wer diesen Höllenlärm mit den Lastwagen veranstaltet. Seltsame Dinge hat er in seinem Leben schon einige gesehen. Aber was er in den nächsten Tagen herausfinden sollte, übersteigt sein Fassungsvermögen. Dabei kennt er sich im Baubetrieb einigermaßen aus. Schließlich ist er jeden Tag auf den Straßen der Lombardei unterwegs. Überall neue Baustellen. An ihnen lässt sich erkennen, dass die Lombardei sich für die Weltausstellung 2015 rüstet.

Antonio weiß aus den Erzählungen seiner Kollegen, seiner Kunden und der Leute, denen er mittags in den Cafés begegnet, dass dort, wo Erdarbeiten zur Einrichtung einer neuen Baustelle ausgeführt werden, die Kalabresen nicht weit sind. Auch einige seiner Freunde, erfolgreiche Bauunternehmer, bestätigen seine Beobachtungen. Das Monopol der Erdarbeiten liegt in den Händen der 'Ndrangheta. So wie der Handel mit dem Kokain aus Süd- und Mittelamerika. Mit dem »weißen Gold« erwirtschaften sie exorbitante Gewinne, die sie in die legale Wirtschaft investieren.

Die Mafia-Clans investieren in alle möglichen Bereiche. Sie verschmähen weder den Handel noch Restaurants, aber sie bevorzugen eindeutig die Bauwirtschaft. Vor allem die Kernbereiche der Bauwirtschaft – von Erdbewegungen über Materialzulieferung bis hin zu Immobilienhandelsgesellschaften – sind für sie lukrative Geschäfte. Es ist schon vorgekommen, dass es Kalabresen gelang, in den Verwaltungsrat berühmter Baufirmen Norditaliens aufzurücken. Eine Baustelle ist für einen Mafia-Boss nicht einfach ein eingezäuntes Stück Land. Sie ist viel mehr – ein herausragender Beobachtungsposten für die wirtschaftliche Situation der Region. Einmal mit den eigenen Fahrzeugen, Männern und Firmen auf einer Baustelle angekommen, gelingt es der 'Ndrangheta im Handumdrehen, ebenso wichtige wie unsichtbare Bande zu knüpfen. Diese sind für die Organisation lebenswichtig, um ihre Erfolgsgeschichte fortsetzen zu können.

Von einer »eroberten« Baustelle aus beginnt der Weg der sozialen Legitimation, derer die 'Ndrangheta-Clans dringend bedürfen, um in diesem reichen, produktiven Umfeld weiter ihr Geld machen zu können. Es beginnt die Phase der Camouflage. Ist diese geglückt, setzt die Kontrolle und Informationsbeschaffung über die Konkurrenzfirmen ein. Dabei geht es den Clans vor allem um Ausschreibung von Aufträgen, Kunden, starke Mächte im Hintergrund, Schwachpunkte und Stärken der Konkurrenzunternehmen. Informationsgewinnung über Dritte und immer neu gesponnene Verbindungen zu Politik, Institutionen und Unternehmern erlauben es der 'Ndrangheta, ihre eigene wirtschaftliche Zukunft zu planen. Eine komplexe Managementoperation, innerhalb derer die Rollen und Ziele klar verteilt sind. Der Boss erteilt seinen Fußtruppen die Anweisungen, welche Opfer zu erpressen sind, von wem Gefälligkeiten »erbeten« werden, wer Geldbündel abzuliefern hat und wer Aufträge abgeben soll. Alles Dinge, die nicht möglich wären, wenn sich die Mafia nicht mitten im Geschehen, mitten im ökonomischen Beziehungsgeflecht Norditaliens befände.

Zwischen den im Norden verteilten Mafia-Clans aus dem Süden gibt es keine Konkurrenz. Das ist vorbei. Jetzt einigt man sich auf dem Verhandlungsweg. Man setzt sich zusammen und verteilt die Kuchenstücke, um sie dann genüsslich zu verspeisen. Es ist ein entschleunigter, aber gleichzeitig ungeheuer destruktiver Vorgang, der verheerende Folgen für das Wirtschaftsleben des Landes hat. Die Straßen des Südens verwandeln sie schon mal in Kriegsschauplätze, das haben sie oft genug bewiesen, aber im Norden halten sie meistens still. Es bringt nur Probleme, wenn man hier wie verrückt um sich ballert, um Rechnungen innerhalb der Familie oder unter konkurrierenden Clans zu begleichen. Sicher gibt es auch in der Emilia-Romagna, in der Lombardei, in Piemont und in Ligurien Mordanschläge, aber diese gleichen eher chirurgischen Eingriffen und werden sehr zielgerichtet ausgeführt. Der Norden dient anderen Zwecken und muss für andere Projekte und andere Intrigen herhalten.

Die Eroberung einer Baustelle produziert Skaleneffekte. Es ist der erste Schritt auf der Hierarchieleiter hin zu den Spitzen der Gesellschaft und der örtlichen Gemeinden. Die Ableger der 'Ndrangheta in der Lombardei und in der Emilia-Romagna haben das verstanden. Und die Effekte machen sich schon bemerkbar.

Antonio sieht Schatten in einiger Entfernung. Es nähert sich eine Gruppe von Männern. Er duckt sich und versteckt sich hinter einer Mauer. Seine Neugier hat ihn dazu gebracht, um drei Uhr morgens bis zum Rand des Feldes zu schleichen, auf dem die Lastwagen ihre Fracht abladen. Was für ein Gestank, denkt er, während er darauf bedacht ist, sich nicht zu verraten. Er will herausfinden, wer ihn da seit einem Jahr jede Nacht aus dem Schlaf reißt. Sechs Männer kann er erkennen, die vor drei Lastwagen stehen. Antonio hört verschiedene Stimmen, kann aber nur mit Mühe verstehen, was gesprochen wird. Die Stimmen werden überlagert vom Lärm der Motoren und der Hydraulik, die die Pritschen der Lkws bewegen. Was er versteht, ist, dass die Fracht wegtransportiert werden soll.

Es stinkt bestialisch. Chemisch. Die Dämpfe brennen in seiner Lunge. Er hält den Atem an und unterdrückt den Husten und das Bedürfnis, sich zu übergeben. Ein unbeschreiblicher Ekel steigt in ihm auf. Am liebsten würde er sofort nach Hause gehen, in sein warmes Bett. Aber erst will er herausfinden, was hier vor sich geht. Er greift nach einer Handvoll Erde, die abgeladen wurde. Er füllt sie in eine Papiertüte und verschwindet. Lässt diese höllische Veranstaltung mitten im Hinterland Mailands hinter sich. Eine weitere Nacht ohne Schlaf. Der Morgen steht schon vor der Tür. Antonio beobachtet mit einer Tasse Kaffee in der Hand den kleinen Erdhaufen, den er der 'Ndrangheta geraubt hat. Ein Freund von ihm arbeitet in einer Firma, die chemische Analysen durchführt. Ihm wird er die Erdprobe bringen. Er möchte endlich wissen, warum die Männer in der Nacht arbeiten, will wissen, was sie zu verbergen haben, warum sie alles daran setzen, mögliche Kontrollen zu umgehen.

In der Lombardei bieten die Mafia-Clans neben vielen anderen Dienstleistungen auch die Giftmüllentsorgung an. Im September 2008 wurden insgesamt acht Personen verhaftet, die der illegalen Giftmüllablagerung im Hinterland von Mailand angeklagt wurden. Die Beamten des Mobilen Einsatzkommandos der Mailänder Polizei beschlagnahmten 65 000 Quadratmeter verseuchten Bodens. Auf der Fläche waren insgesamt 178 Kubikmeter flüssiger Giftmüll verteilt worden, der hauptsächlich aus der Gegend von Bergamo stammte. Weitere 235 Quadratmeter Land werden derzeit noch daraufhin untersucht, ob hier ebenfalls Giftmüll illegal entsorgt wurde.

Unter den insgesamt zwanzig Angeklagten finden sich Unternehmer und Industrielle, die der 'Ndrangheta die Giftmüllverarbeitung anvertrauten. Die Polizeibeamten beschlagnahmten Lastwagen und Maschinen im Wert von 2,5 Millionen Euro, die in den Gruben Verwendung gefunden hatten. Fortunato Stellittano, bereits zu verschärfter Haft verurteilt, hatte mit Hilfe weiterer Verurteilter verlassene Grundstücke ausgesucht und aufgekauft, um dann über andere Unternehmen die illegale Giftmüllbeseitigung zu organisieren. Er agierte dabei unter dem Schutz der Firmen von Giovanni Stellittano und Ivan Tenca, deren Baufirmen sich nur offiziell der Durchführung von Bauarbeiten und Abrissarbeiten widmeten. Tenca und Fortunato Stellittano erlangten im Zusammenhang mit dem von ihnen ausgeführten Attentat auf den Mafia-Boss Domenico Quartuccio notorische Berühmtheit.

Die Löcher, in denen der Giftmüll entsorgt wurde, waren fünfzig Meter lang und neun Meter tief. Die größte Grube lag auf dem Gebiet der Gemeinde Desio (bei Mailand). 30 000 Quadratmeter Ackerland, verseucht mit Blei, Chrom und Plastikabfällen. Die Methode war bestens erprobt. Die Grube wurde ausgehoben, die ausgehobene Erde an Gartenbauunternehmen verkauft, die Grube mit Giftmüll gefüllt und mit einer dünnen Deckschicht notdürftig getarnt. Was in diesem Fall aber nicht mehr klappte, war von Seiten der Mafia selbst Anzeige zu erstatten gegen Unbekannt wegen Verseuchung des Bodens, um auf diese Weise die Umwidmung von Ackerland in Bauland zu erhalten und damit den Wert des unrettbar verseuchten Bodens erheblich zu steigern. Indem Gesetze missbraucht und die legale Wirtschaft ausgekontert wird, sollten weitere Gewinne erwirtschaftet werden (neben den »Gebühren« für die »Abfallbeseitigung«, welche die Auftraggeber der Müllentsorgung an die Mafia entrichteten).

Dieser Megaschwindel wäre den Gebrüdern Stellittano beinahe geglückt. Die Stellittanos gelten als Parteigänger des Lamonte-Clans aus Melito Porto Salvo (bei Reggio di Calabria). Clan-Chef Natale Lamonte wurde 1993 verhaftet. Er war einer der ersten Oberbosse, die den Freimaurern beitraten. Er war bereits 1988 nach Desio (bei Mailand) in die Verbannung geschickt worden. Erreicht wurde mit der tragisch fehlgeschlagenen Strategie der Verbannung immerhin, dass die meisten der verbannten Bosse heute in ordentlichen Gefängnissen ihre Strafen absitzen.

Allein den Verbannungen die Schuld für die Kolonisierung des Nordens durch die Mafien zuzuschreiben, wäre jedoch abwegig und bösartig. Mit genau diesem Argument versuchen die Politiker der rechtsgerichteten *Lega Nord* die Wirklichkeit zu vereinfachen. Das gehört zu ihrer politischen Strategie. Ihre Kritik an der Verbannungspraxis kann man in einem Satz zusammenfassen: »Schuld daran sind die Süditaliener.«

Diese These bemühte die *Lega Nord* während der gesamten achtziger und neunziger Jahre. Die Fakten sprechen jedoch gegen diese fremdenfeindliche Propaganda. Jahr um Jahr stiegen Verhaftungen von Einheimischen der Emilia-Romagna. Unternehmer, Selbständige, Politiker, die Geschäfte mit den mächtigen Mafia-Bossen aus dem Süden machten. Die Geschäfte sind der gemeinsame Nenner, der die entgegengesetzten Enden des Landes eint. Und mit Hilfe ihrer wirtschaftlichen Beziehungen setzen die Mafia-Organisationen ihre Präsenz auf den Märkten des Nordens durch, wo sie im Laufe der Jahrzehnte heimisch geworden waren.

Dort, im Hinterland von Mailand, wo die Lkws der 'Ndrangheta jahrelang Giftmüll auf freiem Feld abgeladen haben, sollte nun eine Fotovoltaik-Anlage entstehen. Ein Projekt, das verabschiedeter und finanzierter Teil der Planung für die Expo 2015 war. Die Sanierung der verseuchten Grundstücke ließ sich regeln. Das ist in dieser Gegend ein bekanntes Problem. Die Gemeinde Desio hatte schon 2009 bekanntgegeben, dass sie im Verfahren gegen die Mafiosi als Nebenklägerin auftreten werde, um eine Entschädigung für die Verseuchung ihres Gemeindegeländes zu erhalten. Mit einer ersten Teilsumme von 50.000 Euro sollte die Entseuchung auf den Weg gebracht werden. Bis 2012 sollte auf dem Gelände an der Via Molinara der Fotovoltaik-Park eröffnet werden. Aber mit 50.000 Euro ließ sich natürlich nicht das gesamte verseuchte Gelände sanieren. Daher hat die Gemeinde den Eigentümer des von der 'Ndrangheta als Müllhalde genutzten Geländes aufgefordert, sich an der Sanierung finanziell zu beteiligen. Doch seither liegt die Angelegenheit auf Eis, mit den Sanierungsarbeiten wurden bisher nicht begonnen.

Dem von Ex-Bürgermeister Mariani beauftragten Experten, Ingenieur Giuseppe Farina, zufolge würde die Sanierung des vielfältig verseuchten Geländes (Asbest, Treibstoffreste, Chrom, feste Abfallstoffe, Bauabfälle, Schutt und eine Vielzahl bis heute unbekannter Giftstoffe) mindestens zwei Millionen Euro kosten. »Aber die Untersuchungen, auf denen diese Schätzung beruht, wurden nur bis zu einer Tiefe von sechs Metern durchgeführt«, wie der neue Bürgermeister Roberto Corti während einer Sitzung des Stadtrates erklärte. »Den damals entstandenen Fotos zufolge war die Grube ursprünglich weitaus tiefer. Zu befürchten ist, dass die giftigsten und gefährlichsten Stoffe auf dem Grund der Grube lagern. Daher könnten die endgültigen Kosten am Ende durchaus höher liegen. Wir haben die Verwaltung aufgefordert, Spezialunternehmen zu kontaktieren, um einen annähernd realistischen Kostenvoranschlag zu bekommen.«

Eine schwierige Situation, die durch den Umstand, dass keine Regionalgelder hierfür zur Verfügung standen, noch verkompliziert wurde. Der Bürgermeister ergänzte: »Wie es scheint, ist es derzeit nicht möglich, das Gelände auf die Liste der vorrangig zu sanierenden Grundstücke zu setzen, daher kann keine regionale Unterstützung beantragt werden. Unsere Prozessvertreterin, die Rechtsanwältin Anna Galli, wird dafür Sorge tragen, wie wir uns an denen schadlos halten können, die den Schaden verursacht haben.« Allerdings hatte man nicht damit gerechnet, dass sich viele der Angeklagten als mittellos erklärten. Von diesen konnte man also kein Geld mehr erwarten.

Zeitweilig kam die Idee auf, das Projekt »Pedemontana« (die Autobahnquerspange nördlich von Mailand) in die Sanierung einzubeziehen, da die geplante Trassenführung das Gelände streift. Die Verhandlungen hierfür sind noch im Gange, wie der Lokalpresse zu entnehmen ist. Seit den ersten Sanierungsankündigungen 2009 ist viel Zeit vergangen. Die Lombardei im Allgemeinen und Desio im Besonderen sind in eine juristische Mega-Auseinandersetzung ohne Vorbilder verwickelt. Die Operation »Crimine« vom Juli 2010 hat die Lokalpolitik der Gegend nördlich von Mailand zusätzlich durcheinandergewirbelt. Die Gemeindeverwaltung von Desio ist aufgelöst worden. In diesem Fall nicht wegen mafiöser Verstrickungen, sondern wegen des Rücktritts des Gemeinderates.

Die 'Ndrangheta hatte versucht, in Desio durch die Vordertür Fuß zu fassen und auf die über Jahre hinweg aufgebauten »freundschaftlichen Beziehungen« zu bauen. So pflegte sie auch einen engen Kontakt zu Natale Marrone, dem gewählten Gemeinderat und örtlichen Vorsitzenden der rechtsgerichteten *Alleanza Nazionale*. Er hatte sich mit der Bitte um einen Gefallen an Pio Candeloro gewandt, der von den Staatsanwälten für den örtlichen Mafia-Statthalter gehalten wird. Candeloro sollte einen gewalttätigen Überfall auf Rosario Perri inszenieren, damals Leiter der Bauabteilung der Gemeinde Desio. Das lehnte Mafia-Boss Candeloro ab. Nicht aus Menschlichkeit, sondern weil Perri selbst zu den »Unterstützten« gehörte, die im Schutz der »ehrenwerten Gesellschaft« standen.

Weil sie inzwischen nicht nur Orte, sondern ganze Institutionen kontrolliert, ist es für die 'Ndrangheta noch nie so einfach gewesen, ein Gelände zu verseuchen. Die Versprechungen, die der Beigeordnete 2009 bezüglich der Geländesanierung machte, wurden nie eingelöst. Um die Auflösung der Gemeinde wegen mafiöser Verstrickungen zu verhindern, trat der Gemeinderat von Desio geschlossen zurück. Offiziell hieß es, dies sei der erste Fall in der Lombardei. Nach dem Rücktritt kam es zu Neuwahlen, die von der Demokratischen Partei und ihrem Spitzenkandidaten Roberto Corti gewonnen wurde. Er führt eine linksliberale Koalition an.

Doch das stinkende Gold in Form von Giftmüllaufträgen lockte auch die Cosa Nostra aus Palermo an. Diese hatte jahrelang die Giftmüllentsorgung in wilden Müllkippen und auf der grünen Wiese in Norditalien besorgt. Luigi Abbate, der als »Ehrenmann« der Mafia-Zelle von Porta Nuova in Palermo gilt, hat solche Aufträge in ganz Italien ausgeführt. In Sizilien, aber auch im Norden. In der Lombardei, in Ligurien und in der Emilia-Romagna. Während der Operation »Città Pulite« (dt.: Saubere Städte) im April 2011 hat der Gerichtshof von Palermo von »MG-Gino« Güter im Wert von 22 Millionen Euro beschlagnahmt. Darunter befanden sich Eigentumswerte von verschiedenen im illegalen Müllverklappungswesen engagierten Firmen.

Auf diesem Gebiet war auch die Firma *Italia90* aktiv, das unternehmerische Aushängeschild der Mafia-Zelle aus Palermo und ihren Ablegern in Norditalien, genauer gesagt in Ospedaletto Lodigiano. Sie war mit der Müllbeseitigung in verschiedenen Gemeinden Norditaliens beauftragt. »MG-Gino«, der seinem Namen beim Waffengebrauch alle Ehre macht, wurde 2010 aus der Haft entlassen und lebt heute unter spezieller Beobachtung der Polizei wieder auf Sizilien. Vor der Beschlagnahmung kontrollierte er seine Firmenbeteiligungen durch eine Reihe von Strohmännern, die zumeist aus seiner Verwandtschaft stammten. *Italia90* beispielsweise wurde 2005 offiziell Eigentum von Claudio Demma, dem Ehemann von Maria Abbate, der Schwester des Clan-Chefs. Beide sitzen mittlerweile im Gefängnis.

Die Firma bewarb sich um Entsorgungsaufträge, bevorzugt in den kleinen Gemeinden Norditaliens. Bis 2009 hatten sie vierzig Ausschreibungen für sich entschieden, zumeist in der unteren Lombardei, zwischen Lodi und Cremona. Die Männer von Abbate schreckten auch nicht davor zurück, Konkurrenzfirmen zu bedrohen. Betreten die Mafia-Firmen einen bestimmten Wirtschaftssektor neu, streben sie möglichst rasch das Monopol an. »Das sind Leute, die in der Lage sind, dir den Kopf eines toten Pferdes ins Bett zu legen«, gestand ein Beamter des Technikamtes der Gemeinde Sant'Angelo Lodigiano. Beunruhigende Szenarien, denen in den künftigen Verfahren weiter nachgegangen wird.

Schon 2009 entdeckte die Stadtverwaltung von Lodi, dass Demma zusammen mit zwei städtischen Beamten die Ausschreibungsunterlagen für Arbeiten im Wert von fünf Millionen Euro gefälscht hatte, um die Ausschreibung für sich zu entscheiden und einen Konkurrenten aus dem Feld zu schlagen. Ein Hauptbetätigungsfeld für die Firmen des Clans ist jenes, das Antonino Abbate, der Neffe von »MG-Gino«, abdeckte. Den Ermittlern zufolge soll er die Interessen der Familie gegenüber den öffentlichen Institutionen im Norden wie im Süden Italiens vertreten haben.

Erde, Giftmüll, Beton, Ziegel und Bitumen. Darauf richten die Mafia-Clans ihr wirtschaftliches Handeln aus. Den Weg gehen die Mafiosi gemeinsam mit einheimischen Raubrittern. Experten auf ihrem Gebiet. Unternehmern in Sachen Beton, Erdarbeiten oder Giftmüll. Maurizio Luraghi war einer von ihnen. Ein Unternehmer mit einer langen und bewegten Geschichte. Ein echter Lombarde. Seine Firmen sind Goldgruben. Dank der Freundschaft mit Rocco Papalia und Domenico Barbaro ist es niemandem gelungen, den Aufstieg seiner Firma *Lavori Stradali* aufzuhalten. Die Verbindung mit Rocco Papalia, dem inhaftierten Chef des Papalia-Clans aus Platì (Kalabrien), ist eng und besteht seit Langem. Sie geht auf die Zeit vor der Verhaftung des Mafia-Bosses zurück.

Die Lücke, die Papalias Verhaftung hinterließ, schloss Domenico »L'Australiano« Barbaro. Hierbei handelt es sich um eine weitere »Respektsperson« der 'Ndrangheta-Familien von Platì. Er lebt seit Jahren in Buccinasco (Lombardei). Hier, im Platì des Nordens, haben die Wachposten auf ihren Mopeds ein Auge darauf, wer den Ort betritt und wer ihn verlässt. So geschieht es im Übrigen in allen von Mafia-Clans dominierten Ortsteilen und Gemeinden. Sei es auf Sizilien oder in der Lombardei. Buccinasco ist Herrschersitz des Barbaro-Papalia-Clans, der mit den Clans der Perres, Agrestas und Trimbolis verbündet ist. Seit den achtziger Jahren haben sie sich in der Lombardei in vielen Tätigkeitsfeldern einen Namen gemacht. Vom Drogenhandel über Entführungen bis hin zu Erdarbeiten und dem Immobilienhandel. Zudem haben sie für gute Kontakte zur Lokalpolitik gesorgt.

Kronzeuge Saverio Morabito erwähnte in seinen Aussagen, die zur Verurteilung von Dutzenden von Mafia-Bossen im »Nord-Sud«-Prozess führten, auch die häufigen Begegnungen zwischen Politikern und Clan-Chefs der 'Ndrangheta. Seine Worte erinnerten die Ermittlungsbeamten an ein Foto, das im

Frühjahr 1990 aufgenommen worden war. Auf ihm ist – vor dem Restaurant *San Marino* in Buccinasco – der Regionalabgeordnete Massimo Guarischi der schon damals als korrupt verschrienen Sozialistischen Partei (unter der Führung des später verurteilten und aus Italien geflohenen Parteiführers Bettino Craxi) zu sehen. Es war nach einem von den örtlichen Unternehmern organisierten Treffen während des Wahlkampfs für die Verwaltungsposten entstanden. In der Gruppe von Menschen um Guarischi herum war auch Clan-Chef Rocco Papalia auszumachen sowie – den Ermittlern zufolge – der Eigentümer des Restaurants und Stadtrat der Sozialistischen Partei in Buccinasco, Giuseppe Borello, der stellvertretende Bürgermeister Alberto Fontana, der ebenfalls der Sozialistischen Partei angehört, sowie der Abgeordnete der Sozialistischen Partei im Wahlkreis Corsico (bei Mailand), Francesco Verderosa.

Morabito sagte, dass die Familie Papalia sich über die üblichen Einschüchterungsmechanismen der Gemeinden Corsico und Buccinasco bemächtigt habe. Auch in politischer Hinsicht. Sie engagierten sich in vielen Wahlkämpfen, hauptsächlich zugunsten der Kandidaten der Sozialistischen Partei, um sich alle möglichen Vergünstigungen zu sichern. Sobald die von ihnen unterstützten Kandidaten gewählt waren, mussten sich diese vollumfänglich den Wünschen ihrer Förderer unterwerfen. Das war im Jahr 1990. Zu dieser Zeit wurde die 'Ndrangheta häufig noch als Organisation beschrieben, die vornehmlich mit Entführungen ihr Geld machte. Ein Haufen ungebildeter und gewalttätiger Schäfer. Dass man damals nicht auch das andere Gesicht der 'Ndrangheta analysierte, sollte sich als Fehler herausstellen, denn schon in diesen Jahren entschied sie über die Laufbahn von Politikern im Hinterland Mailands. Die Entführung von Menschen war vermutlich damals schon, neben der reinen, wilden und primitiven Art der Kapitalakkumulation, ein Mittel der Massenbeeinflussung, das von den Bossen gezielt eingesetzt wurde, um die staatlichen Ermittlungen Richtung Süden (wo die meisten Entführungen stattfanden) und von den anderen Geschäften der Clans abzulenken. Ein brutaler Bluff, um ihre Gegenspieler zu verwirren und ihr im Aufbau befindliches neues Imperium im Norden Italiens zu tarnen.

In jenen Jahren hatte die 'Ndrangheta ihren Aktionsradius längst über das Berggebiet des Aspromonte und die Vororte Reggio di Calabrias hinaus ausgeweitet. Sie wurde reicher und reicher und setzte immer gezielter die Korruption als Mittel ein. So nistete sie sich in den Nervenzentren des Wirtschaftssystems Norditaliens ein, setzte ihr Drogengeld ein und ließ auch die Unternehmer des Nordens, die Dienstleistungen billig einkaufen wollten, an ihrem Reichtum teilhaben. Zwanzig Jahre später sind noch immer dieselben Personen für die 'Ndrangheta aktiv. Immer noch wenden sie dieselben Praktiken an. Und immer noch zählen Entführungen zu den probaten Mitteln. Das Wirtschaftsimperium der 'Ndrangheta trägt die Farben Weiß (wie Kokain), Braun (wie die Erde von den Baustellen) und Rot (wie das Blut ihrer Opfer).

Einer der vielen lombardischen Unternehmer, der sich mit der 'Ndrangheta eingelassen hat, ist Maurizio Luraghi. Er spricht mit Domenico Barbaro fast täglich. Er kritisiert mit ihm, dass der Sprössling Salvatore Barbaro, der von Papalia als sein Nachfolger vorgesehen ist, seinen Reichtum und seine Macht so öffentlich zur Schau stellt. »Er hat sich eine Villa für vier Millionen Euro gebaut«, entrüstet sich Luraghi. Dabei geht es ihm nicht darum, das Verhalten des Mafia-Nachwuchses zu rügen, denn wenn er könnte, würde sich Luraghi selbst gern so eine Villa bauen. Vielmehr fürchtet er, dass die Präpotenz des Mafia-Sprösslings die Ermittler auf seine Fährte bringen könnte.

Domenico Barbaro gesteht Luraghi auch seine Enttäuschung darüber, dass er in Spannungen innerhalb der ehrenwerten Gesellschaft hineingezogen wurde. So wie die Opfer der Schutzgelderpressung, von denen Salvatore ihre Scherflein eintreibt, trotz der immer enger werdenden »Arbeitsbeziehungen«, die bis in die Zeit seines Schwagers Rocco zurückreichen. Aber aus der Enttäuschung wird Wertschätzung und Bewunderung, sobald man darauf aufmerksam macht, dass hinter dem Sprössling der lange Arm des inhaftierten Bosses Rocco steckt. Über ihn heißt es in einem Bericht zur Operation »Cerberus«, den die OK-Abteilungen der Finanzpolizei und der Anti-Mafia-Behörde Mailand im Jahr 2008 verfasst haben: »Salvatore Barbaro, der die Befehle ausführte, die Rocco vom Knast aus erteilt hatte, hat die volle Kontrolle über den Clan errungen, der sich der illegalen Auftragsaneignung für Bauarbeiten im bekannten geographischen Umfeld des Mailänder Hinterlands mit mafiösen Methoden verschrieben hat. Zusammen mit anderen Spießgesellen haben sie eine Art Monopol auf diesem Sektor geschaffen. (…) Der Führungsebene ist es gelungen ist, das Gebiet der Erdarbeiten, des Tiefbaus und des Städtebaus im Gebiet Buccinasco absolut zu beherrschen.« Die Methode zur Aufteilung der zu vergebenden Arbeiten und der Subaufträge im Bereich der Erdarbeiten folgt einer präzisen Logik. Vor jeder Ausschreibung trifft sich Luraghi mit Domenico und Salvatore Barbaro. Sie unterhalten sich über das Umfeld der Arbeiten und über die hauptsächlichen Stoßrichtungen des eigenen Vorgehens.

Im nächsten Schritt werden Personen aus dem Umfeld der Entscheidungsträger aus der örtlichen Verwaltung kontaktiert. Die entsprechenden Unterhaltungen muss Luraghi wortgetreu gegenüber Domenico und Salvatore wiedergeben. Der junge Salvatore Barbaro hat inzwischen die Stelle des Clan-Chefs eingenommen. Er ist der Schwiegersohn von Rocco Papalia, dessen Tochter Serafina er geheiratet hat.

Der Barbaro-Papalia-Clan ist in der Lombardei eine bekannte Größe. Es gibt keine größeren öffentlichen Bauaufträge, bei denen die Lkws der Firmen des Clans nicht an den Erdarbeiten beteiligt gewesen wären. Sie haben tatsächlich das Monopol inne. Aber niemand macht sich die Mühe, die Mafia-Methoden zur Anzeige zu bringen, mit denen sie die eigenen oder befreundete Firmen anderer kalabrischer Inhaber aus ihrem Umfeld in den Ausschreibungen durchsetzen. Erdarbeiten sind ausschließlich ihre Angelegenheit. Schon in den achtziger Jahren hat Oberboss Rocco Papalia die ersten Unternehmen für Erdarbeiten gegründet. Mit ihm hat Luraghi seine »einträgliche« Zusammenarbeit begonnen.

Mit Salvatore Barbaro verbinden ihn kompliziertere Beziehungen. Der Sohn von »L'Australiano« hat von Rocco das Zepter der Macht geerbt. Ihn umgibt ein Heer von jungen Kalabresen, die in ihm ihren Heerführer, ihren Condottiere sehen. Er ist der Oberbefehlshaber, der über ihre Zukunft und die gerechte Verteilung der Arbeiten unter den »Hündchen« entscheidet, wie sie Luraghi in einem abgehörten Gespräch nannte. Die »Hündchen« aus Kalabrien, die voller Hoffnungen in die Lombardei gekommen sind, um reich zu werden, erfahren nun das Gegenteil und sind gezwungen, sich in eine absolute Machtordnung mit einem Mafia-Boss an der Spitze einzufügen.

»Der Ausdruck ›Hündchen‹ charakterisiert auch die große Verfügbarkeit dieser jungen Rekruten, die bis heute in großer Zahl Kalabrien verlassen und nach Norden – speziell nach Buccinasco – wandern. Für all diese ›Hündchen‹ ist Salvatore Barbaro der Fixstern, ihr Bezugspunkt. Als Erbe von Rocco Papalia gelingt es ihm auf geschickte Weise, die Geschäfte des Clans zu steuern und sich dabei die schier unerschöpfliche Menschenreserve Kalabriens zu Nutze zu machen«, wie in den Akten der Operation »Cerberus« zu lesen ist.

Die Kontrolle des Territoriums, wie sie sie der Clan rund um Buccinasco praktiziert, ist von erstickender Art. Das Territorium ist nach strengen Regeln unterteilt. Jeder Unterabteilung der 'Ndrangheta, die in der Lombardei operiert, ist ein spezifisches Aktionsfeld zugewiesen. Auch in Kalabrien wird auf diese Weise verfahren. Auf den Baustellen rund um die Stadt Rho (bei Mailand) sind die Lkws der 'Ndrangheta-Ableger von Rho im Einsatz. Sie werden von Stefano Sanfilippi angeführt. In Buccinasco sind es die Lkws des Barbaro-Papalia-Clans. Aushubarbeiten in Legnano führen die Firmen des Ablegers in Legnano aus, an dessen Spitze Vincenzo Rispoli steht. Diesen Regeln müssen sich alle unterwerfen, damit alle ein ruhiges Leben führen und gut verdienen können.

Alle machen mit den Firmen der 'Ndrangheta in der Lombardei Geschäfte. Eine lange Liste solcher Firmen findet sich in den Akten der Operation »Redux-Caposaldo«, die präzise die Baustellen benennt, auf denen die Fahrzeuge der Firma *Al.Ma.* eingesetzt werden. Stiller Teilhaber von *Al.Ma.* ist Giuseppe Romeo, der dem Morabito-Clan aus Africo (Kalabrien) angehört. Baustellen in Mailand befinden sich in der Via Stephenson, im Viale Zara, in der Via Adda, an der Staatsstraße 36 zwischen Monza und Cinisello Balsamo, im Mailänder Stadtteil Portello, in der Via Mauri in Monza, in der Via Roma in Basiano, in der Via Tortona in Mailand, an der Piazza XXV Aprile in Mailand, in der Via Comasina in Mailand, in der Via Boiardo in Mailand, in der Via Scarsellini in Mailand-Lambrate, in Paderno Dugnano, in der Via Pirelli in Mailand, in der Via Segantini, in der Via Valtellina.

Auf den Baustellen Mailands, dieser Stadt, die unaufhörlich wächst und immer größere Teile ihrer Umgebung verschlingt, wird Erde ausschließlich von Lkws bewegt, die den Emigranten aus Africo gehören. Sie stehen dem Flachi-Clan nahe, der in früheren Zeiten zusammen mit dem Clan von Boss Coco Trovato einer der führenden 'Ndrangheta-Clans in Mailand war, und haben Arbeiten aller Art durchgeführt: vom Bau der

Linien 3 und 5 der Mailänder U-Bahn über die Sanierung privater Kliniken bis hin zum Wohnungsbau. Und überall ist die *Al.Ma.* vertreten. Durch die Einschaltung von Subauftragnehmern ist es ihr gelungen, die Anti-Mafia-Vorschriften zu umgehen. Einmal hat sie sogar ein Anti-Mafia-Zertifikat bekommen. Bis heute lässt sich nicht erklären, wie das passieren konnte, denn Teilhaberin ist die Ehefrau von Giuseppe Romeo, der wiederum ein »Ehrenmann« der 'Ndrangheta aus Africo und als solcher in Mailand bekannt ist.

Es ist, als ob es zwei Entscheidungsebenen gäbe, eine in der Lombardei und eine in Kalabrien. Mitglieder der Entscheidungsebene sind die herausragenden Anführer der 'Ndrangheta. Über die Verteilung der Aufträge entschied in der Lombardei lange Zeit Pasquale Barbaro. Nach seinem Tod folgte ihm Salvatore »der Kalabrier« Strangio, der zum Clan der Peregos gehörte und eine entscheidende Rolle bei der Aufteilung der Subaufträge spielte. Die Absprache mit dem obersten Leitungsgremium, der *Provincia*, ist eine unumstößliche Regel für die wirtschaftlichen Unternehmungen der 'Ndrangheta. Wer wie »Nunzio« Novella versucht, den Geschäftsverteilungsplan zu verändern, und dabei die ehernen Verhaltenskodizes der Mafia missachtet, wird brutal und vor den Augen der gesamten, ungläubigen Lombardei ermordet, die kaum fassen kann, welche Schlange sie da an ihrer Brust großzogen hat. Eine bösartige Giftschlange, die mit ihrem zersetzenden Gift die lombardische Landschaft verseucht hat. Vergiftete Felder, vergrabene hochtoxische Abfallstoffe. Das sind die Konsequenzen des 'Ndrangheta-Monopols auf die Erdarbeiten in der Lombardei.

Das Ziel der 'Ndrangheta ist niemals Qualität. Die Arbeit wird zu überhöhten Preisen abgerechnet, teilweise liegen diese sogar über den Marktpreisen. Aber über die Sicherung der Baustellen hinaus ermöglicht die Verschwiegenheit der dort beschäftigten Arbeiter die einträgliche, weil nahezu kostenlose Entsorgung hochgiftiger Abfälle. Die Geschichte der Gebrüder Stellittano vom Clan der Lamontes aus Melito Porto Salvo bei Reggio di Calabria, die über einen aktiven Ableger in Desio verfügten, ist nicht die einzige dieser Art. Aus anderen Untersuchungsberichten geht hervor, wie die 'Ndrangheta sowohl den Süden als auch den Norden verseuchte. Aber damit beschäftigen sich andere Ratgeber, andere Gutachten, andere Gerichtsverfahren. Denn die Prozesse gegen die 'Ndrangheta werden mittlerweile fast ausschließlich im Norden durchgeführt.

Die Operation »Cerberus« brachte einen Prozess ins Rollen, der den Unternehmer Luraghi und die Bosse Barbaro und Papalia ins Gefängnis brachte. Die beteiligten Staatsanwälte haben um eine Überprüfung aller Grundstücke gebeten, auf denen die Baufirmen des Clans und des Unternehmers im Raum Buccinasco tätig waren. Die Wohnhäuser wurden fertiggestellt, abgenommen und bezogen. Die Käufer, die nichts vom verseuchten Untergrund wussten, konnten sich nicht vorstellen, dass die 'Ndrangheta am Bau ihrer Häuser beteiligt war. »Das Problem«, brachte es Staatsanwalt Dolci während seines Plädoyers im erstinstanzlichen Verfahren des »Cerberus«-Prozesses auf den Punkt, »bleibt letztlich an den armen Schweinen hängen, die Häuser in Buccinasco gekauft haben«.

Aus den Abhörprotokollen in den Prozessakten geht außerdem hervor, dass die Lkws des Clans ihr verbrecherisches Treiben noch bis Ende 2005 fortsetzten. Haufenweise verseuchtes und kontaminiertes Erdreich, das benutzt wurde, um die restliche Baugrube in der Via Guido Rossa und den Kinderspielplatz der Siedlung Spina Verde aufzufüllen. Die Ausführung der Bauarbeiten für das Mega-Projekt »Buccinasco Plus« oblag den mit den Kooperativen verbundenen Baufirmen. Die Immobiliengesellschaft *Pecchia* kaufte das Grundstück von den Verbandsgemeinden und unterteilte dieses in mehrere Lose.

Der Aushub wurde von den Firmen der *Barbaro*-Gruppe ausgeführt. Blei, Asbest, Treibstoffe. Gifte, die im Untergrund verborgen werden sollten, dort, wo den Immobilienmaklern zufolge ein Kindergarten entstehen sollte. In aller Sicherheit sollten sie dort spielen können, wie in einem Hofgarten früherer Zeiten.

Entgegengesetzter Ansicht war die Staatsanwaltschaft von Mailand, die im Oktober 2010 bekanntgab, dass sie sechs Ermittlungsbescheide gegenüber den Aufsichtsbehörden erlassen habe, die ihrer Aufgabe offensichtlich nicht nachgekommen seien. Unter den »zerstreuten« Aufsehern war auch Loris Cereda, der eine Woche, bevor er den Ermittlungsbescheid erhielt, wieder vor Gericht erscheinen musste. Dieses Mal wurde er beschuldigt, Bestechungsgelder von Bauunternehmern entgegengenommen zu haben, die er daraufhin bevorzugt habe. Eine weitere Geschichte aus dem Epos der Kriminalität in Buccinasco und seinen Nachbargemeinden. Im Falle des Giftmülls wurde Cereda zusammen mit Mario und Adriano Pecchia angeklagt. Pecchia ist Präsident und Berater des Verwaltungsrates der Immobilienholding *Finman*, der die Gegend heute gehört, auf der zahlreiche Unternehmen tätig waren. Angeklagt war zudem Renato Pintus, bevollmächtigter Repräsentant dieser Gesellschaft.

Die vier Angeklagten, heißt es im Urteil, sollen heimlich – teilweise im Wettbewerb untereinander und ohne Genehmigung – eine illegale Deponie für Haus-, aber auch für Giftmüll eingerichtet haben. Einer von ihnen gab an: »Durch wiederholte Auffüllung habe ich das Gelände um drei bis fünf Meter gehoben. Ausschachtung, Verdichtung und Bewegung betrafen riesige Müllmengen – geschätzt 150 000 Kubikmeter –, die aus Hausabbrüchen, Werksabbrüchen, Industrieabfällen stammten. Gemischt wurde das Ganze mit Aushub unbekannter Herkunft, der auch Asbest enthielt, sowie Treibstoffe und Blei weit jenseits der gesetzlich zulässigen Anteile, die für den Gebrauch im Haus oder auf öffentlichen Grundstücken zulässig sind.«

Ein Ermittlungsbescheid erging auch gegen Barbara Luraghi, der offiziellen Rechtsvertreterin der *Luraghi Strade*. Jene Gesellschaft, die den Staatsanwälten zufolge Giftmüll auf nicht zugelassenen Plätze ablud, und gegen Eugenio Ceroni, den staatlich bestellten Prüfer für die Bauwerke des Ortsteils rund um die Via Guido Rossa. Und hier kommt wieder das Schreckgespenst der Clans aus Buccinasco ins Spiel, die dank des Unternehmers Luraghi die Erdarbeiten im Hinterland ausführten. 2009, nach Prüfungen und ersten Sondierungsbohrungen auf dem für »Buccinasco Plus« vorgesehenen Gelände, erließ die Gemeinde eine Anordnung, die es den Grundstückseigentümern auferlegte, die jeweiligen Flächen zu sanieren. Ein Jahr später stellte dieselbe Staatsanwaltschaft das Gebiet unter Beschlagnahme.

Der Präsident der übergreifenden Parlamentskommission für Ermittlungen über den illegalen Müllkreislauf, Gaetano Pecorella, erklärte, dass achtzig Prozent der Aushubfirmen in der Lombardei in der Hand der ’Ndrangheta seien. Mittlerweile verwaltet diese zu sanierende Grundstücke, die rund um die Industriemetropole Mailand sehr zahlreich sind. Die Grundstücke sollen künftig neuen Spekulanten-Gruppierungen übertragen werden. Die Zahl der verseuchten Grundstücke rund um Mailand ist riesig. Ein Unternehmer aus dem Aushubgeschäft hat in der Fernsehsendung *Terra* erklärt, dass er auf den Baustellen der künftigen Weltausstellung gearbeitet habe. Mit eigenen Augen habe er gesehen, wie eine Grube mit den aberwitzigsten Müllarten verfüllt wurde. »Ein Loch, über dem sich heute der Haupteingang des Messegeländes erhebt, mit schönem Blick auf das Werk *Vela* des Architekten Massimiliano Fuksas. Da wurde alles reingeschmissen, von Schlämmen aller Art, über Ziegelsteine, Asbest, bis hin zu verseuchter Erde.«

Ein weiterer »Friedhof« für Giftmüll entstand in Santa Giulia. In diesem südöstlich gelegenen Ortsteil von Mailand galt es, ein Gelände zu sanieren, auf dem sich früher eine chemische Fabrik der Firma des DDT-Produzenten *Montedison* befand. Der Staatsanwaltschaft von Mailand zufolge könnte es sogar sein, dass sich die zu beseitigenden Giftstoffe noch heute an Ort und Stelle befinden. Unter den bereits realisierten und von ihren Bewohnern bezogenen Wohnhäusern oder unter den Rohbauten derjenigen, die gerade noch errichtet werden, würden Giftstoffe, Schlämme, Material schlimmster Sorte liegen. Dorthin gebracht hat sie mit ihren Lkws der unternehmerische Ableger der 'Ndrangheta in der Lombardei.

Die Bestätigungen hierfür kommen auch von einigen ehemaligen Angestellten der *Perego Strade*, dem Unternehmen, das Mafia-Boss Salvatore Strangio aus Natile (Kalabrien) als Pate leitete. Ein stiller und heimlicher Teilhaber im wahrsten Sinne des Wortes. Eine Skalengewinnmaschine wie aus dem Lehrbuch, die sich Strangio da zurechtgezimmert hatte. »Ich kann sagen«, so der Angestellte gegenüber der Anti-Mafia-Staatsanwaltschaft von Mailand, »dass im Lauf der Jahre für die Auffüllung von Baugruben giftigste Materialien wie Eternit, Asbest, Abbruchmaterial unklarer Herkunft verwendet wurden. Unklare Herkunft bedeutet, dass die Stoffe mit unterschiedlichsten Altlasten verseucht waren, also auch solchen die gesundheitsgefährdend sind. Sie wurden nie kontrolliert.«

Als Beispiel gab er an: »Während der Erneuerung der Bahnstrecke Arluno-Usmate [bei Mailand] wurde der alte Bahndamm abgetragen. Die Bahnschwellen wurden aufeinander gestapelt, sollten zu Sägemehl verarbeitet werden. Das wurde jedoch nie gemacht. Stattdessen wurden sie verladen und an eine andere Stelle gebracht. Irgendwo an der Bahnlinie wurden sie vergraben. Es war klar, dass dieses Material sehr giftig ist, weil es Asbest enthielt, das von den Zugbremsen stammte.«

Ein weiterer Angestellter erzählte: »Mit demselben Formular wurden pro Tag mehrere Fuhren gemacht. Etwa vier bis fünf. Es gab Tage, an denen der Transport des Abbruchmaterials ganz ohne Formular erfolgte, nur mit den nicht nummerierten Lieferscheinen für den internen Gebrauch. Die Vorgaben wechselten von Tag zu Tag und wurden uns nur kurzfristig angekündigt, am frühen Morgen zum Beispiel, so um fünf oder halb sechs, wenn wir uns alle im Büro der *Perego* trafen. Falls uns die Polizei anhalte, sagte man uns, müssten wir in das Formular – ohne uns von den Beamten dabei erwischen zu lassen – die Uhrzeit der Abfahrt eintragen. Für den Schutt-Transport, der ebenfalls ohne Formular durchgeführt werden sollte, wurde auf die Ladung eine dünne Schicht Erde aufgetragen. Falls wir in eine Polizeikontrolle gerieten, sollten wir sagen, dass wir Aushub transportierten.

Den Schutt-Transport ohne Formular oder mit demselben Formular wie einige Transporte zuvor rechtfertigte Ivano Perego mit dem Umstand, dass man mit dem Ausfüllen der Vordrucke keine Zeit auf der Baustelle verlieren wolle und dass das Büro sie nachträglich ausfüllen würde. Ich erinnere mich, dass ich einmal ins Büro gerufen wurde, um mich dem Vermessungsingenieur Paolo Sala vorzustellen. Dieser verlangte von mir, ungefähr zehn leere Formulare zu unterschreiben, die sich allesamt – wie mir Sala sagte – auf Baustellen bezogen, auf denen wir einige Monate zuvor gearbeitet hatten. Als ich fragte, warum ich diese unterschreiben solle, wurde mir gesagt, dass ich mir keine Sorgen zu machen brauche und dass sie mit der Berechnung der zurückgelegten Fahrten zusammenhingen. Das erlebten auch andere Fahrer. Es wurde uns befohlen, so viel wie möglich auf den Lkw zu packen, auch über die maximale Zuladungslast hinaus. Und wenn sich jemand beschwerte, kam Ivano Perego am nächsten Morgen und schrie herum. Dass wir uns alle zum Teufel scheren könnten, wenn wir uns nicht an seine Anordnungen hielten. Schließlich sei er es, der uns bezahle. Bußgelder mussten wir nicht selbst bezahlen, die wurden von der Firma übernommen, und für die Punkte im Führerschein wurden kollektive Abbau-Kurse angeboten.«

Unternehmer im Dienst der illegalen Ökonomie und Arbeiter, die ihren Lebensunterhalt bestreiten müssen, erlauben es den Mafien, ihre Ziele zu erreichen. Arbeiter, die nicht bereit sind, die internen Regeln zu respektieren, setzen die mafiösen Unternehmer einfach vor die Tür. Arbeiter, die den Kodex der 'Ndrangheta beachten, unterstützt und belohnt sie dagegen.

In der Untersuchung über die Sanierung des Geländes in Santa Giulia kamen bekannte Namen der lombardischen Unternehmerschaft ins Spiel. Die Vorwürfe ihnen gegenüber reichen von der Verseuchung von Trinkwasser über illegale Müllentsorgung bis hin zur illegalen Müllbehandlung. Zu den Genannten zählt auch die Ehefrau von Giancarlo Abelli, Rosanna Garimboldi, die im Oktober 2010 verstarb. Aus der Untersuchung ging jedoch noch ein zweiter Ermittlungsstrang hervor. Unter den Beschuldigten war hier der Ex-Präsident der Provinz Mailand, Penati. Der starke Mann der Demokratischen Partei in der Lombardei. Man sprach von Bestechung und illegaler Parteienfinanzierung. Tatvorwürfe, die erst noch erhärtet werden müssen, aber im Ex-Stalingrad von Italien kehren die Gespenster des Schmiergeldskandals wieder, die einst als *Tangentopoli* Bekanntheit erlangten.

Die Mafien haben keine Skrupel, die Landschaften zu verseuchen, in denen ihre Verwandten, Kinder oder Neffen leben. Und erst recht nicht zerbricht sie sich den Kopf darüber, welche Schäden sie in der Region angerichtet hat, in die sie ausgewandert ist und die sie nur als auszusaugenden Knochen wahrnimmt. In ihrem Bericht zur Operation »Tenacia«, die den

Komplex *Perego*-'Ndrangheta betraf, beschrieben die Staatsanwälte aus Mailand den Mechanismus auf folgende Weise: »Es handelt sich um eine rein ökonomisch vorgehende Denkweise, die die 'Ndrangheta dazu bringt, das Gelände zu verseuchen. Die Mafiosi verlangen keine überhöhten Preise. Den Clans sind die üblichen Preisniveaus bekannt. Sie bleiben innerhalb der Marktgesetze. Würden sie überhöhte Preise verlangen, würden sie keine Aufträge für die Firma bekommen, in deren Besitz sie sich gebracht hatten oder die sie zu kaufen beabsichtigten. Dann gäbe es auch keine Subaufträge mehr zu verteilen. Das System würde nicht mehr funktionieren. Als er es endlich in die *Perego* geschafft hatte, betonte Strangio gegenüber anderen Mafiosi mehrfach, dass seine Rolle darin bestehe, die Interessen der Firma zu wahren.«

Die Lösung, die regelmäßig zur Anwendung gebracht wurde, um die Angelegenheit gewinnträchtiger zu machen, war es, alle Regeln zu missachten, die gesetzlich für den Transport und die Entsorgung von Giftmüll vorgeschrieben sind. Abbruchmaterial wurde zerkleinert und vermischt und schließlich auf wilden Müllkippen abgeladen, statt wie vorgeschrieben sortiert und entsorgt. »Wo die Lkws der 'Ndrangheta eingesetzt werden, kann man also mit Fug und Recht sagen, dass Umweltstraftaten und Beherrschung des Transportmarktes immer einhergehen.«

Im Bericht zur Operation »Tenacia« vom Juli 2010 heißt es dazu: »Im Fall *Perego* war das nicht anders. Hier ist noch ein Strafverfahren wegen Umweltverschmutzung anhängig. In extremer Weise kommt hier alles zusammen. Es geht um nicht weniger als um die illegale Entsorgung von über zwei Millionen Kilogramm Abfall, mit einer weitaus höheren Fahrleistung als normal – einige Fahrer scheinen bis zu vier Fahrten pro Tag von bis zu 85 Kilometern oftmals mit unbekanntem Ziel gemacht zu haben. Auf der Baustelle in Bellinzona haben die Untersuchungen ergeben, dass hier beispielsweise illegal Asbest entsorgt wurde.«

Das ’Ndrangheta-System hat auch bei anderen öffentlichen Ausschreibungen funktioniert. Etwa bei der Erweiterung der Autobahn A4 um eine vierte Fahrspur pro Fahrtrichtung und beim Hochgeschwindigkeits-Zugnetz Mailand-Venedig. Solche enormen Bauvorhaben zogen die gefräßigen Bagger der ’Ndrangheta an. Subaufträge, illegale Giftmüllbeseitigung, Einschüchterungen. Die Mittel sind immer dieselben, auch das Resultat ist immer dasselbe, wie schon die Untersuchungen ergaben, die das vom Barbaro-Papalia-Clan durchgedrückte System zum Gegenstand hatten. Es ist das Hauptmerkmal der ’Ndrangheta-Ableger in der Lombardei, deren integraler Bestandteil der Parparo-Clan ist.

Die Anti-Mafia-Bestimmungen zu umgehen, ist für die Clans kein Problem. Ihnen wird von Fachleuten und von Unternehmern dabei geholfen. Wenn diese Unternehmer die Aufträge bekommen, dann ist der gesamte Schutzmechanismus gegen die Mafia eine leicht zu überwindende Formalität. Es kommt zu Absprachen, die aus den Erdarbeiten eine exklusive Domäne der ’Ndrangheta machen. In den Verträgen, in den Ausführungsbestimmungen der Bauvorhaben, auf den Baustellen, in der Betonzulieferung, sind die Erdarbeiten die am oberflächlichsten dokumentierten Arbeiten. Fast schon unsichtbar. Es ist, als ob die Waagen, mit denen die Fahrzeuge gewogen werden, falsche Werte anzeigen würden. Auf dem Papier zumindest.

In der Realität sprechen die Fahrzeugkennzeichen eine andere Sprache. Sie lassen die ’Ndrangheta-Firmen sichtbar werden. Die Subaufträge im Bereich der Erdarbeiten stellt eine Schattenzone dar, in der die ’Ndrangheta die Regeln diktiert, angefangen mit jenen zur Verteilung der Arbeiten, die sie, wenn nötig, auch gegen den Willen der Unternehmer, ausschreibenden Stellen und Arbeiter durchsetzt. Es handelt sich um eine Hegemonie, die von der Gefügigkeit und der Unterwerfung unter das System am Leben gehalten wird. Eine Last für die Umwelt, die sich wenig von denen auf den Baustellen der Autobahn Salerno-Reggio di Calabria unterscheidet. Die Unternehmen aus dem Norden, die dort tätig sind, akzeptieren stillschweigend die »Umweltabgabe«. Sie haben Teil am Profit und machen die Clans zu Teilhabern. Aus dem Verlangen nach einem ruhigen Leben heraus.

Zahllose Untersuchungen ergaben, dass das »System des direkten Zurufs« für die Ausführungen der Arbeiten an der Hochgeschwindigkeits-Schienenverbindung im Abschnitt Cassano d'Adda, Melzo sowie im Hinterland von Mailand von den 'Ndrangheta-Clans Nicoscia, Paparo, Arena aus Isola di Capo Rizzuto, Perre und Barbaro aus Platì dominiert wurde. Regie führte der Barbaro-Clan. Die Verteilung der Aufträge und ihre Zuteilung überwachte Pasquale Barbaro. Eine einheitliche Regie, wie es die Ermittler nennen. Auf den Baustellen manifestiert sich das teilweise lautstark, was mitunter auch mit Pulverdampf verbunden ist. Aber meist handelt es sich um eine diskrete, stille, unsichtbare Koordinierungsarbeit. Wie jene von Romualdo und Marcello Paparo. In erster Instanz wurden beide zu vier und sechs Jahren verurteilt. Beschuldigt wurden sie der Schädigung des Auftraggebers und des Waffenbesitzes, aber nicht der Zugehörigkeit zu einer kriminellen Vereinigung!

Die Erdarbeiten an der Hochgeschwindigkeits-Zugverbindung und an der Autobahn A4 hat der Paparo-Clan durchgeführt. Die Brüder Marcello und Romualdo Paparo haben gemäß dem System der 'Ndrangheta gearbeitet. Auf Rechnung von bekannten Baufirmen wie *Locatelli* und *Casiraghi*, »dank Maurizio«. Damit ist Luraghi gemeint. Die Subunternehmer beschäftigen wiederum Firmen aus dem Umkreis der Mafia, um einen ruhigen Fortgang der Bauarbeiten zu garantieren.

Und um in Ruhe arbeiten zu können, erlauben sie es der 'Ndrangheta, durch den Haupteingang der Baustelle hereinzuspazieren. Alles eine Frage der Opportunität.

Der einzelne Unternehmer könnte auch anders entscheiden. Einige isolieren die Mafia-Unternehmen, leisten Widerstand und erstatten Anzeige. Andere, aus allen Teilen Italiens, ziehen es vor, die Augen zu schließen, sich die Nase zuzuhalten und die Anti-Mafia-Vorschriften zu umgehen, um Explosionen und Schießereien auf den Baustellen zu verhindern. Aber weil es die gefälligen Unternehmer gibt – und sie gleichen an Anzahl einem Heer –, können die Clans bis in die Verästelungen hinein die Subaufträge kontrollieren. Damit können sie die ehrlichen Unternehmen in den Ruin treiben, die keine Aufträge mehr erhalten. Und das ist inzwischen keine Seltenheit mehr.

Zur Rettung renommierter Unternehmen, die Subaufträge an Mafia-Firmen vergeben und dadurch in die Mühlen der Justiz gerieten, gibt es die Verjährung der Steuerstraftaten, wie sie erfolgreich im Fall von Nicola Scipione und Roberto Tadolti von der Baufirma *Locatelli* Anwendung fand. Diese hatten für die Arbeiten am Schienennetz der Staatlichen Eisenbahnen Italiens Subaufträge an die P&P vergeben, eine Firma, die von Romualdo Paparo geleitet wird. Aus den Berichten zur Operation »Isola« ging hervor, dass der Barbaro-Clan bei einer Ausschreibung sogar trotz höherer Preise den Zuschlag bekam. Aber Barbaro und der Paparo-Clan garantieren nun mal, dass keine Baufahrzeuge beschädigt werden und die Bauarbeiten ungestört vorangehen können.

Die höheren Preise lassen sich so als Sicherheitsabgabe gegen die Kosten, die durch permanente Störungen der Bauarbeiten zusätzlich entstehen würden, gegenrechnen. Störungen der Bauarbeiten gibt es auf den Baustellen, die der 'Ndrangheta anvertraut wurden, bekanntlich nicht. Obwohl sie nicht mal über das nötige technische Gerät zur Ausführung von Arbeiten, die spezielle Kompetenzen verlangen, verfügen, können diese Mafia-Firmen einen Großteil der Aufträge für sich entscheiden. Marcello Paparo war sogar gezwungen, sich an Vermessungsingenieure von anderen Firmen zu wenden, wie zum Beispiel an Herrn Agliati von der Firma *Casiraghi*, um sich und den Bruder als jemanden darzustellen, der über die notwendige Personalausstattung verfügt, um die ausgeschriebenen Arbeiten auszuführen. Subaufträge, die sie mit allen Mitteln haben wollen und für deren Zuschlag sie notfalls auch die klassischen Druckmittel der Mafia einsetzen.

Wie im Fall der *Perego Strade*, die in die Hände von Strangio geriet, sowie die *Lavori Stradali* von Luraghi – beides Beispiele, die die wirtschaftlich-kriminelle Dynamik belegen, die sich mit Mafia-Methoden beliebig steigern lässt. Im Zentrum stehen dabei immer die Interessen der 'Ndrangheta. Ihre kriminelle Macht, ihre politische Macht, ihre wirtschaftliche Macht. Die anderen wirtschaftlichen Akteure drehen sich um die herum, die bewusst oder unbewusst, abgelenkt oder verschwiegen, die Macht der Bosse von der *Lombardia* ausnutzen.

15.

SCHWESTERN DES SCHWEIGEGEBOTS

Das Gefängnis untergräbt die Macht der Paten, aber nicht ihr Ansehen. Paten, die Haft- beziehungsweise lebenslange Freiheitsstrafen abbüßen, setzen ihr Vertrauen in ihre Brüder, Söhne, Neffen, Ehefrauen und Töchter. Ihnen vertrauen sie ihren Besitz, die Firmen und Teile des operativen und kriminellen Geschäfts der Clans an. Die Übergabe der Macht erfolgt sowohl in den Mafia-Hochburgen des Südens als auch innerhalb ihrer Ableger in den nördlichen Kolonien der Mafien. Die Paten vertrauen dem Schweigegebot, der *Omertà*, das ihre Frauen während ihres gesamten Lebens eingehalten haben. Es ist kein Zufall, dass die Frauen, die den Mafiosi in guten wie in schlechten Zeiten zur Seite stehen, als »Schwestern des Schweigegebots« *(Sorelle dell'Omertà)* bezeichnet werden.

Es ist ein Akt extremer Treue, den die Frauen der Mafia vollbringen. Treue zum Clan-Chef, zum Patriarchen, zum Boss und zu den Söhnen, die in die Fußstapfen ihrer Väter treten, sowie zum unabänderlichen System. Gewohnt an die archaischen Riten und an die Mafia-Macht, erziehen sie ihre Söhne im Gebrauch der Macht und zur Ehrerbietung gegenüber dem Boss. Einige lehnen sich auf, arbeiten mit der Polizei zusammen, um ihre Kinder vor dem Schicksal der Väter zu bewahren. Der Traum von einem ehrlichen Leben für die Kinder führt dazu, dass sie nach und nach die moralische Verpflichtung zum Schweigen hinter sich lassen. Ein Schweigen, an das sie mit dem Bluteid gebunden sind.

Die Frauen, die die Vorherrschaft der Mafia-Kultur stützen, entwickeln sich während der Haftzeit der beteiligten Männer von Opfern zu Racheengeln, zu Schwerkriminellen. Sie ordnen Strafexpeditionen an, begleichen schmutzige Rechnungen und stoßen neue illegale Unternehmungen an, um sie in die legale Welt einmünden zu lassen. Sie werden zu Unternehmerinnen, die an die Spitze von Firmen treten. Firmen, die echte Werte schaffen und Gewinne abliefern und mit deren Hilfe man die Herkunft der Drogenmilliarden verschleiern kann. Die Mafien respektieren die Frauenquote eher als die meisten italienischen Unternehmen und Behörden.

Wenn die Männer da sind, tarnen die Frauen als nicht Vorbestrafte für gewöhnlich die krummen Geschäfte der »Familie«. Damit kommt den Mafia-Frauen heutzutage eine Funktion zu, die für die Clans, die auf dem Rücken des Turbokapitalismus ins moderne Zeitalter eintreten, überlebenswichtig ist. Einer kürzlich durchgeführten Erhebung der sizilianischen Anti-Mafia-Organisation *SOS Impresa* zufolge, einem Ableger des Unternehmerverbandes, der gegründet wurde, um die Unternehmer zu verteidigen, die Schutzgelderpressungen und Wucher anzeigen, beträgt die Zahl der Frauen, die aufgrund des Artikels 416b des italienischen Strafgesetzbuches inhaftiert sind, 84. Aber tatsächlich übersteigt die Zahl der Frauen, die direkt oder indirekt wegen mafiöser Verstrickungen hinter Gitter sitzen, deutlich die 100.

Louis Vuitton, Dolce & Gabbana und Gold, auf das man verzichten müsste. Für Luana sind Markenartikel ein Zeichen der errungenen Macht im reichen Norden. Seit ihr Vater sie an die Spitze der Familienfirma gestellt hat, spürt sie angesichts ihrer neuen Macht öfter ein inneres Frösteln. Sie weiß, wie man Waffen gebraucht. Das musste sie bislang verbergen, auf Anweisung von oben. Das Konsortium aus Kooperativen, das sie führt, kann in seinen Büchern Aufträge in Millionenhöhe verbuchen. Zu ihren Kunden gehören die Supermarktkette *Esselunga* und Coca-Cola. Mit der Plackerei machen sie, bis die Auslagerung von Dienstleistungen reguliert wurde, märchenhafte Gewinne. Luana kennt jedes Geheimnis ihrer Familie. Ihre Methoden hat sie längst akzeptiert und verinnerlicht. Sie protestiert nicht, sie ist ein Teil des Systems.

Luana weiß genau, wem sie trauen kann und wer ihre Feinde sind. Es herrscht Krieg mit anderen Clans aus Isola di Capo Rizzuto, und mit ihren Verbündeten Arena und Nicoscia ziehen sie in die Schlacht. Auch wenn man in der Emilia-Romagna und der Lombardei eher zum Geschäftemachen und zum Schweigen neigt, auf den Straßen Kalabriens wird geschossen. Man kann sich nie sicher sein, denkt Luana. Besser, man ist jederzeit wachsam. Im Umfeld der Mafia verliert das Wort Vertrauen seine Bedeutung. Luana weiß, dass ihre Familie in den Polizeiberichten und in den Zeitungen auftaucht und in Verbindung mit den Nicoscias gebracht wird. Sie kennt die Verhaltensmaßregeln. Auch Entführungen gegenüber ist sie gleichmütig. Den Profit, der damit gemacht wird, verurteilt sie nicht. Sie nutzt das Geld, um mit ihrem Sohn zu verreisen.

Sie steht dem Vater in schwierigen Momenten bei. Als man versucht, ihn umzubringen, gibt sie ihm die Zuversicht zurück, die er verloren hatte. »Dir hat niemand was zu wollen«, beruhigt sie ihn. »Das waren vier Arschlöcher, die können organisieren, was sie wollen, aber der Clan wird sich niemals gegen dich erheben, das weißt du. Zu dem Zeitpunkt, als sie zuschlagen wollten, warst du nicht mal da. Erinnerst du dich?«, sagt Luana als Verwalterin der Familienfirma.

An Macht gewöhnt man sich. Sie macht unempfindlich. Luana verzieht keine Miene, als sie zusammen mit ihrem Vater und ihrem Onkel verhaftet wird. Vor den Augen der Fernsehkameras tritt sie flankiert von zwei Polizisten vors Haus. Dabei verliert sie keine Sekunde ihre Haltung. Sie ist selbstsicher. Mit aufrechtem Gang geht sie zum Polizeiauto. In der Hand hält sie ihr Louis-Vuitton-Köfferchen. Im Gefängnis bekommt sie jedoch eine andere Macht zu spüren. Luana bleibt nur kurz hinter Gittern. Das Gericht wird sie als freie Frau verlassen, alle ihre Besitztümer werden ihr zurückerstattet. Aber aus dem Bericht der Staatsanwaltschaft von Mailand geht eindeutig hervor – auch wenn ihm das Gericht nicht zu folgen vermochte –, welche Rolle ihr zukommt. Sie ist Ehefrau, Schwester, Geschäftsführerin, die schweigt, um die Familienehre zu retten. Sie zieht es vor, keine Kronzeugin zu werden, ihr geht es darum, an die Spitze des Familienunternehmens zurückzukehren.

Angela Diana ist täglich mit der Camorra konfrontiert. Auch wenn sie nicht mehr in San Cipriano d'Aversa lebt, sondern in Bastiglia, in der Provinz Modena. Sie hat dennoch nie die unsichtbaren Grenzen des Clans hinter sich gelassen. Sie hat eine Entscheidung getroffen, auf welcher Seite sie stehen will. An der Seite ihres Vaters und Clan-Chefs Raffaele »Rafilotto« Diana.

Angela und ihre Mutter Maria sind echte Manager. Sie sind in der Lage, die Einkünfte des Clans zu steuern. Sie organisieren Geld zur Unterstützung der inhaftierten Clan-Mitglieder, halten aber gleichzeitig auch den weiteren Betrieb der einträglichen Geschäfte aufrecht. Die rechtmäßigen und die unrechtmäßigen. Ehefrau und Tochter des Paten der modernen Mafien. Unternehmerinnen. Es ist nicht das erste Mal, dass die Frauen des Clans verhaftet wurden.

Raffaele selbst wurde nach sechsjähriger Flucht im Mai 2010 festgenommen, als einer der Anführer des Clans aus dem Raum Caserta. Der Clan der Casalesis hat sein Kraftzentrum in den Familien. Daher ist es keine Seltenheit, dass im Zuge der zahlreichen Polizeiaktionen auch Jahre später noch Ehefrauen, Kinder, Cousins oder andere enge Verwandten der Paten inhaftiert werden. Dieser familiäre Zusammenhalt ist eines der Kennzeichen der Camorra. Er ist ebenso fundamental für die 'Ndrangheta, für die Cosa Nostra und in etwas geringerem Maße auch für die Camorra Neapels. Mütter, Töchter und Söhne nehmen die Posten der Väter ein und führen das Goldzepter der Macht auf ihrem Territorium. Sie treiben die »Tribute« ein und verwalten die Reichtümer des Clans. Neben der Rolle als Managerin ist die Mafia-Frau jedoch unvermindert stark in die Tradition eingebunden und respektiert jederzeit die Regeln der Mafia.

Die Frauen, die am besten diese Dichotomie in sich zu verbinden verstehen, erringen Ruhm und Anerkennung, Macht und Respekt. Sie erhalten die Gelegenheit, das von ihren Männern geschaffene Imperium zu bewahren und zu vervielfältigen, bevor sie selbst hinter Gitter wandern und eine kalte Zelle auf sie wartet. Die Frauen in den Clans können festlegen, wie viele Millionen sie in ein bestimmtes Unternehmen investieren wollen. Was sie aber nicht können, ist, zum Friseur zu gehen und sich um ihr Äußeres zu kümmern, während ihr Mann hinter Gittern sitzt. Ihr Äußeres muss immer dem aktuellen Status ihres Mannes angepasst sein. Ist der Boss in Freiheit und gibt Befehle, ist die Frau abgesichert, gut gekleidet und protzt mit ihrem Reichtum. Ist der Mann aber im Gefängnis, wird sie umgehend unsichtbar und lässt sich gehen, und das, obwohl im selben Moment die Insignien der Macht an sie übergeben werden und sie als Stellvertreter des Paten in Erscheinung treten muss.

Die drei Frauen, die während der letzten Anti-Mafia-Operation verhaftet wurden – Maria Capone, Angela Diana, Ehefrau und Tochter von Raffaele »Rafilotto« Diana, sowie Barbara Crisci, Ehefrau von Giuseppe Caterino (Bezirksstatthalter der Mafia in Modena vor seiner Verhaftung, ihn ersetzte Diana) –, hatten eines gemeinsam. Sie waren alle in der Lage, Firmen zu führen, aber gleichzeitig lehnten sie die Regeln der Clans ab, welche von ihnen das Opfer verlangten, sich dem Paten zu unterwerfen. Unternehmerische Fähigkeit hatte auch Iana Gurlui bewiesen, die Freundin eines Mafioso aus dem Umfeld von Nicola Schiavone, dem Sohn von »Sandokan«. Er wurde während einer der letzten Anti-Mafia-Operationen verhaftet. Gemeinsam mit zwei Gefängniswächtern, die gemeinsame Sache mit den Gangstern gemacht hatten. Ihm kommt eine zentrale Rolle zu. Ihm oblag es, die Einnahmen der Clans zu verwalten und den Kontakt zum Mutterhaus, zur *Provincia*, zu halten. Ein Geschäft, das alle zwei Wochen 100.000 Euro in die Kassen des Clans spülte.

Dazu war es notwendig, eine Vertrauensperson zu installieren, und es ist nur naheliegend, dass vor allen anderen die Ehefrauen, Verlobten oder Töchter der Mafiosi diese Rolle übernehmen. Während die Männer sich vor der Justiz wegen Zugehörigkeit zum Organisierten Verbrechen verantworten müssen, verwalten ihre Frauen das Imperium. Wenig Schießereien und viele gute Geschäfte, das ist die Politik, mit der sich die Mafia das Entrée in die legale Wirtschaftswelt nicht nur in Modena verschafft hat. Eine Politik, die von den Spitzen des Clans beschlossen wurde und an der auch die Frauen aktiv partizipieren.

Diese Frauen können auch zum Instrument der Verbindung zwischen nördlichen Unternehmern und den Mafia-Bossen werden. Pasquale Zagaria, der Bruder des 2012 gefassten Oberbosses Michele Zagaria, hatte eine Tochter von Aldo Bazzini geheiratet, einem bekannten und mächtigen Bauunternehmer aus Parma. Dieser war ebenfalls wegen mafiöser Umtriebe zu einer Haftstrafe verurteilt worden. Den Richtern zufolge hatte er als offizieller Strohmann des Clan-Chefs Pasquale »Bin Laden« Zagaria fungiert. Ehefrauen, Schwestern, Freundinnen, Töchter und einfache Fußsoldaten können Strohmänner und -frauen werden. Sie können ihre Identität in ein Tauschgeschäft einbringen und sich an die Spitze von Firmen und Immobilienholdings hocharbeiten, sowie sichere, unverdächtige, nicht abgehörte Telefone besorgen. Sie verwalten die Reichtümer, die es mit dem Rest der Familie zu teilen gilt. Und im Wirbel der Tarnbezeichnungen und Strohmänner in der Wirtschaft, die zur Verwirrung der staatlichen Strafverfolgungsbehörden führen sollen, können auch die Verlobten der Töchter und die Schwestern der Bosse eine Rolle übernehmen. Die Taktik der Tarnung des Immobilienbesitzes durch weibliche Führungspersonen ist mittlerweile verbreitete Praxis innerhalb der Ständepolitik der Mafia-Organisationen. Schwestern fungieren in diesem System auch als Ratgeber und Informationsbeschaffer. Schwestern, die eigentlich Gott geweiht sind, die aber ihren Brüdern, den Feldmarschällen der Clans, raten, wie sie sich verhalten und vor wem sie sich in Acht nehmen sollen.

Rosa Alba Maria hat das Gelübde abgelegt. Sie gehört zum Orden der Paolinerinnen und ist stellvertretende Klinikdirektorin am Krankenhaus *Regina Apostolorum* in Albano Laziale. Gleichzeitig ist sie die Schwester von Paolo Martino, dem Boss der Mailänder 'Ndrangheta, der sich zwischen Handlangerdiensten, Gepäckträgern, Spielautomaten, Zeitungskiosken und Nachtlokalen, in der Welt des Spektakels und der Politik bewegt. Rosa Alba und Paolo stehen sich sehr nahe, die räumliche Distanz hat daran nichts zu ändern vermocht. Vertrauen und gemeinsame Interessen sind die Basis ihrer Gespräche. Der Boss wendet sich an sie, um von ihren Kenntnissen zu profitieren, wenn es darum geht, Informationen über geplante Untersuchungen gegen ihn und seine Verbrecherbande einzuholen.

Die Prestigeposition der Schwester an der Verwaltungsspitze des traditionsreichen Krankenhauses, das nahe der päpstlichen Sommerresidenz im Südwesten Roms gelegen ist, gibt Paolo die Sicherheit, über eine wichtige, unmanipulierte Informationsquelle zu verfügen. Rosa Alba ist in der Lage, auch brisante Dinge in Erfahrung zu bringen, mittels einer dritten Person, einer Mitschwester, die – wie aus den Untersuchungsunterlagen hervorgeht – sehr hoch in der vatikanischen Hierarchie angesiedelt ist.

Als er seiner Schwester davon berichtet, dass angeblich gegen ihn etwas im Gange sei, verspricht ihm diese, sich umzuhören. Wenige Tage später meldet sie sich bei ihm und bestätigt seine Befürchtungen. Eine Freundin von ihr hat sie darüber informiert, dass es offenbar einen Verräter unter Paolos Leuten gibt, der heimlich mit den Justizbehörden zusammenarbeitet. Aus den Worten von Rosa Alba kann man die ganze Verachtung heraushören, die sie gegenüber jemandem empfindet, der mit der Justiz zusammenarbeitet und den Staatsanwälten Hinweise gibt, in welche Richtung sie ermitteln sollen. Sie benutzt das Wort »singen« statt »kollaborieren«.

Aber die Bereitschaft von Rosa Alba, ihrem Bruder, dem Mafioso zu helfen, geht noch deutlich weiter. Sie ist bereit, ihm die Betschwester vorzustellen, die ihr die Informationen über die in Gang befindlichen Ermittlungen vermittelt hat. Zudem sagt sie ihm, dass auch die Schwester seine Bekanntschaft machen möchte. Rosa Alba ist seit langem Hüterin unaussprechlicher Geheimnisse, die man nicht beichten kann. Geheimnisse in der Grauzone zwischen Religion und Verbrechen, Beispiele für die furchtbaren Bande, die Teile der Kirche mit der Mafia verbinden. Dies wurde auch wiederholt von Don Luigi Ciotti beklagt wurde, dem Gründer und Präsidenten der Vereinigung *Libera*. In seinen engagierten Reden erinnert er oft daran, dass man glaubwürdig sein muss, bevor man gläubig werden kann, und dass die Treue sich nicht darauf beschränken darf, Kruzifixe mit Küssen zu bedecken, sondern dass man der Gerechtigkeit zum Sieg verhelfen muss. Man muss sie praktizieren und sie verbreiten.

16.

LEA UND DENISE, ABTRÜNNIGE MAFIOSI-FRAUEN

Nicht alle Frauen akzeptieren das Gesetz der ’Ndrangheta, das Gesetz der Clans. Sie widersetzen sich. Sie begehren auf. Ihre Leidensgeschichten von Widerstand und Unterdrückung spielen sowohl im tiefen Süden Italiens als auch im Norden des Landes. Erlebnisse von Müttern, Ehefrauen, Töchtern, die gegen den Ehemann, den Sohn, den Bruder aufbegehrten, der zugleich der Boss eines Clans ist, und dafür mit ihrem Leben bezahlten.

Lea wollte nicht länger die Rolle der Mafia-Mutter spielen. Sie wollte nicht länger die Schwester der *Omertà* geben. Sie war die Schwester eines Paten aus Petilia Policastro (bei Crotone in Süditalien) und die Ehefrau eines Bosses der lombardischen ’Ndrangheta. Ihr Lebensweg war vorgezeichnet. Aber irgendwas sagte ihr, dass sich die Dinge auch ändern können. Die eisernen Regeln der ’Ndrangheta, die seit Jahrhunderten Männer, Frauen und Landschaften in Fesseln schlagen und sie gefangenhalten, können gebrochen werden. Und dass es schon ausreichen würde, zu wollen, sagte sie sich.

Dieser Gedanken kam ihr, als sie ihre Tochter betrachtete. Sie schaute ihr in die Augen und wusste, dass die Flucht aus diesem Tunnel der einzige Weg für einen Neuanfang war. Lea und Denise. Mutter und Tochter, geeint im Kampf um ein anderes Leben. Ein Leben, das sich von ihrem bisherigen unterscheiden sollte. Sie wollten nicht länger Geiseln der ’Ndrangheta sein. Sie wollten eine Zukunft. Sie wollten frei sein. 2002 entschloss sich Lea dazu, mit der Justiz zusammenzuarbeiten. Sie wollte jenes Leben hinter sich lassen, das mit ihrem Nachnamen verbunden war. Seit ihr Bruder es in die höheren Ränge der 'Ndrangheta geschafft hatte, erfreut sich dieser im Raum Policastro und in Mailand eines »guten« Klanges.

Floriano Garofalo ist der unbestrittene Herrscher des Ortsteils Pagliarelle in Petilia Policastro bei Crotone. Ein Boss, dem zahlreiche junge Anbeter folgen. Nachwuchsverbrecher, die davon träumen, es ebenfalls bis ganz nach oben in der kriminellen Hierarchie zu schaffen, bis ins Gremium des *Crimine*. Unter den Fußsoldaten des Paten war der entschlossenste ein Mann namens Carlo Cosco. Ein Niemand für die Bosse der 'Ndrangheta in Kalabrien und in der Lombardei. Schlachtfleisch, wie all die anderen Jungen. Aber Cosco hatte einen Plan. Seit einiger Zeit trieb ihn der Traum vom Aufstieg um. Am schnellsten ist das traditionsgemäß zu bewerkstelligen, indem man in die führende Familie einheiratet. Dafür bot sich Lea an, die bis dahin ledige Schwester von Floriano. Damit wäre eine Führungsposition in der Mafia-Hierarchie quasi garantiert. Lea wurde eine leichte Beute, für ihn die Eintrittskarte in den Zirkel der respektierten Mafia-Anführer.

Lea kennt das Übel, das sie umgibt, nur zu gut. Sie nimmt es hin, unterwirft sich und wird ein Teil von ihm. Sie ist eine vorbildliche »Schwester des Schweigens«. Stillschweigen ist das oberste Gebot. Ohne Murren hatte Lea die Grundregel der 'Ndrangheta akzeptiert. Ihr konnten die Bosse blind vertrauen.

Zu Beginn der neunziger Jahre ändert sich Leas Einstellung. Nach unzähligen Razzien und ebenso vielen Verhaftungen ihres Mannes hat sie das Gefühl, etwas ändern zu müssen. Dieses unsichere Leben zwischen Rechtsanwalt und Knast macht sie fertig. Dann wird Denise geboren, die sie über alles liebt und die sie vor den Fallstricken der Mafia bewahren möchte. Der Mutterinstinkt bringt sie dazu, Carlo Cosco zu verlassen. Sie überlässt ihn seinem Schicksal, um Denise eine normale, ruhige Zukunft bieten zu können.

Natürlich hat sie versucht, Carlo das Versprechen abzuringen, sein Leben zu ändern, aber sie weiß nur zu gut, dass man sein Todesurteil unterschreibt, wenn man der ’Ndrangheta den Rücken zudreht. Sie weiß, dass ihr Mann nach wie vor in Treue fest zum Clan steht, koste es, was es wolle. Lea entscheidet sich allein, für ihre Tochter Denise. Sie zieht einen Strich unter dieses Leben, das sie als erdrückend empfindet und von dem sie sich losreißen möchte.

Immer wieder hatte sie versucht, mit Carlo darüber zu reden. Als er wieder einmal im Gefängnis saß, sagte sie ihm, dass sie ihn verlassen und Denise mitnehmen werde, wenn er nicht aussteigen würde. Worte, die Carlo in rasende Wut versetzten und dazu führten, dass er ausrastete und sie zu Boden schlug. Das, was Lea ihm mitgeteilt hatte, stellte eine ungeheure Beleidigung für einen »Ehrenmann« wie ihn dar. Er fürchtete, dass die Neuigkeit im Knast die Runde machen und er zum Gespött seiner Mithäftlinge werden würde. Die Schande war so groß, dass Carlo sogar darum bat, in eine andere Anstalt verlegt zu werden. Er wollte nicht länger dem Spott seiner bisherigen Kameraden ausgesetzt sein.

Lea bleibt keine andere Wahl. Sie muss weggehen, ohne vorher ein Wort zu sagen. So wie sie lange Jahre die Regel des Schweigegebots akzeptiert hatte, so entscheidet sie sich jetzt in aller Heimlichkeit dafür, mit der Justiz zusammenzuarbeiten. Sie sagt aus, und berichtet den Staatsanwaltschaften von Catanzaro und Mailand von Verbrechen, Morden, Drogenhandel. Lea und Denise werden 2002 in ein Zeugenschutzprogramm aufgenommen. Sie erhalten eine neue Identität. Sie beginnen ein neues Leben, ständig an neuen Orten, die von Fall zu Fall für sie ausgesucht werden. Eine bittere Situation für Lea, die ein normales Leben für Denise wollte.

Einsamkeit und Angst bestimmen von nun an ihr Leben. Schnell wird sie des Lebens als Kollaborateurin überdrüssig. Sie war davon ausgegangen, dass der Staat ihr ein besseres Leben ermöglichen könne. Sie hatte gehofft, als Kronzeuge eingestuft zu werden. Weil sie über den inneren Zirkel aussagte und selbst keine Verbrechen begangen hatte. Stattdessen erhält sie nur den niedrigeren Status als normale Zeugin im Schutzprogramm, das mit deutlich weniger Privilegien und Schutzmaßnahmen verbunden ist. Der ständige Stress deprimiert Lea. Sie denkt darüber nach, was für einen Sinn ihr Schritt letztlich gemacht hat. Es quält sie. Sie fühlt sich schuldig, hat Angst, leidet unter dem Verlust der alten Heimat. Sie kann nicht mehr schlafen. Das alles nimmt ihr die Freude an dem neu gewonnenen Leben.

Denise wächst heran. Schule, Freunde, Jugend, erste Liebe. Wie soll sie ihr auch nur ein Mindestmaß an Normalität garantieren, in diesem Leben als Gefangene, Isolierte, »Reuige«. Sie denkt an ihre Ehe zurück, an Carlo, der ihr so viel Leid zugefügt hat, der aber trotz allem der Vater ihrer Tochter ist. Es ist nun mal nicht einfach, komplett mit der Vergangenheit zu brechen. Die Tage vergehen. Lea schwankt zwischen Mutlosigkeit, Furcht, Angstattacken und bleierner Unbeweglichkeit. Sie muss einen Weg finden, um der Existenz von ihr und ihrer Tochter wieder einen Sinn zu verleihen. Davon ist Lea überzeugt.

Sie entscheidet sich, das Zeugenschutzprogramm zu verlassen. Sie will es noch einmal mit Carlo versuchen, mit ihm wieder als Familie zusammenleben. Als letzte Chance. Wenn das nicht klappt, sagt sie sich, werde ich Carlo nie mehr erlauben, seine Tochter zu sehen. Aus Leas Sicht ist das die einzige Chance, um Denise wieder ein halbwegs normales Leben zu ermöglichen. Ein Leben wie das ihrer Altersgenossen in der Schule. Sie flüchtet sich in die Sehnsucht nach Normalität. Sie will die

Versöhnung. Für Denise. Das Leben von Lea und Denise gleicht zu diesem Zeitpunkt einem toten Rennen. Jenseits aller Logik, aller Befehle, aller Verhaltensmaßregeln der 'Ndrangheta. Wir werden alle zusammen im mittelitalienischen Campobasso leben, das ist ihr Plan. Weit weg von den Hochburgen der Mafia.

Lea klammert sich an den Gedanken, dass das die Lösung für alle ihre Probleme ist. Zu ihrer Überraschung akzeptiert Carlo ihren Vorschlag ohne größere Diskussionen. Er erklärt sich auch bereit, wie von ihr vorgeschlagen ein gemeinsames Familienheim in der Region Molise anzumieten. Carlo Cosco ist ein harter Kerl. Dank des Nachnamens seiner Frau hat er das erreicht, was er immer wollte. Ich bin doch kein Vollpfosten, denkt er sich. Gerade hab ich mir meinen Marktanteil gesichert. Es läuft alles bestens. Warum sollte ich das alles aufgeben? Mir gefällt dieses Leben. Mittlerweile hat er angefangen, Drogen zu konsumieren, damit zu handeln und den Transport zu organisieren. Er arbeitet auf den Baustellen für die M5, die neue Linie der Mailänder Untergrundbahn. Die Lastwagen seiner Firma besorgen den Transport des Aushubs, so wie die unzähligen anderen Firmen seiner kalabrischen Landsleute. Er lebt als etablierter Mafioso in der Lombardei und hilft mit, die Fundamente der Moralität in der Lombardei zu untergraben.

Lea hat er gesagt, dass er sein Leben künftig der Familie widmen möchte. Dass er mit den Drogen aufhört. Lea, die weiß, dass er ihr falsche Versprechungen macht, glaubt ihm trotzdem. Sie will einfach an ein anderes Morgen glauben, das Stabilität und Sicherheit verspricht. In Campobasso gehen die Uhren langsamer. Fast schon langweilig ist das Leben dort. Im Vergleich zu Mailand ist es eine andere Welt. Aber die Menschen sind herzlich, sie sehen dich nicht schief an, wenn du aus Kalabrien kommst. Sie sind nicht scheinheilig, sie stellen Kalabresen nicht gleich unter Generalverdacht. In der Lombardei, so erinnert sich Lea, gab es so viele Politiker und Unternehmer, die tagsüber die Süditaliener nach Kräften schikanierten und wie Mafiosi behandelten, und nachts – vor den Augen der Ermittlungsbeamten – machten sie mit den von ihnen eben noch geschmähten Kalabresen Geschäfte, tauschten Gefälligkeiten aus und vergaben Aufträge gegen Wählerstimmen.

Die ersten Tage in Campobasso verbringen sie damit, die Ruhe zu genießen. Carlo ist selten zu Hause, was Lea als störend empfindet. Dennoch kehren Lea und Denise zum ersten Mal seit langer Zeit wieder zu so etwas wie einem normalen Leben zurück. Als Mutter und Tochter. Lea spürt zwar, dass ihr Mann sich entgegen seinen Beteuerungen nicht gewandelt hat, dass er sein altes Leben keineswegs zu beenden gewillt ist. Trotzdem will sie bei ihm bleiben. Lea kennt ein Geheimnis von Carlo. Sie weiß, dass er sehr viel Geld investiert hat, um sie und ihre Tochter, die er als sein Eigentum ansieht, während der Zeit im Zeugenschutzprogramm zu finden. Lea spricht mit Carlo darüber. Sie sagt ihm, dass es gar nicht notwendig gewesen sei, all das Geld auszugeben. »Ihr kamt immer erst an, als sie uns schon in einen anderen Ort gebracht hatten.«

Ihr entgeht nichts. Bis auf eine Sache. Diese krampfhafte Suche, die ihr Ehemann in Gang gesetzt hatte, sein plötzliches Einverständnis, wieder zusammenzuleben, verdecken etwas Schreckliches, das Lea im Augenblick noch nicht zu erkennen vermag. Die Wochen vergehen. Lea erträgt Carlos übliche Wut, die übliche Gewalt. Mafiöse Arroganz, die ihn schnell wieder hinter Gitter bringen kann. Sie und ihre Tochter müssten ihr Leben dann ein weiteres Mal ohne ihn zubringen. Was für ein Vater soll das sein, der so etwas macht?, fragt sich Lea. Die innere Zerrissenheit quält sie erneut. Nach einem Monat kommt es zu einem neuen Streit. Lea setzt Carlo und seine Verwandten vor die Tür. Die beiden rebellischen Frauen beschließen, allein zu leben. Mutter und Tochter beginnen noch einmal bei

Null. Wieder auf der Suche nach Normalität. Doch für Carlo ist das Maß jetzt endgültig voll. Diese zweite Auflehnung ist für einen Mann von Ehre unverzeihbar. Er denkt über Rache nach und beginnt mit seinen Planungen.

Mai 2009. Die Frühjahrssonne im Molise wärmt Lea und Denise. Lea kennt die Gesetze und Reaktionsweisen der Mafiosi und rechnet fest mit irgendeiner Retourkutsche. Carlo wird ihr den Rauschmiss nie verzeihen. Jedes Mal, wenn es an der Wohnungstür klingelt, schreckt sie auf. Leise fächelt der Wind die Vorhänge an den Fenstern. Türen schlagen. Die Bodenbretter knarren. All das macht Lea nervös. »Mama, es klingelt an der Tür!«, ruft Denise. Lea fragt durch die Tür, wer da ist. Der Mann, der die Waschmaschine reparieren soll. Seltsam, denkt Lea, sie hat gar keinen Monteur bestellt. Aber die Waschmaschine ist tatsächlich kaputt, und Carlo hatte ihr kurz vor dem Rausschmiss noch gesagt, dass er einen Handwerker bestellt habe.

Lea lässt den Techniker herein. Als sie ihm einige Minuten bei der Arbeit zusieht, merkt sie, dass er ihr etwas vorspielt. Er kennt sich mit Waschmaschinen überhaupt nicht aus. Der »Handwerker« bemerkt ihr Misstrauen und läuft in die Küche. Er schnappt sich ein Messer und greift Lea an, versucht, sie zu würgen. Aber Lea tritt ihn in den Unterleib, wehrt sich mit aller Kraft. Sie setzt ein, was sie an Kampfsportgriffen kennt. Sie kämpft verzweifelt für ihre Freiheit und für ihre Tochter. »Komische Geräusche haben mich aufgeweckt«, erzählt mir Denise. »Als ich aus meinem Zimmer kam, habe ich gesehen, wie meine Mutter mit einem Mann kämpfte. Ich hab meiner Mutter geholfen, so gut ich konnte, und hab mit voller Kraft auf den Mann eingeschlagen, bis dieser von meiner Mutter abgelassen hat und floh. Er ließ jedoch seinen Werkzeugkasten zurück, in dem die Carabinieri einen Gummiball fanden, ein Seil, Klebeband, eine Schere, einen Elektroschocker und einen Schraubenzieher.«

Das Material im Werkzeugkasten des angeblichen Monteurs hätte dazu dienen sollen, Lea zu foltern und aus ihr herauszupressen, was sie vor Gericht ausgesagt hatte. Geständnisse, die ihren Mann beunruhigen. Aussagen, die den Ermittlern dabei helfen könnten, eine neue Ermittlung zu einem ganzen Bündel von Verbrechen zu beginnen. Lea umzubringen, ist nur das sekundäre Motiv für Carlo Cosco und seine Brüder. Vor ihrer Ermordung wollen sie noch wissen, was sie den Ermittlern verraten hat.

Seit jenem Mai 2009 wird auf Lea Jagd gemacht. Denise ist der Ehrenpokal, den es zu erringen gilt. Der Männlichkeitswahn von Carlo Cosco zeigt sich in seiner ganzen mafiösen Abartigkeit. Es kommt der 25. November 2009. Lea ist verschwunden. Keine Spur von ihr in Mailand. Die letzten, die sie gesehen haben, sind Denise und Carlo Cosco. »Verdammtes Mailand«, denkt Denise. Sie hätten nicht hierher zurückkommen dürfen. Ihre Mutter und sie waren für ein paar Tage in Florenz. Dann hatte Denise einen Anruf von ihrem Vater erhalten, der sie nach Mailand einlud. Da Lea sie nicht allein fahren lassen wollte, entschloss sie sich, ihre Tochter zu begleiten. Zu einem festlichen Abendessen mit Carlos Familie wollte sie aber nicht mitkommen. Deshalb ließ sich Lea am Arco della Pace absetzen. Sie wollte nicht, dass die Brüder ihres Mannes von ihrer Anwesenheit in Mailand erfuhren, weil sie erneute Attacken fürchtete. Sie entschloss sich, in einem Hotel zu übernachten. Zwei Tage vergehen schnell, dachte sie. Sie wollten sich am Abend des 24. Novembers wiedertreffen, um gemeinsam mit dem Zug zurück nach Kalabrien zu fahren. »Tschüss Mama, bis übermorgen«, das sind die letzten Worte, die Lea von ihrer Tochter Denise hört. Sie wird sie nie wiedersehen. Sie verschwindet spurlos. Sie verschwindet in den nebelverhangenen Landschaften der Brianza. Ein Sprung ins Leere. Ein Leben, ausgelöscht von der Rache der 'Ndrangheta.

»Das, was sich in Mailand abspielte, in einem zentralen und belebten Stadtbezirk, ist ein Fall der *Lupara bianca*. Ein unblutiger Mafia-Mord, der deutlich weniger öffentliche Aufmerksamkeit nach sich zieht als die üblichen blutigen Anschläge. Oft und fälschlich wird angenommen, dass derlei nur weit weg, in abgelegenen Provinzregionen stattfindet. Aber dieser Mord geschieht mitten in einer italienischen Großstadt. Unter den Augen ahnungsloser Passanten taucht eine zierliche Frau auf, deren letzte Minuten von einer Überwachungskamera in der Straße aufgezeichnet werden. Vertrauensvoll steigt sie ins Auto ihres Exmannes. Der Vater ihrer Tochter, der vorbestrafte Carlo Cosco. Das ist der letzte Moment, in dem Lea Garofalo lebend gesehen wird.« So steht es im Haftbefehl für die Brüder Cosco aus dem Jahr 2010.

Seit jenem 24. November 2009 fehlt jede Spur von Lea. Sie ist wie vom Erdboden verschluckt. Denise bleibt allein zurück. Sie kehrt nach Petilia Policastro zurück. Nach Kalabrien, zu ihrer Verwandtschaft. Ihre Mutter fehlt ihr unendlich. Denise quälen die Bilder. In ihrem Kopf mischen sich schreckliche Szenen. Vergangenheit, Gegenwart und Zukunft gehen ineinander über, fließen zusammen zu einem einzigen und entsetzlichen Alptraum. Sie studiert die atavistischen Verhaltensnormen der Mafia-Kultur, und ihr wird klar, warum ihre Mutter verschwunden ist. Verletzte Ehre. Durch Kollaboration befleckte Ehre. Ehre, die nur mit Blut wieder reingewaschen werden kann. In ihrer zerrissenen Seele fühlt Denise das Gewicht der Wahrheit. Die Wahrheit, weiß sie, kann viel Schaden anrichten. Aber Denise folgt ihr ungeachtet der Konsequenzen. Sie folgt ihr und flieht aus Petilia.

Im April 2010 verlässt sie Kalabrien. Die Brüder Cosco fürchten, dass Denise in die Fußstapfen ihrer Mutter treten könnte, fürchten, dass sie anfängt, mit der Justiz zusammenzuarbeiten. Sie beginnen mit Drohungen, um sie zur Rückkehr nach Petilia zu bewegen. Die verängstigte Denise gehorcht. Währenddessen kommen die Ermittler bei ihren Untersuchungen einen Schritt weiter. Mit Hilfe von Kronzeugen, allen voran Angelo Cortese, der ehemaligen rechten Hand von Nicolino »Manuzza« Grande Aracri. Den Staatsanwälten erzählt er, dass er 2003 im Gefängnis von Catanzaro zusammen mit der Haute Volée der 'Ndrangheta einsaß und während seines Aufenthalts dort auf Carlo Cosco traf. Dieser bat die übrigen Bosse um Rat und Hilfe. Darunter auch Cortese, der sich an verschiedene Planungen zur Ermordung Lea Garofalos erinnert.

»Ehrenmotive«, erklärt der Kronzeuge den Staatsanwälten. Und fügt noch ein wichtiges Detail hinzu. Er berichtet, dass Cosco die Absicht gehabt habe, den Körper der Toten in Säure aufzulösen, um ihr Verschwinden wie eine Flucht aussehen zu lassen. Säure, um jegliche Spur von Lea zu vernichten. Säure, damit nichts, aber auch gar nichts von Lea übrig bleibt. Säure, um ihren Körper und die Keime der Veränderung aus der rebellischen Aktion Leas zu vernichten. Die Säure als Metapher der zerstörerischen Kraft der 'Ndrangheta.

Denise erzählt den Staatsanwälten erschreckende Dinge. Über ihre Rückreise nach Petilia, bei der sie von ihrem Vater und Mörder ihrer Mutter, Carlo Cosco, sowie seinem Bruder und einer dritte Person namens Diego begleitet wurde, sagte sie: »Ich saß hinten und weinte in einem fort, während sie aus vollem Hals lachten.« Denise kann ihre Tränen während der ganzen Zeit dort nicht mehr stoppen. Es sind schreckliche Tage. Aber nur für sie. Bosse, Paten, Blutsbrüder setzen ihr normales Leben zwischen Spielautomaten, Partys, Gelächter, Beleidigungen der menschlichen Würde fort. Sie leben weiter für die 'Ndrangheta, als wäre nichts geschehen. Denise ist schockiert und angewidert. Sie ist völlig fertig und sucht nach Trost in den Erinnerungen. Sie träumt noch immer von einem normalen Leben.

Im Oktober 2010 werden die Brüder Cosco festgenommen. Sie werden angeklagt wegen des Mordes an Lea Garofalo. Außerdem werden sie beschuldigt, den Mord durch die Vernichtung des Leichnams – mittels Säure – vertuscht zu haben. Die Ermittler finden einen 50-Liter-Eimer. Aber die Säure hinterlässt keine Spuren.

Die Staatsanwaltschaft rekonstruiert das Verbrechen. Lea wird im Zentrum Mailands am Corso Sempione entführt und in einem Lieferwagen an die Peripherie von Mailand gebracht. In eine Lagerhalle, unweit der Autobahn Mailand-Meda. Dort warten schon Sergio und Giuseppe »Smith« auf sie, beides Brüder von Carlo Cosco. Sie haben den Lieferwagen angemietet, in dem Lea gefesselt und geknebelt liegt. »Von Cosco habe ich erfahren, dass Lea vergewaltigt und gefoltert wurde, weil sie von ihr wissen wollten, was sie der Staatsanwaltschaft über den Mord an ihrem Bruder verraten hatte. Dieser war ebenfalls in Säure aufgelöst worden. Und dasselbe Schicksal war auch für Lea vorgesehen«, erklärte Salvatore Sorrentino, ein Häftling, der mit dem mutmaßlichen Anführer der Entführung, Massimo Sabatino, einsaß. Sabatino soll im Übrigen auch derjenige gewesen sein, der den falschen Waschmaschinenmonteur mimte.

Salvatore Sorrentino ist der Hauptzeuge im Rahmen der Ermittlungen, die zur Verhaftung der Gebrüder Cosco führte. Die Coscos gelten als die Könige des Kokainhandels im Mailänder Ortsteil Quarto Oggiaro. Sie sind die Herren des Schutzgeldes und der Sozialwohnungen, die sie illegal vermieten, so auch an chinesische Händler aus der Via Sarpi in Mailand. Nicht zuletzt handelt es sich bei ihnen um die »Herren der Erdarbeiten«.

Denise wurde nach der Verhaftung ihres Vaters wieder ins Zeugenschutzprogramm aufgenommen. Sie arbeitet jetzt als Zeugin mit der Justiz zusammen. Sie ist in die Fußstapfen ihrer

Mutter getreten und lebt jetzt an einem geheimen Ort, wird beschützt. Sie hat am Prozess teilgenommen, der in Mailand verhandelt wurde, als Opfer der 'Ndrangheta. Sie beschuldigte ihren Vater, den Mord an ihrer Mutter begangen zu haben, und riskierte damit ihr Leben. Eigentlich müsste sie ein Vorbild für alle sein, aber Minister Maroni und die Siegelbewahrer haben nicht allzu viele Worte darüber verloren. Es ist eine Region mit schlechtem Kurzzeitgedächtnis. Nur die Vereinigung *Libera* kommt ihr zu Hilfe. Sie unterstützt sie während des im September 2011 begonnenen Prozesses.

Denise sagt: »Ich habe meinen Vater immer gefürchtet.« Dennoch weicht sie nicht zurück. Sie antwortet auf die Fragen des Anwalts des Vaters und akzeptiert nicht, was ihr diese suggerieren wollen. Ihre Mutter sei ins Ausland geflohen. »Und wie kommt es dann, dass ich meine Mutter zwei Jahre nicht gesehen habe, wenn sie angeblich immer noch lebt? Wie wahrscheinlich ist ein solches Szenario?«, entgegnet die Zwanzigjährige kühl. Von den Gegenpositionen der Anwälte ihres Vaters lässt sie sich nicht einschüchtern. Sie leistet Widerstand, weil sie Gerechtigkeit möchte. Denise ist allein, hat aber ihr ganzes Leben noch vor sich. Ein freies Leben ohne Kompromisse, dafür hat sie einen schrecklich hohen Preis bezahlt. Ihr Kampf wird belohnt. Im März 2012 wird ihr Vater zu einer lebenslangen Freiheitsstrafe und zwei Jahren verschärfter Einzelhaft verurteilt.

Aber die banalste Grundsätze der Menschlichkeit zersetzende Mafia-Mentalität, in der Denise groß geworden ist und von der sie fast besiegt worden wäre, wird sie nicht mehr los. Sie verfolgt sie. Ihr ganzes weiteres Leben werden der Name 'Ndrangheta und die zugehörigen Schreckensbilder ihre Träume bestimmen. Man kann weglaufen, abhauen, sich verstecken, das System und die Gesellschaft revolutionieren, aber wer die 'Ndrangheta aus der Nähe kennengelernt hat, wer von der ’Ndrangheta durch die Mangel gedreht wurde, trägt für sein restliches Leben ein Brandmal.

Man kann neu anfangen. Sicher. Auch ich habe das in Modena probiert. Ich müsste aber lügen, wenn man von mir zu sagen verlangte, dass alles wieder gut ist, dass die Trauer um die zerstörte Jugend, die gewaltsam auseinandergerissene Familie, den Verlust meines Vaters und Großvaters, der Zorn über die gestohlenen Tage von meinem seitherigen Leben, meinen Erfolgserlebnissen und den Momenten der Freude ausgeglichen würden. Es bleibt ein beschädigtes Leben, in welcher Form auch immer.

Der ’Ndrangheta geht es besser als je zuvor. Von ihr, von den Mafien lebt Italien. Es ist ein schönes Land, gegründet auf krimineller und mafiöser Ökonomie. »Die Mafien einen uns«, lautet nicht umsonst der Schlachtruf der Anti-Mafia-Demonstranten, gleichzeitig auch der Titel der im März 2011 gestarteten Kampagne der Vereinigung *daSud*.

Mit dieser Kampagne wollen wir an die letzten 150 Jahre der Geschichte Italiens in kritischer Weise erinnern und darüber nachdenken, warum sich die Macht der Mafia in all den Jahren seit der Einheit 1870 im Süden nicht verringert, sondern konsolidiert hat, und wie sie sich zusätzlich im Norden und in der Welt festsetzen und vervielfältigen konnte. Ist ein Land zivilisiert, in dem Mütter von ihren Ehemännern »aus verletzter Ehre« in Säure aufgelöst werden? Ist der Norden zivilisiert, der diesem Verbrechen gegenüber gleichgültig schweigt? Ist es zivilisiert, wenn ein Mädchen wie Denise dazu gezwungen ist, wegen des Mutes ihrer Mutter staatlichen Schutz in Anspruch zu nehmen? Man kann sich leicht vorstellen, was Denise den vielen antworten würde, die immer noch daran festhalten, dass die ’Ndrangheta in Mailand kein zentrales Problem ist, sondern nur eine Randerscheinung.

17.

DIE 'NDRANGHETA-DISCOTHEK *HOLLYWOOD* IN MAILAND

»Ach Gianni, das war so irre, ich bin damals mit meinem Cousin ins *Hollywood* rein. Umsonst! Wir sind einfach an der Schlange und den Türstehern vorbei, Mann. Als sie ihn gesehen haben, gingen alle Türen auf. Klar hab ich mich ein bisschen gewundert. Dann hab ich mir gedacht: Er ist da bekannt. Einige Monate später hab ich's in der Zeitung gelesen. Sie hatten ihn mit wer weiß wie viel Kilo Koks geschnappt. Meinen Cousin. Ehrenwort.«

Dieses naive Geständnis habe ich mir vor drei Jahren am kochendheißen Sandstrand von Bovalino (Kalabrien) anhören müssen, als ich meine Muskeln entspannte und meine Knochen aufwärmte, müde der monatelangen Feuchtigkeit der Po-Ebene. Mein Heimatort, zerrissen von den gesellschaftlichen Widersprüchen und den Regeln der »Ehrenmänner«, aber trotz allem meine Wiege. Das Ionische Meer schaukelt mich sanft und salzig, und wie jeden Sommer strömen Farben und Gerüche meiner Kindheit wieder auf mich ein. Ich frische dort die schmerzhaften Erinnerungen auf und tauche nach Regenbogensteinen. Immer wenn ich dort bin, lässt meine Wut ein bisschen nach, die Wut, die ich auf diese Gegend rings um Locri und Bovalino habe. Wegen ihrer passiven, schuldbewussten Unbeweglichkeit. »Ich hasse alle, die nicht Partei ergreifen«, lehrt uns Antonio Gramsci mit Blick auf die Justiz in allen ihren Spielarten. An diesem Meeresufer kann ich mich für einige Momente entspannen, nach einem weiteren anstrengenden Jahr als schlechtbezahlter freier Mitarbeiter, nach all den Jahrzehnten der mafiösen Ungerechtigkeiten und der Protektionswirtschaft.

Dieses wirre, oberflächliche Geständnis eines Jungen aus dem Hinterland des Aspromonte gewährte mir einen Einblick, den die späteren Untersuchungen, die von der Anti-Mafia-Behörde Mailand durchgeführt wurden, bestätigten und bekräftigten. Es ist ein bekanntes Klischee, dass der Journalist niemals schläft, nicht mal im Schlaf. Ein Wortspiel, das aber auf perfekte Weise die Leidenschaft beschreibt, die ich für diesen großartigen und niederträchtigen Beruf hege.

Dieser Cousin, von dem mir der Junge am Strand von Bovalino erzählte, bei dessen Besuch sich die Türen von einem der berühmtesten Vergnügungstempel Mailands wie von Zauberhand öffneten, ist ein hohes Tier der Clans von Platì. Jener Clans, die aus ihrem Herrschaftsgebiet im Aspromonte einen Gutteil ihres Reichtums nach Norden in die Lombardei, in die Gegend zwischen Buccinasco und Corsico transferiert haben. Kokain, Erdbewegungen, Politik, Wachschutz für die Tempel der Unterhaltungskunst, das sind die Aktivitäten dieser Leute. Die Wirtschaftspolitik der Clans aus Platì besteht darin, ihren Verhandlungspartnern die Namen Barbaro, Sergi, Trimboli und Papalia ins Ohr zu flüstern. Schon regnet es Subaufträge und Vergünstigungen, die die Macht der Clans und ihres aktuellen Oberbosses Salvatore Barbaro vermehren. Eine Macht, die sich durch den Handel mit dem »weißen Gold« explosionsartig vergrößerte. Der den Clans immanente Konservatismus sorgt natürlich dafür, dass auch Profite in Milliardenhöhe werthaltig angelegt werden, nachdem sie der entsprechenden Geldwäsche unterzogen wurden. Die Macht der Clans ist nicht zuletzt aufgrund der Unterstützung höherer Gesellschaftsschichten im Zentrum des lombardischen Gemeinwesens angekommen. Die Mafiosi aus Platì sind mittlerweile schon fast sakrosankt geworden. Gegen sie wagt kaum jemand etwas zu sagen, nicht einmal dann, wenn sie hektoliterweise Giftmüll auf Baustellen entsorgen, auf denen Wohnhäuser errichtet werden. Buccinasco und Corsico stellen die jüngsten Eroberungen jenes Herrschaftssystems dar, das sich bis nach Australien erstreckt.

Die Anfänge lagen im Aspromonte, einem gottverlassenen, nahezu undurchdringlichen Waldgebiet in den Hügeln hinter Reggio di Calabria. Von Platì in die Discothek *Hollywood* ist es ein denkbar weiter Weg. Das *Hollywood* ist der Dreh- und Angelpunkt der modebewussten Mailänder Jugend, es ist die Discothek par excellence in Mailand. Schauspieler, ihre Agenten, Fußballer, Sternchen, Unternehmer, Finalisten der Sendung »Uomini e donne«, Jungs und Mädchen mit einem festen Vorsatz: mit der richtigen Person anzubandeln, um den Eintritt in die Welt des schönen Scheins zu schaffen. Aber selbst wenn sie es geschafft haben, hineinzukommen. In den VIP-Bereich kommen sie nicht. Dieser ist allein der Elite vorbehalten. Denn im *Hollywood* sind keineswegs alle gleich. Es gibt genau definierte Grenzen.

In den VIP-Bereich kommt man nur, wenn man bekannt ist. Kennt man die Türsteher, ist das schon mal eine gute Voraussetzung, um hineinzukommen. Die Türen öffnen sich auch für die Sprösslinge der Mafia-Bosse. Der Wachschutz für die Mailänder Clubs, die gerade angesagt sind, befindet sich fest in der Hand der Kalabresen. Das ist die Wahrheit. Und dabei habe ich keine Drogen genommen, wie mir der Gouverneur der Lombardei vorwarf, als ich Formigoni die Frage stellte, wie er sich die starke Präsenz der 'Ndrangheta im Nachtleben der Lombardei erkläre. Gesundheitswesen oder Discotheken, das macht keinen Unterschied. Das Ziel der führenden Politiker in der Lombardei ist es, das Phänomen herunterzuspielen und die unübersehbaren Fakten zu ignorieren.

Man kann es nicht ewig herunterspielen, rief der leitende Staatsanwalt der Anti-Mafia-Behörde von Mailand. Die übrigen Staatsanwälte der Behörde pflichteten ihm bei: Unter den Unternehmern der Lombardei gibt es eine Schweigepflicht. Die Lokalpolitik in der Lombardei, in Ligurien, in Piemont und in der Toskana bemüht sich jedoch redlich, das Phänomen in seiner ganzen Komplexität zu verstehen.

Auch im *Hollywood* stellen Männer der 'Ndrangheta den Wachschutz. Rausschmeißer aus Platí stellen die Wächter für die Herde der Verrückten, die berühmt werden wollen. Den VIPs wiederum ist alles erlaubt. Das Ziel der Rausschmeißer ist es nicht, die VIPs zu überwachen, sondern die Bienen, die rings um die Honigstöcke des Starsystems herumfliegen. Dass der Betrieb von Wachschutzfirmen zu den Unternehmenszielen der Mafia gehört, gibt Francesco »U Nanu« (dt.: Der Zwerg) Pesce, ein hochrangiger Mafia-Boss, zu. Während eines Gesprächs, das vom Sondereinsatzkommando der Carabinieri aufgezeichnet wurde, erklärt er, dass die Türsteher vom *Hollywood* und andere Leute aus Platì ihm behilflich waren. Dabei ging es um eine Schlägerei in einem anderen Mailänder Lokal.

Dort, wo sich sonst Händler und Gewerbetreibende treffen, verbrachten Francesco Pesce und Andrea Fortugno den Abend. Ein Abend, der kein gutes Ende nehmen sollte, vor allem nicht für den Sprössling von Pesce. Einer seiner Leute hatte »aus Spaß« 380 Euro aus der Handtasche einer jungen Frau gestohlen. Das bemerkte jedoch der Freund der jungen Dame, ein hünenhafter Bodybuilder, der den Mafioso darauf ansprach. Anschließend verprügelte er ihn nach allen Regeln der Kunst, nahm ihm den Geldbeutel ab und gab seiner Freundin das gestohlene Geld wieder zurück. Das ist natürlich eine Beleidigung erheblichen Ausmaßes für »U Nanu«. Die Macht des Paten wurde nicht respektiert. Dabei würden natürlich echte Bosse keinesfalls auf eine so törichte Idee kommen, Taschendiebstahl zu begehen. Darüber ist sich Francesco völlig im Klaren. Aber die Sache geht natürlich längst über ein Bagatelldelikt hinaus. Es ist eine Frage der Ehre geworden. Eine Frage der Hierarchie. Eine Frage echten Mafiosotums.

Also beginnt eine fieberhafte Suche nach dem unbekannten, knapp zwei Meter großen Muskelprotz. Sie bedrohen den Inhaber des Lokals und zwingen ihn, eine Liste der an diesem Abend Anwesenden zusammenzustellen (sofern der Wirt sie namentlich kennt). Der Wirt gehorcht und wird dann auch noch gezwungen, den Mafiosi aus der eigenen Tasche vierhundert Euro zu bezahlen. Zwanzig Euro mehr als die ursprüngliche Summe, weil der Schläger von Francesco im Getümmel weitere zwanzig Euro verloren hatte. Währenddessen treffen zusätzliche Kalabresen im Lokal ein. Der Wirt erkennt sie an ihrem Dialekt. Pesce beschreibt es etwas genauer: »Rausschmeißer vom *Hollywood* und Leute aus Platì.« Wenn »U Nanu« ruft, kommt Platì angelaufen. Unter den Angehörigen der Mafia ist die gegenseitige Hilfe eine zentrale Verpflichtung. Gegenseitige Unterstützung stärkt den Zusammenhalt, stärkt die Organisation und festigt die Strukturen.

Der dickliche Francesco setzt alles daran, sich für die erlittene Schmach zu rächen, und zwar jetzt und hier, direkt vor dem Lokal. Er ist zutiefst beleidigt worden. Auch wenn einer seiner Schlägerjungs namens Fortugno eigentlich der Auslöser des ganzen Schlamassels war. Francesco Pesce, der Sprössling des berühmten Clans, leitet jetzt die Operation und entwirft den Schlachtplan. Er schaut sich nach einer Waffe um. Er verfügt über beste Verbindungen. Er ist ein Duzfreund von »Ciccio« (dt.: Dickerchen) Pesce. Sein Clan kontrolliert weite Teile des Mailänder Territoriums. Sie kontrollieren den Drogenhandel, organisieren Entführungen und lassen nicht einmal die Panino-Verkäufer vor den Discotheken in Ruhe, wenn diese keine Abgabe zahlen.

Alle entrichten ihren Obulus. Selbst die Brötchenverkäufer. Alle sind sie von der Gunst der Clans abhängig, um ihren Lebensunterhalt zu verdienen. Auch andere müssen sich den Forderungen des Pesce-Clans unterwerfen. Die kriminellen Beziehungen von »Ciccio« Pesce erlauben es ihm, in kurzer Zeit eine ganze Waffensammlung zur Verfügung zu haben. Er muss nur einmal kurz fragen. Und so macht er es auch, als er seinem Kumpel Francesco zuhilfe kommt und sich an der Jagd auf den Idioten beteiligt, der es wagte, einen Mafioso zu verprügeln und dadurch dessen Boss zu beleidigen. Die Waffe bekommt er von einem »Kollegen«. Aber für einen aus dem Pesce-Clan ist es nicht ratsam, mit einer Waffe in der Hand durch Mailand zu laufen. Wo soll ich sie verstecken, überlegt sich der junge Nachwuchs-Pate. Andrea muss mir das abnehmen. Das ist die Lösung.

Andrea ist ein Angestellter des *Hollywood*. Einer der vielen Türsteher, die auf der Gehaltsliste der 'Ndrangheta stehen. Er sorgt für die Sicherheit der Lokale. Für diesen Service wird er ordentlich bezahlt. Und wenn »Ciccio« Pesce einen Befehl erteilt, dann gehorcht er. Er versteckt die Waffe. Das alles spielt sich noch im *Hollywood*, in dem schicken, angesagten Club der koksenden Mailänder Jeunesse dorée ab. Für die Sicherheit der bezahlenden Mailänder Nachtlokale zu sorgen, gehört zu den ureigensten »Dienstleistungen« der 'Ndrangheta. Dieser Sektor untersteht dem Flachi-Clan. Der berühmteste Oberboss der Familie war Pepè Flachi.

Giuseppe, genannt Pepè, begann seine kriminelle Karriere als Straßenräuber und arbeitete dabei mit Renato, »dem schönen René«, Vallazasca zusammen. Doch Flachi entschließt sich bald, zu neuen Ufern aufzubrechen. Und sich beispielsweise dem weitaus lukrativeren Drogenhandel zuzuwenden. Im Sommer 1986 entsteht die Allianz mit Franco Coco Trovato. Gemeinsam schaffen sie eine einzigartige kriminelle Organisation, die ihren Einfluss bedeutend erweitert, über das Stadtgebiet von Mailand hinaus bis in die Vorstädte, nach Busto Arsizio, in die Brianza und bis in die angrenzenden Provinzen Como, Lecco und Varese hinein.

Entführungen, Wucher, Raub, Hehlerei, Drogenhandel und Waffenschiebereien. Die Aktivitäten des Flachi-Trovato-Clans sind sehr vielfältig. In der Phase ihrer uneingeschränkten Hegemonie gab es auch zahlreiche Morde an Angehörigen gegnerischer Gruppierungen, um die Kontrolle über die dortigen wirtschaftlichen Aktivitäten zu erringen. Franco Coco Trovato hatte seine Hochburg in Lecco, dem Wahlkreis von Roberto Castelli, dem ehemaligen Justizminister Italiens und einer der Führungspersönlichkeiten der rechtsgerichteten *Lega Nord*. Ein Kronzeuge, Giuseppe di Bella, hat von Verbindungen zwischen den beiden berichtet. Die ehemalige rechte Hand von Coco Trovato sagte aus, sie öfter zusammen gesehen zu haben. Außerdem habe Franco, der Boss, ihm befohlen, für Castelli zu stimmen. »Ein Gewinner-Pferd«, so hat ihn di Bella gegenüber den Journalisten Gianluigi Nuzzi und Claudio Antonelli bezeichnet, den Autoren des investigativen Buches *Metastasen*. Verbrechen und Intrigen, von denen di Bella ihnen gegenüber zum ersten Mal öffentlich erzählte.

Nach der Verhaftung von Coco Trovato war es an seinem Filius Emanuele, ihn zu ersetzen. Über dem Haupt von Coco Trovato senior schwebt das Verdikt der Sicherungsverwahrung. Giuseppe »Pepè« Flachi hingegen wird 2015 wieder ein freier Mann sein. So lange führt sein Sohn Davide die Geschäfte. Davide hat sich hierzu mit Paolo Martino verbunden, einem der Vertreter der postmodernen ’Ndrangheta. Seine Macht gründet auf der Kontrolle der Wirtschaft und der Finanzen. Des Weiteren festigt er sie durch seine guten Verbindungen zur Lokalpolitik. Indem er sie auf delikate Weise durchdringt, mit dem klassischen Mittel der Schmiergeldzahlungen.

Eine Waffe, die die legale Macht verführt. Sie dem Willen jener Mafiosi unterwirft, die dazu entsandt worden sind, mit den Institutionen zu »verhandeln«. Mafiosi, denen ein Ruch an Legalität anhaftet. Ein schnell verfliegendes Parfüm, das den Gestank und die Fäulnis überdecken soll, die die Mafia-Clans umgeben. 'Ndrangheta-Mitglieder in der Lombardei, die sich mit ausgemachten »Ehrenmännern« der Politik Kalabriens unterhalten.

Paolo Martino beispielsweise – das hielt das Sondereinsatzkommando fest, das ihn beschattete –, traf sich mehrfach mit Giuseppe Scopelliti, dem amtierenden Präsidenten der Region Kalabrien und Ex-Bürgermeister von Reggio di Calabria. Diese Begegnungen spielten sich nicht am Südende Italiens, sondern in der Lombardei ab. Über diese Treffen schrieb die Zeitung *Calabria Ora*, bevor die Redaktion vor die Tür gesetzt wurde: »Im Zentrum der Untersuchungen steht der schwindelerregende Handel mit Bauaufträgen, den einige Unternehmen aus Reggio di Calabria, die der Mafia nahestehen, in der Lombardei aufgezogen haben. Sie wurden dabei von Vermittlungsbemühungen hochrangiger Politiker aus dem Lager der Mitte-Rechts-Parteien unterstützt, die von ihren Kollegen in Kalabrien dazu animiert worden waren.«

Scopelliti wurde bisher in keinster Weise juristisch belangt. Aber dafür ausführlich in den Ermittlungsakten der Polizei genannt. Es ist nicht das erste Mal, dass Peppe Scopelliti, der von den Einwohnern Reggio di Calabrias nach wie vor sehr geschätzt wird, weil er ihnen ein Nachtleben im Stil Mailands schenkte, davonkommt. Von ihm ist auch in einem anderen Bericht der Polizei die Rede. Am 15. Oktober 2006 nahm er gemeinsam mit Mafiosi vom Range eines Cosimo Alvaro an der Hochzeit der Eltern von Mimmo Barbieri teil. Barbieri ist ein Unternehmer, der mit öffentlichen Bauaufträgen reich wurde und am 23. Juni 2010 wegen mafiöser Umtriebe verhaftet wurde.

Paolo Martino ist einer jener präsentablen Mafiosi, mit denen viele hochrangige Gesellschaftsmitglieder gern Umgang pflegen. Ein erfolgreicher Unternehmer, gut angezogen, freundlich, liebenswürdig, gut bekannt mit den Promis des Mailänder Nachtlebens, außerdem Verleger. Alles in allem stellt Paolo Martino also für jene, die wie viele andere Einwohner des Landes glauben, einen Mafioso auf den ersten Blick erkennen zu können, jedenfalls wenn er bis an die Zähne bewaffnet oder auf der Flucht ist und daher einfache bäuerliche Kleidung trägt, das passende Gegenbeispiel dar. Martino verkörpert einen fortgeschrittenen Evolutionstyp des klassischen Mafioso, wie sie die 'Ndrangheta mittlerweile hervorzubringen in der Lage ist. Eine soziologische Kategorie, die man als Analyseinstrument benutzen kann. Das Netzwerk von Martino ist deckungsgleich mit jenem der *Lombardia*, dem Führungsorgan der 'Ndrangheta in der Lombardei, welches die strategischen Entscheidungen der Organisation fällt, so weit sie die Lombardei angehen.

Der Valle-Clan ist Teil dieses Netzwerks. Seine Mitglieder gehören zu den treuesten Mitarbeitern Paolo Martinos. Francesco, Angela, Fortunato und Carmine Valle wurden im Juli 2010 verhaftet. Der Aktionsraum des Valle-Clans umfasste Cisliano, Bareggio und Mailand. Aber sie verschmähen auch die anderen lombardischen Provinzen nicht. Die Unternehmer und Kaufmänner dieser Gegenden lassen sie erzittern. Die 'Ndrangheta hält sich deren Zukunft als Geisel. Aber im Stillen, ohne öffentliches Aufsehen. Als Verbrecher-Profis. In den Augen der Öffentlichkeit erscheinen sie als Unternehmer. Mit guten Verbindungen in die Politik. Überstrahlt von der angeblichen Ehrenhaftigkeit, erpressen sie Schutzgeld und verleihen Geld zu Wucherzinsen.

Die Liste der Unternehmer, die sich an den Valle-Clan wenden, ist Legion. Denn für den Clan ist es – wie in der Branche bekannt ist – nach all den Jahren der Profitakkumulation kein Problem, ins Schlingern geratenen Firmen zu helfen. Liquidität ist nahezu unbegrenzt vorhanden. Chefs und Herdenmitglieder des Clans verfügen ohnehin über unzählige eigene Firmen. Mindestens 13 zählen die Ermittler, die auf den verschiedensten Gebieten aktiv sind. Von Immobilien über Spielhallen, von Finanzgesellschaften bis hin zu Restaurants. Einige lassen sich bis zu den Bossen zurückverfolgen, andere werden von Strohmännern in Form von Verwandten, Freunden oder Vertrauten geleitet. Die Mailänder Staatsanwälte bekamen einen Titel für eine präventive Beschlagnahme. Der Valle-Clan zählt mittlerweile zu den Unterstützern des De-Stefano-Clans aus Reggio di Calabria, einem sehr mächtigen Clan, der sowohl zu rechtsextremen Kreisen als auch zu den Freimaurern und kalabrischen Institutionen enge Verbindungen unterhält. Aber das ist nicht alles. Denn der Valle-Clan, seit Jahren in der Lombardei zu Hause, hat zusätzlich auch noch die Lokalpolitik der Po-Ebene unterwandert.

In Cernobbio, im romantischen Ambiente der Villa d'Este, heiratete Maria Valle ihren Gatten Francesco Lampada. Sie ist die Tochter von Fortunato Valle und wurde 1986 in Vigevano geboren. Ihr Vater endete im Juli 2011 wegen mafiöser Umtriebe hinter Gittern. Mit ihm der Großvater, Francesco Valle, ein Parteigänger des De-Stefano-Clans. Die Carabinieri aus Mailand schrieben 2008 in einem Bericht, das »Francesco Valle, genannt ›Don Ciccio‹, wohl der Chef des Valle-Clans ist«. Bei einer Hausdurchsuchung durch die Polizei von Pavia am 26. Januar 1984 wurden in der Villa Valle Bücher beschlagnahmt, die bei Aufnahmeritualen in die 'Ndrangheta Verwendung finden.

Während der Operation im Juli 2010 traf es auch Tochter Maria. Ihr wird vorgeworfen, mafiöse Geschäfte betrieben zu haben, und – indem sie als Strohfrau an der Spitze der *Gestio-*

ni Immobiliar Marilena GmbH fungierte – »zur wirtschaftlichen Expansion der kriminellen Vereinigung beigetragen zu haben«. Ein gleichartiger Anklagevorwurf betraf ihren Ehemann Francesco Lampada, Jahrgang 1977, aus Reggio di Calabria. Er wurde beschuldigt, sich mit dem Valle-Clan und ihm nahestehenden Personen wirtschaftlich eingelassen zu haben. Lampada war zusammen mit seinem Bruder Giulio zwar nicht Gegenstand der Untersuchung vom Juli, wurde dafür aber von der Spezialabteilung der Polizei aus Reggio di Calabria als Finanzbeauftragter des Condello-Clans eingeordnet.

Im Juli 2006, vor und nach den Hochzeitsfeierlichkeiten für Maria und Francesco, denkt noch niemand daran. Die Polizei erfuhr sogar erst 2009 durch einen Kronzeugen, der an den Feierlichkeiten teilnahm, dass die beiden verheiratet sind. Es handelte sich dabei um Carlo Alberto Bertoni. Dieser sagte aus: »Die Trauung fand in der Kirche Sant'Angelo statt. Davor standen zwei oder drei Autos mit Chauffeur. Es waren ungefähr dreihundert Hochzeitsgäste.« Die Kirche in der Via Porta Nuova, mitten im Zentrum Mailands, liegt nur wenige hundert Meter vom Polizeipräsidium in der Via Fatebenefratelli und der Carabinieri-Kaserne entfernt. Der festliche Empfang fand in der Villa d'Este in Cernobbio statt.

Derselbe Zeuge sagte aus, dass er einige Tage zuvor Maria Valle dabei begleitet habe, als sie zusammen mit ihrer Tante Angela losging »um eine Anzahlung zu machen«. Das Hochzeitsbankett kostete alles in allem 60.000 Euro und wurde mit einem Scheck bezahlt, der ausgestellt war auf die *Zemagi Service GmbH*. Das Beratungsunternehmen ging 2010 in Konkurs. Zu den ersten Teilhabern gehörte Giulio Lampada, dessen Anteile schließlich auf den Vater übergingen. Giulio nimmt 2006 gemeinsam mit dem Stadtrat der Partei der Freiheiten, Armando Vagliati, an einem Fest zum Ende des Wahlkampfes der damaligen Bürgermeisterkandidatin Letizia Moratti teil. Zu eben jenem Lampada vermerkt die Polizeispezialeinheit aus Reggio di Calabria: »Typischer Krimineller, völlig im mafiösen Nährboden verwurzelt, mit Zielen und Aufgaben, die mit der Verwaltung des wirtschaftlichen Besitztums des Mafia-Kartells von Pasquale Condello zusammenhängen.«

Bei der Hochzeitsfeier am Ufer des Lago di Como nahmen auch Giovanni Barilla, Schwager von Pasquale Condello, und der Sohn des Oberbosses Domenico Francesco Condello teil. Am Bankett wurden auch weitere Personen aus den Führungskadern der 'Ndrangheta gesichtet: Paolo Martino, Verwandter des verstorbenen Clan-Chefs Paolino De Stefano und mutmaßlicher Mafia-Boss für die Domstadt. Bertoni berichtete, dass Martino, der zu ihm ins Auto steigen wollte, einen dunkelfarbigen BMW 5er bemerkte und auf den Wagen zuging. Darin saßen zwei Mitglieder des Papalia-Clans. Damals erfreuten sich die beiden Söhne von Antonio Papalia, Pasquale und Domenico, noch der Freiheit. Pasquale sitzt heute hinter Gittern und Domenico ist seit Jahren flüchtig. Auf der Gästeliste stand auch Mauro Russo aus Casorio, der ehemals mit dem Camorra-Clan von Raffaele Cutolo verbunden war. Russo galt als Gehilfe von Pasquale Scotti, einem der dreißig meistgesuchten Mafiosi.

Die Hochzeitsfeierlichkeiten gingen schließlich mit einem 45-minütigen Konzert einer neapolitanischen Sängerin, einem Feuerwerk auf dem See sowie Leuchtkaskaden auf dem Rasen der Villa zu Ende. Solche Hochzeiten dienen dazu, Allianzen zu festigen, wie sich an zahllosen anderen Beispielen aus der Provinz Locri oder aus der Lombardei belegen lässt. Der Wert einer solchen 'Ndrangheta-Hochzeit geht weit über den zivilrechtlichen Rahmen hinaus, den man diesem Akt gemeinhin zuweist. Er geht über den klassischen Sinn des Wortes Hochzeit hinaus. Er ist der zentrale Pfeiler, auf dem die Strukturen der 'Ndrangheta aufbauen.

Dass Paolo Martino an der Hochzeit teilnimmt, ist für die Ermittlungsbeamten von Bedeutung. Für sie ist es der lange gesuchte Beleg für die herausragende Bedeutung dieser Hochzeit und des Valle-Clans innerhalb der 'Ndrangheta. Paolo ist die Lombardei genauso vertraut wie Reggio di Calabria. Er fühlt sich in beiden Regionen zu Hause. Er ist mit dem Wirtschaftsleben hier wie dort vertraut. Er kennt Personen von der Spitze des sozialen und wirtschaftlichen Lebens der Lombardei. Reggio di Calabria und Mailand, zwei Gipfelpunkte einer mächtigen und geheimen, archaischen und modernen Struktur. Kalabrien und die Lombardei, Epizentren der 'Ndrangheta-Macht.

Zum Beziehungsgeflecht von Paolo Martino gehört auch Lele Mora. Er war der Mädchenbeschaffer für Bunga Bunga in Arcore, dem prachtvollen Landsitz von Silvio Berlusconi. Der Premier empfing dort Heerscharen hübscher und williger junger Damen, die es mittlerweile zu einer gewissen notorischen Berühmtheit gebracht haben. Escortgirls, die ihre 15 Minuten Weltruhm bekamen und aufsteigen wollten in der Unterhaltungsbranche. Dazu gehörte auch der obligatorische Zwischenstopp in der Villa des Selfmademans Berlusconi. Lele Mora wird inzwischen vorgeworfen, zusammen mit Emilio Fede und Nicole Minetti die Prostitution gefördert zu haben. Im Zentrum der Ermittlungen, die von der Staatsanwaltschaft Mailand geleitet werden, stehen die Abende in der Villa San Martino. Berlusconi hingegen werden Amtsmissbrauch und Sex mit Minderjährigen vorgeworfen. Aber das ist eine andere Geschichte, die dennoch vieles gemeinsam hat mit der Halbwelt der Mailänder 'Ndrangheta.

Mora und Martino stehen in engem Kontakt zueinander. Wie auch der Finalist der TV-Sendung »Uomini e Donne«, Costantino Vitagliano, der Paolo Martino kennt. Dieser ist zwar wegen seiner Verbindungen zur Mafia vorbestraft, das tut aber seiner Beliebtheit in der Nachtszene von Mailand keinen Abbruch. Ebenso verhält es sich mit Vito Cardinale, dem Teilhaber der ’Ndrangheta-Discotheken *Hollywood* und *Loolapalosa*. Das *Loolapalosa* ist ein In-Lokal der Kokserszene Mailands, zu dessen Teilhabern auch Domenico Testino gehört. Außerdem der Club *Black Submariner Ladunia*. Ein Lokal, zu dessen Teilhabern bis heute der berühmte Fußballprofi Paolo Maldini zählt. Diese Investition des Fußballers rührt noch aus dem Jahr 1995. Damals kommentierte der Sportler den Vorgang so: »Aus Freundschaft zu den Besitzern der Discothek *Hollywood* habe ich mich hier wirtschaftlich engagiert.«

Zu den Teilhabern des *Loolapalosa* gehört auch Alberto Baldaccini, Inhaber der *Vimar GmbH*, zu deren Besitz auch das *Hollywood* gehört. Das *Hollywood* war über viele Jahre bevorzugter nächtlicher Aufenthaltsort von Lele Mora. Je tiefer man in diesem Sumpf wühlt, umso öfter fällt der Name Vito Cardinale, eine andere Geschichte, die ebenfalls mit dem *Hollywood* zusammenhängt. Cardinale ist wiederum einer der Teilhaber des *Loolapaloosa*, zusammen mit Paolo Maldini und Testino.

Domenico Testino ist seit Jahren auf der Flucht. 1999 bis 2008 war er Geschäftsführer des Lokals, zu dessen Teilhabern auch Paolo Maldini zählt. Bei den Ermittlungen gegen den Fußballprofi stießen die Beamten auch auf Testino, der zahllose Kontakte zu einem Vertrauensmann des Flachi-Clans gehabt haben soll. Darüber hinaus soll er von der Führung des Clans mit dem Drogenhandel beauftragt worden sein. Mimmo Testino selbst gehörte zu den Abnehmern für das Koks des Clans. Wenn er etwas brauchte, rief er Cesare Colombo an, einen Lombarden aus Seregno (bei Mailand), der aber zu den Vertrauten der Drogenhändler der Clans gehört. Sie verabreden sich oft im *Loolapaloosa*. Testino wird von den Ermittlern so beschrieben: »Er führt verschiedene Gaststätten, in denen es zu untergeordneten Vorfällen dieser Art kam. Er gehört zu den Vertrauten des Flachi-Clans und hat damit Kontakte in die Spitzen der Organisierten Kriminalität hinein. Er bevorzugt Männer des Flachi-Clans als Sicherheitsleute für seine Etablissements. Er kauft bedeutende Mengen an Drogen und scheint ein chronischer Drogensüchtiger zu sein. Damit ist eine Persönlichkeit umrissen, die in sich die Gefahr von Wiederholungsstraftaten birgt.«

Wenn der gesunde Menschenverstand noch eine Rolle spielen und nicht nur Gott Mammon regieren würde, wäre das niemand, mit dem man als bekannter Mann ein gemeinsames Lokal eröffnen sollte. Es ist keine Straftat, die Gewohnheiten und den Lebensstil seiner Geschäftspartner zu ignorieren. Es ist eine Oberflächlichkeit, die von der Profitgier diktiert wird, die niemals befriedigt werden kann. Die Geschichte des Mafia-Gehilfen Paolo Martino überschneidet sich mit denen der Feste in Arcore. Nicht nur wegen der Telefonkontakte zwischen dem Mafioso und Lele Mora. Gesprächspartner war auch Luca Giuliante, der Rechtsanwalt von Lele Mora. Er ist nicht in die Untersuchungen involviert. Allerdings vertrat er kurze Zeit als Rechtsbeistand die minderjährige »Nichte von Mubarak«, die berüchtigte Ruby Rubacuori von »Papa« Silvio Berlusconi.

Martino und Giuliante telefonieren häufig miteinander. Kontakte, die den Ermittlern zufolge nicht zufällig waren und in denen es um gemeinsame wirtschaftliche und unternehmerische Interessen ging. In einem dieser Gespräche ruft Martino begeistert aus: »Ich bin ein Freund von Lele!« Im Zentrum der Unterhaltungen stehen Millionenprojekte. Martino möchte einen Hinweis auf den Ausgang einer Ausschreibung, an der eine befreundete Firma teilnahm. Der Anwalt von Mora ist dafür der richtige Ansprechpartner. Eigenen Angaben zufolge ist er Mitglied einer Kommission, die sich mit dem Programm von Guido Potestà, dem Präsidenten der Region Mailand, beschäftigt. Martino bekommt die gewünschten Auskünfte. »Unsere« Firma, wie sie Giuliante nennt, wird nicht gewinnen, weil die Kooperative aus Ravenna einen außergewöhnlichen Vorschlag gemacht hat und damit die Ausschreibung für sich entscheiden konnte. Als er das erfährt, versucht Martino, die Firma, die den Zuschlag bekommen hat, zu kontaktieren. Vermutlich, um Subaufträge zu ergattern. Der Cousin von De Stefano hat ein Händchen fürs Geschäft.

Paolo Martino ist auch als Verleger aktiv. Heimlich, aber doch. Er veröffentlicht die Zeitschrift *Macao*. Eigentümer des Verlags ist die Alan Publishing Group, die noch andere Zeitschriften herausgibt wie das *New York Magazine*, das sich dem Reisesektor widmet, oder die Zeitschrift *Hi Life*, deren Zielgruppe Unternehmer sind. Obwohl er in keiner Weise zu den Angestellten der Alan Publishing Group gehört, engagiert sich Paolo Martino intensiv, organisiert Interviews mit bekannten Pokerspielern, zu denen auch Weltmeister Salvatore Bonavena gehört. Martino stellt sich den Interviewten als Wirtschaftsredakteur der Zeitschrift *Macao* vor. Er sei auch mit der Werbung für Unternehmen beauftragt, die Spielautomaten, Billard und Pokermaschinen herstellen.

Er müht sich auch tatsächlich, Werbeaufträge einzuholen. Etwa, indem er einen Mitarbeiter seines Freundes Vito Cardinale kontaktiert, den er aus dem *Hollywood* kennt. Die Zeit des Ausgehens und der Mora-Philosophie kehren häufig in den Erzählungen Martinos wieder.

Er pflegt auch die Verbindungen nach Kalabrien, nach Reggio di Calabria, als Freund von Gioacchino Campolo, dem König der Spielautomaten Italiens, der 2008 in Reggio di Calabria verhaftet wurde. Speziell Videopoker-Spielautomaten und Videoslot-Automaten möchte Martino beschaffen. Damit beschäftigt sich auch die Zeitschrift. Er kontaktiert verschiedene Hersteller, darunter eine Firma aus Gioia Tauro, die gegenüber dem merkwürdigen Journalisten angibt, zwanzig Spielhöllen zu betreiben und 2000 Spielautomaten zu besitzen. »Leider sind die verschiedenen Geschäftsangebote, die Martino regelmäßig erhält, nicht immer zurückzuverfolgen. Zwar äußert er immer wieder Interesse, behält sich aber zunächst eine Detailprüfung des Angebots vor. So wird ihm auch der Kauf von Anteilen ausländischer Gesellschaften angetragen, die Ferienhäuser in einigen bekannten Tourismusorten Bulgariens, Frankreichs und Montenegros verwalten. Aus der zur Schau gestellten Sicherheit Martinos im Bewerten von Investitionsangeboten lässt sich schließen, dass dieser offenbar tatsächlich in der Lage ist, beträchtliche Mittel in geplante Projekte zu investieren.« Ein Aktenvermerk der Mailänder Staatsanwaltschaft, in dem diese Martino beschrieb. Der Unternehmer, Pate, Geschäftemacher. Ein Modellmafioso des dritten Jahrtausends. Mit einem Fuß im heiligen Tempel der 'Ndrangheta, mit dem anderen in der Kathedrale der Weltfinanzwirtschaft.

18.

DIE 'NDRANGHETA IST DA

»Ich werd dich finden! Ich weiß, wo du wohnst! Ich werd dich verprügeln, wann immer ich dazu Lust habe!« Eigentlich ist es Roccos Aufgabe, Haftbefehle zuzustellen. Er ist Polizist in Bordighera, kennt sich aus mit Verbrechern. Aber dieses Mal treffen ihn die Drohungen. Sie graben sich tief in sein Bewusstsein ein, sie setzen ihm zu. Wer ihn da einzuschüchtern versucht, ist niemand geringeres als Roberto Pellegrino, einer der Gebrüder Pellegrino. Die Pellegrinos sind ein berüchtigter, polizeibekannter Clan, der seit einiger Zeit im Fokus der Anti-Mafia-Behörde steht.

Ursprünglich stammen sie aus Seminara (bei Reggio di Calabria). Verwandtschaftliche Beziehungen verbinden sie mit Spitzenleuten der Organisierten Kriminalität an der Ligurischen Küste und mit dem Santaiti-Gioffrè-Clan. Nach einer kurzen Phase, während der sie auf dem Gebiet des Drogenhandels, der Waffen- und Dynamitschiebereien tätig waren, haben sich ihre Interessen mittlerweile auf die Bauwirtschaft, speziell Aushub und Erdarbeiten, verlagert. In kürzester Zeit haben sie verschiedene Baufirmen gegründet, mit welchen sie um öffentliche Ausschreibungen konkurrieren.

Die Drohungen klingen noch in Roccos Kopf nach, verfolgen ihn bis nach Hause. Er war bisher davon überzeugt, dass so etwas in Ligurien nicht vorkommen könne. »Das hier ist ja nicht Kalabrien oder Kampanien«, sagte er zu seinen Freunden. Aber die 'Ndrangheta hat ihre traditionellen Grenzen längst überschritten. Das weiß Rocco zwar – Zeitungen und Fernsehsender haben darüber berichtet –, aber er hätte sich nie vorstellen können, dass ihn ein Mafioso persönlich bedrohen würde, weil Rocco ihm eine vom Staatsanwalt unterschriebene Vorladung überbringt.

Rocco ist zunehmend besorgt. Tag für Tag wachsen seine Befürchtungen. Er weiß, dass die Brüder von Roberto Pellegrino frei herumlaufen. Der Clan hält zusammen. Rocco schrickt zusammen, als sein Handy klingelt. Es sind erst wenige Stunden seit der Verhaftung von Pellegrino vergangen. »Hallo?« Aber es ist nur sein Onkel Gianni. Er berichtet Rocco, dass einer von Pellegrinos Brüdern ihn angerufen habe. »Er hat mich bedroht und beleidigt. Ich soll dir sagen, dass er dich mit eigenen Händen umbringen wird, wenn man seinem Bruder auch nur ein einziges Haar krümmt. Dass er dafür gern in den Knast geht.«

Die Beklommenheit von Rocco wird zu Angst. Kalter Schweiß steht ihm auf der Stirn. Er überlegt, was er tun kann. Soll er Giovanni Pellegrino anrufen, wie ihm sein Onkel geraten hat? Oder soll er einfach weiterarbeiten, als ob nichts passiert wäre, als ob er keine massiven Drohungen erhalten habe? Er sucht verzweifelt nach einer Lösung und merkt gar nicht, dass er dabei zum ersten Mal seit Jahren wieder an seinen Nägeln kaut. Er nimmt sein Handy und wählt die Nummer, die ihm sein Onkel gegeben hat. Immerhin sind wir hier nicht in Kalabrien, denkt er sich und will sich damit beruhigen, die schreckliche Angst besiegen, die sich in ihm ausgebreitet hat und die seinen Magen wie eine eiserne Faust umklammert. »Hallo, spreche ich mit Giovanni Pellegrino?« Die zaghafte Stimme des Polizisten wird von lautstarken Beschimpfungen und Drohungen übertönt. Es ist ein kurzes Telefonat, aber lang genug, um dem Polizisten zu zeigen, dass die Mafia in seinem Heimatort Bordighera angekommen ist.

Es ist Juni 2010. Fast ein Jahr ist seit der Verhaftung von Roberto Pellegrino wegen illegalen Waffenbesitzes und wegen der Bedrohung von Rocco vergangen. Morgendliches Zwielicht liegt über den Gassen von Bordighera. Die Stadt erwacht langsam. Sommerlich träge Wellen des Meeres schlagen verhalten an den Strand. Frankreich ist nur wenige Kilometer entfernt. Eine Stunde Fahrt, und man ist in der Provence mit ihren Düften, Farben, Früchten, dem Lavendel, dem entspannten Leben. Marseille. Cannes. Nizza. Bordighera ist teilweise Ligurien, teilweise aber auch schon Provence. Frühjahr und Sommer sind in Bordighera ein Kaleidoskop von Farben. Hier fehlen die für den Norden Italiens charakteristischen Klischees. Düfte, Gerüche, salzige Luft, Geräusche, Gastfreundschaft erinnern schon an die geographisch begünstigteren Mittelmeerländer.

Aber dieser Morgen unterscheidet sich von den übrigen in Bordighera. Der Krach von Hubschraubern liegt über der Stadt und stört die geruhsame Heiterkeit der Bewohner, die entweder noch schlafen, frühstücken oder bereits auf dem Weg zu Arbeit sind, in ihre Büros, Kanzleien, Werkstätten oder Fabriken. Die mechanische Gewohnheit wird von der 'Ndrangheta pulverisiert. 2009 und 2010 sind für die Riviera an der ligurischen Küste heiße Jahre gewesen. Viele Brandanschläge haben die Einwohnerschaft und vor allem die Ermittlungsbeamten aufgeschreckt. Denn solche Anschlagsarten deuten auf die Präsenz von Mafia-Ablegern vor Ort hin, welche die klassischen Mittel der Einschüchterung nutzen, um sich Unternehmer, Fachleute und Politiker gefügig zu machen.

So auch im Fall von Franco Colacito, der bis zur Auflösung der Stadtverwaltung durch das italienische Justizministerium Stadtrat von Bordighera war. Seine Tätigkeit für die Stadt endete 2009. Sie hängt zusammen mit der Abfolge von Ereignissen, die das verschlafene Bordighera erschütterten. Schon seit längerem war eine gewisse Unruhe in der Stadt zu bemerken. Die Zunahme an Brandanschlägen auf Cafés und Baustellen sowie die immer häufigeren Einschüchterungsversuche waren Indizien für das unaufhaltsame Näherrücken der »Palmenlinie«, wie sie der sizilianische Schriftsteller Leonardo Sciascia nannte.

In Bordighera wird man sich an diesen 13. Juni als einen Tag erinnern, an dem es kein Zurück mehr gab, als niemand mehr einfach so tun konnte, als wäre alles in Ordnung. Die Hubschrauber, die Sirenen, die Polizisten auf der Jagd nach den Männern des Pellegrino-Clans machen einen Heidenlärm, so als ob sie die ganze Einwohnerschaft aufwecken wollten. An diesem Morgen wird die 'Ndrangheta in Bordighera aus ihren Fuchsbauten gejagt. Ihre politischen und ökonomischen Ambitionen, ihr Strickmuster aus Gewalt und Korruption kommen ans Tageslicht.

Die Spürhunde der Anti-Mafia-Einheit suchen nach Roberto, Giovanni und Maurizio Pellegrino, nach Francesco Barillaro, dem Schwager von Giovanni, und nach einigen Gefolgsleuten, die beschuldigt werden, an den legalen und illegalen Geschäften der Familie teilgenommen und, wie die Ermittlungen ergaben, einen Mafia-Clan gebildet zu haben. Vorgeworfen wird ihnen unter anderem: Entführung, Förderung der Prostitution, Bedrohung von öffentlichen Angestellten und Lokalpolitikern aus Bordighera.

Roberto Pellegrino wird einige Wochen später wieder aus der Haft entlassen. Die Richter befinden, dass es in seinem Fall keine ausreichenden Hinweise gibt, die die Untersuchungshaft rechtfertigen würden. Kronzeugen aus dem nahe gelegenen Ventimiglia hatten zu diesem Zeitpunkt schon von der Existenz einer lokalen Mafia-Zelle, genannt *Locale*, berichtet. Diese diene als Bindeglied zwischen den Mafia-Zellen an der französischen Côte d'Azur und denen auf ligurischem Gebiet. Die

Mafiosi selbst nennen das Gremium »Kontrollraum«. Ein Entscheidungsgremium, das in die Strukturen der internationalen ’Ndrangheta eingebunden ist.

Die Villa der Familie Pellegrino liegt auf den Hügeln oberhalb von Bordighera. Grundstücke und Häuser stellen die beliebtesten Wertanlagen der Gebrüder dar. Ihr Tiefbau-Unternehmen ist in ganz Ligurien bekannt. Ein angesehener Betrieb, der auch die Aushubarbeiten am Strand von Bordighera ausführte und haufenweise öffentliche Aufträge für sich entscheiden konnte. Aufträge, die große Teile der ligurischen Wirtschaft betreffen. Die Pellegrinos unterhalten demgemäß Beziehungen zu Lokalpolitikern, Verwaltern und Beigeordneten, die sich bereit erklären, zugunsten des Clans bei den Antragsverfahren zu intervenieren. Die nationale Anti-Mafia-Direktion geht davon aus, dass der Clan in die ’Ndrangheta ihres Heimatortes Seminara eingebunden ist.

Das Treffen des Ausschusses fand unter Ausschluss der Öffentlichkeit statt. Nichts von dem, was dort besprochen wurde, gelangte an die Öffentlichkeit. An diesem Abend sollen wichtige Entscheidungen gefallen sein. Die Verwaltungsspitze von Bordighera war zusammengekommen, um einige Anfragen zu bewerten, die die Eröffnung neuer Spielhallen betrafen. In den Städten breiteten sich diese modernen Casinos, in denen es keine Croupiers, sondern nur noch Spielautomaten gibt, immer weiter aus. Um eine solche Spielhölle zu eröffnen, bedarf es allerdings einer Genehmigung der Stadt.

Die ’Ndrangheta kocht ihr Süppchen auf niedriger Flamme. Wenn ihr ein bestimmtes Grundstück gefällt, wird eine methodische Vernebelungstaktik in Gang gesetzt. Eine kurze öffentliche Gewalttätigkeit wird das Verfahren begleiten, um die Wirtschaft gefügig zu machen und die Widerspenstigen des Nordens zu entmutigen. Aber das sind Kleinigkeiten, wenn man bedenkt, mit welchem Geschick es die ’Ndrangheta versteht, unsichtbare Netzwerke zu schaffen und darin Unternehmer wie Lokalpolitiker einzubinden.

Auf schmerzfreie Weise in die Lokalpolitik einzudringen, das ist die Standardvorgehensweise der 'Ndrangheta an der Riviera. Von Imperia und Bordighera bis nach Ventimiglia haben die Clans aus Reggio di Calabria in aller Stille den ultimativen Schlag vorbereitet. Jener, der es ihnen ermöglichen wird, ins Herz der Stadtverwaltung vorzustoßen. Die von ihnen projektierte Spielhölle muss genehmigt werden, das vermitteln die Pellegrinos jedem, der es wissen soll. Die Stadtverwaltung tritt dem nicht geschlossen genug entgegen. Ein Stadtrat verrät dem Clan, dass es Kollegen gibt, die strikt gegen eine weitere Spielhalle sind. Auch die Bürgerschaft ist mehrheitlich gegen eine Eröffnung dieser Lasterhöhle. Ihrer Meinung nach gibt es von diesen Groschengräbern schon zu viele.

Die Anfrage des Pellegrino-Clans erzeugt Streitigkeiten. Das Nein der Abgeordneten der Minderheitspartei PD, Donatella Albano, zieht Morddrohungen nach sich. Sie wird sogar unter Polizeischutz gestellt. Einige Stadträte müssen mitansehen, wie ihre Autos in Flammen aufgehen. Marco Sferrazza gehört zur Mehrheitspartei (Mitte-Rechts), die die Stadt in der Region Imperia regiert, und ist einer der Beigeordneten der Gemeinde Bordighera. Als ihn eines Morgens ein Carabinieri-Offizier in die Polizeikaserne bittet, ist er unschlüssig. Er versteht nicht, warum er dorthin kommen soll, oder zumindest gibt er vor, es nicht zu verstehen. Der Offizier möchte, dass der Politiker über die Drohungen aussagt, die er empfangen habe. Nach einem Moment des Zögerns beginnt der Assessor, das, was ihm widerfahren ist, darzulegen. Nachdem er sich während der Ausschusssitzung ebenfalls gegen die Eröffnung der Spielhölle ausgesprochen hatte, kamen Giovanni Pellegrino und dessen Schwager Francesco Barollaro bei Sferrazza zu Hause vorbei und gaben ihm – ohne dabei auch nur eine einzige Drohungen auszusprechen – unmissverständlich zu verstehen, dass sie sein Verhalten nicht nachvollziehen könnten. Dann verabschiedeten sie sich mit einem Satz, der den Assessor erschütterte: »Aber als ihr auf unsere Stimmen angewiesen wart, da haben wir für euch gestimmt, da haben wir euch geholfen.«

Das ist ein erster wichtiger Mosaikstein für die Ermittler, die daraufhin ihre Untersuchung ausweiten. Es kommt zu weiteren Geständnissen, und immer neue Hinweise und Dokumente werden gefunden. Auch Sferrazza weist den Carabinieri-Offizier noch auf etwas anderes hin. Dass die Ergebnisse der nichtöffentlichen Sitzung des Ausschusses durchgesickert seien, dahinter würden Rocco Fonti, ebenfalls Assessor in Bordighera, sowie Franco Colacito stehen. Der Bürgermeister habe im Übrigen auch zu denjenigen gehört, die die Eröffnung der Spielhalle befürworteten. »Weil er eine Gefälligkeit schuldig war«, vermutete Sferazza.

Auch der andere Assessor, der sich gegen die Spielhölle, die von Pellegrinos Frau geleitet werden soll, ausgesprochen hat, wird zu Hause von Pellegrinos Schwager besucht. Dieses Mal will sich der Schwager angeblich nur informieren, ob die Ablehnung persönlich mit der Familie Pellegrino zu tun habe. Solche Episoden werden den Staatsanwälten auch von anderer Seite bestätigt. Parallel zum Haftbefehl gegen die Brüder Pellegrino erstellen die Carabinieri von Imperia einen Bericht, in dem sie die Beziehungen zwischen der 'Ndrangheta und der örtlichen Politikszene beschreiben. In diesem ist von »interessanten Dokumenten« die Rede, die man bei der Durchsuchung der Pellegrino-Villa gefunden habe.

Dabei gehe es auch um Stimmenkauf. Es wird eine Zahl genannt: 200.000 Euro. Eine Art indirekte Parteienfinanzierung, zugunsten eines Politikers der ligurischen Riviera. Aber damit ist der Aufregung noch nicht genug. Im Juni 2009 fordern die

Strafverfolgungsbehörden den Bürgermeister auf, ein Nachtlokal, das ausschließlich von Kriminellen frequentiert wird und in dem der ligurische Ableger der 'Ndrangheta eine Art Bordell betreibt, umgehend zu schließen. Diesem Ansinnen kam der Bürgermeister allerdings erst ein Jahr später nach, genauer gesagt, erst einige Tage, nachdem die Brüder Pellegrino verhaftet worden waren.

Angeklagt wurden sie wegen Zuhälterei in einigen Nachtlokalen, darunter auch jenem, das ein Jahr zuvor bereits auf der Liste der Exekutive zu finden war. Die Carabinieri schickten ihren Bericht an den Präfekten in Imperia, der im August 2010 hierzu eine Kommission einberief. Im März 2011 wurde schließlich der Gemeinderat von Bordighera »wegen mafiöser Verstrickungen« aufgelöst. Dies führte zu Schlagzeilen in den regionalen und überregionalen Blättern. Bordighera war erst die dritte Gemeinde außerhalb Süditaliens, die diesen Weg gehen musste. Seit 1991, dem Jahr, in welchem das entsprechende Gesetz verabschiedet worden war, wurden in Italien bislang über zweihundert Gemeindeparlamente aufgelöst.

Die Kommission, die die Auflösung des Gemeinderats von Bordighera vorbereitet hatte, bezeichnete das Verhalten der Stadtverwaltung als nicht nachvollziehbar. Obwohl die Familie Pellegrino mit juristischen Mitteln gegen die Gemeinderatsbeschlüsse zur Verhinderung »wilden Bauens« vorging, hatte die Stadtverwaltung es ihrerseits nicht für nötig gehalten, den Einsatz juristischer Mittel in Betracht zu ziehen. Darüber hinaus hatte sie es unterlassen, die Umsetzung der entsprechenden Beschlüsse zu überprüfen. Dieses Verhalten führte zu einem erheblichen Bearbeitungsstau, was den geplanten Abriss der illegal errichteten Gebäude betraf.

Die Auflösung des Gemeinderates scheint allerdings keine wirklichen Auswirkungen auf die Gemeindeverwaltung gehabt zu haben. Noch heute arbeiten einige der ehemaligen Beigeordneten in verschiedenen Funktionen in der Leitung dieser Behörde mit. Sowohl die Besuche, die der Assessor Rocco Fonti von Mitgliedern der Organisierten Kriminalität Kalabriens und von den »Familien« von Bordighera erhielt, als auch jene, von denen der stellvertretende Bürgermeister Iacobucci berichtete, lassen sich als Belege für diese Haltung heranziehen. Darüber hinaus konnte nachgewiesen werden, dass der Bürgermeister zusammen mit zahlreichen Vorbestraften bei der Einweihung eines Cafés, das von der Ehefrau eines Clan-Mitgliedes geführt wurde, anwesend war.

In einem unter der sengenden Augustsonne geführten Interview erklärte Iacobucci, dass jeder, der für das Amt kandidiere, seine eigenen Heiligenbildchen unters Volk bringe. Auch an Mafiosi, schließlich seien diese ebenfalls stimmberechtigt. Weitaus schlimmer ist es allerdings, wenn mit den Mafiosi Stimmenkäufe ausgehandelt werden. Geschäfte, die bei einem Mittagessen im Restaurant oder in sonstigen öffentlichen Lokalen vereinbart werden. »In einer Kleinstadt wie Bordighera ist es leicht möglich, auf den Straßen einem Mafioso zu begegnen. Man kann es gar nicht vermeiden. Ein Zusammenleben mit ihnen darf jedoch nicht in Komplizenschaft ausarten.« Iacobucci ist ein ziemlich dreister Typ, der der Rechten ernsthaft nachtrauert. »Ich hab mit Fini schon vor Jahren gebrochen. Jetzt repräsentiere ich das, was er aufgegeben hat: Politik von rechts«, sagte er im selben Interview.

Der Bericht der Kommission belegt, dass die betreffenden Clans gewisse »Vergünstigungen« erhielten, vor allem in den Jahren 2003 bis 2007 und noch einmal verstärkt vor den Wahlen im Mai 2007, als es um die unterlassenen Kontrollen bei der Vergabe und der Durchführung öffentlicher Aufträge an jene Clans ging. »Besonders schwerwiegend erscheint die Unterlassung, nicht beim juristischen Strafregister nach dem [Anti-Mafia-]Zertifikat gefragt zu haben. Denn aus einer solchen

Rücksprache hätte sich ergeben, dass die Dachgesellschaft des betreffenden Clans weder mit öffentlichen Aufträgen oder Subaufträgen hätte bedacht werden, noch dass die öffentliche Verwaltung mit ihr hätte Verträge schließen dürfen.

Der Unterschied in der Behandlung der verschiedenen Firmen erscheint noch greifbarer und bezeichnender, wenn man sie mit Ausschreibungen vergleicht, die zum Zuschlag an andere juristische Personen führten und wo es nicht zu vergleichbaren Anomalien und Unterlassungen kam. Obwohl der größte Teil der Ausschreibungsprozeduren dem vorherigen Gemeinderat oblag, existiert auch eine Verantwortlichkeit der jetzigen Verwaltung. Erst recht, wenn man sich die Kontinuität anschaut, wie sie der Bürgermeister und Teile der vorherigen Verwaltungsorgane repräsentieren, die in der neuen Verwaltung mitarbeiten.«

Aussagen von Gewicht, die das Parteienspektrum Mitte-Rechts an der ligurischen Küste durcheinanderwirbelten. Das Ende des Berichts des Innenministeriums fällt noch negativer aus und ist symptomatisch für die polizeiüberwachte Freiheit, in die bestimmte ökonomische Sektoren angesichts des Vormarschs der Mafia-Organisationen gezwungen werden. »Nimmt man alle erwähnten Teile zusammen, so scheinen sie geeignet, bestimmte Formen der Beeinflussung des Entscheidungsprozesses der Verwaltungsorgane zu begünstigen, die vom Funktionieren und der Unparteilichkeit der Gemeindeverwaltung abhängen und bei öffentlichen Ausschreibungen zu Abweichungen führen.«

Am 3. Februar 2012 wurde auch der Gemeinderat von Ventimiglia aufgelöst. Nach dem von Bordighera war dies nunmehr der zweite Gemeinderat an der ligurischen Küste, dem man mafiöse Beeinflussung nachweisen konnte. Im Bericht der Carabinieri von Imperia fanden sich die typischen Merkmale wie nicht angezeigte Bedrohungen, Stimmenkauf und heimliche

Absprachen. Im Bericht wird auch auf die letzten Regionalwahlen in Ligurien eingegangen, bei denen Fortunata Moio kandidierte, die Tochter von Vincenzo Moio, dem ehemaligen stellvertretenden Bürgermeister von Ventimiglia.

Sie hatte sich auf der Liste »*Bertone*-Vereinigung der Pensionäre« aufstellen lassen. Die Staatsanwälte warfen ihr vor, dass Moio ein Paket gekaufter Stimmen von Domenico Belcastro erhalten habe. »Wir stützen uns auf einen ... Ihr wisst, wer es ist ... Der, der immer nach Siderno fährt ... Er kennt euch ... Erinnert ihr euch an Moio? Das ist ein Freund, der sich einsetzt ... Jetzt kandidiert die Tochter ... Wir unterstützen sie, wir kümmern uns drum, obwohl Mimmo Gangemi dagegen ist ... Mit dem gab's 'ne ziemliche Diskussion (...).« So wird Belcastro in den Aufzeichnungen des Spezialkommandos der Polizei zitiert. Anhand seiner Aussagen lässt sich belegen, welche Aufmerksamkeit die 'Ndrangheta damals schon der Lokalpolitik widmete, auch in Ligurien.

Es kam in der Folge zum Streit zwischen den beiden Exponenten der ligurischen 'Ndrangheta, weil jeder von ihnen einen anderen Kandidaten unterstützen wollte. Gangemi sprach sich für Monteleone aus, den ehemaligen Finanzberater, der in Beratungen mit den Paten attraktive Versprechungen gemacht hatte. Belcastro hingegen favorisierte Fortunata Moio. Mit ihrer Hilfe wollte er der 'Ndrangheta Sitz und Stimme im Gemeinderat verschaffen. Fortunatas Vater soll den Ausführungen Belcantos zufolge ohnehin Mitglied der Mafia sein. Im Juni 2011 beantragten die Staatsanwälte einen Haftbefehl für ihn, was der zuständige Untersuchungsrichter jedoch ablehnte. Moio trat 2009 vom Posten des stellvertretenden Bürgermeisters aufgrund von Divergenzen mit Bürgermeister Scullino zurück, der seinerseits sein Amt im Juni 2011 niederlegte. Bereits nach der Operation »Crimine« war der Ruf nach einer Auflösung des Gemeinderats von Ventimiglia wegen mafiöser

Unterwanderung immer lauter geworden. Die zusammengestellten Aussagen von Kronzeugen, Dokumente und Fotos waren an Eindeutigkeit kaum mehr zu überbieten und brachten die Lokalpolitik in ziemliche Verlegenheit. Die Einsetzung einer vorbereitenden Kommission und die Ersetzung des Bürgermeisters durch den Staatskommissar standen schon 2010 unmittelbar bevor. 2012 findet die nächste Wahl statt, und Moio hat ihren Wahlkampf schon begonnen, zusammen mit einem anderen Assessor, der vom zurückgetretenen Bürgermeister entlassen worden war.

Am Ende landete Fortunata Moio nur auf den hinteren Plätzen bei den Wahlergebnissen. Die Stimmen der Bosse waren anderen zugute gekommen. Wem genau, ist bislang nicht geklärt. Aus den Unterlagen der Polizei werden die Namen Alessio Saso, Abgeordneter der PdL in der Region Ligurien, sowie Aldo Praticò, Stadtrat in Genua, erwähnt. Beide gehörten während der von der Anti-Mafia-Behörde in Genua initiierten Operation »Maglio 3« zum Kreis der Verdächtigen. Die Paten sprachen von ihnen in einigen abgehörten Unterhaltungen, und das Sondereinsatzkommando dokumentierte eine Reihe freundschaftlicher Begegnungen. Praticò beklagte auf einer Pressekonferenz ein angebliches Medienkomplott gegen ihn und gab dann Kostproben seiner politischen Philosophie zum Besten: »Wenn ich Wahlkampf mache und Postkarten mit meinem Bild verteile, spreche ich mit allen Gruppen unserer Einwohnerschaft und frage niemanden nach seinem Vorstrafenregister. Vielleicht gibt es sogar ein 'Ndrangheta-Problem in Ligurien, aber das ist für mich keine Frage hoher Priorität.« Keiner in seiner Partei wagte es, etwas anderes zu behaupten. Zumal Praticò ebenfalls aus Kalabrien stammte. »Sie haben keine Mehrheit, aber wenn wir ihnen eines Tages diese Mehrheit verschaffen, könnte es sein, dass er sich als guter Landsmann herausstellt … Wenigstens können wir notfalls zu ihm gehen, um ihm die Ohren langzuziehen und ihm richtig in den Arsch zu treten.«

Ein Kandidat wie Praticò, darin stimmen die beiden Paten Calabrese und Gangemi überein, ist gut für ihre Organisation. »Immerhin besser als einer der anderen Scheißkläffer. Geben wir ihm also unsere Stimmen, wie denkt ihr darüber?« Kandidaten, die mit Hunden verglichen werden. Eine Beleidigung jener Personen, die den Bossen gegenüber keine Treue mehr leisten. »Lardo muss dazu gebracht werden, sich umzubringen.« Mit »Lardo« (dt.: Speck) meinen die beiden Mafiosi, wie die Ermittler glauben, den Präsidenten des Regionalrats von Ligurien, Rosario Monteleone. Monteleone machte sich als Finanzier einen Namen, mittlerweile ist er UdC-Abgeordneter. Wie aus der Unterhaltung der beiden Mafiosi hervorgeht, hatte Monteleone ihnen Gefälligkeiten versprochen, aber nach seiner Wahl davon nichts mehr wissen wollen. Einen solchen Bruch von Vereinbarungen mit den Mafiosi nennen diese »Nachlässigkeit«, nach den ehernen Regeln der 'Ndrangheta ist das eines der schwersten Verbrechen.

Ein Kandidat nach dem Geschmack der Paten war jedoch Aldo Praticò. »Auf diesen Aldo, der als Freund nach Reggio gekommen ist, haben wir ein Auge«, erklärt Gangemi Moio und wies sie daraufhin, dass es sogar entsprechende Anweisungen aus Reggio di Calabria gab, Praticòs Kandidatur zu unterstützen. Im betreffenden Untersuchungsbericht ist von »Interventionen von Personen aus Reggio di Calabria« die Rede, die »eine bedeutsame Rolle im kriminellen Geflecht der Mafia spielen«.

Dieser Pakt zwischen Mafia und Praticò wurde von verschiedenen Seiten unterstützt. Die Tochter von Moio spielte in diesen Plänen keine Rolle mehr. »Wichtig ist, dass sie auf dem Wahlzettel statt dem Parteinamen ›Volk der Freiheit‹ den Namen Praticò schreiben und den dann ankreuzen. Punkt.« So erklärte der Stadtrat Mimmo Gangemi, wie er seine Gefolgsleute vor der Wahl instruieren solle. »Und im Übrigen müssen sie auf jedem Stimmzettel mehrere Kreuze machen, weil die Vorsitzenden der Kommunisten die Auszählung überwachen werden. Dann fällt es nicht so auf.« Der Boss fasste den Plan noch mal zusammen: »Also sage ich ihnen, dass sie *Popolo della Libertà* durchstreichen und Praticò ankreuzen sollen.« Daraufhin wird er vom Kandidaten gelobt: »*Bravissimo.* So schaffen wir es zusammen in den Stadtrat.«

Doch der Plan ging nicht auf. Praticò erhielt keine ausreichende Stimmenzahl, um ins Regionalparlament gewählt zu werden. Irgendetwas war schiefgelaufen. Der Untersuchungsrichter stellte fest, dass bei einer Untersuchung von 2 228 ungültigen Stimmzetteln fünfhundert denselben »Fehler« aufwiesen. Neben den Namen des Kandidaten für das Regionalpräsidentenamt hatten diese »Wähler« den Namen Praticò geschrieben (statt darunter auf den freien Platz am Ende der Liste).

Greifbar wird die Nähe der beiden Gruppierungen – Politik und Mafia – auf Fotos von der *Festa Mediterranea*. Ein Event, das von den Städten Genua und Reggio di Calabria veranstaltet wird. Auf einem dieser Fotos ist der Stadtrat Praticò direkt neben dem Paten Domenico Gangemi zu sehen. Die ersten belegbaren Kontakte zwischen Gangemi und dem Stadtrat sollen während der Organisationsphase der Veranstaltung zustande gekommen sein. »Ich habe Domenico Gangemi viermal gesehen, als ich Obst und Gemüse in seinem Laden kaufte. Ich hab zweimal mit ihm Kaffee getrunken, um das Fest der Kalabresen vorzubereiten«, rechtfertigt sich Praticò nach der Operation »Crimine«, aus der diese Erkenntnisse hervorgingen. Und obwohl er im Rahmen der Genueser Anti-Mafia-Operation zum Kreis der Verdächtigen gehörte, ließ er sich nicht entmutigen. »Mir geht es gut, aber moralisch bin ich am Boden zerstört. Sie wollen mich hier weghaben. Ich habe die

Staatsanwälte gebeten, mich sofort zu vernehmen, um die Sache ein für allemal aus der Welt zu schaffen. Schließlich will ich bei der Wahl 2012 wieder antreten.«

Dagegen erklärte Stadtrat Saso, weder irgendwelche Stimmengeschenke erhalten zu haben, noch jemals darum gebeten zu haben. Er fügte hinzu, dass er nach ihrem zweiten Treffen von sich aus den Kontakt mit Gangemi abgebrochen habe. Ihn habe dessen Persönlichkeit abgestoßen, gab er an. Den Ermittlern zufolge, die sich für Saso, Praticò und Moio interessieren, spielte sich das Ganze aber ein wenig anders ab. Zwischen den beiden habe eine »prästabilierte Harmonie« geherrscht. Gangemi beauftragte im Vorfeld Michele Ciricosta von der Mafia-Zelle Ventimiglia damit, dem Kandidaten »behilflich« zu sein. »Ich hab zu Michele gesagt: ›Wenn ihr dazu meine Hilfe braucht, sagt es mir, sonst bin ich beleidigt, ich möchte es wissen.‹ Also hat er zu mir gesagt: ›Mimmo, ich denke genau wie du, dass er ein Freund ist, ein braver Junge, ich kümmer mich schon drum.‹« So versuchte der Boss den Kandidaten zu beruhigen, der ihn in seinem Obst- und Gemüsehandel besuchte. Und er fügt noch hinzu: »Alessio, das was ich tun kann, werde ich für dich tun.« – »Das sehe ich doch, du tust sehr viel für mich«, zeigt sich Saso befriedigt. Der Boss erwiderte: »Zum Glück sind wir hier in Genua, hier ist es ein bisschen anders, weißt du … Hier kann ich mich freier bewegen als in Kalabrien, verstehst du?« – »Klar, versteh ich das.« – »Hier hab ich alles im Griff. Ich hab da auch ein paar Landsleute, Verwandtschaft, irgendwas werde ich schon auf die Beine stellen … Wir müssen es schaffen«, unterstreicht der Boss seinen Einfluss hier wie dort.

Während des Gesprächs kommen sie auch noch auf einen anderen Kandidaten zu sprechen, der von einem gewissen Nunzio Rindo unterstützt wird. Rindo ist gebürtig aus Seminara in Kalabrien, wohnt in Ventimiglia und ist wegen mafiöser Umtriebe vorbestraft. Die Bestätigung hierfür erbringt die Durchsuchung der Villa eines anderen Paten. Die Ermittler fanden Visitenkarten und Telefonnummern von Alessio Saso, aber auch vom zurückgetretenen Bürgermeister von Ventimiglia, Scullino. Des Weiteren fanden sie eine Nachricht von Saso, bestimmt für den Paten, mit der Hand geschrieben: »Vielen Dank für alles, es hat wunderbar geklappt.«

Die Ermittler versuchen sich auch noch über einen anderen Sachverhalt Klarheit zu verschaffen. Es geht um ein geheimes Treffen zwischen Giuseppe Marcianò von der Mafia-Zelle Ventimiglia, einem Verwandten von Gangemi, und Saso. Eine Begegnung, die »bestimmte Interpretationen über den Inhalt der Gespräche zwischen dem Stadtrat und der kalabrischen Seite zuließ«. Offenbar nach dem Motto: »Gebe, so wird dir gegeben«, wie die alten Römer sagten. Jedenfalls legt das der noch im Gang befindliche Rechtsstreit zwischen dem Finanzamt und einigen Firmen Gangemis nahe, bei dem herauskam, dass Saso ihm zugesagt habe – wie es dann auch kam –, dass er die drohende Geldstrafe für den Boss verhindern werde. Wie die Spitze eines Eisbergs wird so ansatzweise das ganze Ausmaß der Korruption in Ligurien sichtbar.

»Nein, nicht in der Öffentlichkeit«, sagt Saso, der genau weiß, wer die beiden Männer sind, die ihm anbieten, ihn bei seiner Kandidatur zu unterstützen. Er will sie an einem unauffälligeren Ort treffen. Sie heißen Vincenzo La Rosa und Massimo Gangemi. Letzterer ist der Neffe des Paten von Genua, Domenico Gangemi. Ein paar Tage später trifft er die beiden im Wahllokal von Arma di Taggia, in der Umgebung von Imperia. Das Angebot ist verlockend. Die Mafiosi stellen ihm tausend Stimmen in Aussicht. »Ergebnis einer vorher erprobten Technik«, wie La Rosa formulierte. »Der hatte bereits einen Teil seiner Ziele erreicht, weil sein Kandidat Eugenio Minasso ausreichend Stimmen erhalten hatte, um ins Nationalparlament einzuziehen.« Minasso, im regionalen Parteivorsitz der PdL, wurde während der Feiern zum Abschluss des Wahlkampfes zusammen mit den Mafiosi Michele Pellegrino und Giovanni Ingrasciotta fotografiert (Micheles Brüder wurden im August 2010 zusammen mit einigen anderen Clan-Mitgliedern der Mafia-Zelle Ventimiglia verhaftet). Ingrasciotta ist ein Unternehmer und gab zu, Matteo Messina Denaro persönlich zu kennen. Minasso räumte seinerseits ein, Hilfe – allerdings nicht finanzieller Art – von Pellegrino erhalten zu haben. Er stritt rundheraus ab, jener Politiker zu sein, der den gefundenen Unterlagen zufolge von Pellegrino 200.000 Euro bekam.

Saso, dem Verwandten von Gangemi und La Rosa, hätten diese versprochen, dass er sich »breiter Unterstützung« sicher sein könne. Im Gegensatz zur »einfachen« Unterstützung, wie La Rosa betonte, die lediglich darin bestünde, Stimmen in der Wahlkreis-Gemeinde zu beschaffen. Saso wurde dann auch tatsächlich gewählt, mit der zweitbesten Stimmenzahl, und mit 1300 Stimmen Vorsprung vor den restlichen, nicht gewählten Kandidaten. Das belegt den Ermittlern zufolge »theoretisch den Einsatz von rund tausend gekauften Stimmen« seitens der 'Ndrangheta Liguriens.

Das von den Clan-Mitgliedern geknüpfte Netz umfasst noch mehr Politiker. Gegen sie wurde im Gegensatz zu Saso, Praticò und Moio nicht ermittelt. Aber die Leichtigkeit, mit der Politik und Mafia miteinander in Kontakt treten, ist beunruhigend. Die Bosse der 'Ndrangheta in Ligurien sind im wahrsten Sinne des Wortes gefragte Leute. Viele Politiker sind daran interessiert, von ihnen politische Unterstützung zu erhalten. Manche zogen aus solch einer Unterstützung Nutzen, andere nicht. Wieder andere sind über soziale Kontakte mit den Mafia-Bossen verbandelt. So wie Pietro Marano, ein Kandidat der UdC bei den Regionalwahlen, gegen den bisher ebenfalls nicht ermittelt wurde. Er war einige Zeit Mitgesellschafter einer Firma des Paten Onofrio Garcea. Aber bevor der Mafia-Boss verhaftet wurde, verließ Marano die Finanzholding. Für die Ermittler steht fest, dass Garcea einen Teil seiner Einnahmen aus Zinswucher generierte.

Die Beziehung zwischen Garcea und Marano bestand bis kurz vor den Wahlen. »Er organisierte wichtige Unterstützung für den Wahlkampf von Pietro Marano.« Garcea bot ihm sogar vierzig garantierte Stimmen seines Clans an. Aber dann hatte Gangemi für die Mafia eine neue Direktive erlassen und Garcea zog sein Angebot wieder zurück. »Stimmt für Praticò!«, galt nun für die Mafia-Zelle aus Genua, »Stimmt für Saso!«, für die Zelle aus Imperia.

Mafia-Boss Garcea interessierte sich auch für die Kandidatur von Cinzia Damonte, der Beigeordneten für Städtebau der Gemeinde Arenzano bei Genua. Sie trat für die sozialliberale Partei *Italia dei Valori* (dt.: Italien der Werte) bei den Regionalwahlen 2010 an. Ein Foto zeigt sie, wie an einem Essen der kalabrischen Gemeinde teilnimmt und dabei neben Boss Garcea sitzt. Mit ihm zusammen verteilte sie auch Wahlflugblätter. Ob es darüber hinaus weitere Kontakte zwischen beiden gab, müsste noch untersucht werden.

Zu Beginn der sechziger Jahre wurde der Mafia-Boss von Gioiosa Ionica (Kalabrien), Francesco Mazzaferro, ins oberitalienische Val di Susa (an der Grenze zu Frankreich) in die Verbannung geschickt. Aus dem Nichts baute er in kürzester Zeit eine Firma für Erdarbeiten und Autotransporte auf und eroberte innerhalb weniger Jahre das Monopol auf beiden Gebieten für die gesamte Region. Zugleich verbreitete sich das Gerücht, dass Mazzaferro an einer Geldwäscheaffäre mit Mafia-Geldern beteiligt sei.

Das Baugeschäft war nur der offizielle Teil der Aktivitäten

Mazzaferros. 1984 wurde er erstmals festgenommen. Die Anklage warf ihm Heroin- und Kokainhandel vor, den er entlang der Bahnlinie Turin-Modane aufgezogen habe. Die Untersuchung erstreckte sich auch auf die Manipulation öffentlicher Ausschreibungen im oberen Susa-Tal. 1987 verurteilte das Schwurgericht Mazzaferro zu 18 Jahren Haft. Als er 1993 in Bardonecchia erneut verhaftet wurde, wiederum wegen Drogenhandel, verschwand er für lange Zeit hinter Gittern.

Im Schatten Mazzaferros hatte in der Zwischenzeit ein anderer Mafioso mit dem Namen Rocco Lopresti Karriere gemacht. Auch er stammt aus Gioiosa Ionica und trat das Erbe von Mazzaferro innerhalb der Mafia-Zelle von Bardonecchia (Susa-Tal) an. Dem Kronzeugen Francesco Fonti zufolge war die Mafia-Zelle von Bardonecchia ein Ableger der 'Ndrangheta und existierte seit den siebziger Jahren. Eine neue Mafia-Zelle zu schaffen ist keine Kleinigkeit. Denn dazu braucht man nicht weniger als 48 Gefolgsleute. Darüber hinaus benötigt man noch die entsprechenden Kader für die verschiedenen 'Ndrangheta-Hierarchie-Stufen, von den einfachen Schlägern und Fußsoldaten zu den *Sgarri di Sangue* (dt.: Bestrafer), von den *Santisti* (dt.: Heilige) bis zum *Vangelo* (dt.: Evangelium) an der Spitze. Jedes einzelne Mitglied wird von der obersten Instanz, der *Mamma*, dem obersten Boss der Clans der Hochburg San Luca, geprüft.

Die Mafia-Zelle von Bardonecchia, so berichtete Fonti weiter, sei zusammen mit der in Turin entstanden. Lokaler Boss sei Francesco Mazzaferro gewesen. 1992 begann dessen Abstieg, gleichzeitig kam aus Kalabrien Lopresti ins Susa-Tal, der sofort in großem Umfang Kontakte zu Institutionen knüpfte, so etwa zum Befehlshaber der Carabinieri in Bardonecchia, Leonardo Fontana, dem damaligen Bürgermeister Gibelli und anderen wichtigen Figuren der Gemeindeverwaltung. Dank dieser Bekanntschaften gelang es Lopresti, die meisten Ausschreibungen dieses Gebiets zu gewinnen und auf diese Weise die Subaufträge und die Handlangerarbeiten exklusiv an Firmen oder Personen aus Kalabrien zu verteilen. Die Ermittler fanden in der Lopresti-Villa verräterische Dokumente. Darunter zahlreiche Kostenvoranschläge anderer Firmen für bestimmte Aufträge. Kostenvoranschläge, die er eigentlich nie hätte zu Gesicht bekommen dürfen.

Den größten Skandal lösten die Erweiterungsbauten am traditionsreichen Berghotel *Campo Smith* aus, das dafür bekannt ist, dass hier 1939 der erste Skilift in den Piemonteser Alpen errichtet wurde. Der Auftrag für den neuen Hotelkomplex nach öffentlicher Ausschreibung an eine Kapitalgesellschaft mit einem Stammkapital von zwanzig Millionen Lire (10.000 Euro). Sie hieß *La Marina di Alessandro* (dt.: Der Hafen von Alexander) und gehörte einem gewissen Bruno Aguì. Auch die Überlassung des Baugeländes von der Gemeinde an Aguì war mit Merkwürdigkeiten verbunden und zog die Aufmerksamkeit der Ermittler auf sich. Aus der Grundstücksüberlassung ging hervor, dass die Gemeinde Aguì ein sehr wertvolles Geschenk gemacht hatte. Ein Gutachten, das den Wert des Baulandes mit 3,6 Milliarden Lire (1,8 Millionen Euro) bewertete, wurde von Bürgermeister Gibello angefochten. Die Untersuchungen brachten zum Vorschein, dass beim gesamten Auswahlverfahren gegen zahlreiche Vorschriften verstoßen worden war. Unter anderem gegen die Bestimmungen des Naturschutzes und des Städtebaus. Hinzu kam, dass die entsprechenden Entscheidungen der Gemeinde hinter verschlossenen Türen ausgekungelt worden waren.

Am 30. September 1994 nahm die OK-Abteilung der Finanzpolizei Bürgermeister Gibello, Aguì und andere Beteiligte fest. Gibello wurde beschuldigt, sein Amt missbraucht zu haben. Am 28. April 1995 löste der Ministerrat auf Vorschlag der Präfektur den Stadtrat von Bardonecchia auf. Es war der erste Fall dieser Art in Norditalien. In der Folge fanden sich weitere Unternehmen, deren stiller Teilhaber Lopresti war. Bald darauf begann der Prozess. Verurteilt wurden der Bürgermeister und der Staatskommissar für die Skiweltmeisterschaften 1997 von Sestriere. Der geheimnisvolle Unternehmer Aguì kam mit einer Geldstrafe davon.

Das Urteil ordnete den Abriss jenes Teils des Hotelkomplexes an, der auf einer öffentlichen Grünfläche errichtet worden war. In zweiter Instanz wurde das Urteil wieder aufgehoben, hatte aber zumindest insoweit Folgen, als der Bürgermeister nicht wiedergewählt wurde. Das zweite Verfahren gegen Lopresti und andere, in welchem versucht wurde, die Errichtung einer Mafia-Zelle in Bardonecchia nachzuweisen, fand im Jahr 2000 statt, jenem Jahr, in dem es auch zu seiner Verurteilung kam. Das Urteil befand: »Vielfältig sind die Gründe, die uns dazu bringen, davon auszugehen, dass es seit den siebziger Jahren eine etablierte Organisation der kalabrischen Mafia auf dem Gebiet von Bardonecchia gibt, welche zunächst dem Befehl von Francesco Mazzaferro, und später dem von Rocco Lopresti unterstand. Zudem konnte festgestellt werden, dass es eine belegbare Einmischung der Beteiligten an politischen Entscheidungsprozessen und Wahlen gab. Und dass dies im Zusammenhang mit Personen geschah, die in der Gunst der Mafia-Zelle standen. Dazu gehörte der Einsatz von gekauften Wählerstimmen bei den Gemeinderatswahlen 1994.«

Die Erinnerung an den ersten Gemeinderat, der wegen mafiöser Unterwanderung aufgelöst worden war, ist in einem Land, das sich phasenweise gleichgültig oder blind zeigt gegenüber den tatsächlichen Funktionsstörungen seiner Organisationsform, nahezu in Vergessenheit geraten. In einem Land, das über ein so kurzes Gedächtnis verfügt, ist der Fall Bardonecchia in den Tiefenschichten des kollektiven Erinnerns abgelegt worden. Nur um 15 Jahre später wieder machtvoll an die Oberfläche zu kommen. Im Juni 2011 geriet der piemontesische »Minotaurus« in die Schlagzeilen. Halb Mensch, halb Tier. Die 'Ndrangheta im Schatten der Alpen ist ein echter Minotaurus. Das trug der Operation, die zur Festnahme von 150 Mafiosi und »externen Mitläufern« führte, ihren Namen ein. Eine Untersuchung, die die Erinnerung an die Operation »Crimine« aus dem Jahr 2010 hervorruft.

Rund um den »Minotaurus« konnte ein engmaschiges Netzwerk an Komplizen festgestellt werden. Die 'Ndrangheta hatte es verstanden, dieses Beziehungsgeflecht rund um Turin in über dreißig Jahren aufzuziehen. Sie hat sich das Territorium einverleibt, sie hat Politiker und Unternehmer bestochen, und wenn nötig, hat sie auch Schusswaffen eingesetzt. Etwa 1983, als der Richter Bruno Caccia vom Belfiore-Clan ermordet wurde.

Im Schatten der Stadtmauer hat sich in Turin seit den achtziger und neunziger Jahren nicht viel verändert. Die 'Ndrangheta hat ihre Wühlarbeit in Sachen Politik fortgesetzt und dabei teilweise auch schon höhere Schichten dieser Kaste erreicht, wie das Beispiel von Claudia Porchietto zeigt. Während der Operation »Minotauro« tauchte der Name der Regionalrätin für Arbeit und Ausbildung sowie der Ex-Präsidentin der *API Piemonte*, der Vereinigung der kleineren und mittleren Unternehmen, mehrfach auf. Obwohl gegen sie nicht ermittelt wurde, kamen ihre häufigen Treffen mit Mafiosi den Beamten verdächtig vor. So besuchte sie beispielsweise das *Café Italia*, welches Giuseppe Catalano gehört. Der Boss des Mafia-Ablegers aus dem kalabrischen Siderno in Turin, dem die Stadt und ihr Hinterland unterstand, ist mit höheren Machtbefugnissen als ein einfacher Zellen-Boss ausgestattet, notierten die Ermittler ihren Berichten.

Am 23. Mai 2009 steigt Porchietto gegen zwei Uhr mittags aus einem vor der Bar geparkten Fiat Brava aus. Sie befindet sich in Begleitung von Luca Catalano, dem Neffen des Paten. Porchietto ist damals Kandidatin für die Regionalpräsidentschaft auf der Liste der PdL. Die beiden kennen einander schon länger. Der Neffe des Paten wurde während der Kommunalwahlen 2008 in Orbassano – ebenfalls auf der Liste der PdL – zum Stadtrat gewählt. Und gemeinsam mit dem zeitweiligen Bürgermeister Eugenio Gambetta (PdL) war er Teil des Wahlkomitees. Zu diesem Zeitpunkt bemüht sich Porchietto um die Regionalpräsidentschaft, aber sie verliert die Wahl. Bei den Regionalwahlen 2010 gelingt ihr schließlich die Rückkehr in die Politikarena. Sie erhält mit 11 850 die meisten Stimmen.

»Hübsche Frauen lassen einen immer warten«, sagt Don Peppe. »Sie haben doch gesehen, wie lange wir einen Parkplatz suchen mussten«, entschuldigt sich Porchietto. Nach diesen Förmlichkeiten betreten sie zusammen das Café. Die künftige Beigeordnete bleibt nur wenige Minuten. Dann geht sie wieder zum Auto zurück, begleitet von ihrem Chauffeur Luca Catalano. Eine halbe Stunde später telefoniert der Pate mit seinem Neffen. Er möchte sich ein weiteres Mal mit der Kandidatin treffen. »Ihr Terminkalender ist ziemlich voll«, warnt der Neffe und fügt hinzu: »Sie hat gleich einen Termin mit [*Lega-Nord*-Chef] Bossi in Turin.« Aber das beeindruckt den Paten nicht weiter. »Es läge im Interesse der Dame, einem erneuten Treffen zuzustimmen.« Immerhin könne er zu so einem Treffen mehr als vierzig einflussreiche Personen zusammenbringen.

Es handle sich bei Porchietto nicht um mangelnden Respekt, betont der Neffe, sondern um eine wirkliche Überlastung. »Heute morgen waren wir beispielsweise in Nichelino [bei Turin].« Überflüssiges Wahlkampfgedöns, befindet der Pate. »In Nichelino kennt doch Franco [d'Onofrio] alle wichtigen Leute.« Und tatsächlich nimmt d'Onofrio, der »die Gebiete von Moncalieri, Vinovo, Nichelino sowie den Ort, wo sich sein

Reha-Heim befindet, kontrolliert«, an einer der Wahlkampfkundgebungen statt. D'Onofrio wird ein Jahr nach der Kundgebung während der Operation »Infinito« verhaftet. Er ist Teil der Mafia-Regionalkoordination *Crimine* von Turin und von deren »Kontrollbehörde«. Den Ermittlern zufolge ist er eine Führungsfigur innerhalb der 'Ndrangheta des Piemonts. Ausgestattet mit Machtbefugnissen eines Paten steht er auf gleicher Stufe mit Catalano. Er entscheidet mit über Strategien und kann Befehle erteilen, sogar noch aus dem Gefängnis heraus, wo er seit einer zweiten Verurteilung einsitzt.

Franco der Pate ist ein Unternehmer, der sich sowohl in der Illegalität als auch in der Legalität mühelos zurechtfindet. Der Schwerpunkt seiner Aktivitäten liegt im Gesundheitswesen. Bis zu seiner Verhaftung war er Hauptgeschäftsführer der *Ariete GmbH*. Der Sitz der Gesellschaft befindet sich in Turin, in der Via Colli. Die Liste ihrer geschäftlichen Aktivitäten ist beeindruckend lang. Sie reichen vom Lederhandel über das Speditionswesen bis hin zur Verwaltung von Altenheimen und »Pflegeeinrichtungen für ältere Menschen oder für Menschen mit eingeschränkten psychisch-physisch-sozialen Fähigkeiten«. Die Gesellschaft wird mittlerweile von Francos Sohn Andrea d'Onofrio, Jahrgang 1981, geführt, der auch das Altenheim »Madonna delle Grazie« in Cintano bei Turin verwaltet. Eine Einrichtung, die bis 2011 mit Zustimmung der Turiner Gesundheitsbehörde betrieben wurde. Ein nicht unwichtiger Aspekt, wenn man bedenkt, dass vor dem Treffen mit Porchietto Luca Catalano seinen Onkel darum bat, auch Franco d'Onofrio einzuladen, der dann, falls er käme, Porchietto »wegen der Sache« fragen könne. Um was es ging, ist bis heute ungeklärt. Aber wie Staatsanwalt Caselli während einer Pressekonferenz bekannt gab, werden die entsprechenden Ermittlungen fortgesetzt und könnten die Polit-Szene von Piemont nachhaltig erschüttern.

Auch die weiteren Ermittlungen im Gesundheitsbereich Piemonts zogen umfassende Konsequenzen nach sich. Zum Kreis der Verdächtigen zählte damals die ehemalige Regionalrätin für das Gesundheitswesen, Caterina Ferrero. Sie stand im Zentrum von zwei getrennten Ermittlungen, die sich aber von Tag zu Tag näher aufeinanderzubewegten. Den ermittelnden Staatsanwälten zufolge soll sich Ferrero »im Tausch gegen Wahlkampfunterstützung zu Gefälligkeiten bereit erklärt haben«. Gerichtsfeste Beweise für Kontakte zwischen der 'Ndrangheta und Ferrero gibt es bislang nicht.

Ferrero, »Miss Beliebtheit« der vergangenen Regionalwahlen, ist die Schwiegertochter von Nevio Coral. Bei dem ehemaligen Bürgermeister von Leini (bei Turin) handelt es sich um einen erfolgreichen Unternehmer, gegen den wegen »externer Mitwirkung bei einer mafiösen Vereinigung« während der Operation gegen die 'Ndrangheta-Clans im Piemont ermittelt worden war. Coral hat die Wahlkampagne der Schwiegertochter persönlich unterstützt. Aber nicht nur durch ihn geriet Ferrero in den Ruch der Nähe zur 'Ndrangheta. Dazu trug auch Piero Gambarino bei, seine rechte Hand, der den Ermittlern zufolge Kontakte zu Achille Berardi und Valerio Ieardi unterhalten soll. Beide waren Teilhaber der *Sport nel Canavese*, von der auch Gambarino einen großen Teil kontrollierte. Und es gab noch weitere interessante Teilhaberverbindungen. Das Restaurant des Sportkomplexes, das sich im Besitz der *Sport nel Canavese* befand, wurde an die *Lancia Ristorazione* verpachtet, die ebenfalls von Gambarino kontrolliert und von einer jungen Rumänin als Strohfrau geleitet wurde. Sie fungierte zudem als Mitgesellschafterin des Vorbestraften Renato Spanò in der *Sigmu Costruzioni*. Spanò, gegen den nicht ermittelt wurde, ist ein guter Freund von Nino Occhiuto, dem Boss der sogenannten *Bastarda* in Piemont, einem autonomen und nicht vom *Crimine* autorisierten Ableger der 'Ndrangheta. Zugunsten der *Bastarda* versuchte Spanò auch, einen Unternehmer davon zu überzeugen, die erlittene Erpressung nicht anzuzeigen, wie aus dem entsprechenden Haftbefehl hervorgeht.

Caterina Ferrero hatte schon seit einiger Zeit das Interesse der Clans auf sich gezogen. »In den nächsten zehn Tagen werden sie entscheiden, ob sie ihre Kandidatur – und wenn ja, wie – unterstützen. Danach müssen wir uns mal treffen, um Klartext zu reden«, sagte Vittorio Bartesaghi zu Adolfo Crea, einer führenden Gestalt im 'Ndrangheta-Koordinierungskomitee von Turin. Sie unterhielten sich über Ferrero, damals Regionalrätin für öffentliche Arbeiten und Kandidatin für die Provinzregierung, und währenddessen diskutierten Crea und der »Architekt seines Vertrauens«, Batesaghi, eine mögliche Beeinflussung »der Ausschreibung für die Arbeiten an öffentlichen Gebäuden. Bestimmte Politiker sollten sie dabei unterstützen, ihren Angaben nach zählte zu diesen auch Caterina Ferrero.«

Aber Nevio Coral ist mit Abstand der umtriebigste Mafioso der 'Ndrangheta. »Können wir uns demnächst mal treffen? Mein Sohn Ivano ist der Bürgermeister von Leini. Er kandidiert gerade für die Regionalwahlen.« Die Bitte des ehemaligen Bürgermeisters von Leini richtet sich an Vincenzo Argirò, Mitglied des *Crimine* von Turin im Rang eines *Quartino*. »Hab ich mir notiert, Herr Doktor, ich melde mich bei Ihnen«, antwortet der Pate, der bereits über alles informiert ist. Das Abendessen hatte fast drei Stunden gedauert. Daran teilgenommen hatte auch Nevio Coral, der über seine Zeit als Bürgermeister schwadronierte. Die, die er Unternehmer nennt, belehrt er darüber, dass sich mit den zustande gekommenen Kontakten viele neue Arbeitsperspektiven eröffnen würden.

Vincenzo Argirò ist ein bodenständiger Typ, angesichts der Versprechungen künftiger Großprojekte antwortet er: »Wenn ich statt eines Nudeltellers nur ein belegtes Brot zu essen bekomme, wäre das auch okay.« Damit will er zu verstehen geben, dass man den Clans keine märchenhaften Versprechungen machen soll. Sie bevorzugen geringere, aber realistische Zusagen, nicht irgendwelche Wolkenkuckucksheime. »Wo ich herkomme, da wissen sie, dass wir mit euch zusammensitzen. Wenn alles klappt, werden wir wieder feiern können, so wie in der Vergangenheit, wenn ihr euch noch daran erinnert.« Argirò macht deutlich, dass er die Politik von Nevio Coral schätzt. »Einen sollten wir in die Stadtverwaltung schicken, einen weiteren in den Stadtrat, und einen ins Tourismusbüro, dann kommen wir vielleicht endlich da hin, dass wir überall unsere Leute haben, dass wir eine starke Gruppe werden.«

Das, was Coral den Mafiosi während des Abendessens vorgeschlagen hatte, war eine Art gemeinsames Führungskomitee. Diesem Treffen folgte noch ein anderes mit beiden Corals, Vater und Sohn, bei dem man konkretere Vorhaben diskutierte. »Wir müssen so etwas plakatieren wie ›Wählt Coral – für eine sichere Zukunft‹«, erklären sie der Tochter von Argirò und fügen hinzu: »Francesca hat uns 24.000 Euro gegeben. 12.000 hab ich mit dabei. Wir müssen die Sache über Rechnungen angehen.« Den Ermittlern zufolge ist die Summe, die Coral der 'Ndrangheta versprach, eine verkappte Finanzierungshilfe über Scheinrechnungen. Diese These lässt sich mit einem weiteren Abhörprotokoll stützen. »Ich muss noch dort vorbeigehen und eine Rechnung machen … Wann kann ich vorbeikommen?«, fragt ein Mafioso die Sekretärin von Coral.

Der Stimmenpool der 'Ndrangheta produzierte erkennbare Effekte. Der Ausgang der Wahlen vom 6. und 7. Juni 2009 für den Regionalrat sind verblüffend. Ivano Coral erhält 1797 Stimmen in Borgaro Torinese, 2836 Stimmen in Leini und 1937 Stimmen in Volpiano. »Wir haben ihm wie versprochen die Resultate verschafft.« – »Den hab ich in der Tasche, ich schicke ihn zu dir.« Das sind die Kommentare zweier Mafiosi, die den Ermittlern zufolge zum »Wahlerfolg« Corals beigetragen haben. Kontakte zwischen der Regionalpolitik und der 'Ndrangheta, welche die Staatsanwälte näher beleuchten möchten, indem sie vorhandene Verdachtsmomente systematisch überprüfen.

»Da gibt's einen Landsmann von uns, einen Freund ... Kommt aus Genua ... Nee, den kennst du nicht (...). Komm gegen drei, dann stell ich ihn dir vor. Es wird auch ein Politiker aus Rom da sein«, teilt Benvenuto »Paolo« Praticò, Mitglied des *Crimine* von Turin, mit. Zusammen mit einem weiteren Clan-Angehörigen organisierte er ein Treffen zwischen Politik und Finanz im Hotel *Atlantic*, bei dem auch ein Senator aus Kalabrien teilnahm, Gino Trematerra. Zum Zeitpunkt des Treffens ist der Senator, der 2010 Bürgermeister von Acri (bei Cosenza) wurde, Regionalkoordinator der UdC und fliegt gerade nach Brüssel, um seinen Sitz im Europaparlament einzunehmen. Sein Sohn Michele ist Regionalrat für Landwirtschaft und gehört zu den engsten Mitarbeitern von Giuseppe Scopelliti, Jahrgang 1966 und seit 2010 Präsident der Region Kalabrien.

Wie eng die Beziehungen zwischen beiden sind, geht daraus hervor, dass Scopelliti wenige Tage vor seiner Wahl zum Präsidenten nach Acri kam, um die Bürgermeisterkandidatur von Gino Trematerra zu unterstützen. Er versprach ihm, dass das Krankenhaus von Acri nicht geschlossen werde. »Ich setze mich für einen Freund ein, der aus Ligurien gekommen ist und einen Politiker aus Rom mitgebracht hat«, wiederholt der Pate gegenüber den Eingeladenen. »Es war gar nicht leicht, so viele Leute zusammenzubringen, da die meisten keinen Bezug zur Politik haben und nicht mal wussten, welcher Partei er angehört«, erzählt »Pino« Mangone, der in der 'Ndrangheta im Rang eines *Sgarrista* steht und Mitorganisator des Gipfeltreffens ist. Praticò hat Probleme, sich an den genauen Namen der

Partei zu erinnern: »UdC, UdR oder so ähnlich.« Für die Bosse ist das egal. Was zählt ist, dass er aus Rom kommt und Senator ist. »Der kann so etwas machen, und die halten auch, was sie versprechen«, glaubt »Paolo« Praticò.

Das Gipfeltreffen findet am 19. Januar 2008 statt. In der Nähe des Tagungshotels *Atlantic* in Borgaro Torinese, unweit des Turiner Flughafens, beobachten die verdeckten Ermittler die Ankunft eines Maserati. Am Steuer ein *Sgarrista* der ligurischen 'Ndrangheta, Onofrio Garcea, der als Gefolgsmann des Bonavota-Clans aus Sant'Onofrio (bei Vibo Valentia) gilt. Er arbeitet für die Mafia-Zelle von Genua und gilt nicht gerade als ein Heiliger. Gebürtig in Vibo Valentia, hat er im Laufe seines bisherigen Lebens schon einige Vorstrafen zusammengetragen, »wegen Zugehörigkeit zu einer mafiösen Vereinigung« und anderen Delikten. Sein Fahrgast, den er von Genua nach Turin gefahren hat, ist der besagte Gino Trematerra, Jahrgang 1940. Und auch wenn dieser mittlerweile nicht mehr Senator, sondern Bürgermeister und Europaabgeordneter ist, für die Menschen von Acri bleibt er der »Senator Trematerra«.

Die Begegnung im Hotel *Atlantic* wird von den Ermittlern als äußerst alarmierend eingestuft, »unabhängig vom Grad der Mitwisserschaft des Senators«. So steht es in ihrem Bericht. Es ist nicht das erste Mal, dass der Name Trematerra in Unterhaltungen der Paten fällt. Zwei Bosse aus Africo und Roghudi (bei Reggio di Calabria) sprachen in einem abgehörten Gespräch über die Wahlen zum Europäischen Parlament 2009. »Caridi ist aus Reggio di Calabria, der Trematerra ist zwar aus Cosenza, aber das macht nichts, der scheißt auf die dortigen Mafiosi«, meint Pietro Zavettieri. »Aber die wollen Trematerra trotzdem unterstützen«, hält Pietro Romeo dagegen. »Klar, er ist dort Kandidat«, stimmt ihm Zavettieri zu. »Der, der uns jetzt gefällig ist, ist aber Caridi«, sagt der Boss aus Africo.

Bei den Wahlen zum Europäischen Parlament engagiert

sich die 'Ndrangheta immer besonders. Von Süd bis Nord. So zeigen die Clans aus Piemont Interesse an der Kandidatur von Fabrizio Bertot, damals wie heute Bürgermeister der Gemeinde Rivarolo Canavese. Die Wahlmaschinerie, die der Pate Giuseppe Catalano in Gang gesetzt hat, ist beeindruckend. Bertot soll unter anderem »einigen hochrangigen Mitgliedern der 'Ndrangheta in Turin« vorgestellt werden. In einem zweiten Schritt soll nach dem Plan von »Don Peppe« Catalano der Pakt mit dem Politiker konkretisiert werden.

Es beginnen, wie der ermittelnde Untersuchungsrichter sagte, »persönliche Verhandlungen um einen Stimmenkauf. Als Gegenleistung für die Wahlunterstützung ist die Zahlung von 20.000 Euro vorgesehen«. Die Summe wird von den Battaglia selbst genannt. Er fügt hinzu: »Wir haben es aber leider nicht geschafft, mit einem fertigen Angebot hierher zu kommen, und das aus einem ganz einfachen Grund: Wir haben noch nicht so recht verstanden, in welcher Form Geschäft und Gegengeschäft erfolgen sollen. Unsere Freunden aus Kalabrien wollen uns jedenfalls helfen, ohne eine einzige Lira zu verlangen.«

Vor seinem Treffen mit Catalano hatte sich Battaglia – zusammen mit Giovanni Macrí – mit Giovanni Iaria verabredet. Er war es auch gewesen, der ihm die gewünschte Unterstützung kostenlos zugesichert hatte. Aber damit ist Boss Catalano nicht einverstanden. Die beiden willigen schließlich ein, zu bezahlen. »20.000 Euro. Wir sprechen mit dem Bürgermeister. Wir werden die Summe schon irgendwie zusammenkriegen. Entweder bringt sie der Bürgermeister auf, oder ich bezahle das aus eigener Tasche«, erklärt Battaglia, die rechte Hand von Bertot, unmissverständlich. Die drei sprechen auch über künftige Gewinne und Gefälligkeiten. Die Umwidmung eines landwirtschaftlichen Grundstücks aus dem Besitz von Franco d'Onofrio wird angesprochen, der auf diesem Gelände seine

Klinik erweitern möchte. Eine »uneigennützige« Gefälligkeit, die jedoch ebenfalls ihren Preis hat. Battaglia beziffert sie auf 50.000 Euro, bezahlbar in zwei Tranchen zu 30.000 und 20.000.

Die Präsentation des »Siegerpferdes«, des Rekordhengstes nach Art eines Varenne, findet im *Café Italia* statt, eine Art Wahlkampfbüro, das gemeinsam von Politikern und Mafiosi genutzt wird. »Es ist uns eine große Ehre, heute den Herrn Bürgermeister sowie seinen Assistenten bei uns begrüßen zu dürfen. Das erfüllt uns mit Stolz. Ich darf euch bei der Gelegenheit daran erinnern, dass der Herr Bürgermeister Kandidat bei den Europawahlen ist.« So schwadroniert »Don Peppe« Catalano in Gegenwart von Bertot und seines Assistenten Antonio Battaglia, gebürtig aus Capo Spartivento (Kalabrien), Schlüsselfigur in der Affäre um die Stimmenkäufe und bestens vernetzt in der Politik- und Wirtschaftsszene der Region Turin. Bis 2004 war er Direktor des Gemeindekonsortiums *Reti e Impianti Sud Canavese* aus Ciriè bei Turin und bis 2009 ordentliches Aufsichtsratsmitglied der *Asa Acque*. Beides sind öffentliche Einrichtungen aus dem Bereich der Wasserversorgung, in deren Aufsichtsräten Bürgermeister der Mitgliedsgemeinden sitzen.

Battaglia und Catalano führen »echte Wirtschaftsverhandlungen, um sich die Stimmen der Kalabresen zu sichern«. Dass Battaglia und Macrì sich der kriminellen Prominenz von Catalano bewusst waren, steht den Ermittlern zufolge außer Zweifel. Aber sie kennen auch die Namen der anderen Wahlkandidaten, die die Mafia-Organisation unterstützen wird. Sie nennen den Namen von Porchietto im Zusammenhang mit dem Neffen des Paten Catalano. »Sag deinem Neffen, er soll Claudia [Porchietto] anrufen, und frag sie, wer Fabrizio [Bertot] ist.«

»Große Baustellen, große Gebäude«, führt Bertot in seiner »Wahlrede« vor der versammelten Mafia-Prominenz im *Café*

Italia aus, »alle diese Dinge werden vom europäischen Parlament beschlossen.« Dann kommt er auf eine Sache zu sprechen, die sein Assistent noch nicht mitgeteilt hatte: »Ich werde weiter Bürgermeister von Rivarolo [bei Turin] bleiben.« Er erläutert, was das für die Mafiosi heißt: »Ich werde weiter für euch erreichbar bleiben. Giovanni [Iaria von der Mafia-Zelle Cuorgnè bei Turin] und Nino [Battaglia] wissen ja, wie ich kontaktiert werden kann. Ich bleibe zwar weiter Bürgermeister von Rivarolo, aber ich werde nach Brüssel gehen, dort ein Büro haben und die Kontakte knüpfen, die man braucht, um dafür sorgen zu können, dass man all das, was man machen möchte, auch machen kann.« Am Ende der Veranstaltung applaudiert das »Netzwerk der Kalabresen«. Mit stehenden Ovationen.

Doch Bertot schafft es nicht ganz. Bei den Wahlen reicht seine Stimmenanzahl nicht aus. Er kommentiert gegenüber dem Chefredakteur der Tageszeitung *Cronaca Qui*, was ihm hierzu Salvatore Fiorino, ein Politiker der neuen PSI mitgeteilt habe: »Alle Kalabresen in Turin, die einigermaßen bei Verstand sind, haben für dich gestimmt.« »Das alles zeigt, in welchem Grad die Angehörigen der 'Ndrangheta im Stande sind, den Wählerwillen zu beeinflussen. Mit Einschüchterungen, Drohungen und dem Gebot der *Omertà*. Klassische Mittel des organisierten Verbrechens. Und um eine solche Beeinflussungsfähigkeit zu rechtfertigen, benötigen sie weder Titel noch professionelle Positionen.« Die 'Ndrangheta in Piemont ist den Ermittlern zufolge in der Lage, »die nahezu totale Kontrolle einer bestimmten Gegend zu übernehmen«.

Zwischen Ende Januar und Ende Februar 2011 trifft sich Salvatore »Giorgio« Demasi, Boss der Mafia-Zelle von Rivoli im Rang eines *Padrino*, mit verschiedenen hochrangigen Politikern. Don »Giorgio« ist mit Antonia Romeo verheiratet, Tochter des verstorbenen Sebastiano »U Staccu« Romeo. Zu den Politikern, die Demasi trifft, zählen der Abgeordnete Gaetano

Porcino, der Beigeordnete für das Bildungswesen der Gemeinde Alpignano, Carmelo Tromby von der IdV, der Regionalrat Antonino Boeti und der Abgeordnete Domenico Luca von der PD. Luca hat zugegeben, dass er Demasi seit dreißig Jahren kennt, aber niemals sei er auf den Gedanken gekommen, dieser könne Pate einer kriminellen Organisation sein, so wie es in den Gerichtsakten steht.

»Ist dir bekannt, dass wir in Turin Vorwahlen haben?«, fragt der Parlamentarier den Boss. »Aber sicher doch. Sag mir zur Abwechslung mal was, dass mich wirklich interessiert«, ist die Antwort von Demasi. »Okay, ich werde Fassino unterstützen«, teilt Luca mit und fügt hinzu: »Ich wollte dich fragen, ob du eventuell … immerhin ist der Kampf gegen Gariglio [den Herausforderer von Fassino] ziemlich hart.« Am Tag der Vorwahlen ruft der Mafia-Boss Luca an. Beide sind der Meinung, dass die Partie nur zugunsten von Fassino ausgehen kann. Und das, »obwohl sich Pino [Mangone] reingehängt«, »ziemlich viel Arbeit gemacht« und »ebenfalls intensiv um die Kalabresen geworben hat«.

Demasi bemüht sich auch um den Posten des Bürgermeisters von Ciriè. Man bat ihn um Hilfe für die Wahlkampagne des scheidenden Bürgermeisters Francesco Brizio Falletti, Präsident der Firma *Gruppo Torinese Trasporti* (GTT). »Ich plane gerade ein Abendessen für Brizio. Er ist ein Freund von mir. Ich habe ihm gesagt, dass ich für ihn ein Dinner mit Landsleuten organisiere. Ein paar Kalabresen werden auch da sein.« Der das Demasi mitteilt, ist Vincenzo Femia, Präsident und Aufsichtsrat der Firma *Car City Club* aus Turin, einer Gesellschaft, die sich der ergänzenden Mobilität zum öffentlichen Nahverkehr verschrieben hat und zu deren Gesellschaftern auch die GTT gehört, die Gesellschaft für öffentlichen Nahverkehr von Turin. Demasi sagt zu, ihm zu helfen, und verweist ihn an Domenico Marando, der in Ciriè lebt.

Im Schatten der Stadtmauer von Turin geht es zu wie im Hinterland von Locri. Umworbene Bosse, die für Wählerstimmen sorgen können, aber natürlich nur für die richtigen »Pferde«. Ganz Italien ist ein Dorf. Auch die Politik einer Stadt wie Alessandria (bei Turin) bleibt von den raffiniert angelegten Intrigen der 'Ndrangheta nicht verschont. Eine 'Ndrangheta, die gern im Hintergrund bleibt, auch im piemonteser Hinterland, und ihre Schlägertypen auch schon mal unter den Lokalpolitikern rekrutiert. Im übertragenen Sinne. Ein Gemeinderat, der zum »Ehren-Schläger« der 'Ndrangheta ernannt wird, ist das beste Beispiel für die Vorgehensweise der 'Ndrangheta in Piemont und im gesamten italienischen Norden, deren Hauptanliegen die eigene öffentliche Unsichtbarkeit ist.

Es handelt sich hierbei um Giuseppe Caridi, der den Ermittlern von der Anti-Mafia-Behörde Turin zufolge als *Consigliere* (dt.: Ratgeber) der 'Ndrangheta tätig war. Er wurde 2007 auf die Liste der PdL gewählt und zum Vorsitzenden des Ausschusses für Landwirtschaft und Umwelt ernannt. Darüber hinaus war er bis zu seiner Verhaftung Organisationsbeauftragter der *Alleanza Democratica*, der politischen Bewegung, die aus den Überresten der Christdemokraten hervorging und von Giancarlo Travagin gegründet wurde, ihrem aktuellen Präsidenten. Diese Erkenntnis ist der Operation »Maglio« zu verdanken, die von der Anti-Mafia-Behörde Turin koordiniert wurde und die zur Verhaftung von 19 Beschuldigten führte, denen Zusammenarbeit mit einer mafiösen Vereinigung vorgeworfen wurde. Den Staatsanwälten zufolge sind sie Mitglieder der 'Ndrangheta, und gehören zur Mafia-Zelle »Unterer Piemont«.

Es gab Zeiten, da durften Politiker, »Bullen« und all diejenigen, die anderen Organisationen einen Eid geschworen hatten, auf keinen Fall Mitglieder der 'Ndrangheta werden. Sie konnten es höchstens zum *Contrasto Onorato*, zum Helfer ehrenhalber bringen. Aber die Zeiten haben sich geändert. Einige vom Lauf der Geschichte überholte Regeln müssen den Bedingungen der Gegenwart angepasst werden. Dieser Ansicht sind zumindest die 'Ndrangheta-Bosse in Piemont und Ligurien. »Wir müssen mal wieder Reformen machen«, empfiehlt der Boss von Genua, »Italien hat sich verändert, die Welt hat sich verändert, dann müssen auch wir uns anpassen, auch wir müssen viele Kleinigkeiten verändern.« Eine Reformer-'Ndrangheta, zumindest was den ligurischen Ableger betrifft, aber die Harmonie mit dem konservativen Block des Mutterhauses in Reggio di Calabria darüber zu riskieren, ist sie nicht bereit.

»Die ganze Welt hat sich verändert, mancherorts gehört der Bürgermeister zu uns, auch bei mir macht er sich ganz prächtig«, erklärt der Mafia-Boss von Genua. Der Fall von Alessandro Figliomeni, dem 'Ndrangheta-Bürgermeister von Siderno (bei Reggio di Calabria), der im Zuge der Operation »Bene Commune« 2010 verhaftet wurde, war nur das eklatanteste Beispiel für diese Form der Einbindung öffentlicher Würdenträger. Oder Domenicantonio Cosimo »Tony« Vallelonga, halb Australier, halb Kalabrese, der von 1996 bis 2005 Bürgermeister der Stadt Stirling (bei Perth) in Australien war und im März 2011 verhaftet wurde. Er wurde beschuldigt, ein Mitglied der 'Ndrangheta zu sein.

Wenn man den Worten der ligurischen Bosse Glauben schenkt, ist die Plage noch sehr viel weiter verbreitet. »Zu meiner Zeit, als ich noch dort im Dorf lebte«, erklärte Pino seinen Männern, »da gab es meinen guten Freund Pasquale Napoli. Der schaffte es, bis zum Leiter der Kulturabteilung der Stadtverwaltung aufzusteigen. Und das war schon vor 40 oder 45 Jahren.« Und Gangemi fasst die diesbezügliche Weltsicht der Mafia wie folgt zusammen: »Wenn einer kein Politiker ist und sich schlecht verhält, verhält er sich schlecht. Wenn er kein Politiker ist und sich gut verhält, verhält er sich gut. Wenn er ein Politiker ist und sich trotzdem gut verhält, ist er ein guter

Christ. Und so soll es bleiben.« Gutes Verhalten heißt in diesem Zusammenhang natürlich immer, den Anweisungen der Mafia Folge zu leisten.

Unterhaltungen zwischen zwei Mafia-Bossen über die maximale Ausdehnung des ’Ndrangheta-Systems. Soll man Politiker als echte Mitglieder aufnehmen oder sie außen vor lassen? Fragen, die auf organische Beziehungen zwischen Politik und Mafia schließen lassen. Beziehungen, die Italien seit 150 Jahren zu einem europäischen Problemfall in Sachen Organisierter Kriminalität machen.

19.

PATEN, BÜRGERMEISTER UND RATGEBER

Die Clans strecken ihre Tentakel nach Norden aus. Und die 'Ndrangheta ist die Organisation, der es am besten gelingt, die verbreitete Korruption in der Po-Ebene für sich zu nutzen. Um dagegen vorzugehen, wären vorbereitende Kommissionen und Auflösungsdekrete für Gemeinde- oder Stadtparlamente probate Mittel. In der Realität Norditaliens werden diese aber nur sehr zögerlich zum Einsatz gebracht. Trotz der Verhaftungen, der Ermittlungen und der Nähe zum Milieu, die in Städten Süditaliens zum Skandal und zur Einsetzung einer vorbereitenden Kommission zur Auflösung des Stadtrats gereicht hätten, kam es in der Lombardei bislang nicht dazu. In keiner der Städte und Gemeinden, in denen Stadträte, Bürgermeister und Beigeordnete gewählt wurden, reichten die per Foto und per Abhörmaßnahmen dokumentierten Kontakte mit Bossen aus der ersten Reihe der 'Ndrangheta in der Po-Ebene aus, um ein solches Verfahren einzuleiten.

Stattdessen wurde beispielsweise der Untersuchungsbericht über die Gesundheitsbehörde von Pavia zur Verschlusssache erklärt. Es scheint, als ob sich ein Teil der lombardischen Politik bereits entschieden hätte, auf welcher Seite sie stehen will. Das beweisen die Wahlkampfdinners, bei denen Mitglieder der 'Ndrangheta aus Reggio Emilia Präsenz zeigen. Die Kommission wurde nicht einmal nach der Verhaftung von Giovanni Valdes einberufen. Der Bürgermeister, der in der Gemeinde Borgarello (Provinz Parma) amtierte und Mitglied der kirchlichen Laienbewegung *Comunione e Liberazione* ist, wurde zwar anschließend wieder aus der Haft entlassen, steht inzwischen aber wegen illegaler Absprachen vor Gericht. Diese Geschichte betraf auch den bereits erwähnten Carlo Chiriaco. Nicht einmal die Emilia-Romagna scheint von den Verstrickungen zwischen Politik und 'Ndrangheta verschont geblieben zu sein.

Im Mai 2011 sorgt der Fall Serramazzoni für Schlagzeilen. Im Mittelpunkt stand das gleichnamige kleine Dorf auf dem Mittelgebirgszug des Appennino bei Modena. Der Bürgermeister Luigi Ralenti von der PD, die Technische Direktorin Maria Rosaria Mocella und der Präsident des örtlichen Fußballverbandes *Serramazzoni Calcio*, Marco Cornia, erhielten den offiziellen Bescheid, dass gegen sie polizeilich ermittelt werde. Als Grund wurde »Störung der freien Wahl der Vertragspartei« angegeben. Sie werden verdächtigt, Firmen durch Drohungen dazu gebracht zu haben, nicht an bestimmten Ausschreibungen teilzunehmen.

Teile der Arbeiten (der Gesamtwert der Projektausschreibung lag bei 1,5 Millionen Euro) wurden der Firma *Restauro e Costruzioni* von Giacomo Scattareggia zugeschanzt. Diese hatte schon in der Vergangenheit für die Gemeinde Arbeiten ausgeführt. In Reggio di Calabria wurde bereits gegen sie wegen illegaler Absprachen ermittelt. Es handelt sich hierbei um ein Ermittlungsverfahren der Anti-Mafia-Behörde von Kalabrien, die im vergangenen Jahr zur Festnahme von 26 mutmaßlichen Mitgliedern des Rodà-Basile-Clans aus Condofuri (bei Reggio di Calabria) führte. Eine Gemeinde, deren Ratsversammlung bereits wegen mafiöser Unterwanderung aufgelöst wurde. Der Unternehmer, der jedoch nicht wegen verbotener Zusammenarbeit mit der Mafia angeklagt wurde, wählte ein abgekürztes Gerichtsverfahren, das mit einem Deal endete. »Es gibt im Übrigen keine Verbotsmaßnahmen gegen die Firma selbst«, stellten die Ermittler klar.

Das Verfahren in Modena wurde angestoßen durch die Anzeige eines Unternehmers. Er hatte angegeben, dass er gezwungen worden sei, seine Beteiligung an dieser Ausschreibung zurückzuziehen. Aber es gab noch eine weitere Firma, die 2008 als Subauftragnehmer Aufträge erhielt. Die *Unione Group*. Beide Unternehmen sollen den Ermittlern zufolge Rocco Antonio Baglio und seinem Sohn Michele gehören. In der Liste der Teilhaber der *Unione Group* tauchen Ehefrau und Tochter von Rocco Baglio auf. Die Geschäftsbeziehungen von Baglios Frau, die offenbar dem Clan aus Gioia Tauro angehört, der die Macht im neuen großen Güterhafen der Stadt ausübt, führen zu einem weiteren Unternehmen mit Sitz in Modena.

In der Untersuchung warf man Rocco Baglio vor, einen Brandanschlag auf die Villa eines konkurrierenden Bauunternehmers verübt zu haben. Außerdem soll er in den örtlichen Fußballverband, *Serramazzone Calcio*, eingebrochen sein. Er wurde beschuldigt, die Trikots entwendet, auf einen Haufen geschichtet, mit Dieselöl überschüttet und dann angezündet zu haben. Bürgermeister Ralenti streitet ab, Baglio irgendwelche Vergünstigungen verschafft zu haben. Stattdessen betont er, mit Baglio nur offizielle Kontakte unterhalten zu haben. In einem Interview widerspricht der Boss dieser Darstellung: »Wir sind eng befreundet.«

Ich habe mich mit dem Sohn von Rocco Baglio, Michele, verabredet. Ich wollte ihn persönlich kennenlernen und herausfinden, seit wann sein Vater und er Ralenti kennen. Michele bleibt dabei, dass es mit dem Bürgermeister keine freundschaftlichen Beziehungen gibt. »Wir haben ihn 2008 kennengelernt, als wir an der Ausschreibung teilgenommen haben.« Nichts weiter. Die angebliche Freundschaft mit dem Bürgermeister sei eine Erfindung der Journalistin, die den betreffenden Artikel verfasst habe, betont er. »Man hat meinem Vater die Worte im Munde herumgedreht«, erklärt er. Dann erzählt auch er von den Brandanschlägen. »Die Ausschreibung haben wir 2007 gewonnen, unsere Firma begann 2008 mit den Arbeiten, die Brandanschläge fanden 2009 statt. Welchen Grund hätten wir haben sollen, Brandanschläge gegen einen Wettbewerber zu verüben, der gar nicht an der betreffenden Ausschreibung teilgenommen hatte, und für die wir den Auftrag schon längst in der Tasche hatten?«

Nachdem Michele Baglio einige Jahre als Angestellter einer Firma aus Modena gearbeitet hatte, beschloss er sich selbständig zu machen. »Wir sind für die Legalität. Wenn es diese kriminelle Verwicklungen wirklich gäbe, die uns die Ermittler unterstellen, wie erklären sich dann die geringen Gewinnmargen unserer Firma? Darüber hinaus verrate ich Ihnen gern, dass wir gar nicht an Ausschreibungen teilnehmen, bei denen Konkurrenten maximale Preisnachlässe anbieten. Das würde unsere Gewinnmarge völlig auffressen. Wenn man die Regeln respektiert, ist es unmöglich, ein bestimmtes Preisniveau zu unterschreiten.«

Wir sprechen auch über vorgetäuschte Konkurrenz. »Das ist der Punkt«, sagt er, »wir machen alles genau nach den Buchstaben des Gesetzes. Man sollte gegen die Firmen ermitteln, die das nicht machen. Ich finde es unfair, wegen dieser alten Geschichten immer noch den Namen meines Vaters ins Spiel zu bringen. Das ist Effekthascherei, weil es bequem ist, weil es Schlagzeilen und Auflage garantiert.« Aber die Vergangenheit seines Vaters, frage ich ihn, ist doch die, die in den Gerichtsakten festgehalten wurde. »Sicher, ich will da gar nicht drumherum reden. Aber jeder macht mal Fehler. Mein Vater hat für seine Schuld gebüßt. Ihn aufgrund dieser Fehler auf ewig zu brandmarken, obwohl er sich inzwischen völlig von seiner Vergangenheit losgesagt hat, halte ich für ungerecht. Es stimmt auch nicht, dass er hinter meinen Firmen steckt.« Über die sich im finalen Stadium befindenden Ermittlungen verliert er kein Wort. »In den Akten gibt es ein Foto, das mich auf der Baustelle zeigt. Aber das ist doch selbstverständlich, ich bin doch der Geschäftsführer, regulär eingetragen, wie es beim Finanzamt hinterlegt ist. Da ist alles regelkonform abgelaufen.«

Rocco Antonio Baglio, das geht aus den Schlagzeilen und den Gerichtsakten hervor, hat die Geschichte der mafiösen Unterwanderung Modenas bis in die neunziger Jahre geprägt. Geboren in Polistena, einem Ort auf der Ebene von Gioia Tauro (Kalabrien), wurde er 1979 vom Gerichtshof in Reggio di Calabria nach Fiorano Modenese (bei Modena) verbannt. Hier hat er sein Netzwerk aufgebaut. Dazu gehören auch namhafte Selbständige der Region. Ein Beispiel hierfür ist die Geschichte mit Renato Cavazzuti, der 1994 Kronzeuge der Justizbehörden wurde. Seine Erlebnisse hat Enzo Ciconte in dem Buch *Mafia, camorra e 'ndrangheta in Emilia Romagna* aufgezeichnet. Das war die erste gründliche Publikation über die Mafien und ihre Umtriebe in der Po-Ebene.

Anfang der achtziger Jahre leitete Cavazzuti die örtliche Filiale der *Cassa di Risparmio* (dt.: Kreissparkasse) in Modena. 1986 hörte er dort auf, um eine neue Arbeit bei der Berlusconi-Firma *Fininvest Programma Italia* aufzunehmen. Drei Jahre später verließ er die *Fininvest* wieder und machte sich als Finanzberater selbständig. Den Staatsanwälten hat Cavazzuti zahlreiche Begebenheiten erzählt, die im Zusammenhang mit den dunklen Machenschaften der Mafia stehen. Seine Aussagen stellten sich als besonders wertvoll heraus, weil sie Licht ins Dunkel um die Interessen der Mafiosi in der Welt der legalen Wirtschaft und des Bankwesens brachten.

Die Affäre Cavazzuti hängt mit Baglio und der 'Ndrangheta zusammen. Zu Beginn der neunziger Jahre stellte Fausto Bencivegna, ein Rechtsanwalt aus Modena, Cavazzuti zwei Männer vor, zwei Führungsfiguren der örtlichen 'Ndrangheta-Ableger, Rocco Baglio und Domenico Falleti, beide aus Polistena. Der Rechtsanwalt fragte den Finanzberater, ob er zwei Konten für die Herren eröffnen könne. Cavazzuti stimmte zu, trotz der kriminellen Vorgeschichte der beiden Kalabresen. In der Folge begannen der Rechtsanwalt und der Bankier ein gewagtes Spiel mit einem anderen Mann aus der Welt der »weißen Westen«, dem Direktor der Kreissparkassen-Filiale von Soliera (bei Modena).

1991 ordnete der Ermittlungsrichter von Modena die Festnahme von Baglio an, »wegen Anstiftung zum Betrug« und weil er »zusammen mit anderen den Konkurs kleiner Unternehmen oder Einzelhandelsgeschäfte provoziert habe, um sich in deren Besitz zu bringen und in diese Kapital illegaler Herkunft einzubringen.« Nachdem zwischen Maranello und Fiorano ein ganzes Waffenarsenal gefunden worden war, musste der Wahl-Modeneser Baglio 1993 für einen weiteren Aufenthalt ins Gefängnis. Das Sondereinsatzkommando der Carabinieri fand damals zwei Panzerfäuste mit 18 Raketen, 41 Handgranaten, 14 Dynamitstangen, eine Kalaschnikow AK 47, zwei Maschinenpistolen Marke Skorpion, eine Uzi-Maschinenpistole sowie 2 600 Schuss Munition verschiedener Kaliber.

Seit seiner Ankunft in der Emilia-Romagna, so erzählt Renato Cavazzuti, hat es Baglio vermocht, ein dichtes Netzwerk unverdächtiger Unterstützer zu knüpfen. Ein Netzwerk, das den Ermittlern zufolge, die im Fall Serramazzoni die Untersuchungen führen, bis heute aktiv ist. Auch die Lokalpolitik soll in dieses eingebunden sein. Da erstaunt es nur wenig, dass der Sohn von Baglio in dieser Sache anderer Meinung ist. Er beharrt darauf, dass sie von niemandem Gefälligkeiten entgegengenommen hätten. Als der entsprechende Untersuchungsbericht, der auch Bürgermeister Ralenti betrifft, veröffentlicht wurde, schlug der regionale Kultur-Beigeordnete Massimo Mezzetti von der Partei *Sinistra e Libera*, der vor einigen Jahren von der Mafia bedroht worden war, vor, eine vorbereitende Kommission zur Auflösung des Gemeinderats von Serramazzoni einzusetzen, um auf diesem Wege die Tatbestände innerhalb der Stadtverwaltung der Gemeinde endlich aufzuklären. Die PD dagegen vertrat den Standpunkt, dass man abwarten müsse. Und der Bürgermeister, den ich wenige Monate vor Abschluss des Manuskripts traf, wies meine Frage, ob es mafiöse Unterwanderung in dieser Gegend gebe, zurück und erklärte, dass hier eine solche Beeinflussung nicht existiere. Ob das in anderen Regionen der Fall sei, wisse er nicht.

Das Jahr 2011 war in der Emilia-Romagna geprägt von den Enthüllungen zu einem weiteren Fall bedenklicher Nähe zwischen Politik und 'Ndrangheta. Zu den bisher völlig Unbescholtenen, die von der Anti-Mafia-Behörde Bologna zur Vernehmung vorgeladen wurden, zählte der Steuerberater Nerio Marchesini. Er gehört dem Bezirksverband der PD in San Matteo, einem Ortsteil von San Giovanni an. Sein Vater ist einer der führenden Exponenten der Kommunistischen Partei Italiens (PCI). Den Staatsanwälten zufolge soll Marchesini dem Drogenhändler Barbieri dabei geholfen haben, Strohmänner für verschiedene Firmen und Immobilien einzusetzen. Konkret wurde Marchesini vorgeworfen, sich beim Ankauf des *Café Montecarlo* im Zentrum von Bologna engagiert zu haben. »Durch einen zielgerichteten und bewussten Beitrag von Marchesini« sei es Vincenzo Barbieri und seiner Lebensgefährtin Marika Aiello gelungen, heißt es im Haftbefehl, die Eigentümerschaft des Cafés auf Francesco Ventrici zu übertragen, der zufälligerweise genauso hieß wie der Gehilfe von Barbieri.

Marika Aiello ist die Tochter von Carmelo Aiello, dem ehemaligen Beigeordneten für Städtebau von Vibo Valentia (Kalabrien). Nerio Marchesini hatte anonymen Berichten zufolge die Rolle des Schatzmeisters der Partei PD übernommen. In der Zwischenzeit ist er freiwillig zurückgetreten. Der Staatsanwalt betont jedoch: Wäre Boss Barbieri nicht gekommen, hätte es keine Gefahr eines Rückfalls gegeben. Das ist sehr unbefriedigend für diejenigen, die seit langem gegen Korruption kämpfen. Schließlich schritt Generalsekretär Bersani ein und unterstützte den Vorschlag des Bürgermeisters von Bologna, Luigi Merola, von der Partei PD, der die Einberufung einer parlamentarischen Untersuchungskommission zu den Mafia-Umtrieben in der Emilia-Romagna forderte. Es wäre das erste Mal, dass in dieser in Watte gepackten und gemäß den Konventionen in Schweigen gehüllten Region unangreifbare Anti-Mafia-Organe zum Einsatz kämen.

Aber die Verhaftung prominenter Mitglieder der Gesellschaft zeigt, dass auch diese nicht mehr sakrosankt sind. So geriet bereits im Juli 2010 der Ex-Generaldirektor der Bank *Credito Sammarinese* aus San Marino, Valter Vendemini, in die Fänge der Justiz. Auch in diese Affäre war der Drogenhändler Barbieri verstrickt. Vendemini hatte es ihm ermöglicht, auf den Konten des Kreditinstituts im Schatten des Monte Titano riesige Gewinne aus dem Drogenhandel und anderen illegalen Aktivitäten zu deponieren. Vincenzo Barbieri ist eine jener Personen, die bei jeder Bank, die er betritt, automatisch die Alarmglocken schrillen lassen müssten. Jede seiner Kontenbewegungen müsste automatisch auf Geldwäsche hin untersucht werden. Schon die einfache Eröffnung eines Kontos müsste konsequent abgelehnt werden. Doch das war nicht der Fall bei der Bank aus San Marino, die ihre Geschäftsbeziehung zu Barbieri den italienischen Behörden erst nach dessen Verhaftung anzeigte.

Vendemini war schon 2007, noch als Bankdirektor, von der italienischen Bankenaufsicht wegen einiger Unregelmäßigkeiten gerügt worden. Er wurde zwischenzeitlich seines Amtes enthoben, doch das konnte nicht verhindern, dass die Zentralbank von San Marino das Kreditinstitut mittlerweile unter ihre Aufsicht gestellt hat. Als geschäftsführender Direktor wurde kein Finanzexperte, sondern der Interpol-Direktor von San Marino, Maurizio Faraone, eingesetzt. Als erste Maßnahme verfügte er die zeitweise Schließung der Filiale und der zugehörigen Finanzgesellschaft namens *Polis*. Der Verhaftung von Vendemini folgten weitere aufsehenerregende Ereignisse. Zu den Beschuldigten zählte auch der Präsident und Gründer des Instituts, Lucio Amati, sowie andere Funktionäre. Die Untersuchungen der Anti-Mafia-Behörde von Catanzaro im Rahmen der Operation »Decollo Money« wurden im Februar 2012 abgeschlossen. Insgesamt wurden 42 Verdächtige verhaftet, die Hälfte von ihnen stammte aus San Marino.

Aus den abgehörten Gesprächen ging hervor, dass es einige begründete Verdachtsmomente gegen die Geschäftsführung des Instituts gibt. Lucio Amati wurde zu Hausarrest in seiner Villa in Riccione (Adria) verurteilt. Die von Barbieri und seinen Bandenmitgliedern in Gang gesetzte Operation hatte 15 Millionen Euro in die Kassen des klammen Kreditinstituts gespült. Diese sollten auf mehrere neueröffnete Geschäftskonten bei der Bank verteilt werden. Ein großer Teil des Geldes traf auch ein, doch dann hat die Ermordung Barbieris, der am 12. März 2011 mit zwanzig Pistolenschüssen in San Calogero (bei Vibo Valentia in Kalabrien) hingerichtet wurde, den weiteren Ablauf der Geldwäscheoperation verhindert.

Die Staatsanwälte von Catanzaro hielten als Ergebnis den skandalösen Kern der Vorgänge fest: »Es handelte sich um eine Bank in wirtschaftlichen Schwierigkeiten, die hoffte, sich mit Mafia-Geld sanieren zu können.« Barbieri, der den Ermittlern zufolge zum Mancuso-Clan gehörte, hatte es immerhin geschafft, mit Spitzenmanagern des Geldinstituts in persönlichen Kontakt zu treten. Dies hatten ihm Selbständige des Ortes ermöglicht, »die in der Lage waren, die unabdingbaren Kontakte mit den richtigen Leuten zu vermitteln«. Das alles liegt noch nicht lange zurück. Wenn man diese Dinge zur Geschichte des Vallefuoco-Clans hinzuzählt, der als Dienstleister für andere 'Ndrangheta-Clans und einige Führungsfiguren der sizilianischen Mafia Geldwäsche in großem Stil organisierte, dann bestätigt sich das Bild der Clans aller drei Mafien, die ständig auf der Suche nach Lücken im legalen Finanzsystem sind, nach Grauzonen, innerhalb derer ihre Art der kreativen Buchführung toleriert oder gar gefördert wird.

Von Bologna und Rimini aus sind die Wege nach San Marino kurz. Die sicheren Bankschließfächer des Kleinstaates ziehen 'Ndrangheta, Mafia und Camorra magisch an. Die Camorra-Clans der Vallefuocos und der Casalesis konnten in San Marino unter Beihilfe eines Rechtsanwaltes, der sie beriet, sogar eine eigene Finanzgesellschaft gründen. Zugunsten dieser Gesellschaft holten sie – unter anderem mit Hilfe von Bedrohungen und Erpressungen – Kredite ein. Den Vallefuocos gehörte auch eine Bäckerei in San Marino. Die Produkte dieses Betriebs wurden gemäß einem Beschluss der Staatsregierung von San Marino auch an Schulen und Hotels geliefert. Das sorgte für Aufsehen: »Camorra-Brot für unsere Kinder«, wie Lokalzeitungen titelten. Doch der Bruder und die Schwester von Vallefuoco, die die Besitzer dieser Bäckerei sind, streiten entrüstet jeden Zusammenhang mit der Camorra rundheraus ab. Vier Monate nach dieser Befragung wurde eben dieser Bruder, Giovanni Vallefuoco, im Rahmen der Operation »Vulcano« festgenommen.

Die Brotlieferungen der Camorra-Bäckerei erreichten auch zwei der größten Kooperativen der Region: die im Gastronomiebereich in ganz Italien aktive gemeinnützige Service-Kooperative CAMST sowie die soziale Kooperative der vereinigten Krankenpfleger CIR. »Es handelte sich nur um gelegentliche Lieferungen im Jahr 2009«, erklärte die CAMST einige Tage, nachdem der Sachverhalt öffentlich geworden war. Ähnlich reagierte die in Reggio Emilia und Modena aktive *CIR Food*. Sie fügte hinzu, dass Brot ein Produkt sei, das einen örtlichen Lieferanten verlange. 2010 seien insgesamt 307 Firmen mit der Lieferung von 1200 Produkten für den Sektor Frischbrot beauftragt worden. Es sei für eine Gesellschaft dieser Größe nicht möglich, die Herkunft der Mitglieder im Gesellschafterkreis aller beauftragten Lieferanten zu überprüfen, ergänzte die CAMST. Das sei Aufgabe der hierfür zuständigen staatlichen Stellen, auch zum Schutz der Auftragsgeber, ihrer Angestellten und der Verbraucher.

»Während des Zeitraums, in dem die Firma *Vallefuoco* Brot lieferte, gab es zahlreiche Beschwerden vonseiten der Kinder, denen das angelieferte Brot nicht schmeckte«, beklagte damals die Partei *Sinistra Unita* von San Marino und zwang damit die Schulbehörde, eine öffentliche Versammlung in der Gemeinde Fiorentino (San Marino) einzuberufen. In dieser sollten die Eltern die Möglichkeit haben, ihre Meinung kundzutun. Zu ihrer Rechtfertigung gab die Behörde an, dass der Vertrag über die Brotlieferung nicht aus Gründen des Geschmacks, sondern nur eventuell aus Qualitätsgründen gekündigt werden könne. Es gab zahlreiche Zeugenaussagen, denen zufolge der Inhalt der Brotlieferungen von geringer hygienischer Qualität gewesen sei. Es gab auch informelle Anfragen, und hinter vorgehaltener Hand wurde die Bitte geäußert, mehr über die Aktivitäten der Bäckerei *Vallefuoco* herauszufinden. Aber die Nachforschungen blieben ohne Ergebnis. »Es hat nicht funktioniert, das müssen wir zugeben. Es liegt nicht in unserer Kompetenz, und es ist leider heute nicht mehr möglich, die Qualität des Brots zu untersuchen«, resümierte die *Sinistra Unita*.

Auch der Gemeinderat von Desio (bei Mailand) lief zeitweise Gefahr, wegen mafiöser Unterwanderung aufgelöst zu werden.

Als die meisten der gewählten Volksvertreter Wind von der drohenden Gefahr bekamen, traten sie zurück. Damit erinnert die Sache in etwa an den Fall der Gemeinde Fondi, als Minister Maroni eine Auflösung des dortigen Gemeinderats wegen mafiöser Unterwanderung plante, die Gewählten jedoch die Demission vorzogen. Es gibt allerdings einen entscheidenden Unterschied. Über den Fall Fondi gibt es eine fünfhundert Seiten starke Dokumentation, in der bis ins kleinste Detail die Gefälligkeiten gegenüber der 'Ndrangheta und dem Casalesi-Clan festgehalten wurden. Im Fall Desio gibt es überhaupt keine Dokumentation, weil die vorbereitende Kommission erst gar nicht einberufen wurde und in den Tagen, als über die mögliche Einsetzung einer solchen Kommission Gerüchte laut wurden, die Abgeordneten ihren Massenrücktritt erklärten. Zurück blieb allein der Assessor Natale Marrone, Cousin eines mutmaßlichen Mafioso, gegen den in der Operation »Crimine« im Juli 2010 ermittelt wurde.

Marrone wurde mit einem Vorsprung von vierhundert Stimmen gewählt und war gleichzeitig der Präsident des Kreisverbandes der rechtsgerichteten Partei *Alleanza Nazionale* in Desio. 2009 – ein Jahr, bevor er gewählt wurde – bat Marrone den örtlichen Pate Pio Candeloro darum, den Chef der Technikabteilung im Bauamt der Gemeinde Desio, zu bestrafen. Aber Pio lehnte ab. Nicht aus Menschlichkeit, sondern weil Rosario Perri einem Clan »angeschlossen« sei.

In Pavia waren der Rechtsanwalt Pino Neri und der bereits erwähnte Carlo Chiriaco die Strohmänner der 'Ndrangheta. Beides völlig unverdächtige Fachleute, die für die 'Ndrangheta ein Netzwerk politischer Beziehungen knüpften. Und das sowohl in regionaler wie in lokaler Hinsicht. Carlo Chiriaco und Pietro Trivi, der Assessor für Wirtschaftsfragen der Stadt Pavia, wurden vom Vorwurf der Wahlfälschung freigesprochen. Die Untersuchung war in Gang gekommen, weil Chiriaco im Rahmen der Operation »Infinito« der Anti-Mafia-Behörde Mailand plötzlich zu den Verdächtigen zählte. Der im Prozess nicht bestätigten Anklage zufolge soll er Wählerstimmen gekauft haben mit dem Ziel, die Wahl Trivis in den Stadtrat von Pavia zu unterstützen. Trivi wurde in der Folge Assessor für Wirtschaftspolitik, Handwerk und Produktion. Kaum war dieser im Amt, arbeitete Chiriaco, der sich als reguläres Mitglied der 'Ndrangheta versteht, mit ihm ein millionenschweres Investitionsprojekt aus. Dieses sollte, wie die Mailänder Staatsanwälte herausfanden, mit Unterstützung des dank Mafia-Hilfe gewählten Assessors realisiert werden. Es handelte sich um die Reaktivierung des alten Wasserflughafens und des Gasometers, auf deren Fläche sie eine neue Zitadelle namens *Europa* kreieren wollten, um ein Gelände für Sportveranstaltungen und Shows zu schaffen sowie einen großen Parkplatz, einen Radweg und andere Einrichtungen. Ein Teil der Investitionssumme hätte von der Europäischen Union kommen sollen.

Auf lokaler Ebene bewegten sich Neri und Chiriaco mit vollendeter Geschmeidigkeit. So erfreuten sie sich mit Mitgliedern des Stadtrats von Pavia langjähriger Freundschaften. Etwa mit dem Stadtrat Dante Labate, dem Bruder von Massimo Labate, einem Politiker aus Reggio di Calabria, der dort wegen illegaler Absprachen und mafiöser Umtriebe vor Gericht stand. In erster Instanz wurde er freigesprochen. In der Berufungsverhandlung beantragte die Staatsanwaltschaft zehn Jahre Haft.

Chiriaco wollte, dass Dante Labate eine Kandidatin bei den Regionalwahlen unterstützte. Labate hätte das sicher gemacht. Er und sein Pool von rund 6 000 Wählerstimmen waren für die zur Wahl Stehenden bei jeder Abstimmung wie eine Bank. Chiriaco und Gariboldi sprachen darüber in einer abgehörten Unterhaltung, und überlegten, ob sie Labate im Tausch eine Stelle in der Gesundheitsbehörde von Pavia anbieten sollten.

»Ich hab deinem Mann schon gesagt, dass ich ihm Bescheid sage, wenn es einen freien Posten bei uns in der Gesundheitsbehörde gibt. Schlag ihm das doch einfach mal vor, und wenn er darauf eingeht, sehen wir weiter.«

In ihren Augen hatte Labate nur einen einzigen Fehler. Was seine Forderungen anging, war er zu gierig. »Labate ist ein strebsamer junger Mann, aber völlig irre«, sagte Chiriaco zu Pino Neri. Er verstehe einfach nicht, dass gewisse Regeln in der Politik beachtet werden müssten. Die bequemen Posten werden nach bestimmtem Proporz untereinander aufgeteilt. Außerdem gebe es politische Absprachen, die einzuhalten sind. Darüber sprachen auch Chiriaco und Luca Filippi, Sohn von Ettore Filippi, dem ehemaligen stellvertretenden Bürgermeister von Pavia. Luca Filippi ist ein Ex-Polizist, der damals dabei war, als der Chef der geheimnisumwitterten Terrororganisation *Brigate Rosse*, Mario Moretti, verhaftet wurde. Mittlerweile hat er eine eigene Wählervereinigung namens *Rinnovare Pavia* (dt.: Pavia erneuern) gegründet, die Alessandro Cattaneo, den Kandidaten der rechtsgerichteten PdL bei den Bürgermeisterwahlen, unterstützte. Ettore Filippi selbst tauchte nicht unter den Kandidaten auf.

Filippi kennt Chiriaco, das belegen zahllose abgehörte Unterhaltungen. Schon bevor Filippi stellvertretender Bürgermeister wurde, trafen sie sich regelmäßig. Zusammen bestritten sie Kommunalwahlkämpfe. Filippi bat bei einer solchen Gelegenheit Chiriaco und Neri, einen seiner Vertrauten auf ihrer Liste aufzunehmen. Diesem Wunsch kamen die beiden Selbständigen von der 'Ndrangheta nur zu gern nach. Gegenwärtig ist Filippi Aufsichtsratsmitglied der Poliklinik *San Matteo* in Mailand.

In Bollate im Mailänder Hinterland gründete Mafia-Boss Vincenzo Mandalari kurzerhand eine eigene Wählervereinigung. Zu den Protagonisten des ambitionierten Projektes, das die Staatsanwälte »alarmierend« finden, gehört auch Francesco Simeti, Gemeinderat von Bollate. Die von Mandalari und Simeti entwickelte Strategie sah vor, die Gemeindeverwaltung durch die Ablehnung des Haushaltsentwurfs zu stürzen, einen eigenen Kandidaten für den Bürgermeisterposten aufzustellen und sich dann zur Durchsetzung ihrer Ziele mit einer der übrigen politischen Kräfte zu verbünden. Wie aus den abgehörten Unterhaltungen hervorging, war das Hauptinteresse von Mandalari naheliegenderweise nicht politischer, sondern ein ökonomischer Natur. Er wollte, dass sich die neue Gemeindeverwaltung seine Unternehmerinteressen zu eigen macht und ihm alle relevanten Aufträge zuspielt. »Wir schmeißen den Bürgermeister raus, und zwar hochkant, das ist unsere Absicht, meine Freunde«, verkündet Mandalari vor Simeti und anderen Gleichgesinnten.

Auch der stellvertretende Bürgermeister von Bollate erfährt von der Politintrige Mandalaris. Und zwar direkt von Simeti, wie der Abhörtrupp der Polizei aufzeichnen konnte. Mandalari und Simeti benötigten demzufolge achthundert Stimmen, um einen Kandidaten ihrer Wahl in den Gemeinderat entsenden zu können. Aus den Worten Mandalaris ging die Bedeutung der Lokalpolitik für die 'Ndrangheta unmissverständlich hervor. Der während der Operation »Crimine« verhaftete Boss gab zu, dass er sich für Politik nur aus dem Grund interessiert habe, weil in Bollate so wenig gebaut worden sei und deshalb die Gemeinde als Auftraggeber herhalten müsse. Er erzählte dem mit ihm befreundeten Anwalt auch von weiteren illegalen Bauten, beispielsweise von illegal hochgezogenen Häusern in Cascino del Sole, einem Ortsteil von Bollate.

Die 'Ndrangheta will sich die Politik gefügig machen, und zwar ausschließlich aus Gründen der Profitmaximierung. Macht man Mandalari darauf aufmerksam, dass der Bürgermeister, den er zu Fall bringen will, von der Linken ist, antwortet er: »Rechts oder Links, das ist innerhalb der Lokalpolitik völlig egal.« Die 'Ndrangheta ist daher politisch zunächst einmal »neutral«, weder rechts noch links noch in der Mitte. Sie giert nach Geld und Macht, von denen sie ihr Ansehen bezieht und das sie dann am Verhandlungstisch mit dem politischen System und Unternehmern benutzen kann.

Bei den Versuchen von Teilen der 'Ndrangheta, ins politische System Norditaliens einzudringen, handelt es sich nicht um Einzelfälle. Auch Leonardo Valle, ein in Mailand wohnender Mafioso mit Verbindung zum Condello-Clan aus Reggio di Calabria, kandidierte bei den Gemeindewahlen 2009 mit dem Ziel, Stadtrat in Cologno Monzese zu werden. Der Versuch scheiterte. Er wurde nicht gewählt, ebenso wenig Riccardo Cusenza, Kandidat in der Gemeinde Cormano auf der Liste der PdL, der von sich sagte, er sei eng befreundet mit Guido Podestà, dem Präsident der PdL in der Provinz Mailand. Auch zwei weitere Kandidaten der Cosa Nostra aus Gela (Sizilien) fielen bei diesen Wahlen durch. Sie versuchten 2007 in den Stadtrat von Parma einzuziehen, bei den Abtrünnigen der UDEUR (*Unione Democratici per l'Europa*, dt.: Union der Demokraten für Europa).

Alles Belege dafür, dass die Mafien nach wie vor versuchen, eigenes Personal in die Politik einzuschleusen. So wie zu Zeiten der Landung der Amerikaner auf Sizilien 1943, als diese zum Dank für Kundschafterdienste und sonstige Hilfestellungen aller Art vor Ort berüchtigte Mafiosi zu Bürgermeistern der eroberten Gemeinden machten. Für den überwiegenden Teil der Mafien gilt aber, dass diese das Rampenlicht der Öffentlichkeit so sehr scheuen, dass sie vor solchen Abenteuern regelmäßig zurückschrecken. Sie ziehen es vor, wie bisher im Schatten zu agieren, still und heimlich. Um von dort das süße Gift der Korruption unter die Leute zu bringen, abseits der Scheinwerfer. So wie in Trezzano sul Naviglio. Die dortigen

Ereignisse bewiesen einmal mehr die Fähigkeit der 'Ndrangheta, verdeckte Operationen durchzuführen. Sie benutzte dafür eine Gruppe von Unternehmern, die gesprächsbereit waren und ihre Kooperation freiwillig anboten.

Den Clans Gefälligkeiten anzubieten, um die eigenen Geschäfte abzusichern, ist leider eine verbreitete Unart geworden in Unternehmerkreisen Norditaliens. Im November 2009 begann die Operation »Parco Sud«. Die Anti-Mafia-Direktion des italienischen Innenministeriums deckte dabei ein System auf, das auf der Zusammenarbeit von 'Ndrangheta und Immobilienspekulanten beruhte. Daran wirkte an erster Stelle der Barbaro-Papalia-Clan aus Platì (Kalabrien) mit, der, wie erwähnt, im norditalienischen Buccinasco eine Außenstelle betreibt. Von Unternehmerseite waren Alfredo Iorio und Andrea Modafferi beteiligt, die über ihre *Kreiamo*-Immobiliengesellschaft mit Sitz in der vornehmen Via Montenapoleone in Mailand die Firma *Immobiliare Buccinasco* kontrollierten. Diese understand dem Barbaro-Clan. Der Anklage zufolge soll Madafferi Schutzgeld an Clan-Boss Salvatore Barbaro bezahlt haben. Im Tausch hielt ihm der Clan Forderungen anderer Mafia-Zellen vom Leib. Zusätzlich beauftragte Madafferi die Firmen des Barbaro-Clans mit auszuführenden Arbeiten. Die Vorwürfe der Anklage wurden vom Gericht geteilt und Madafferi wegen Zusammenarbeit mit mafiösen Organisationen zu sechs Jahren Haft verurteilt.

Doch die Operation »Parco Sud« war mit den Verhaftungen im November 2009 noch nicht abgeschlossen. Aus ihr ergab sich eine weitere Untersuchung, »Parco Sud II«. Die Ermittlungen gingen von einigen Hinweisen aus, die man während der Durchsuchung der Büros der *Kreiamo* gefunden hatte und die weitere Politiker von den Parteien PD und PdL betrafen. Tiziano Butturini, Ex-Bürgermeister (PD) von Trezzano sul Naviglio, Präsident des Aufsichtsrats der Firma *Amiacque* und Ehemann der gegenwärtigen Bürgermeisterin von Trezzano, sowie Michele Iannuzzi, ehemaliger Stadtrat (PdL) derselben Stadt, sollen von Madafferi und Iorio bestochen worden sein. Sie erhielten das Geld für angebliche Beratungsleistungen für die beiden Gesellschaften. Im Gegenzug sollten sie einen abgesprochenen Parzellierungsplan für bestimmte Grundstücke absegnen. Während der Gerichtsverhandlung zu diesen Vorgängen stimmten beide außergerichtlich einem Deal zu, der ihnen bei Aussage eine Strafreduzierung in Aussicht stellte.

Es ist ein Bild in düsteren Farben, das sich aus den Akten der Untersuchung »Parco Sud« ergibt. Immobilienunternehmer, Politiker und Leiter öffentlicher Einrichtungen, die den Schmiergeldangeboten der 'Ndrangheta erliegen. Sie interessiert die Herkunft dieser Gelder nicht, die dafür eingesetzt werden, politische Zustimmung zu erkaufen. Es ist ein schmutziger Handel, der hier mit öffentlichen Gütern betrieben wird. Und während die Moral derer sinkt, denen der Schutz dieser Güter obliegt, arbeiten die Mafien weiter daran, ihre Macht zu vergrößern. Durch Protektionswirtschaft, Ämterpatronage und Korruption gelingt es den Mafien, ihre Interessen im wirtschaftlichen Zentrum des Landes durchzusetzen. Erprobte Mechanismen, die an der südlichen Peripherie des Landes entwickelt wurden und die die 'Ndrangheta-Clans mittlerweile systematisch im Norden Italiens zur Anwendung bringen.

Dort treffen sie auf skrupellose Vertreter des Unternehmertums, der Verwaltung, der Politik. Kulturell und politisch nähern sich die Mafia-Organisationen einerseits und das Wirtschafts- und Finanzsystem andererseits immer weiter an. Die Clans gleichen mittlerweile Finanzholdings und versuchen unablässig, sich immer weitere Bereiche der legalen Wirtschaft einzuverleiben, um die nahezu unbegrenzte Liquidität aus dem Drogenhandel zu investieren und Profite zu maximieren. Eine Charakteristik der modernen Mafien, die sie ihren Gegenspieler in der Wirtschaft, den Industrie- und Finanzgesellschaften, immer ähnlicher macht. Auch deren Ziele sind die Vervielfachung der Profite, die Verwaltung von Eigentum sowie die feindliche Übernahme anderer Firmen.

Im gegenwärtigen Wirtschafts- und Finanzsystem liegt möglicherweise auch die Antwort auf die Frage, warum 'Ndrangheta, Camorra und Cosa Nostra derart märchenhafte Gewinne machen, die den Neid von Finanzministern auf der ganzen Welt erwecken. Zugespitzt lässt sich die Frage dahingehend formulieren, warum die Politik in den Industriestaaten es seit Jahrzehnten zulässt, dass durch das staatliche Verbot, Drogen zu konsumieren und mit diesen zu handeln, diese märchenhaften Gewinne überhaupt erst möglich werden. Und im Weiteren, ob und wenn ja, wie sehr die legale Wirtschaft bereits von dem konstanten Zustrom der Drogenmilliarden abhängig ist.

Die Währung, mit der die Mafien in Politik und Wirtschaft ihre Rechnungen begleichen, ist die Korruption. Mit ihrer Hilfe schleicht sich die 'Ndrangheta in die Machtzentren ein. Die Mafiosi bestechen, um wirtschaftliche Ziele zu erreichen, die einer mafiösen Organisation eigen sind. Dies geschieht zu Lasten der Gemeinschaft der restlichen Bürger des Landes. In Italien ist die Korruption seit Jahrzehnten ein verheerendes Übel, eine Geißel, mit der ein ganzes Land geschlagen ist. Der italienische Rechnungshof hat eine Schätzung veröffentlicht, derzufolge der Volkswirtschaft ein jährlicher Schaden in der Größenordnung von 60 Milliarden Euro entsteht. Wie viele Arbeitsplätze könnten für perspektivlose Jugendliche mit diesem Geld geschaffen werden, das den Bürgern dieses Landes gestohlen wurde?

Die 'Ndrangheta-Clans in der Lombardei suhlen sich im Schlamm der Korruption und vervielfachen dabei ihre Gewinne. Die Mafiosi haben erkannt, dass man mit so manchem aus den Reihen der wirtschaftlichen und politischen Führungskader Norditaliens »verhandeln« kann. Stimmenkauf, Gefälligkeiten, Dienstleistungen zu minimalen Kosten, die im Gegenzug für gewonnene Ausschreibungen, Baugenehmigungen und Unternehmenszulassungen angeboten werden. Darüber hinaus sichert die 'Ndrangheta »befreundeten« Unternehmern und Politikern Ruhe, Karriere und höhere Profite zu. In Buccinasco, das aufgrund seiner mafiösen Verstrickungen als das Äquivalent der kalabrischen Mafia-Hochburg Platì im Norden angesehen wird, gibt es durch die jahrzehntelange Zuwanderung mittlerweile eine signifikante kalabrische Gemeinde, die zu großen Teilen eben aus Platì, der nur 4000 Einwohner zählenden kalabrischen Ortschaft im hintersten Bergland des Aspromonte, stammt. In eben jenem Buccinasco wurden im März 2011 der Bürgermeister, Loris Cereda, der Gemeinderat Antonio Trimboli, der ehemalige stellvertretende Bürgermeister Luciani und der Beigeordnete für öffentliche Arbeiten, Cattaneo, verhaftet.

Die hinter den Verhaftungen sichtbar werdende Misswirtschaft ist bezeichnend dafür, was es bedeutet, eine Patronagewirtschaft in einer demographisch heiklen Region wie Buccinasco zu schaffen. Die Ermittlungen begannen nach Hinweisen, die von einigen Gemeindeangestellten kamen. Sie gaben an, dass sie gezwungen worden seien, Beschlüsse und Berichte zu unterschreiben, die sie nicht vertreten konnten. Im Oktober 2011 wurde das Hauptverfahren gegen Bürgermeister Cereda eröffnet. Der Anklage zufolge gab es vor Ort eine Patronagewirtschaft, die rings um die reaktionäre Katholikenbewegung *Comunione e Liberazione* (CL) entstanden war. Trimboli, Cereda, Luciani und Cattaneo waren dort Mitglieder. Und nicht nur sie. Unter den Mitgliedern des Gemeindrats von Buccinasco lassen sich noch andere CL-Anhänger ausmachen.

Gemeinderat Antonio Trimboli ist gebürtig aus Platì und

wurde in den Stadtrat dank der Stimmen seiner Landsleute gewählt. Diese sind teilweise seit Jahrzehnten in Buccinasco ansässig. Aber er ist auch mit den Brüdern Papalia von der Spitze des gleichnamigen Clans verwandt, als Cousin von Rosa Sergi, der Frau des inhaftierten Clan-Chefs Domenico Papalia. Der Emigrant aus dem Süden, der den Aufstieg zum Stadtrat im Norden schafft und dabei den Ruf einer ganzen Gemeinde aufs Spiel setzt, könnte als folkloristische Geschichte durchgehen. Wäre da nicht die andere Seite von Trimboli, der als Komplize der Misswirtschaft unter Führung von Cereda für seine Dienste bei der Vergabe bestimmter Bauaufträge Luxuslimousinen verlangte, unter anderem Bentleys und Ferraris.

Trimboli selbst ist Teilhaber zahlreicher Gesellschaften und Unternehmen. Gegen ihn wird ermittelt, weil er ein wichtiges Dokument unterschlagen haben soll. Mit dessen Hilfe könnte angeblich belegt werden, dass ein bestimmter Architekt, der zuvor schon von der CL beschäftigt worden war, bevorzugt von der Gemeinde beschäftigt wurde, solange Trimboli etwas zu sagen hatte. Unter den Rechnungsstellern mit auffälligem Hintergrund, die in den Untersuchungsakten genannt werden, taucht auch die Firma *Edil Company* auf. Diese gehört dem Barbaro-Clan. Daran ist nichts Illegales. Trotzdem hat es einen Hautgout, wenn von Firmen des verbrecherischen Barbaro-Clans Arbeiten für die Gemeinde ausgeführt werden.

Im Haftbefehl gegen Cereda, Trimboli, Luciani und Cattaneo betonten die Ermittler, dass ein System vorliege, das in vieler Hinsicht jenen ähnlich war, die in den Akten der vorbereitenden Kommissionen zur Auflösung von Gemeinderäten in Nord- und Süditalien vielfach beschrieben wurden. »Die aus den Ermittlungen hervorgegangenen Erkenntnisse zeichnen erneut ein klares Bild, wie den Nominierungen von Wahlkandidaten, der Vergabe von Aufträgen und Arbeiten vonseiten der Gemeindeverwaltung von Buccinasco hauptsächlich und exklusiv freundschaftliche Beziehungen zugrunde lagen und ein gegenseitiger Austausch von Gefälligkeiten zwischen den Gemeindebeamten und den von Privatinteressen geprägten anderen Partei gepflegt wurde, die zu Lasten der schützenswerten öffentlichen Besitztümer gingen.«

So wurden zum Beispiel Grundstücke keineswegs an den Meistbietenden verkauft, sondern an »Freunde«. So verschleuderte Bürgermeister Cereda, der mehrfach öffentlich die Existenz der 'Ndrangheta in seiner Gemeinde abstritt, ein wertvolles öffentliches Grundstück für 10.000 Euro. Ein naturbelassenes Terrain, das die Gemeinde den Betonfritzen in den Rachen warf. Auf diesem Biotop soll jetzt ein Parkhaus für die Kunden des künftigen *Auchan*-Supermarktes von Buccinasco errichtet werden. All das wird derzeit vor Gericht verhandelt. Zum gegenwärtigen Zeitpunkt ist nur sicher, dass es ein Berufungsverfahren des Bürgermeisters geben wird. Cereda ist es auch, der die notwendige Entscheidung über die Eröffnung einer gemeinnützigen Pizzeria in einem der Gebäude des Barbaro-Papalia-Clans, das in Buccinasco beschlagnahmt worden war, verhinderte. Doch dann ruderte er zurück und überließ das Haus dem Sozialprojekt »Legalitäts-Werkstatt« der Vereinigung *Libera*. Die Idee stammte von seinem Amtsvorgänger Carbonera (Mitte-Links), der während seiner Amtszeit zahlreiche Drohungen der Mafia erhalten hatte. Er wurde nicht wieder gewählt. Buccinasco entschied sich für die Mitte-Rechts-Liste von Cereda, die von der CL empfohlen worden war.

Wählerstimmen und Geld stinken nicht. Während des Wahlkampfs setzte ein erbittertes Ringen um die noch unentschiedenen Wählerinnen und Wähler ein. Auch in diesem Fall entstanden Fotos, die Kandidaten und Mafiosi Seite an Seite in Mailänder Luxusrestaurants zeigen. Während der 2007 durchgeführten Ermittlungen gegen den Morabito-Clan und dessen Unterwanderung des Mailänder Gemüsegroßmarkts ergaben sich Hinweise auf einige denkwürdige Verabredungen des Regionalrats Alessandro Colucci (PdL). Zwei Jahre zuvor war der Politiker bei einem gemeinsamen Abendessen mit dem Clan-Chef von Africo, Salvatore Morabito, gefilmt worden. Ein Wahlkampfdinner im Vorfeld der Regionalwahlen. Nach Auszählung der Stimmen stellte sich heraus, dass Colucci das zweitbeste Ergebnis erzielt hatte. Die Clan-Chefs waren zufrieden. »Colucci hat das Rennen gemacht«, freut sich Drogenhändler Francesco Zappalà, »jetzt haben wir 'nen Freund in der Regionalversammlung.«

Doch Colucci ist nicht der einzige Politiker, der seine Karriere der Mafia zu verdanken hat. Auch andere trafen sich häufig mit den Mafiosi. Der Regionalrat von der Freiheitspartei behielt trotz der Ermittlungen sein Mandat. 2010 tauchte sein Name im Rahmen der Operation »Parco Sud« wieder unter den Verdächtigen auf. Und mit ihm weitere PdL-Politiker, denen vorgeworfen wird, Beziehungen zu Selbständigen unterhalten zu haben, die zum »diplomatischen Dienst« des Barbaro-Papalia-Clans gezählt werden. Darunter auch Stefano Maullu, Ex-Regionalrat für Zivilschutz, der im Mai 2010 wiedergewählt wurde, um dann in die Wirtschaft zu wechseln. Für ihn hatte Alfredo Iorio, mutmaßlicher Finanzberater der Clans, Wahlkampfdinner organisiert, »um ihn den Leuten aus meiner Heimat« vorzustellen. Dabei handelte es sich um das gesamte Führungspersonal des Madaffari-Clans, das Maullu und der Provinzialassessor Fabio Altitonante in einem Restaurant in Rozzano (Lombardei) trafen. Stimmen sind Stimmen, oder wie betroffene Politiker gern formulieren: »Ich frage die Leute, die mit mir sprechen wollen, nicht nach ihrem Vorstrafenregister.«

Davide Milosa beschrieb diese Haltung in *Il Fatto Quotidiano* folgendermaßen: »Gegen Maullu wird nicht ermittelt. Auch nicht gegen Giulio Gallera, den Fraktionsvorsitzenden der PdL im Gemeinderat, Marco Osnato, Schwager von Romano La Russa und Geschäftsführer der *Aler* [öffentliche Wohnungsbaugesellschaft], oder Angelo Giammario, Staatssekretär der Regionalregierung und Berater des Regionalrats der Lombardei. Dann gibt es noch Armando Vagliati, der als einer der Mitbegründer der Berlusconi-Partei *Forza Italia* gilt und seit 1997 als deren Abgeordneter im Stadtrat sitzt. Er zählt zu den engsten Vertrauten von Bürgermeisterin Letizia Moratti, gegen die ebenfalls nicht ermittelt wurde, der aber eine gefährliche Nähe zu Giulio Giuseppe Lampada vorgeworfen wurde. Lampada ist ein kalabrischer Unternehmer, der als Gefolgsmann des Condello- und des Valle-Clans gilt. Familie Valle trieb ihre Interessen im Hinblick auf die Expo 2015 mit Hilfe von Gefälligkeiten von Davide Valia voran, gegen den ebenfalls keine Ermittlungen eingeleitet wurden. Valia ist Assessor der Gemeinde Pero. ›Scheiße, zum Glück haben wir Valia in Pero, wegen der Expo und der Messe.‹ So lautete der aufgezeichnete Stoßseufzer der Mafiosi.«

Die Wählerstimmen, die die 'Ndrangheta in der Lombardei mobilisieren kann, wirken anziehend auf die Politik. Kontrollieren die Clans doch Tausende von Stimmen. Ein Stimmpaket, welches die Machtverhältnisse in den Parlamenten der Lombardei beeinflusst. Im Zentrum vor kurzem abgeschlossener Ermittlungen stand Antonella Maiolo, die ehemalige Staatssekretärin des lombardischen Regionalpräsidenten. »Ihr Erfolg geht auf den Einsatz von 'Ndrangheta-Stimmen zurück«, befand der ermittelnde Untersuchungsrichter in Mailand in seinem Urteil, das Haftstrafen für 35 Personen vorsah, so für den Paten Paolo Martino, den »Freund« von Lele Mora (der Berlusconi die minderjährigen Geliebten zuführte), und für Davide Flachi, Sprößling alten 'Ndrangheta-Adels.

Maiolo selbst wurde nicht vor Gericht gestellt, obwohl sie sich laut den Ermittlungsakten zweimal mit Davide Flachi traf, unter Vermittlung von Max Bonocore, der, wie die Ermittler erklärten, »bewusst« als Vermittler zwischen der Mafia und der Polit-Szene der Lombardei agierte. Trotz allem erhielt Maiolo am Ende nicht genügend Stimmen. Auch Marco Clemente verlor. Clemente ist Unternehmer und Mehrheitseigentümer des Lokals *Limelight* sowie 2010 Kandidat bei den Stadtratswahlen in Mailand. »Ich hoffe, er stirbt wie ein winselnder Köter«, fluchte Marco Clemente in einem abgehörten Gespräch, das in der Discothek *Babylon* stattfand, als er mit Giuseppe Amato sprach, der sich als Geldeintreiber für den Flachi-Clan einen Namen gemacht hat. Der Hass des Unternehmers galt dem Besitzer eines anderen Lokals, der sich mit den Schutzgeldzahlungen Zeit gelassen hatte. Clemente, heißt es auf seiner Homepage, war 2001 Parlamentsassistent, 2006 Berater von Alemanno im Landwirtschaftsministerium und ist seit 2009 Mitarbeiter von Regionalrat Giammario.

Clemente rühmt sich auch seines Einsatzes für die Messe Mailand. Außerdem behauptet er, mit Minister La Russa befreundet zu sein. Aber sein »Freundeskreis« ist noch bedeutend größer. In den Ermittlungsakten sind zwei Treffen mit Unterweltgrößen vom Kaliber eines Salvatore Barbaro vermerkt. Einmal vor und einmal nach der Wahl 2008. »Der Abgeordnete Ignazio La Russa«, so steht es in einem dieser Berichte, »hat über einen nahen Verwandten [Osnato] und Clemente, Teilhaber einer bekannten Discothek, Salvatore Barbaro kontaktiert. Beide baten den Clan um Hilfe. Die gesamte kalabrische Community der Region Mailand sollte mobilisiert werden, bei der anstehenden Wahlen für die Liste der PdL zu stimmen. Salvatore Barbaro habe sich hierfür besonders stark gemacht und persönlich garantiert, dass die Stimmen seiner Landsleute der Liste zugute kommen.« Beim zweiten Treffen, das in einem Mailänder Restaurant stattfand, nahmen Clemente sowie Barbaro und Domenico Papalia teil, der Sohn des verhafteten Paten Antonio. Die Sprösslinge der Clans, so die Ermittler, holten diesmal Auskünfte bezüglich verschiedener Ausschreibungen ein, die ihnen vor der Wahl im Tausch gegen Wahlhilfe versprochen worden waren.

Marco Clemente wurde bisher nicht angeklagt. Sein Name taucht jedoch regelmäßig in Untersuchungsakten und Haftbefehlen auf, in denen es um prominente Mafiosi geht. Es ist eine Frage der Opportunität, sagt jemand. Aber nicht für Letizia Moratti. Sie verteidigt Clemente, indem sie darauf hinweist, dass die Anti-Mafia-Behörde nicht gegen ihn ermittle und sein Verhalten von der Staatsanwaltschaft als unverdächtig eingestuft werde. Alles eine Frage des Standpunkts. Und der Gelegenheiten, genauer gesagt. Zumal die 'Ndrangheta niemals nur ein Pferd ins Rennen schickt. Das belegen einige Untersuchungen aus der jüngeren Vergangenheit. Darin werden die Politstrategien der 'Ndrangheta ausführlich beschrieben. Die Bosse wählen die passenden »Pferde« aus, halten Rücksprache mit den Oberbossen oder den regionalen Koordinatoren, treffen ihre endgültige Wahl. Dabei kann es auch zu Meinungsverschiedenheiten innerhalb der Organisation kommen. Wenden sich zu viele Kandidaten zwecks Unterstützung an die Bosse, kann es auch einer so geschlossenen Organisation wie der 'Ndrangheta passieren, dass der vorgeschriebene Konsens aus dem Blick gerät.

Ein prototypischer Fall hierfür ereignete sich 2009. Nach dem Abschluss der Kandidatenvorsprache in seiner Villa empfiehlt Clan-Chef Pelle aus San Luca seinem engsten Mitarbeiter, sofort die politische Überprüfung der verschiedenen Kandidaten einzuleiten, die von ihm Wahlkampfunterstützung erbeten und Gefälligkeiten im Tausch versprochen hatten. Ähnlich hält es der Oberboss von Siderno, Francesco Comisso, der sich davon überzeugt zeigt, dass man die verschiedenen angebotenen Gefälligkeiten genau abwägen müsse. Daher werden die entsprechenden Kandidaten auch hier einer Überprüfung unterzogen. An Kandidaten, die der Mafia ihre eigene Zukunft im Tausch gegen Wählerstimmen anbieten, herrscht kein Mangel. Daher ist es für die lokalen Zellenchefs von entscheidender Bedeutung, wer von den Kandidaten wirklich vertrauenswürdig ist, von wem am wenigsten Schwierigkeiten und am meisten Vorteile zu erwarten sind. Mit zunehmender Zahl an kooperationswilligen Kandidaten wird es jedoch immer schwieriger, die Stimmen der einzelnen Clans auf einen einzigen Kandidaten zu vereinen. Aber nur das garantiert, den Wahlausgang signifikant zu beeinflussen. Es kann also trotz allem passieren, dass bei den Wahlen das von einer Clan-Führung ausgewählte »Pferd« verliert. Es siegt immer nur der, der die Stimmen einer Vielzahl von Clans auf sich vereinen kann. Patronagewirtschaft, Korruption und Mafia-Macht gehen Hand in Hand. Die Mafiaisierung Italiens befindet sich bereits in einem fortgeschrittenen Zustand. Ihre Stärke bezieht sie aus der Allianz, aus der vereinigten Potenz von Unterwelt und Misswirtschaft.

20.

»TURIN GEHÖRT UNS«

Vor der großen Hofgesellschaft hält man still
Wenige Worte und die Augen zu Boden
Der der spricht ist der der befiehlt
Mit seiner Stimme unterwirft er uns
Traditionelles Sprichwort der 'Ndrangheta

»Lasst uns einen Kreis bilden«, sagt Don Rocco, der Unternehmer-Mafia-Boss der 'Ndrangheta in Turin, und fügt hinzu: »Vom jüngsten bis zum ältesten.« Mit dem Blick sucht der Pate den Täufling. Dieser soll sich heute dem »Schwanzschnitt« oder der »Kupierung« unterziehen, um als unterster Dienstgrad in die 'Ndrangheta aufgenommen zu werden.

»Wo ist der Lehrling?«

Die Mitglieder zeigen auf ihn. Der junge Mann macht einige Schritte nach vorn, flankiert von zwei Respektspersonen, den Paten Don Totò und Don Micu. Sie sind seine Wächter. Sie stellen das »Paar« dar, also die Garanten für die künftige Treue des Neophyten zur Mafia.

»Junger Mann, was führt Sie her?«

Dieser Satz wird von Don Rocco ausgesprochen. Damit beginnt die Initiationszeremonie.

»Blut und Ehre«, antwortet Manuele sichtlich bewegt.

Ab diesem Moment gibt es kein Zurück mehr. Jetzt kann man nur noch als Toter die »ehrenwerte Gesellschaft« verlassen.

»Wie muss das Betragen sein und was sind die Pflichten des Lehrlings gegenüber den weisen Meistern?«

»Der Lehrling ist der demütige Diener, die Pflicht ruft ihn. Er muss bereit sein, jedem Befehl zu folgen, und muss demütig und weise in allen seinen Verhaltensweisen sein«, lautet die entschiedene Antwort desjenigen, der sich intensiv vorbereitet hat. Vielleicht weil er sich dazu verpflichtet fühlt, vielleicht auch, weil er an das System Mafia glaubt. Und er hat schon lange auf die entscheidende Antwort gewartet.

»Über wie viele Straßen verfügt die Gesellschaft?«

»In der Gesellschaft gibt es drei Straßen.«

»Womit wurden sie gebaut?«

»Mit Hühnerbeinen.«

»Und welche Straße haben Sie genommen, um ein Lehrling zu werden?«

Der Mafia-Aspirant kennt die festgelegte Antwort: »Die rechte, weil ich meine weisen Meister dort gehen sah.«

»Gut gemacht, *Picciotto*.«

»Auf der linken Straße gehen nur Bullen, Verräter und Schwätzer.«

An diesem Punkt wird ein Heiligenbild des Erzengels Michael gereicht, das angezündet wird und das völlig verbrennen muss. Dann greift der Pate nach dem Handgelenk des Aufzunehmenden und macht einen kleinen Schnitt, so dass einige Blutstropfen hervortreten, die auf das brennende Heiligenbild fallen.

»Wenn ich dich bis jetzt als ehrenwerter Unterstützer kannte, so kenne ich dich ab jetzt als ehrenwerten Lehrling. Ab jetzt bist du Teil dieser Familie und der ehrenwerten Gesellschaft.«

Es ist eine Lektion des mafiösen Ehrenkodexes, was der Pate hier mit dem Neuling veranstaltet. Es geht weiter mit der Erläuterung einiger grundlegender Regeln für den Neugetauften.

»Die Gesellschaft ist eine Familie, und daher sind alle Mitglieder Brüder und müssen sich als solche respektieren. Es gilt das Prinzip ›Einer für alle, alle für einen‹. Wenn einer von der Familie oder einer der Freunde stirbt, muss man zu seinem Begräbnis gehen, und man darf sich nicht schämen, den Kranz oder Blumen zu bringen, da man damit Respekt bezeugt. Und bevor man ans Grab tritt, muss man sich der betroffenen Familie vorstellen und ihr seine Hilfe anbieten. Man darf keine Angst haben vor denen, die einen schief anschauen, sondern vor denen, die einem zulächeln.«

Manuele ist jetzt Lehrling, nach den Fachausdrücken der 'Ndrangheta ein *Picciotto d'Onore*. Mit 17 Jahren ist er jetzt ein Mann, und »ein guter Christ«. Der Ehrenkodex der 'Ndrangheta sieht eigentlich eine Aufnahme erst mit 18 Jahren vor, aber für ihn hat der Oberboss einer Ausnahme zugestimmt. Manueles Vater ist ein Clan-Angehöriger im Range eines *Quartino*. Das ist einer der höchsten Grade dieser Mafia. Er leitet die Mafia-Zelle von Turin.

Die Geschichte von Manuele verbindet sich mit jener eines anderen jungen Mafia-Angehörigen. Arcangelo Gioffrè war ebenfalls mit 17 zum »Mann« geworden. Auch für Arcangelo wurden die Riten gelesen. Er ist der Sohn von Peppe Gioffrè, Chef einer anderen Mafia-Zelle in Turin. Bessere Referenzen gibt es kaum innerhalb der Mafia. Ihr anzugehören, davon hat Arcangelo immer geträumt. Er ist mit der Mafia aufgewachsen, hat sie sozusagen mit der Muttermilch aufgesogen.

Er erinnert sich an die Geschichten, die sein Vater zu Hause erzählte. Eine kommt ihm an diesem Abend in den Sinn, nachdem er die Zeremonie überstanden hat. »Du musst Angelo Gioffrè sein, und nicht der Sohn von Peppe Gioffrè. Wenn es nötig ist, bist du mein Sohn. Aber du musst dir deine eigene Machtposition erkämpfen, unabhängig von mir. Mir würde es gefallen, wenn dich die Leute fürchten und respektieren. ›Wahnsinn, der Sohn von Peppe Gioffrè‹, sollen sie sagen. Du sollst dein Leben genießen, ausgehen und nicht immer unter deinesgleichen bleiben. Der innere Zirkel besteht nur aus vier oder fünf Leuten, das ist auf Dauer Inzucht.«

Für den jungen Arcangelo ist das eine Lektion fürs Leben. »Bleib nicht immer im inneren Zirkel der Kalabresen. Das hat mir mein Vater vorgegeben«, erinnert sich der Sprössling. Seine Zukunft ist vorgezeichnet, zurück kann er nicht mehr. Die Zukunft wird aus unaussprechlichen Geheimnissen bestehen, geheimen Versammlungen, Gewalt, Befehlen.

Die 'Ndrangheta als Karriereinstrument und als Mittel, gesellschaftliche Anerkennung zu gewinnen. Das ist die große Illusion, die viele junge Leute und Unternehmer in die Arme der »Krake« treibt. Sie entscheiden sich, auf den Karren aufzuspringen, der von den Bossen gesteuert wird. Als ob es eine Rolltreppe wäre, die einen automatisch in höhere Gesellschaftsschichten bringt. Aber die Mechanismen, auf denen die Übertragung von der Macht der 'Ndrangheta beruht – gerade im Hinblick auf die Gesellschaft Italiens –, sind nicht auf Verdienste gegründet. Die Führung der Mafia ist nur direkten Verwandten der mächtigsten Bosse zugänglich. Ein einfacher äußerer Zuträger wird bis zum jüngsten Tag der Sklave seines Paten sein. Sein Schicksal lautet Knast, den man für den Boss abreißt. Sein Schicksal lautet Tod, erlitten anstelle wichtigerer Mafia-Mitglieder. Oder aus Gründen der »Schändlichkeit«. Schändlich ist jeder, der das System, dessen Opfer er ist, bei der Polizei verpfeift. Die Kronzeugen sind besonders »schändlich« in den Augen der 'Ndrangheta. Sie stehen auf derselben Stufe wie »Bullen«. Ein Schimpfwort, das auch für Kaufleute und Unternehmer gebraucht wird, die die Mafia anzeigen.

»Freunde« sind für die Mafia diejenigen, die das Schweigegebot bis ins Grab respektieren, egal ob sie aus der Politik oder der Wirtschaft stammen. »Freunde« sind auch diejenigen, die

die Ideale des Rechtsstaates verraten, Staatsanwälte, Politiker, Ermittler, die sich dem Mafia-Klüngel anschließen. Für die Mafiosi teilt sich die italienische Gesellschaft in zwei Gruppen auf: »Schändliche« und »Freunde«. Alle anderen sind bedeutungslos. Die 'Ndrangheta bewegt sich jenseits der Ideologien. Wer auch immer ihr Vorteile garantiert, wird freundlich aufgenommen in die Gemeinschaft all derer, die die Mafia im Bereich der Legalität unterstützen. Alle anderen sind Feinde, die es zu vernichten gilt, oder mächtige Gegner, denen man aus dem Weg gehen muss. Je nach dem Grad der Militarisierung einer bestimmten Region.

Mit dieser Herangehensweise, frei von jeglichen ideologischen Dogmen, hat es die 'Ndrangheta geschafft, tief in die Gesellschaft des Piemont einzudringen. Auch in der regionalen Hauptstadt Turin ist es ihr das geglückt. Vor Ort tönt man: »Turin gehört uns!«, »Turin ist fest in unserer Hand!« oder »Der Chef von Turin ist mein Jahrgang, mein Kumpel. Der hat Turin komplett im Griff.« Im Schatten der *Mole Antonelliana*, des großen Museumsgebäudes im Zentrum Turins, kommandiert die 'Ndrangheta – wenn man den Worten von Giacomo Lo Surdo Glauben schenkt, einem Angehörigen der 'Ndrangheta-Filiale Piemont. Er gehört zur obersten Koordinierungsebene vor Ort. Diese wird streng abgeschieden von den übrigen Zellen, die von rangniedrigeren 'Ndrangheta-Mitgliedern geleitet werden und denen die Ausführung gewalttätiger Aktionen obliegt. So definieren es jedenfalls die Ermittler, die die Operation »Minotauro« durchführten. Ihnen zufolge sind in der Provinz Turin insgesamt neun Mafia-Zellen mit über vierhundert Mitgliedern präsent.

Wo die 'Ndrangheta-Clans in Piemont nicht selbst unternehmerisch tätig sind, saugen sie den übrigen Unternehmern das Blut aus. Hundert Euro im Monat. Das ist die Summe, die einige Gewerbetreibende der Region Turin an die Clans abführen müssen, damit sie ruhig schlafen können. Die Methode trägt die Signatur von Vincenzo Argirò vom *Crimine* in Turin und von Antonino Occhiuto, einem der Anführer der abtrünnigen 'Ndranghetisten von der *Bastarda.* Jeder treibt Schutzgeld für seinen Herrschaftsbereich ein. Eine Methode, die den Clan-Chefs von Turin aber nicht mehr in den Kram passt. »Ich werde ihn in Rivarolo abpassen, den Arsch, das gibt Krieg, ich schwör's euch.« Bruno Iaria gibt sich zum Äußersten entschlossen. Wenn Occhiuto es wagen sollte, den Fuß auf eine »seiner« Baustellen zu setzen, werden die Waffen sprechen.

Die Bosse aus dem kalabrischen Careri (bei Reggio di Calabria), die Turin zu ihrer Wirkungsstätte erkoren haben, halten Schutzgeld für ein überholtes Erbe der Vergangenheit. Die Zukunft sieht anders und weitaus lukrativer aus: Materiallieferung, Dienstleistungen, Subaufträge. Und das alles völlig legal. Zumindest nach außen. Die von ihrem Gönner, dem Unternehmer Nevio Coral, eingeheimsten Gefälligkeiten summieren sich zu enormen Beträgen. Der »Bitte« der Clan-Chefs folgend bezahlt der Unternehmer sogar Geld für den Unterhalt von Angehörigen inhaftierter Mafiosi.

Die 'Ndrangheta ist ein Minotaurus, der seine Drogenmillionen im Wasser des Po wäscht. Sie setzt sich aus unverdächtigen Honoratioren der Gesellschaft zusammen, aus externen Unterstützern, die über jeden Zweifel erhaben sind, aber auch aus »Soldaten«, die jederzeit in der Lage sind, sich wie furchtbare, ausgehungerte Ungeheuer auf die Feinde der Mafien zu stürzen. Monster, die mit profitablen Geschäften ihren Schnitt machen: Materialzulieferung für die Bauwirtschaft (Autotransporte eingeschlossen) und Nachtclubs gehören zu den legalen, Drogenhandel, Erpressung, Wettbetrug zu den illegalen Aktivitäten der 'Ndrangheta.

»Ich glaube, dass wir letztlich alle Unternehmer sind, jeder auf seine Art. Es stimmt nicht, dass wir Betrüger sind. Wir müssen uns eben auch von irgendwas ernähren«, sagt Nevio Coral, der mit der ’Ndrangheta bei der Vergabe von Subaufträgen zusammenarbeitet. »Wir haben mit dem Bürgermeister einen vielversprechenden Ansprechpartner. Er hat mich heute morgen darum gebeten, die Geschäftsführung der Gesellschaft, über die er uns Aufträge im Wert von 2,5 Millionen Euro verschaffen will, einem seiner Vertrauten zu übertragen.« Aus einem per Wahl errungenen Posten können gewinnbringende Aufträge resultieren, darüber ist sich Vincenzo Todarello, der zu den Verdächtigten der Untersuchung in Turin gehört, im Klaren. Aber er ist nicht gewillt, wie er Francesca Argirò verrät, das Angebot, das er von Nevio Coral erhalten hat, mit den vorgesehenen Personen zu teilen.

Turin ist eine geheimnisvolle Stadt, eine europäische Kapitale und vielleicht die einzige Stadt Italiens mit wirklich europäischem Geist. An Arbeit mangelt es hier wahrlich nicht. Im Schatten der Stadtmauer von Turin reiht sich Baustelle an Baustelle. Neue Gebäude werden errichtet, viele davon von ehrlichen Firmen, die sich im Besitz von Emigranten aus Sizilien, Kalabrien oder Kampanien befinden. Wie viele Arbeiter haben die eigene Existenz geopfert, zuerst in der Textilindustrie, dann in den Fiat-Werken? Turins Reichtum wuchs auf dem Rücken der arbeitsamen Emigranten. Unter anderem dank der zugewanderten Emigranten aus dem Süden hat die Stadt ihren europäischen Spirit entwickelt.

Turin ist auch eine sehr gastfreundliche Stadt. In den Genuss dieser Gastfreundschaft kamen auch die Vertreter der Unterwelt. Getarnt und versteckt hinter den Ehrlichen, haben sie den richtigen Moment abgewartet, um viele Reichtümer der Region Piemont in ihre Gewalt zu bringen. Dabei stießen sie auf keinen großen Widerstand. Im Gegenteil. Piemontesische Unternehmer haben sich bereitwillig auf Verhandlungen mit der 'Ndrangheta eingelassen. Jemand, der über die entsprechenden Kontakte verfügt, ist der Unternehmer Nevio Coral. »Honorarkonsul der Elfenbeinküste« nennen ihn seine Anhänger. Eigentlich ist die Gemeinde Leini, deren Bürgermeister Coral lange Jahre war, gefolgt von seinem Sohn Ivano als Amtsnachfolger, eine Kooperation und Städtepartnerschaft mit der Elfenbeinküste eingegangen. Was den Neid der Mafiosi weckte. »Weißt du was das heißt, Botschafter der Elfenbeinküste zu sein? Da kannst du Obst importieren, Ananas, Pfirsiche und so was.« An diesen millionenschweren Importen wollen die Clans partizipieren. »Dann gibt's da noch die Metalle«, wie die Tochter des Clan-Chefs weiß. »Die kommen später. Wir müssen das Schritt für Schritt angehen, das hat alles seinen politischen Preis«, antwortet Todarello, der Francesca Argirò wertvolle Einsichten gibt, für die ihm die abhörenden Beamten sehr dankbar sind. So zum Beispiel, als er ihr gegenüber zugibt, dass sein Vater »deutlich mehr Potential hat als ich selbst, besonders mit Bürgermeister Coral. Wir werden eine Firmengruppe konstruieren. Zu der sollen auch einige der Leute kommen, die heute Abend da sind, alles ehrenwerte Leute.«

Die Führungsfiguren der 'Ndrangheta in Piemont zeigen den Ermittlern zufolge ein deutliches Interesse an Coral und seiner Familie. Ihnen geht es darum, Geschäfte zu Sonderkonditionen abzuschließen und neue Kontakte zu knüpfen. Coral dient ihnen dabei als ›Eintrittskarte‹ in die Welt der Unternehmer und Politiker.

»Wie er sich in den Banken verhält, das hat was. Aber wenn man erst mal so reich ist, vertrauen einem die Banken ohnehin.« Wenn die Mafiosi da reingehen würden, stünde gleich die Staatsanwaltschaft vor der Tür. Da sind sich die beiden Mafiosi sicher. Der Unternehmer und Politiker sorgt für die Aufträge, und die Bosse sorgen für die Wählerstimmen. Der Kreis schließt sich. Die Arbeitsbeziehungen zwischen Coral und den Bossen bestehen schon seit vielen Jahren. Und sind auf den Coral-Baustellen unübersehbar. Wo die 'Ndrangheta den Wachschutz versieht, das Baumaterial liefert, die Maschinen und die sonstigen Dienstleistungen.

Nevio Coral und Vincenzo Argirò vertrauen sich. »Es herrscht ein Klima intensiver Konspiration zwischen dem Beschuldigten und seinen Bekanntschaften aus der Mafia«, wie die Ermittler es beschrieben. Was auch durch die häufigen, irritierenden Besuche des Unternehmers aus Leini bei verschiedenen prominenten Mafiosi belegt wird. Er pflegt enge Beziehungen zu Giovanni Iaria, der in der Lokalpolitik aktiv ist, und zuvor Stadtrat und Assessor der Gemeinde Cuorgnè war. Zudem ist er der Onkel von Bruno, der ebenfalls in den Genuss der privilegierten Freundschaftsbeziehung zu Coral kam. Coral ist jemand, den Bruno Iaria gern um sich hat. Coral unterhielt auch zu Giuseppe Gioffrè Arbeitsbeziehungen, dem Boss, der jahrelang in Turin ansässig war, bis er im Dezember 2008 in Bovalino (Kalabrien) erschossen wurde.

»Gioffrè war einer der eifrigsten Anbieter für Sicherheitsdienstleistungen auf den Baustellen von Coral, für die er auch regelmäßig engagiert wurde, so dass Gioffrè seinerseits mit den Firmen, die er leitete, bei der Verteilung der Subaufträge bzw. der Zulieferungen mitmischen konnte.« Es handelte sich um ein gut geöltes System, das die Paarung Coral/Mafia etablierte. Nicht zuletzt deshalb rief Gioffrè bei einer Gelegenheit aus: »Nevio hab ich zu dem gemacht, was er heute ist. Ich hab ihn großgemacht. Und er war mir sehr dankbar dafür. Er sagte wörtlich: ›Scheiße Mann, hier wagt sich wirklich niemand an mich ran.‹« Was natürlich auch mit einem Umstand zusammenhing, den Gioffrè in einem anderen Abhörprotokoll eingestand, als er erzählte, dass Coral ihm fünfzig Prozent der gemeinsam erwirtschafteten Profite gebe.

Nevio ist die reinste Gelddruckmaschine für die Mafia. Das ist den Mafiosi, die um ihn herumscharwenzeln, nur allzu bewusst. Den Ermittlern zufolge ist er ein »Goldesel, der Geld ausspuckt, und den jeder Clan an sich binden will, so dass zeitweise echte Auseinandersetzungen zwischen den Clans entstanden.« So etwa beim Wettstreit der Clans um die lukrativsten Subaufträge beim Bau der neuen Werkshallen der *Coral GmbH.* »Ich gehe zu ihm, und die zapfen ihn an wie einen Ziegenbock«, zog Gioffrè über potentielle Konkurrenten her. Diese Spannungen sorgen sogar für Konflikte innerhalb einzelner Clans. Beschimpfungen zwischen Onkel und Neffe, die über eine Summe streiten, die von einer Coral-Baustelle stammen soll. Bruno Iaria brüllt seinen Onkel Giovanni an, den er verdächtigt, aus einer gemeinsamen Kasse Geld gestohlen zu haben. Damit habe er ihn vor den anderen Mafia-Zellen, mit denen – wie es die Regeln der Gemeinschaft vorsehen – bereits vorläufige Verträge über die Vergabe von Subaufträgen geschlossen worden seien, in schlechtes Licht gerückt.

Giovanni Iaria dagegen erfreute sich ungebrochener Harmonie mit Coral, wie aus ihren abgehörten Unterhaltungen hervorgeht. Darin bittet Coral bei Iaria um einen Termin. »Ich würd mich gern demnächst mit dir zusammensetzen, um über all das noch mal zu reden, was wir in der letzten Zeit gemacht haben. So 'ne Art Rückschau, dann kann ich dir auch noch ein paar andere Sachen sagen, die nicht für Dritte bestimmt sind. Über die Politik.« Die Rückschau fiel sicher für beide Seiten sehr erfreulich aus. Einerseits ist die private Bautätigkeit das bevorzugte Tätigkeitsgebiet der 'Ndrangheta-Clans in Piemont: Wenig Kontrollen und viele Subaufträge. Andererseits garantieren die Mafia-Firmen ihren Auftraggebern Ruhe auf den Baustellen und keinen Stress mit Gewerkschaften.

Coral verspricht Iaria dann, ihn bei der Verteilung von Arbeitsplätzen und Verwaltungsposten angemessen zu berücksichtigen. Es geht darum, eine Arbeitsgruppe zu schaffen, die ihren gemeinsamen Interessen dienen soll. Er bietet sogar »einem Mafioso vom Schlag eines Giuseppe Gioffrè an, den Sitz einer seiner Firmen (die Firma *Misiti*) in den Geschäftsräumen der *Coral GmbH* einzurichten, natürlich ohne jegliche weiteren Zahlungsverpflichtungen wie etwa Miete oder anderes.« Gefälligkeiten, hinter denen sich ein veritabler Teufelspakt verbirgt, wie selbst Gioffré eingestehen musste. Auf den Baustellen der *Coral* ist die 'Ndrangheta neben dem Wachschutz auch mit ihren Lastwagen, Baggern, Zimmerleuten präsent. An der *Coral* verdienen alle umliegenden Mafia-Zellen. Von Volpiano über Cuorgnè bis nach Turin. Sie sind am Bau des neuen Werksgeländes der *Coral GmbH* beteiligt, und am Bau der Büros der *Altair Gruppe* (die zur *Coral*-Holding gehört). »Große Baustellen«, die man ausbeuten kann. Ohne größere Verstellungen. Die ausführende Gesellschaft für die von der *Coral GmbH* vergebenen Aufträge wird offiziell von der Ehefrau von Valter Macrina geführt, einem vorbestraften Führungsmitglied der Mafia-Zelle von Volpiano (die Region, in der auch die Baugelände liegen). Auf einer der Baustellen ist auf dem offiziellen Schild Macrina als »Direktor der Arbeiten« aufgeführt. Ohne die geringste Mühe darauf zu verschwenden, das irgendwie zu verbergen. Gleiches gilt für die übrigen Geschäftsbeziehungen. So ist Macrina beispielsweise ganz offiziell als Mitgesellschafter bei der *Edil.Ma.Co.* eingetragen. Die übrigen Anteile hält die *Coral GmbH*. Anfallende Subaufträge werden innerhalb der »Familie« vergeben.

Für die Zelle von Cuorgnè arbeitet Bruno Iaria, für die von Turin sind Gioffrè, D'Agostino und Giuseppe Zucco tätig. Zucco ist daneben auch noch selbst Unternehmer und hat in wenigen Jahren ein Firmenimperium geschaffen. Den Posten des örtlichen Zellenchefs hatte er bis zu seinem Tod inne. Die von ihm geschaffene Immobilienholding mit der *Canavesana*

Costruzioni an der Spitze, ist eine der wichtigsten Baugesellschaften rund um die Stadt Canavese (nördlich von Turin). Die Holding erwirtschaftete märchenhafte Gewinne. Innerhalb der Gesellschafterstruktur der *Zucco-Holding* tauchen auch Alberto Balagna, Giampiero Bertolino und Maurilio Bena auf, die wiederum Mitgesellschafter von Coral in der *Provana GmbH* sind: einer öffentlich-rechtlichen Gesellschaft für Kommunaldienstleistungen, deren Mehrheitsbeteiligung von der Gemeinde Leini gehalten wird.

Wo es den Clans nicht gelingt, eigene Firmen auf Baustellen einzuschleusen, holen sie sich mit Erpressung ihren Anteil. So passierte es einem ehrlichen Bauunternehmer, der keine Subaufträge an Mafia-Firmen vergeben wollte. Antonio Sinisgalli hatte eine Ausschreibung der Gemeinde Nole (nördlich von Turin) gewonnen. Die Gruppe um Argirò, die von der Ausschreibung Wind bekommen hatten, ließ Sinisgalli durch den Architekten Bartesaghi ausrichten, dass sie einen Subauftrag von ihm erwarten. Und zwar nicht irgendeinen, sondern die lukrativen Ausschachtungsarbeiten im Flussbett des Stura-Flusses. Aber Sinisgalli lehnt ab. Die Arbeiten vergibt er an eine andere Firma. Eine Schmach für die Bosse, die den Sinisgalli daraufhin in das Büro eines befreundeten Unternehmers bestellen. Ihm werden zwei Möglichkeiten angeboten: Die Vergabe eines Subauftrags an eine Mafia-Firma oder Zahlung von 20.000 bis 50.000 Euro in Cash.

Sinisgalli fährt von diesem Treffen direkt zur Polizei, erstattet Anzeige und identifiziert die Erpresser anhand von Fotos. Sinisgalli ist ein mutiger Mann. Im Gegensatz zu den meisten seiner Kollegen, die die angebotenen »Kompromisse« der piemontesischen ’Ndrangheta-Clans stillschweigend akzeptieren. Einer ’Ndrangheta, die nach und nach in alle Geschäftsbereiche vorstößt, legale und illegale. Von der Bauwirtschaft bis zu den Spielhöllen. Privatclubs, die einfach eröffnet werden, wofür nur eine kurze Mitteilung an die Gemeinde notwendig ist. Es müssen hierfür auch keine Lizenzen oder Bescheide beigebracht werden. Faktisch handelt es sich um Automatenspielhallen, illegale Spielcasinos. Orte, an denen junge wie alte Spielsüchtige ausgenommen werden. Der Club *Pivello Sportivo* und der Club *Circolo Giuseppe Cesare Abba* in Turin, in der Via Maddalene, sind zwei dieser illegalen Spielhöllen der 'Ndrangheta in Piemont.

Dabei wird die unternehmerische Methode, die spezifische Rollenverteilung auch im Wettgeschäft eingehalten: Geführt werden die diversen Privatclubs von Angehörigen der Mafia-Zellen vor Ort. Die Profite werden unter den beteiligten Zellen aufgeteilt. Neben der Zelle, die eine bestimmte Unternehmung starten möchte, ist noch die Beteiligung der Zelle notwendig, auf deren Territorium die Einrichtung liegt. Aber natürlich ist auch die Zustimmung des obersten regionalen Koordinationskomitees, des *Crimine* der jeweiligen Region, einzuholen. Ein Teil der Einnahmen wird den Angehörigen inhaftierter Clan-Mitglieder überwiesen, unabhängig davon, welcher Zelle diese angehören (also eine Art Umlage, die alle 'Ndrangheta-Zellen bezahlen).

Es wird intensiv gespielt in den Spielhöllen der 'Ndrangheta, vor allem »Texas Poker«. Hierzu heißt es im offiziellen Statut des *Pivello*-Clubs: »Freizeitaktivität ohne Gewinnerzielungsabsicht. Beabsichtigt wird dagegen, Laiensportaktivitäten zu praktizieren und zu bewerben (Turniere, Wettkämpfe, Meisterschaften), sowie interne Ausbildungs- und Fortbildungsgänge.« »Texas Poker« untersteht dem Crea-Clan in Turin. Um es in der Spielhölle von Leini anbieten zu können, muss Gioffrè um die Erlaubnis von Boss Crea bitten, mit dem er dann auch die Einnahmen teilen muss. »Er wollte sechzig Prozent. Ich hab zu ihm gesagt, Freundchen, was machen wir jetzt, wir alle müssen essen. Lass uns den Vertrag abschließen. Wir haben hier fünfzig Prozent der Einnahmen einbehalten. Mit anderen läuft es auch so, dass die fünfzig Prozent behalten. Also haben wir uns auf fünfzig geeinigt.« So lässt sich die Vereinbarung im Kern zusammenfassen.

Angesichts der Tatsache, dass Leini der Jurisdiktion der Mafia-Zelle von Volpiano untersteht, geht ein Teil der Einnahmen an den Agresta-Clan, dem dieses Territorium untersteht. Aber Neid sorgt für Streit. Die monatlichen Einnahmen übersteigen 50.000 Euro netto für jede aktive Spielhölle. Ein Profit, der vielen Appetit macht. »Das ist nunmal unser Gebiet, und daher müssen wir künftig alle anderen in aller Höflichkeit zurückweisen«, ließ der Agresta-Clan Gioffrè wissen. Die Spannungen steigen jedoch auch im Hinblick auf den Crea-Clan. Dessen Vertreter fordern, an den Einnahmen des Clubs von Gioffrè beteiligt zu werden, ihrerseits teilen sie aber keine Einnahmen. Eine Zeitbombe, die jederzeit explodieren kann.

Vermutlich stecken diese Spannungen hinter dem Anschlag, dem Giuseppe Gioffrè im Dezember 2008 zum Opfer fällt. Die aufgeheizte Stimmung hatte zuvor schon dafür gesorgt, dass Gioffrè die beiden Oberbosse der ’Ndrangheta, Pasquale Barbaro und Giuseppe Pelle, um Rat bat. Barbaro, dem die Situation Sorgen bereitete, diskutierte darüber auch mit dem Boss Antonio Papalia, der anordnete, den Konflikt beizulegen, da die Einnahmen aus den illegalen Spielhöllen der Versorgung der Angehörigen der Inhaftierten zugute kämen. Der Sohn von »Gambazza« sieht das alles etwas entspannter. »Ich würde dir raten, dich mit Cosimo [Crea] zu einigen.« Dann kommen die Verhaftungen dazwischen, die wenigstens kurzfristig für eine Abkühlung der Emotionen sorgen. Im April 2008 trifft es die Brüder Crea. Sie werden beschuldigt, zwei illegale Spielhöllen betrieben zu haben. Daraufhin schließt Gioffrè vorsichtshalber den Club von Leini, um nur wenige Monate später einen anderen in Turin zu eröffnen. »Die Leitung wird gemeinschaftlich von den Chefs verschiedener Mafia-Zellen ausgeübt.« Was der *Circolo Giuseppe Cesare Abba* an Einnahmen abwirft, wird unter allen Beteiligten aufgeteilt. »Diese spezielle Spielhölle bringt mehr als 100.000 Euro pro Monat.« Franco d'Onofrio zufolge, einem der Mitglieder des *Crimine*, gibt es Streit um die Abrechnung der Profite. Am 14. November fällt der Verdacht auf Gioffrè. Wenn die Führungsspitze der 'Ndrangheta erst einmal an der Treue eines Mitglieds zu zweifeln beginnt, ist die Strafe nicht weit. Zwei Monate später wird das von der 'Ndrangheta festgelegte Urteil vollstreckt: Don Peppe Gioffrè stirbt in Bovalino bei einem Attentat.

Für die 'Ndrangheta-Clans in Piemont besteht das Wettgeschäft nicht nur aus den illegalen Glücksspielen wie Poker. Das Spielautomatengeschäft betreibt jeder Clan für sich auf seinem Territorium. Es gibt jedoch eine Vereinbarung der 'Ndrangheta von Piemont auf höchster Ebene, die dem Agresta-Clan eine Art monopolistischer Verwaltung der Maschinen zuspricht. Zum Einsatz kommen auch Videospielgeräte aus der Produktion von Dario Corsini und Donato Cerrone. Mit ihnen hatte »der Marando-Agresta-Clan geschäftliche Beziehungen aufgenommen und teilte mit ihnen die Einnahmen«. Auch diese Einnahmen kommen dem Unterhalt der Angehörigen der Inhaftierten zugute.

Neben den Videospielgeräten führt die 'Ndrangheta auch klassische gastronomische Betriebe. Sie sind in der Hand der Clans aus Turin, die dem schönen Leben zugetan sind, dem süßen Nichtstun, also dem *dolce far niente*. Diese Clans stellen die Geschäftsführung der Cafés, Bars und Nachtclubs im Raum Turin. So auch im Fall der *Bar Italia* und der *Bar Alexander*, die ihnen als Tarnung, aber auch als Treffpunkt und Wahlkampfbüro dienen, oder um die Riten der Aufnahme neuer Mitglieder zu begehen.

In den Nachtclubs machen die Clans Geschäfte klar und

sorgen für die Unterhaltung ihrer eigenen Clan-Mitglieder. Der Club *Kiss One* in Borgallo ist so ein Ort. Er wird von Antonino Perito geführt. Alles fing mit einer Schutzgeldforderung durch Bruno Iaria an. Im Laufe eines Jahres, berechneten die Ermittler, kamen so 20.000 Euro zusammen. Aber die Schutzgelderpressungen der 'Ndrangheta haben häufig einen tieferen Sinn. So wie der Zinswucher. Der Kauf des Clubs, der heute von Iaria geführt wird, lief über einen Kredit, den er dem Vorbesitzer zur Verfügung gestellt hatte, um das Schutzgeld zu bezahlen. Mit festem Ablösedatum. Als der nicht zahlen konnte, gehörte der Club Iaria.

Im Lokal benimmt sich Iaria wie ein »echter« Mafioso. Champagner berühmter Marken gibt es für ihn gratis, dazu Unterhaltung durch die Mädchen des Clubs, denen er Getränke bestellt, ohne dafür zu bezahlen. Er greift in die Organisation des Betriebs ein, sorgt für Streit mit anderen Stammkunden, hauptsächlich Kalabresen, »in einer Art und Weise, die seine dominierende Position unterstrich«. Arroganz, die er auch gegenüber den Mädchen an den Tag legt, »die er benutzt, um die eigenen Gelüste zu befriedigen, sowie die seiner Freunde und Gefolgsleute aus Kalabrien«. Iaria gibt die Telefonnummern der Mädchen an Freunde und Bekannte weiter. Eine Verhaltensweise, die unter den Mädchen des *Kiss One* für Irritationen sorgt.

Sex mit den Mädchen aus dem Osten ist nicht nur bei den Leuten von Iaria als Dienstleistung gefragt. Auch Giuseppe Barbaro brachte für gewöhnlich russische oder rumänische Mädchen in einen bestimmten Club in Turin, *La Mansarda*. Die Mädchen reisten, wie der Kronzeuge Rocco Varacalli erzählt, in der Regel »über Bovalino [Kalabrien] nach Italien ein. Er ließ sie dort für sich arbeiten, als ›Unterhaltungsdamen‹. Prostitution ist eigentlich ein unwürdiges Geschäft für einen ›Ehrenmann‹ der 'Ndrangheta. Und wurde von *Natino* [Brunos Vater Fortunato Iaria] nicht gutgeheißen. Er hatte Angst vor Polizeikontrollen, bei denen auffliegen konnte, dass die Mädchen keine regulären Aufenthaltsgenehmigungen hatten. Doch Natino ließ zu, dass Barbaro weiter Mädchen in den Club schleppte. Er wollte einem höheren Führungskader der 'Ndrangheta gegenüber nicht respektlos erscheinen. Und er wollte vermeiden, dass Barbaro ihn an Antonio Agresta ›auslieh‹, um für diesen Aufträge auszuführen und Gefälligkeiten zu organisieren.«

Dass die Mädchen über Bovalino ins Land kamen, wird auch durch eine abgehörte Unterhaltung des ermordeten Paten Gioffrè bestätigt. »Unser Kumpel Peppe hat mir erzählt, dass er noch zwei Mädchen in Bovalino habe. Ich hab ihm gesagt, dann bring sie doch mit. Das hat er auch getan. Jetzt sind sie hier. An die darf keiner ran, da ist er sehr eifersüchtig. Kumpel Natino, der ihm den Unterhalt zahlt, kann der sich so einen Luxus leisten wie Kumpel Peppe?«

Piemonteser Geschäfte, die den scharfen Geruch von Kokain verströmen. »Wir gehen zusammen joggen. Ich bin einfach zu fett geworden. Ich muss wieder ein paar Kilo runterkriegen.« Mit den überflüssigen Kilos ist aber kein Fett gemeint, sondern Kokain. Es handelt sich um Codeworte, abgesprochene Formulierungen, Gesprächspausen, die mehr sagen als tausend Worte.

Die Drogenhändler der Clans haben einen Cordon der Geheimhaltung um sich herum errichtet. Pasquale de Carolis ist zusammen mit seinem Bruder Costantino der norditalienische Repräsentant von Giuseppe Nirta, dem flüchtigen Boss, der es geschafft hat, ein unsichtbares, aber luxuriöses Leben zwischen dem Valle d'Aosta und Lloret de Mar in Spanien zu genießen. Den Ermittlern zufolge ist er die zentrale Steuerungsinstanz für den Drogenhandel der 'Ndrangheta. Bei ihm werden die Kokainlieferungen bestellt, vermittelt durch De Carolis, Gioffrè, Iaria, Agresta, Praticò und Mangono. »Dann nehm ich die Schweinewurst und die Salami.« Auch das ist eine kodierte Mitteilung. Tatsächlich geht es in dieser Unterhaltung zwischen den beiden Bossen um das »weiße Gold«. »Wie ist eigentlich der Preis?« – »1,5 Millionen Euro«, erklärt Gioffrè seinem Sohn Arcangelo die Importprojekte.

Kokainflüsse überschwemmen Italien. Piemonte, Emilia-Romagna, Lombardei. Ein breiter weißer Strom flutet die Halbinsel. Die Ermittler beobachten abgehende Lieferungen in Bovalino, Platì und Rom. Mit Zielen in Spanien, Belgien und Frankreich. Von dort trifft das Kokain auf den Lkws vertrauenswürdiger Spediteure wieder in Italien, diesmal in der Emilia Romagna und in Piemont, ein. Einer der Mafiosi, die mit der Organisation des Kokaintransports beauftragt waren, war Antonio Pagliuso, der »*Crimine* logistisch beim Transport der Substanzen unterstützt«. Er ist der Bruder von Fortunato, der 2010 zusammen mit anderen Clan-Unternehmern der Region Crotone (Kalabrien) und der Emilia-Romagna verhaftet wurde. Beide waren Gesellschafter der *Bazzoni Autotrasporti GmbH* in Gualtieri bei Reggio Emilia. Pagliuso unterstanden darüber hinaus zahlreiche Kuriere ausländischer Staatsangehörigkeit, die in Modena wohnten.

Wie immer geht es um die Achse Piemont-Emilia. Daraus ergibt sich eine neue Geschäftsidee. Ziel der Clans ist es, in den Nachtlokalen das Kokain immer in ausreichenden Mengen vorrätig zu haben. Kokain und Nachtclubs. Eine einträgliche Verbindung, wie sie im Gespräch über einen anderen Club ihre Bestätigung findet. »Wir suchten meinen Cousin auf, der eine Discothek hat. Er war einverstanden, vorausgesetzt wir liefern es ihm so zuverlässig wie Gottes Boten.« Der Cousin, über den hier gesprochen wird, ist Natale Surace, Eigentümer eines angesagten Lokals im Zentrum von Bologna. Er wird während der Operation »Marte« gefasst, die sich gegen die Clans von

Romeo »U Staccu« und Giampaolo »Russello« aus San Luca richtete.

Auch unter den mittelalterlichen Zwillingstürmen im Zentrum Bolognas haben die Clans aus San Luca mittlerweile Fuß gefasst. Sie betreiben Pizzerien, Bars und verticken Kilo um Kilo Kokain. Ärzte, Anwälte, Selbständige, Unternehmer gehören zu ihren Kunden. Also die »gute« Gesellschaft. Darüber hinaus haben sie Hotels und Parkhäuser als logistische Basen in ihren Besitz gebracht.

Jedenfalls scheinen sie nicht erst seit gestern im Hauptort der Emilia-Romagna angekommen zu sein. Ihre kokainabhängigen Kunden zeigen Respekt und Dankbarkeit. Die Bosse bieten gute Qualität und gelten als »die besseren«, wenn es darum geht, es zu vermeiden, Spuren zu hinterlassen, die die Drogenfahndung misstrauisch machen könnten. »Mir brachten sie jede Menge Kilos, aber jetzt sind die Kalabresen verschwunden. Man hat ihre Bosse verhaftet, die aus San Luca. Das ist das Mafia-Dorf. Sie sind dort große Nummern.«

Kokain und Pizza, das sind die Spezialitäten der Clans aus San Luca. Wie in Deutschland, so auch in Bologna. Sie bewegen sich entlang ihrer bevorzugten ökonomischen Stoßrichtung. Unter von der Polizei dokumentierten Reisen der Clan-Drogenhändler Pizzata und Martè waren auch auffällige viele ins Valle d'Aosta. Reine Vergnügungstrips? Oder Dienstreisen, um neue Kokainpartien von Giuseppe Nirta zu übernehmen, der mittlerweile angeblich seine Zelte in diesen Alpentälern aufgeschlagen hat. Das war eine der Fragestellungen, die der Operation »Minotauro« zugrunde lagen. Aber weder diese noch die Folgeoperation »Marte« brachten darauf eindeutige Antworten.

Eine einzige Pizzeria reicht den Männern aus San Luca natürlich nicht aus. Antonio und Pasquale Marte aus San Luca wollen eine ganz für sich allein, und beschließen, einfach eine aufzumachen. Außerhalb von Bologna, in San Lazzaro di Savena. Um das neue Projekt auf den Weg zu bringen, führen sie mit einer »befreundeten« Steuerberaterin aus Bologna Gespräche. Sie gehört zum Netzwerk, das die 'Ndrangheta umgibt und sie mit weiten Bereichen der Gesellschaft verbindet. Die Brüder sind auch an einem Zigarettenladen im Zentrum von Bologna interessiert. Dessen bisherige Besitzer sind Stammkunden von ihnen. Clans aus San Luca haben im Zentrum von Bologna ansonsten hauptsächlich in Einzelhandelsgeschäfte und Gastronomiebetriebe investiert. Und so die Bar von Giuseppe Giampaolo erworben, der von den Ermittlern in Bologna für ein Mitglied des gleichnamigen 'Ndrangheta-Clans gehalten wird. Drogenbeschaffer Antonio Martè hielt sich dort des Öfteren auf.

Gaststätten und Cafés der Clans aus San Luca siedeln sich auch gern im Umfeld der Universität Bologna an, deren Akademiker eine zahlenkräftige, wohlerzogene, wohlhabende, wissensdurstige Kundschaft darstellen, eine ebenso unverdächtige wie kosmopolitische Kundschaft, die sich vom Bologneser Ableger der Romeo- und Giampaolo-Clans verpflegen ließ. Studenten, Arbeiter, Verkäufer, Angestellte, Selbständige, dazu Chirurgen, Chefärzte, Kabarettisten, Schauspieler und Teilhaber angesagter Clubs des lebhaften Nachtlebens von Bologna. Die nur ausnahmsweise ins Visier der Polizei geraten.

Pech hatte Raffaele Giunta, für den die Anti-Mafia-Behörde von Bologna einen Haftbefehl beantragte. Giunta war Arzt am Krankenhaus *Sant'Orsola* im Bereich der allgemeinen und der Transplantations-Chirurgie. Der Ermittlungsrichter lehnte zwar den Haftbefehl ab, aber aus den Unterlagen erschließt sich ein beunruhigendes Bild. »Tu mir doch diesen Gefallen, ich muss die ganze Nacht operieren«, schrieb Giunta an Alessandra Baretta, eine Kundin der beiden Mafia-Drogenhändler Pizzata und Martè. »Ich bin todmüde, seit heute früh bin ich hier, und wir müssen noch die ganze Nacht operieren. Ich hab noch zweihundert Notfälle vor mir, verstehst du?«, drängelte der Mediziner.

Noch beredter in Sachen Abhängigkeit ist das, was ein Freund von Baretta in einem abgehörten Gespräch sagte: »Gerade haben sie einen [Kurier] geschnappt, der aus Kolumbien kam, bei dem ist ein Beutel im Bauch geplatzt.« Und fügt hinzu: »Giunta hat ihn operiert und zwei der Kokain-Eier eingesteckt, eins für sich und eins für seinen Chefarzt. Die übrigen hat die Polizei mitgenommen.« Der Diebstahl war umsonst, wie die Beschuldigten erklärten, weil das Kokain von unterirdischer Qualität, fast ungenießbar war. Obwohl das »Paket« direkt aus Kolumbien stammte. Sogar ein Gerichtsmediziner, der als Berater für die Staatsanwaltschaft arbeitet, soll zu den Abnehmern des Kokains gehören.

Den Behörden ins Netz ging auch Natale Surace, geboren in Bagnara Calabra (Kalabrien), der aber schon seit Jahren in der Emilia-Romagna lebt. Er arbeitet als Technik- und Logistik-Referent der Universität und ist für die Vermietung der Räumlichkeiten zuständig. Von der Festnetznummer der Fakultät in der Via San Giovanni in Monte rief er bei der Pizzeria *San Donato* der Schwestern Pedullà an, den Töchtern von Maria Strangio.

»Die ’Ndrangheta in Bologna«, titelte eine Zeitung, die die ganze Geschichte brachte. Heutzutage keine Sensationsmeldung mehr in der Emilia-Romagna und in Piemont. Zwei Regionen, die die Kokain-Ökonomie verbindet. Zusammen mit der Lombardei formen sie ein »weißes« Dreieck. Das, was einmal aufgrund der Vorherrschaft der linken Parteien in diesem Gebiet als »rotes Dreieck« bekannt war, ist jetzt zu einem großen Marktplatz geworden, auf dem ein »Nahrungsergänzungsmittel« dominiert: Kokain. Ein Produkt mit außerordentlich hoher Nachfrage. Durch die Nase gezogen von seriös erscheinenden Selbständigen und von Jugendlichen, die nach Grenzüberschreitungen suchen. Eine Droge, die die üblichen Hierarchien und sozialen Grenzen überschreitet und von der die 'Ndrangheta unglaublich profitiert. Die Lasterhaftigkeit der Bevölkerung spült ihr täglich Unsummen in die Kassen. Die Mafia kumuliert durch entsprechende Investitionen der Drogenprofite horrende Vermögenswerte – und Macht. Beides lässt sich leicht zu neuen Profiten umsetzen innerhalb des Wirtschafts- und Finanzsystems der boomenden Regionen, in denen die Clans agieren.

Natürlich gibt es immer noch Leute, die meinen, die 'Ndrangheta sei eine Erfindung des Sensationsjournalismus, um die Auflagen zu steigern. Nicht wenige denken so. »Aber was ist die Mafia denn wirklich? Was isst sie, was trinkt sie? Wo lebt sie, wer hat sie je gesehen, die berühmte 'Ndrangheta?« Der Boss wurde zur Furie, als er seinen Namen einmal in der Turiner Zeitung *La Stampa* las. Es ging in dem Bericht um einen Kronzeugen, der über Gioffrès Aktivitäten in Turin sprach und dabei Affären und Mordanschläge erwähnte. »Verfickter Verräter«, beschimpfte ihn Gioffrè.

Dass die 'Ndrangheta tatsächlich ein Hirngespinst sei, eine Medienerfindung, ist die Privatmeinung von einigen. Fakten zählen dabei offensichtlich nicht. Vielleicht hat die Fehleinschätzung damit zu tun, dass die 'Ndrangheta immer unbewaffnet dargestellt wurde, als diejenige, die ihre Waffen abgegeben hat. Was in der Realität natürlich niemals so war. Im Gegenteil. Boss Gioffrè, der immer betont hatte, dass er nicht wisse, was eine Mafia sei, wurde selbst in Bovalino mit Maschinenpistolen regelrecht hingerichtet.

Hinter dem Anschlag steckten natürlich wieder Geschäfte. Konkurrenz. Neid. Atmosphärische Störungen im Ablauf der Millionengeschäfte. Das oberste Standgericht der 'Ndrangheta hatte das Urteil gefällt, sein Schicksal entschieden. Daran haben die Ermittler keinen Zweifel. Die gewalttätige Seite der Clans ist jedoch in den letzten Jahren zumeist übersehen worden. Vielmehr richtete sich die Aufmerksamkeit auf die Reichtümer und die Macht der 'Ndrangheta. Aber in Turin, in Mailand, in Modena, in Bordighera wurde und wird weiterhin geschossen. Immer noch werden die Nächte von Brandanschlägen erleuchtet, mit denen Unternehmer eingeschüchtert werden sollen.

Es gibt Morde, die in der südlichen Peripherie der Region verübten werden, die die mafiöse Dynamik betreffen und auf ihre nördlichen Aktivitäten durchschlagen. Der Minotaurus repräsentiert das doppelte Antlitz der Mafien. Zurückgezogen und gewalttätig, finster und unverdächtig, liebenswürdig und grausam. Jenseits der »Gotenlinie« ist die Bestie trotz ziviler, juristischer und polizeilicher Bemühungen immer noch auf freiem Fuß. In ihrem Schlupfwinkel, unter einer dicken Decke aus Gleichgültigkeit.

21.

»DER KÖNIG DES OBST- UND GEMÜSEHANDELS«

Im Morgengrauen lässt der Nebel keinen Platz für irgendwelche Assoziationen. Eine graue Wattewolke hat das Innere des Hafens von Genua unter sich begraben. Der Hafen ist einer der bedeutendsten Europas. Nur die Geräusche der Kräne, die die Container be- und entladen und diese auf dem Hafengelände umsetzen, setzen einzelne Akzente. Der Winter ist hart. Auch wenn ihn die Salzluft und die auch zu dieser Jahreszeit bemerkbaren Düfte des Mittelmeers etwas erträglicher machen als anderswo. Millionen Container treffen hier jedes Jahr ein. Alle nur denkbaren Güter werden hier angelandet. Kleidung, tiefgefrorene Fische, alle möglichen anderen Lebensmittel, Rohstoffe, Säuren, Drogen, Menschen. All das strömt in diesem Hafen zusammen, ohne vom Zoll kontrolliert zu werden. Eine offene Wunde der Halbinsel Italien, durch die auch das »weiße Gold« der 'Ndrangheta in rauen Mengen hereinströmt.

Hier landen riesigen Kokainklumpen, nach einer Reise, die durchaus mehrere Monate dauern kann. Südamerika, Guinea-Bissau, Spanien, Italien, Genua. Das ist einer der Handelswege, den die Kokainhändler benutzen. Auch zwei Broker der Clans aus Reggio di Calabria und Vibo Valentia, die in Ligurien Wurzeln geschlagen und dort Mafia-Zellen gegründet haben, nutzen dieser Route für ihre Geschäfte. Von La Spezia bis Ventimiglia hat die Anti-Mafia-Behörde von Genua vier solcher Mafia-Zellen oder *Locali* ausgemacht. Genua, Sarzana, Lavagna und Ventimiglia. Vier Zellen und ein »Kontrollausschuss«, der dazu dient, die Kommunikation zwischen den verschiedenen Territorialorganisationen der ’Ndrangheta sowie den Kontakt zum Mutterhaus, der *Provincia*, in Reggio di Calabria aufrechtzuerhalten.

Geschichten, Erzählungen, Legenden, Märchen. Für viele Einwohner Genuas existiert die ’Ndrangheta in dieser Stadt nicht. Sie stellt kein kriminelles Problem dar, im Gegensatz zu den »Immigranten, die wilde Camps aufbauen, Schlägereien anzetteln, miteinander kämpfen, sich abstechen«. Antworten dieser Art sind in Genua nicht selten, wenn man beim Schlendern durch die Gassen der Stadt die Passanten oder die Händler befragt, ob die kalabrischen Paten mit ligurischem Akzent eine Gefahr für ihr Geschäft oder für die Stadt darstellen. Dieselben Antworten wie in der Lombardei. Selbst nach der Verurteilung der *Bad Boys* aus Kalabrien betont man in Varese, dass die Marokkaner das eigentliche Problem seien, und nicht Clan-Chef Rispoli.

Die Clan-Chefs, die Befehle erteilen und die Wirtschaft der Lombardei auf gefährliche Weise unterwandert haben, lösen keinen Alarm aus, bieten keinen Anlass zur Sorge. Die Paten und ihre Schlägertrupps sind in der Regel gut angezogen, schaffen Arbeitsplätze und besitzen Firmen. Von der lombardischen Unternehmerschaft sind sie nicht mehr zu unterscheiden. Aus ihnen sind Einzelhändler und Entrepreneure geworden. Sie machen niemandem mehr Angst. Sie sind Chefs, Mitarbeiter und Kollegen, wie viele andere auch.

So präsentierte sich Carmelo Bellocco denjenigen unter den Einwohnern Bolognas, die für das CAAB *(Centro Agro Alimentare Bologna)* arbeiten, den Obst- und Gemüsemarkt der Stadt. Carmelo Bellocco ist einer der Clan-Chefs aus Rosarno (Kalabrien), genauer gesagt des Bellocco-Clans. Sie sind mit dem Pesce-Clan verbündet, dem Clan, der auf dilettantische Weise versucht hat, im italienischen Profifußballgeschäft über Wettmanipulation in großem Stil Geldwäsche zu betreiben.

Rosarno gehört dem Clan bereits. Bologna entging nur knapp der Gefahr, in seine Hände zu gelangen. In die Hände der Mafiosi aus Rosarno. Diese versuchten einen Coup im Herzen der Agrarwirtschaft der Emilia-Romagna durchzuziehen. Beim CAAB. Das belegen die Ergebnisse der Operationen »Rosarno è nostro« I und II aus dem Jahr 2010. Sie lieferten einen Eindruck von der mafiösen Dynamik im Schatten der mittelalterlichen Zwillingstürme im Stadtzentrum Bolognas. Aus der Haft entlassen begab sich Clan-Chef Bellocco zur Villa von Rocco Gallo, einem Unternehmer aus Rosarno, der in Granarolo dell'Emilia wohnte. Gallo ist der Eigentümer der Firma *Veneta Frutta*, die im Obst- und Gemüsemarkt von Bologna aktiv war. Rocco Gallo war auch Eigentümer einer weiteren Firma, der *Rocco Gaetano Gallo*, mit Sitz in Rosarno. Als Geschäftszweck war hier Gemüseanbau angegeben. Von der Produktion bis zum Handel bestimmen die Clans die Handelswege.

Und wie für Gangemi in Genua ist die Liebe zum Obst- und Gemüsehandel ein Privileg der obersten Bosse. Carmelo Bellocco hatte begonnen, als Angestellter von Gallo zu arbeiten. Jeden Tag war er mit seinem Kleinwagen Marke Ligier auf den Gemüsemarkt gefahren, zog die Kleidung eines Handlangers an, der pflichteifrig seinen Dienst versieht. Dabei war er jedoch ein ziemlich spezieller Angestellter. Der einzige, der seinem Chef Befehle erteilen konnte. Rocco Gallo war nach Kalabrien als sein Emissär entsandt worden. Eine intensive Reisetätigkeit von Clan-Mitgliedern begann, die von Rosarno nach Granarolo verlief, wo man dem großen Boss seine Aufwartung machte.

Im ruhigen Granarolo entwarf Carmelo Bellocco einen Schlachtplan gegen den Amato-Clan, den »Zigeunern« der 'Ndrangheta aus Rosarno, die im Raum Reggio Emilia ansässig sind. Als sich die Situation zuspitzte, griff das Sondereinsatzkommando der italienischen Polizei ein. So konnte in letzter Minute der Ausbruch eines Krieges im Raum Bologna-Reggio Emilia-Rosarno verhindert werden.

Zu den Beschuldigten zählen auch der Pate Bellocco, seine Ehefrau, der Unternehmer Gallo sowie Antonio Bellocco, der Neffe des Paten, der wegen seiner Rolle bei den Übergriffen der Einwohner von Rosarno auf die dort zusammengeströmten Immigranten im Januar 2010 in Reggio di Calabria schon in Untersuchungshaft gesessen hatte. Er war einer der vielen dahergelaufenen Demagogen aus Rosarno, die laut nach Recht und Gesetz geschrien und die Immigranten über die Ebene von Gioia Tauro gejagt hatten. Einige Monate danach hagelte es Strafen.

Obst und Gemüse verbinden die Geschichte der Mafia-Bosse im Norden Italiens, genau genommen in Genua, Bologna und Mailand, wo Salvatore Morabito, der Sohn von Oberboss Peppe »U Tiradrittu« Morabito, mit seinem Ferrari im Gemüsemarkt vorfuhr, als Angestellter der Betriebsgesellschaft des Marktes. Auch der Sprössling des Morabito-Clans aus Africo (Kalabrien) war offiziell nur Handlanger auf dem Markt, während er tatsächlich in großem Stil mit südamerikanischem Kokain handelte und den Markt zur Tarnung dieser Geschäfte nutzte. Auf dem Markt hatten auch Kooperativen, die indirekt im Besitz der Mafien standen, ihre Handelsräumlichkeiten. Dort wurde das »weiße Gold« gestapelt und verteilt. Die 'Ndrangheta vergisst ihre bäuerlich-landwirtschaftlichen Wurzeln nicht. Nach wie vor investiert sie in die Landwirtschaft, und strebt auch hier Monopole an.

Im San-Fruttuoso-Viertel von Genua kennt man ihn als »Mimmo«, den König des Obst- und Gemüsehandels. Denn Domenico »Mimmo« Gangemi ist der Eigentümer der Firma *Regno dell'Ortofrutta* (dt.: Obst- und Gemüse-Königreich). Ein unverdächtiger Kaufmann. In seinem Geschäft verkehren alle sozialen Klassen. Unternehmer, Angestellte, Arbeiter, Politiker. Sie halten ihn für einen geschickten Kaufmann. Sicher, die Bewegungen auf seinen Konten belegen, dass er eine mächtige, einflussreiche Person ist, die in der Lage ist, Entscheidungen von großer Reichweite zu treffen, Strategien zu beschließen und diesem oder jenem Kandidaten Kaufstimmen zur Verfügung zu stellen. Aber niemand hielt ihn für einen Mafia-Boss. »Ein Pate, das ist doch noch was anderes. Der würde nicht so gescheit reden. Der wäre grob und würde auch nicht selbst arbeiten.« »Mimmo« Gangemi erfüllt keines der im Fernsehen, in Romanen und Liedern verbreiteten Mafia-Klischees. Eine Organisation, die sich auf Folklore gründet. Das ist »Mimmo« nicht und sprengt so die kollektiven Vorstellungen, die die meisten Bürger Norditaliens von der Mafia haben.

Pittoresk sind die 'Ndrangheta-Clans im Norden am allerwenigsten. Sie gleichen eher Firmen. Sie verwalten ganze Wirtschaftssektoren, handeln mit legalen und illegalen Gütern. Sie stellen einen strukturierten, präzise arbeitenden Organismus dar. Die »Führer« der Mafia-Zelle von Genua sollen den Ermittlern zufolge Domenico Gangemi, Antonio Belcastro, Onofrio Garcea (der Senator Trematerra zum Gipfeltreffen von Turin begleitete), Lorenzo Nucera und Arcangelo Condidorio sein. Gangemi und Belcastro wurden bereits während der Operation »Crimine« verhaftet. Als Zellenchef von Sarzana gilt Antonio Romeo. In Lavagna soll Paolo Nucera die Befehle geben, ebenfalls ein sich als Unternehmer gebender Pate. Er ist Inhaber eines Hotel-Restaurants, in dem sich die Elite der 'Ndrangheta Liguriens regelmäßig zusammenfand. In Ventimiglia regierten Giuseppe Marcianò, Michele Ciricosta, Benito Pepe sowie Francesco und Fortunato Barillaro für die Mafia. Auf ihrer Lohnliste stand, wie die Ermittler erklärten, auch ein

Politiker: Vincenzo Moio, bis 2009 stellvertretender Bürgermeister der Grenz-Gemeinde.

Wie in Piemont und in der Lombardei, so existiert auch in Ligurien eine Parallelstruktur. Dort werden Allianzen geschmiedet zwischen Clans und den »Externen«, also Politikern und Unternehmern der Region. Macht, Profitmaximierung, Geldwäsche, Ehre, Respekt. Geschäfte, Politik und Tradition sind die Begriffe, an denen sich das Handeln der meisten kalabrischen Clan-Chefs orientiert. Zwischen Genua und Ventimiglia haben sie ihre Zweitwohnsitze bezogen. Sie treffen sich mit Stadt- und Regionalräten, Assessoren, Unternehmern und Politikern, gehen in den Gemeindeverwaltungen ein und aus, beeinflussen die dortigen Entscheidungswege, greifen sich Ausschreibungen, schießen, zünden an, bedrohen, handeln mit Drogen. »Ich hätte nie gedacht, dass er ein Mafia-Boss sein könnte.« Unsichtbar, getarnt, verkleidet als Kaufleute, Veranstalter, Hoteliers, Bürgermeister, Assessoren. Sicher ist es nicht einfach, die 'Ndrangheta-Mitglieder von Normalbürgern zu unterscheiden. »Er verkauft hervorragendes Obst und Gemüse, er arbeitet hart.« Das ist, was viele Einwohner Genuas in »Mimmo« Gangemi sehen. Sie begreifen einfach nicht, dass er ein Mafia-Boss und Mitglied des örtlichen Kontrollorgans der Mafia war, berechtigt, direkten Kontakt mit dem Oberboss Don Mico Oppedisano aus Rosarno aufzunehmen. Für viele Einwohner Genuas ist Gangemi bis heute ein einfacher Obst- und Gemüsehändler, der »König des Obst- und Gemüsehandels«, wie es auf der Ladeninschrift seines Geschäfts in Genua heißt. »Hey Kumpel, das, was wir hier an Geschäften durchziehen, das machen wir für unsere Heimat. Es ist nicht so, dass unsere Abgesandten in der Lombardei für sich regieren. Wir Kalabresen ziehen immer unser Ding gemeinsam durch.«

Der König des Obst- und Gemüsehandels weiß ganz genau, dass eine Mafia-Zelle ohne die Unterstützung der obersten

Ebene, der *Provincia*, ein Torso ist, ein Krüppel, einfach kraftlos. Das sagt er auch Domenico Oppedisano, dem er all die Ehrerbietung entgegenbringt, zu der die Mafia-Zellen Liguriens gegenüber den obersten Bossen fähig sind. »Wir gehören alle zusammen, Ligurien und die 'Ndrangheta. Wir sind alle Kalabresen. Das, was war, haben wir dorthin mitgenommen. Das, was wir dort aufgebaut haben, das haben wir sicher. Wir arbeiten so eng wie möglich mit Kalabrien zusammen. Wir und Kalabrien – ich persönlich stehe dafür ein –, wir sind eins, alle Kalabresen.«

Ligurien und Kalabrien, Süd und Nord. Für die 'Ndrangheta ist die gesamte italienische Halbinsel ein großer Handelsplatz. Handelsunternehmen, Baufirmen, Restaurants und Hotels. Das sind die legalen Zweige der 'Ndrangheta-Wirtschaft. Auf deren Rückseite existiert die Wucher-'Ndrangheta. Die verdeckt von vorgeschalteten Finanzgesellschaften die Kundschaft nach allen Regeln der Kunst ausnimmt und sich Unternehmen auf illegale Weise einverleibt. Onofrio Garcea ist ein Unternehmer-Wucherer. Er leitet die Finanzgesellschaft *Effegi Direct*. Unter dem Schutzmantel der Gesellschaft praktiziert er gelebten Zinswucher. Als eine gegen ihn gerichtete Operation im Juli 2010 startete, war er auf einmal verschwunden. Bis Dezember 2010 blieb er flüchtig. Mit seiner doppelten Tätigkeit produzierte er märchenhafte Profite. Geld, das er unter anderem auch nach Kalabrien schickte. »Ich geh jetzt zu jemandem, um Geld nach Kalabrien zu schicken (...). Ich geh jetzt rauf und bring das Geld auf den Weg.«

Für ihre politische Unterstützung des gerade aufgestellten Kandidaten erwarten die Clans Gegenleistungen. Aufträge, Konzessionen, Gefälligkeiten. Im Fall der Mafia-Zelle von Lavagna hatte Gangemi keinerlei Zweifel. Weil er in deren Gemeinde Aufträge erhalten hatte, wollte er einige Stimmen aus dem Mafia-Pool für die Tochter von Moio reservieren. »Die Arbeit mit den Kommunen übernehmen ihre Brüder«, betont Gangemi und bezieht sich dabei auf die Firma der Brüder von Paolo Nucera, die den Zuschlag im Rahmen der Ausschreibung von Stadtreinigungsarbeiten in der Gemeinde Rapallo (bei Genua) erhalten hatte.

Und dann gibt es natürlich noch die nächtlichen Amüsements, eine Handelsware, die die 'Ndrangheta Liguriens auf ihre Weise anbieten. An der Riviera ist das Vergnügen Pflicht. Nachtlokale, Prostituion, Wettspiele »in legalisierter Form« von Spielautomaten. Das ging nicht aus der Operation »Maglio 3« hervor, sondern aus der Untersuchung, die schlussendlich zur Auflösung des Gemeinderats von Bordighera (Ligurien) wegen mafiöser Unterwanderung führte. Der Pellegrino-Clan von der Mafia-Zelle Ventimiglia, der in Bordighera zu Hause war, hatte auf einige Assessoren der Gemeinde Druck ausgeübt. Ziel war es, Lizenzen für eine weitere Spielhölle zu erhalten, eine Art Mini-Spielcasino mit Bildschirm-Wettgeräten. Die Anti-Mafia-Behörde von Genua ermittelte zudem, dass zwei Brüder von Pellegrino ein Nachtlokal betrieben, in dem junge Mädchen aus Osteuropa zur Prostitution gezwungen wurden. Das war aber nur die Spitze des Eisbergs, so dass die kurz zuvor eingesetzte vorbereitende Kommission für die Auflösung des Gemeinderats von Bordighera daraufhin die gesamten Bauakten intensiv durchforstete.

In den letzten Jahren lassen sich die auf Mafia-Umtriebe zurückzuführenden Brandfälle nicht mehr zählen. Und die Einschüchterungen ebenso wenig. Trotzdem sind für viele an der ligurischen Riviera die massiven Anzeichen für die Präsenz einer aktiven Mafia-Organisation nicht zu erkennen. Zu ihnen zählt auch die Staatsanwältin Anna Canepa, die lange Zeit bei der Anti-Mafia-Behörde von Genua arbeitete und mittlerweile in die nationale Anti-Mafia-Direktion aufgestiegen ist. Im Zusammenhang mit dem Thema Mafia spricht sie bis heute groteskerweise von einem süditalienischen Problem.

Die Schäden für die italienische Wirtschaft sind unkalkulierbar. Vorsichtige Schätzungen belaufen sich auf eine Größenordnung von 120 Milliarden Euro pro Jahr, die in verschiedenen Schritten gewaschen und dann in eine andere Form gebracht werden, so wie im Fall der Firma *Perego* in der Lombardei, wo es der 'Ndrangheta gelungen war, die totale Kontrolle der Firma zu übernehmen. Das alles ist Canepa wohlbekannt. Bei ihren Begegnungen mit Bürgern beharrt sie aber stets auf einem Punkt: Man müsse die Zivilgesellschaft dazu bringen, zu reagieren. »Es ist notwendig, dass die Unternehmer sich nicht abkapseln, dass sie Kraft haben, die Verbindungen zu kappen, die ihnen die Mafien aufoktroyieren wollen, sei es durch den Gebrauch von Gewalt oder durch wirtschaftliche Vorteile. Der Weg kann nur einer sein: Die Aktivitäten der Staatsanwaltschaften durch die Arbeit einer Zivilgesellschaft zu unterstützen, die sich wachsam, verantwortungsbewusst zeigt und als aktiver Part der Konstruktion einer alternativen Gemeinschaft zu den Mafien versteht.«

Das heißt, man soll schweigen und die Phantasmen unter den Containern im Hafen begraben und sie wieder zu einer marginalen kriminellen Frage machen. Das ist der Mechanismus, von dem sich Norditalien schnellstens lösen muss, wenn es nicht untergehen will. Die wirtschaftlichen Vorteile, die Fähigkeit, den Markt zu beherrschen und die Wettbewerbsfähigkeit – kann man all das nur erringen, wenn man die Kosten drückt, die Gewinne im Ausland versteuert, Steuern überhaupt vermeidet und ausschließlich nach Schleichwegen am Rand der Legalität sucht, wo die Mafien sehr aktiv ihre Dienstleistungen bewerben? Oder gibt es ein Entwicklungsmodell, das an den zivilen und sozialen Fortschritt rückgebunden ist und das jenes Geschäftemacherei- und Polit-Netzwerk, welches die

Mafiosi Italiens in den letzten Jahrzehnten gesponnen haben, zerreißen könnte? »Wenn wir es nicht machen, wer soll es dann machen?« Das skandierte schon in den siebziger Jahren Peppe Valarioti, der Parteisekretär der Kommunistischen Partei Italiens (PCI) in Rosarno, der 1980 von den Clans der Ebene hingerichtet wurde.

22.

»FRANCO« AUS SAN MARINO, ODER DER BOSS, DER SAN MARINO BEWUNDERT

»Gerade heute morgen habe ich über diesen Landstrich gesprochen, den ich sehr schätze.« Mit diesen Worten pries der Pate Raffaele Stolder San Marino an, das kleine Paradies für die Millionen der Clans. Diese Bewunderung teilte der Chef des gleichnamigen Camorra-Clans mit einer Führungsfigur der sizilianischen Mafia, mit der er ein wichtiges Geschäft vorbereitete: Francesco »Franco« Vallefuoco. Der Mafia-Finanzfachmann sollte die Millionengewinne des Clans per Geldwäsche in die legale Wirtschaft einschleusen. »Franco« ist ein Freund, und außerdem lebt er auch selbst in San Marino. Wie Stolder denken auch weitere sizilianische Mafiosi. »Franco« ist der richtige Ansprechpartner, wenn es um Geldwäsche geht.

Vor Februar 2011 wusste man über Vallefuoco nur wenig. Es bedurfte der Operation »Vulcano«, koordiniert von der Anti-Mafia-Behörde von Bologna, um seinen Namen in die Schlagzeilen der Lokalzeitungen zu bringen. Zu den zehn Verhafteten, von denen die meisten den Clans der Casalesis, Mariniellos aus Acerra und Vallefuocos angehörten, zählte auch »Franco« Vallefuoco selbst. Alles in allem wurden gegen 26 Personen Ermittlungen eingeleitet. Darunter auch unverdächtige Notabeln aus San Marino, die sich dadurch schuldig gemacht hatten, dass sie für »Franco« Finanzgesellschaften führten.

Der Vallefuoco-Clan ist kein klassischer Camorra-Clan. Bei den Urteilen gegen seine Angehörigen gab es bislang keine verschärften Verurteilungen wegen mafiösen Zusammenschlusses nach Paragraph 416b des italienischen Strafrechts. Nicht einmal in der im September 2010 von der Anti-Mafia-Direktion Neapel durchgeführten Operation »Staffa« wurde Vallefuoco vorgeworfen, mafiöse Vereinigungen gegründet zu haben. Alles, was man ihm vorwerfen konnte, war einfache Verschwörung. Diese wurde allerdings dadurch verschärft, dass man ihn beschuldigte, mafiöse Methoden angewendet zu haben, um dem Clan Vorteile zu verschaffen.

Vallefuoco soll einen veritablen Pakt mit dem Stolder- und dem Casalesi-Clan sowie sizilianischen Mafia-Zellen geschlossen haben, mit dem Ziel, gemeinsam große Summen der Geldwäsche zu unterziehen. Und zwar in San Marino. Die Aktivitäten, die Vallefuoco entfaltet hatte, sind zahlreich. Sie reichen vom Immobiliensektor über den Handels- bis hin zum Finanzsektor. Hinter diesen legalen Aktivitäten sollen aber – den Ermittlern aus Bologna und Neapel zufolge – Geldwäsche, Wucher und Erpressung praktiziert worden sein.

Dennoch ist der Vallefuoco-Clan atypisch für die 'Ndrangheta. Auf der einen Seite verfügt er über enge Verbindungen zu Camorra- und Casalesi-Clans. Er nutzt klassische Mafia-Methoden, falls er anders nicht zum Ziel kommt. Auf der anderen Seite steht seine Ferne zum traditionellen Clan-System. All das macht ihn in den Augen der Staatsanwälte von Neapel eher zu einer Art Mitläuferfamilie. Mit der Aufgabe der organisierten Geschäftemacherei und der Vermittlung zwischen den gewalttätigen Clans. Von Neapel über Casal di Principe, Palermo, Rimini und Modena sowie Florenz strömten die Gelder der Clans nach San Marino. Das gehört zu den Erkenntnissen aus der Operation »Staffa«, die zur Verhaftung Vallefuocos und 28 weiterer Personen führte und die es ermöglichte, die Verbindungen zwischen den Clans und der Emilia-Romagna genauer zu beleuchten.

Im Zentrum der Geldwäscheaktivitäten stand eine Finanzgesellschaft aus San Marino, die *Fincapital*. Als Eigentümer war Livio Bacciochi eingetragen, ein alteingesessener Einwohner San Marinos. Als Anwalt und geschätzter Selbständiger wurde er von den Anti-Mafia-Behörden aus Neapel und Bologna beschuldigt, sich an Geldwäsche und illegalen Absprachen mit der Camorra beteiligt zu haben. »Aus zahllosen abgehörten Unterhaltungen geht hervor«, schreiben die Ermittlungsbeamten aus Neapel, »dass gerade durch Bacchiochis Finanzgesellschaft Geldwäscheaktivitäten mit enormen Summen durchgeführt wurden, die aus Betrügereien oder von Camorra-Clans stammten.«

Die Geldwäsche lief dabei nach einfachen Mechanismen ab. Man eröffnete Girokonten auf den Namen von Gesellschaften oder Vertrauenspersonen, und über den Umweg anderer Finanzgesellschaften wurden die Gelder auf diese überwiesen. Dabei wurden falsche Rechnungen ausgestellt. Die *Fincapital* erhielt Schecks ohne Namen und Datum, die dann die Strohmänner im geeigneten Moment gegen Barschecks oder Banknoten eintauschten, um diese wieder zu reinvestieren. Dazu gab es auch noch Finanzierungsanfragen für fiktive Handelstransaktionen (Kauf oder wiederholter Verkauf von Immobilien).

Ein gut geölter Mechanismus für die Gelder der Camorra, der jedoch zum Untergang der *Fincapital* führte. Aus einer blühenden und gesunden Finanzgesellschaft war binnen kurzer Zeit, dem Urteil von Vallefuoco zufolge, »eine Scheiße« geworden. Mit der *Fincapital* beschäftigen sich mittlerweile Staatsanwälte in Bologna und Neapel. Sie haben die enge Beziehung zum gegenseitigen Nutzen zwischen den Clans und den Fachleuten aus der Finanzbranche publik gemacht. Solche Beziehungen brauchen die 'Ndrangheta-Clans der Emilia-Romagna, die Vallefuoco vor Einmischungen anderer Clans bewahren wollte. »Du weißt doch genau, mit wem ich hier oben zusammenarbeite, und du weißt auch genau, dass ich keine Spielfigur auf einem Schachbrett bin«, teilt der Boss einem Gefolgsmann mit und fügt schließlich hinzu: »Haltet auf alle Fälle Livio Bacciocchi außen vor, bei all der Scheiße, die ihr anrichtet. Wenn er eingebuchtet wird, hat er immer noch zu essen. Aber alle anderen werden nichts mehr zu fressen haben.«

Wenn der Mechanismus blockiert, unterstreicht Vallefuoco, werden sich die anderen Clans umgehend rächen. »Wenn das Ding aus meiner Schuld abschmiert, werden sie herkommen und mir eine Kugel in den Kopf ballern. Wenn du es verkackst, werden sie dir eine Kugel durchs Hirn jagen. Ihr seid doch nur 30 000 Einwohner. Neapel allein hat zwei Millionen, und von denen sind 500 000 Verbrecher, die sie zu uns geschickt haben. Du weißt doch genau, dass die in Neapel die Regierung herausfordern, oder etwa nicht? Stell dir vor, wenn sie vier Carabinieri Angst einjagen … Na eben, ihr seid dabei, einen Mechanismus aufzusetzen, der nicht funktionieren wird. Das ist Politik. Macht doch den Scheiß, den ihr machen wollt. Wollt ihr euch gegenseitig auf den Sack gehen? Macht, was ihr wollt, aber haltet Livio Bacciocchi aus der Sache raus.«

Hinter Bacciocchi standen – neben Vallefuoco – noch andere Personen von der Führungsebene der Camorra Neapels. Zum Beispiel Raffaele Stolder. Ein Boss, der geschäftliche Aktivitäten auf vielen Feldern verfolgt. Seine Tochter wurde auf der Liste der PdL zur Gemeinderätin des Stadtviertels San Lorenzo Vicaria gewählt. In einem abgehörten Gespräch, das in den Akten der Operation »Staffa« enthalten war, spricht Stolder mit seiner Frau über die Möglichkeit, den Kontakt zu einem Politiker über den Ehemann seiner Tochter herzustellen, gegen den in derselben Untersuchung ermittelt worden war. Er unterstreicht dabei, dass »jetzt eine Zeit ist, in der man mit allen Parteien sprechen muss«.

Die Tochter von Stolder wird während der Untersuchung nicht angeklagt und wiederholt vor der Presse, dass sie Anweisungen des Vaters keineswegs Folge geleistet hat und dass sie nicht »Lady Camorra« ist, wie die Zeitungen behaupteten. Dennoch dreht der Clan ihres Vaters ziemlich große Räder. Der Anti-Mafia-Behörde von Neapel zufolge hat die Gruppe *Vallefuoco* über die Finanzgesellschaften San Marinos und Umgebung fünf Millionen Euro des Stolder-Clans, von Casalesi-Clans und einigen Vertretern der Mafia aus Palermo reinvestiert.

Romagna und San Marino sind die Territorien, die sich der Vallefuoco-Clan mit dem Casalesi-Clan teilt. Aber das reicht »Franco« nicht. Er möchte expandieren, die eigenen Geschäfte ausweiten. Den Boss interessieren Modena und Reggio Emilia. Zu diesem Zweck, gesteht er Lucia Esposito, die ihm sehr nahesteht, hat er die Absicht, verschiedene Girokonten in Kreditinstituten im Raum Modena und Reggio Emilia zu eröffnen. Vallefuoco spricht in diesem Zusammenhang von einer Gesellschaft, der *Elleesse*, mit unbekanntem Sitz, und von einigen Ordnern und Bilanzen, die er nach Modena bringen wolle.

Aber die Bezüge auf Modena enden hier noch nicht. Derselben Lucia vertraut er an, dass »sie« ihm vertrauen und ihm freie Hand gegeben hätten, die 130.000 Euro bei dem Bankdirektor per Kredit abzusichern. Um welchen Bankdirektor es sich handelt, wurde nicht übermittelt. Ein bei der Durchsuchung von Vallefuocos Auto gefundenes Dokument könnte einiges erklären. Es ist ein handschriftlicher Zettel, der aus dem Jahr 2009 stammt. Auf ihm steht zu lesen: »Gesellschaft *Opere Edil Pls*, Liste der wichtigsten Kunden (fertig), unterstützende Banken RE, sie arbeiten dran.« An den Zettel geheftet war die Visitenkarte eines bekannten Kreditinstituts mit Sitz in Castelfranco Emilia. Kontakte, die Vallefuoco vertiefen wollte.

Um das zu machen, entschließt er sich, eine Wohnung in Castelfranco anzumieten und einen weiteren Ableger der Finanzgesellschaft zur Einholung von Krediten zu gründen. Dependancen existieren bereits in San Marino, Rimini und Brusciano di Napoli. »Franco« Vallefuoco bewegt sich wie ein Geschäftsmann. Einem Freund sagt er, dass er montags und dienstags in Castelfranco sein wird, den Mittwoch in Rimini und den Donnerstag in San Marino verbringen wird. Freitags muss er dann nach Palermo, wo es ein inoffizielles Büro der Gesellschaft gibt, wie die Ermittler herausfanden. Das Wochenende plante er in Neapel zu verbringen. »Franco«, der Geschäftsmann, der das Land der Länge und der Breite nach bereist, erzählt auch, dass er ein Café-Restaurant besitzt, für das er 400.000 Euro bezahlt hat und das sich in San Marino befindet. Und zwar gleich bei der Bäckerei seiner Geschwister. Francesco Vallefuoco zählt einem Gefolgsmann stolz seine Geschäfte auf, seinen Besitz, seine künftigen Pläne, und führt alle anderen Sachen auf, in die er investiert hat: eine Firma, mit der er einen Sanitärgroßhandel aufziehen will, zwei Baufirmen, über die er Grundstücke kauft, Gebäude errichtet und verkauft.

»Franco« spricht viel, und die Ermittler hören zu, machen sich Notizen. Sie hören, wie er eines Morgens sagt, dass er einige E-Mails an Immobilienhändler verschickt habe, um zwölf Reihenhäuser zu verkaufen, jedes zu 180 Quadratmeter Wohnfläche. Zwei wolle er für sich behalten, eines seinem Bruder, Gigino, und ein weiteres seiner Ehefrau, Giustina Panico, überschreiben. Auch in Rimini möchte Vallefuoco Gebäude hochziehen. Er plant ein Spitzengeschäft. Er spricht von Investitionen in Höhe von vier Millionen Euro, von Baugenehmigungen. Der Gefolgsmann fragt: »Musst du das getarnt machen, weil sie dich sonst in den Knast schmeißen, die Arschlöcher?« Vallefuoco antwortet: »Nein, aber weißt du, mit wem ich gerade arbeite? Ich mach da eine Sache mit den Casalesis.«

Aus einem anschließend abgehörten Gespräch gingen beunruhigende Szenarien ordinärer Gewalt hervor. Vallefuoco erzählte Lucia Esposito, die mit ihm im Auto saß, von einem Verhör nach Mafia-Art. »Hör zu, wir haben nichts gegen dich, aber komm nicht mehr nach Novellara, um hier rumzuprotzen. Warum? Wenn ich dich noch mal in Novellara sehe, knall ich dich ab wie einen räudigen Hund.« Dabei ging es um Fragen der Ehre und der Territorien, die mit der Demütigung des Opfers enden, wie Gennaro D'Amore seinem Schwiegersohn »Franco« erzählte. Als man dem Opfer ein bisschen gedroht habe, sei der Mann gleich im Kreis herumgesprungen und in Tränen ausgebrochen. Nicht zufrieden mit dem Resultat, insistiert Gennaro gegenüber dem Unglücklichen. »Weißt du, in Novellara gibt es einen Typen, Franco, der dir im Zweifelsfall den Kopf abschneidet.« Und Vallefuoco setzt die Erzählung fort: »Gigino positionierte sich in der Nähe der Tür und beobachtete alles. Als der Glatzkopf rauskam, hat Gigino ihn gepackt und ihm die Pistole in den Mund geschoben. Gennaro kam dazu und hat ihn verprügelt.«

Das System Vallefuoco schließt Selbständige und Mafiosi mit ein. Die einen zum Vorteil der anderen. Zusammen agieren sie in der legalen Wirtschaft, im hellen Tageslicht, und stellen als wirtschaftliche, kreditwürdige Einheiten ihre Dienstleistungen und Handelsgüter her. Francesco Vallefuoco investierte nicht nur in die *Fincapital* des Anwalts Livio Bacciocchi. Zwei Anti-Mafia-Staatsanwaltschaften beschäftigen sich mit ihm wegen Geldwäsche und illegaler Absprachen mit der 'Ndrangheta. Den Ermittlern zufolge führte er auch zahlreiche Tochterfirmen der ISES, einer Agentur zur Rückgewinnung von Krediten, die als Kanäle für Geldwäsche und Zinswucher benutzt wurden.

Die ISES an sich wird von Gennaro D'Amore, der größte Anteil der Gesellschafteranteile von Giustina Panicò verwaltet.

Beide zählten während der Operation »Staffa« zu den Beschuldigten. Giustina Panico ist die Ehefrau von Francesco Vallefuoco, D'Amore wiederum ist der Schwager des Bosses, der mit der Schwester von Giustina verheiratet ist. Die ISES ist also eine Familienfirma. Autorisiert vom Polizeipräsidenten als »Agentur für verschiedene Zwecke gemäß Nr. 13 B/09 vom 19. Februar 2009«. So hat es der Vallefuoco-Clan – wie die Untersuchungsakten belegen – verstanden, Kredite zurückzuholen, und das, ohne Verdacht zu erregen, jedenfalls in der Emilia.

Wie aus den abgehörten Gesprächen des Bosses hervorgeht, bestand ein eindeutiger Geschäftszweck: »Es ist offenkundig, dass die Aktivitäten so strukturiert wurden, um Betrügereien zu organisieren, auch mit falschen Rechnungen, um Geld zu waschen, das von den anderen im Mittelmeerraum beheimateten Mafien stammte, die im Norden arbeiten, und um Kredite mit gewaltsamen Mitteln wieder einzutreiben.« Die Aktivitäten hatten also eine legale Fassade, und die von ihr verpflichteten Fachleute, die den Ermittlern zufolge von Vallefuoco benutzt worden waren, um Kreditwucher zu betreiben, profitierten davon. War erst einmal der einzutreibende Kredit erworben, »so wurden die Konditionen neu ausgehandelt, mit einer festen Zahl: Zwanzig Prozent Zinsen pro Monat«.

Fincapital und ISES Italia haben harmonisch zusammengearbeitet und erzeugten einen beeindruckenden Strom von Finanzoperationen, der nur noch schwer aufzudröseln war. Die Clans im Süden und im Norden Italiens trugen dazu mit ihren Profiten nach Kräften bei. Das Geld landete an zwei Stellen: in der Emilia-Romagna und in San Marino.

Die Provinz Modena war von den Verhaftungen im Zuge der Operation »Staffa« nicht betroffen. Aber in den Akten liest man von einigen Betrügereien, die sich rings um Modena abgespielt haben. Francesco Vallefuoco erzählte selbst davon und lobte dabei seine eigenen Fähigkeiten, in Schwierigkeiten befindliche Firmen aufzukaufen. »Vallefuoco nutzte seine Beziehungen zu anderen Unternehmern, die in wirtschaftlichen Schwierigkeiten steckten, um an deren guten Namen zu kommen«, hielten die Ermittler in ihren Akten fest. In ihren Aufzeichnungen taucht der Name des Sohnes eines bekannten Neurochirurgen aus Modena auf. »Dem gehörten einige Outlet-Stores, die er sich zusammengekauft hatte«, wie Vallefuoco seiner Gefährtin erzählte. Und Vallefuoco beharrt darauf, dass er »einen sehr vorteilhaften Betrug durchgezogen habe im Hinblick auf eines dieser Bekleidungsgeschäfte.« Eine Beute, die Vallefuoco seit langem anvisiert hatte.

Eine Episode, die die Vorgänge rund um die Outlet-Stores noch etwas besser nachvollziehbar macht, gibt gleichzeitig Aufschluss darüber, aus welchem Stoff Vallefuoco gestrickt war. Er erzählte seiner Lebensgefährtin lachend, dass er einmal in einem der Stores den Sohn des Mediziners traf, auf ihn einprügelte und ihm »leihweise« dessen Porsche wegnahm. Einschüchterung und Terrorklima zu schaffen, sind Ziele, die den Vorgaben der Bosse entsprechen. Anschließend kaufen sie Firmen und Geschäfte, Kaufhäuser und sonstige Aktivitäten auf, um deren stiller Teilhaber zu werden. Und das hatte auch Vallefuoco so vor, wie die Staatsanwälte in ihrem Bericht schrieben: »Er spielt mit dem Gedanken, eine Gesellschaft zu gründen. Lucia Esposito ist dabei als Strohfrau vorgesehen, außerdem eine Freundin von ihr; das alles befindet sich noch in der Planungsphase.« – »Aktionen, die sich«, wie die Staatsanwälte der DNA Neapel schrieben, »im Kontext der Firmen *Fincapital* und der ISES entwickelten und die auf die Finanzkraft von Bacciocchi und Zonzini abzielten.«

Oriano Zonzini war der Direktor der *Fincapital*. Die Investoren sagen von ihm, er sei zwar kein Holzkopf, aber ohne jeglichen Einfluss. Eher im Gegenteil. Er stellt seine technischen Kenntnisse zur Verfügung »sowie seine Beziehungen zu

Banken, um letztlich die Aktivitäten der beiden ›Unternehmer‹ zu koordinieren.«

»Aber wie stellst du das eigentlich an mit der Kredit-Rückgewinnung?«, wird Vallefuoco in einem der abgehörten Gespräche gefragt, worauf er antwortet: »Wenn sie nicht zahlen, verschwinden sie.« Dann fügt er noch hinzu: »Ich arbeite mit Forcella [dem gleichnamigen Clan aus dem Viertel von Neapel] und den Casalesis zusammen.« Damit ist die terroristische Methode skizziert, mit der die Kredite durch die Gruppe *Vallefuoco* wieder eingetrieben werden. Eine Methode, bei der je nach Notwendigkeiten auch Gewalt eingesetzt wird. Es sind Mafia-Methoden der traditionellen Art, angewendet jedoch durch Strukturen, die ordnungsgemäß behördlich angemeldet und zugelassen sind: Vallefuocos Agenturen für Kredit-Rückgewinnung.

Die Ermittler aus Neapel notierten: »Vallefuoco stellt seine Aktivitäten anderen Clans gegen Bezahlung zur Verfügung, Clans, die ihn darum bitten, und zwar sowohl bei der Kreditrückgewinnung wie auch bei der Geldwäsche illegaler Einnahmen. Zu diesem Zweck verfügt er über eine Mannschaft von 45 Mann, die alle regulär von ihm bezahlt werden, und über eine Reihe von Finanzgesellschaften, mit deren Besitzern, den wahren Eigentümern, er die auszuführenden Investitionen und die jeweiligen Profitmargen bespricht.«

Bei Vallefuocos Gesprächen, die die Ermittler in seinem verwanzten Audi A6 abhörten, schnitt der Mafioso unterschiedlichste Themen an. Von der Kreditrückgewinnung bis zum Zement. Über einen nicht näher identifizierten Mario sagt »Franco«: »Ich hab drei Baufirmen, und mit den Casalesis und mit ihm mache ich die Subverträge wegen Zement.« Und auch Gennaro D'Amore, der Hauptgeschäftsführer der ISES, spricht über Geschäfte. Unter den zahllosen abgehörten Unterhaltungen mit ihm als Protagonist erklärt d'Amore, der für die Öffentlichkeit das Gesicht der Gruppe ist, wie man mittels Bonds Geld verdienen kann.

»Die Bonds sind Gelder, die Amerika während des Krieges herausgegeben hat, das sind Einlagen, die sie dort gemacht haben, verstehst du? Also sobald wir den Stapel in der Hand haben, arbeiten wir damit sechs Monate, das gibt 80.000 Euro pro Woche. So machen es auch die Bankdirektoren in Lugano und in der Schweiz. Sie heben sie ab und setzen das Geld dann für eine andere Sache ein. Sie bringen sie wieder in Umlauf. Wenn wir es schaffen, ein Konto mit zehn Millionen Euro einzurichten, das virtuell vierzig Tage hält, machen wir in vierzig Tagen neunzig Millionen Euro. Das sind Operationen, die zwischen Lugano und Argentinien ablaufen.«

Gennaro d'Amore ist den Worten von Vallefuoco zufolge auch derjenige, mit dem sich die Casalesis verabreden wollen, um mit ihm als Repräsentant der ISES zu sprechen. Dass hinter der Gesellschaft *Vallefuoco* steckt, gibt »Franco« offen zu. »Auch die im Polizeipräsidium glauben, dass ich hinter der ISES stecke. Wenn die Polizei herausfinden wollte, wer dahinter steckt, bräuchte sie drei Sekunden, verstehst du?«

Szenen aus der Emilia-Romagna, von Mafia-Unternehmern, die ihre Geschäfte diversifizieren. Von der Bäckerei über die Rückgewinnung von Krediten, was bei einer immer weiter um sich greifenden Rezession zu einem immer gewinnträchtigeren Sektor wird, bis hin zu klassischen Investmentgesellschaften. Geschichten von Clans, die mit legaler Zulassung arbeiten, direkt vor den Augen der von ihnen belagerten Emilia-Romagna.

EPILOG

Aus Zeit- und Platzgründen musste ich zahlreiche weitere Geschichten in diesem Buch weglassen, die die Macht der Mafia im Norden unseres Landes belegen. Denn darum geht es ja: Mafia-Organisationen, die Ableger im Norden Italiens aufgebaut haben und hier Teile der Wirtschaft übernommen haben. Und somit auch Teile der Macht. Die Clans sind längst angekommen in der Lombardei, in der Emilia-Romagna, in Ligurien, in Piemont, im Veneto, im Valle d'Aosta. Und sie sind nicht hierher gekommen, um körperlich zu arbeiten und anschließend wieder dahin zurückzukehren, wo sie herkamen. Aus dem Süden, jenseits der im Zweiten Weltkrieg »Gotenlinie« genannten Frontlinie zwischen Nord- und Süditalien. Heute wollen die Bosse im Norden leben, und sie wollen gut leben. Es soll ihnen an nichts fehlen. Beschützt von ihren Leuten, mit deren Hilfe sie lokale Ableger errichten, die dem »Mutterhaus« unterstehen, oder von ihm unabhängig sind. Das hängt von dem jeweiligen Fall und der jeweiligen Organisation ab.

Aber immer trachten sie danach, sich neue Freiräume zu eröffnen innerhalb des Wirtschafts- und Sozialsystems an der nördlichen Peripherie Italiens. Sie sprechen direkt mit Institutionen, mit Unternehmern, mit der Justiz. Unter den vielen Ereignissen, die außen vor bleiben mussten, waren etwa die Ermittlungen gegen den Gerichtspräsidenten von Imperia. Er soll einige Mafiosi gegen Geld geschont haben. Und aus Platzmangel konnte ich leider auch das System der »vorgetäuschten

Kooperativen« nur andeuten: Falsche Kooperativen, die von den ursprünglichen Idealen nur noch den Namen behalten haben. Verschiedene journalistische Artikel zu diesem Thema habe ich in der *Gazzetta di Modena* veröffentlicht. Ich habe hierzu Arbeiter und Gewerkschaftler interviewt, außerdem neue sowie ältere Akten gewälzt. Was dabei offenbar wird, ist ein System von Firmen, die hinter der Benennung als Kooperative schlimmste Missbräuche und millionenschwere mafiöse Interessen betreiben, Ausbeutung und illegale Überlassung von Arbeitskräften, Geldwäsche, Drogenlagerung. Ein System, das sich von der Nachfrage nach Dienstleistungen nährt, von Subaufträgen, die große, bekannte Baufirmen bei Großaufträgen an kriminelle Kleinunternehmen weitergeben, die sich »Kooperativen« nennen, aber die in Wirklichkeit Gesellschaften sind, in denen die Arbeiter als Gesellschafter weder die eigenen Rechte, noch das Statut kennen, noch gar an den Gewinnen der Kooperative beteiligt sind.

Denken wir an die großen Namen der Logistik. In Mailand hat TNT einige Handlanger-Kooperativen der 'Ndrangheta beschäftigt. Und in Bologna, in Modena und in Lucca ist es nicht anders. Es ändern sich nur die Namen der beteiligten Clans. In Mailand ist es der Flachi-Clan, in der Emilia-Romagna und in der Toskana der Farao-Marincola-Clan.

Es lebe das Outsourcing! Manna, das vom Himmel fällt für die Mafien in der Po-Ebene. Und ein Mittel, um die Arbeitskosten legaler Unternehmer zu drücken. Darüber hinaus planen sie im Norden Strategien, die wiederum in Kalabrien zur Anwendung kommen sollen. Typisch hierfür der Satz, den Francesco Ventrici, der in Bologna wohnt und als Vertreter des Mancuso-Clans aus Vibo Valentia gilt, aussprach: »In Kalabrien gewinnt nicht mal der Papst den Krieg gegen uns.«

Die mehr oder weniger verhüllte Drohung richtete sich gegen zwei Leiter von *Lidl Italien*. Die Firmen von Ventrici hatten bereits seit Jahren für *Lidl* gearbeitet und waren exklusiv für den Transport in Kalabrien zuständig gewesen. Aber als sich die Firma entschied, auch andere Firmen als Frachtführer neben den Firmen des Paten zu beschäftigen, begannen die Drohungen und die Anschläge auf die Lkws der nicht »autorisierten« Firmen. Diese Einschüchterungsversuche genügten, um einen Sinneswandel bei den Managern des Unternehmens herbeizuführen. In der Folge wurden die Ladenlokale wieder exklusiv durch Firmen von Ventrici beliefert.

Von März 2010 bis Juli 2011 wurden in der Emilia-Romagna, in der Lombardei, in Piemont und Ligurien rund fünfzig Anti-Mafia-Operationen durchgeführt. Es kam zu über vierhundert Festnahmen. Güter im Wert von Hunderten von Millionen Euro wurden beschlagnahmt. Eindrucksvolle Zahlen, die die Macht der Mafien im Norden sichtbar werden lassen. Organisationen, die einen fruchtbaren Boden in einem System vorfinden, dessen Regeln von den Beteiligten selbst immer weniger eingehalten werden, und die mittels Korruption eine führende Rolle im Wirtschaftssystem Italiens spielen. Eine andere Zahl, die eine Vorstellung des Wandels der Mafien vermittelt, betrifft die Rechtshilfeersuche vonseiten der lokalen Anti-Mafia-Behörden und der nationalen Anti-Mafia-Direktion. Erstere haben zwischen 2009 und 2010 rund zweihundert Ersuche gestellt, letztere über 450. Die meisten kamen aus Neapel und Reggio di Calabria. Sie richteten sich zumeist an Deutschland, Spanien und die Niederlande. Andere gingen an Kolumbien, Bosnien, die Schweiz und San Marino.

Rechtshilfeersuche und die beschlagnahmten beziehungsweise in Staatsbesitz überführten beweglichen und unbeweglichen Güter lassen den Umfang der Mafia-Macht im Norden wie im Süden Italiens sichtbar werden. Bis Anfang November 2010 wurden insgesamt 11 152 bewegliche und unbewegliche Güter endgültig beschlagnahmt. Die geografische Verteilung lautet wie folgt: 44,57 Prozent in Sizilien, 15,06 Prozent in Kampanien, 13,85 Prozent in Kalabrien, 8,58 Prozent in der Lombardei, 8,12 Prozent in Apulien, 4,32 Prozent in Latium und unter zwei Prozent in den übrigen Regionen.

Die Lombardei ist also die Region des Nordens mit der höchsten Zahl an Beschlagnahmungen. Dort ist aber auch die juristische Anti-Mafia-Struktur am weitesten entwickelt. In diesen Gegenden beschäftigen sich Staatsanwälte systematisch mit den mafiösen Organisationen. Sie betrachten und analysieren sie als eine einheitliche Körperschaft und nicht als Banden gemeinschaftlicher Delinquenten. In der Emilia-Romagna bilden die Daten und Fakten nicht die Realität ab. Die 'Ndrangheta und der Casalesi-Clan haben hier ein Imperium geschaffen, das von Rimini bis Piacenza reicht. Dennoch sind hier Beschlagnahmungen und Überführungen in den Staatsbesitz selten. Erst seit Roberto Alfonso der dortigen Staatsanwaltschaft vorsteht, der von der nationalen Anti-Mafia-Direktion kam, ist eine Veränderung erkennbar geworden.

Auch auf dem Gebiet der Kapitalvermögen kommt Schwung in die Sache. Im Juli 2011 belegte ein Ereignis erneut das Bild Modenas, das im Zentrum milliardenschwerer Projekte der 'Ndrangheta steht, zusätzlich zu dem – bereits erschöpfend belegten – Interesse des Casalesi-Clans an der Stadt. Ein Finanzberater und eine Anwältin aus Modena hatten sich »der kriminellen Gruppe zur Verfügung gestellt«. Die Mafiosi wollten einen Kredittitel der Geldwäsche unterziehen, der dem ehemaligen Diktator Indonesiens gehörte, mit einem aktuellen Wert von 39 Milliarden Dollar. Unter den in diesem Zusammenhang Verhafteten war auch Nino Napoli, »der dem vorbestraften Rocco Baglio nahesteht«. Dieser weist aber auch zu anderen führenden Mafiosi der Ebene von Gioia Tauro (Kalabrien) verwandtschaftliche Beziehungen auf.

Napoli ist ein Speditionsunternehmer, dessen Lkws häufig

auf den Straßen von Modena und Reggio Emilia gesichtet werden. Ihm wird unterstellt, zu den Gefolgsleuten von Rocco Antonio Baglio zu gehören. Napoli lebt in Rubiera, aber arbeitet in Modena, kennt die Selbständigen des Ortes und weiß, wie er sich verhalten muss, um keinen Verdacht zu erwecken. Er selbst ist in Polistena (Kalabrien) geboren, im Hinterland von Gioia Tauro (Region Reggio di Calabria). Aus Polistena stammt auch Baglio, der Ende der siebziger Jahre in die Emilia verbannt wurde. Von den Lkws bis zur Hochfinanz, das ist die ansteigende Parabel der beruflichen Erfolge Napolis.

Paolo Baccarini ist einer der unverdächtigen Einwohner Modenas, den mit dem zur Finanz gewechselten Spediteur eine über die beruflichen Dinge hinausgehende freundschaftliche Beziehung verbindet. Baccarini arbeitet als Finanzberater, und »fühlte sich im Innern der Organisation wie zu Hause«, wie der Ermittlungsrichter festhielt. Und Baccarinis Funktion beschränkte sich nicht nur auf die von ihm zur Verfügung gestellten technischen Fähigkeiten im Finanzsektor für einzelne Operationen, sondern er »kollaboriert vollumfänglich in organischer Weise mit der Gruppe«. Durch Baccarini stießen die Ermittler der Finanzpolizei auch auf eine Anwältin aus Modena namens Daniela Rozzi. »Sie sollte Prokura bekommen für die Verhandlungen über das im Gang befindliche Milliardenprojekt«, schrieb der Untersuchungsrichter.

Aus abgehörten Gesprächen geht deutlich hervor, dass ihre Rolle generell eher marginal war. Die Organisation bedurfte jedoch ihrer beruflichen Fähigkeiten, um das Geschäft abzuschließen. Und sie fragte ihren Freund Paolo mehr als einmal, wie aus den Unterhaltungen hervorgeht, ob bei der ganzen Sache auch etwas zu verdienen sei. »Jede Menge«, versicherte Baccarini.

Schattenwirtschaft, Korruption, Mafia. Drei Aspekte, denen man während der mühsamen und aufwendigen Suche nach den eigentlichen Zentren krimineller und politischer Macht begegnet. Seit ich begonnen habe, das vorliegende Buch zu schreiben, ergab sich eine unendlich scheinende Reihe von immer neuen Erkenntnissen. Erkenntnisse, die leider die faktische Existenz von etwas belegen, was für viele eine Theorie von Außenseitern oder eine nebensächliche und hauptsächlich Süditalien betreffende Frage ist.

Das Manuskript abzuschließen war keine leichte Sache. Ich habe zahlreiche Ergänzungen vorgenommen, Episoden in letzter Minute eingefügt. Alles in allem habe ich versucht, ein – teilweise mit romanhaften Zügen versehenes – Bild wiederzugeben, das so aktuell und umfassend wie möglich sein sollte. Was ich nicht mehr einfügen konnte, weil es sich nicht ereignete, war die Beschreibung eines über die üblichen demagogischen Schemata hinausgehenden, entschiedenen Auftritts der norditalienischen Politik gegen die mafiösen Organisationen in der Po-Ebene. Abgesehen von den Lobeshymnen nach den Verhaftungen, den Glückwünschen, den kalten und distanzierten Verurteilungen der verwickelten Lokalpolitiker und dem Lob für den damaligen Innenminister Maroni und den damaligen Ministerpräsidenten Berlusconi, blieb alles, was einem entschiedenen Entgegentreten gegenüber den Mafien gleichgekommen wäre – eine Aktion, besetzt mit Personal, das sich im Umfeld der Regierung bewegt oder dieser selbst angehört – aus. Eine einzige starke und umfassende Aktion, um die Unterwanderung der Bauwirtschaft, der Spielhöllen, der Wirtschaft und des Wahlsystems anzuprangern, hätte mir schon gereicht. Aber leider Fehlanzeige.

Jenseits der fast schon Routine gewordenen Polizeiaktionen und Verurteilungen gäbe es eine große Leere, wäre da nicht der Bereich der Bürgervereinigungen. Nur die Regionalversammlung der Emilia-Romagna hat ein Anti-Mafia-Gesetz erlassen, das erste seiner Art, das auch Bestimmungen über die öffentlichen Ausschreibungen und Mittel zur Verbreitung der Kultur der Legalität enthält. Das ist sicher ein wichtiges Signal, aber um den Kampf zu gewinnen, bräuchte es härtere und radikalere Instrumente auf dem Gebiet der Wirtschaft, der Arbeit und der Justiz. Wiederum in der Emilia-Romagna haben die Selbständigen der Stadt Modena eine berufliche Ethik-Charta beschlossen. Elf Artikel regeln unter anderem die Suspendierung aus den Reihen der Selbständigen bei Vorfällen von illegalen Absprachen, und im Fall einer endgültigen Verurteilung wegen mafiöser Umtriebe den Ausschluss und die Beschlagnahmung der Güter.

Es ist ein erster Ansatz, der den Weg aufzeigt für die Berufsverbände der anderen Regionen. Es ist ein Instrument, das den Korrumpierten Angst machen könnte. Im Übrigen haben die Selbständigen von Modena ihre Kompetenzen für die Rekultivierung des Valle del Marro in Kalabrien zur Verfügung gestellt, wo die auf einem ehemaligen Mafia-Landgut stehenden Olivenbäume der Vereinigung *Libera* in der Ebene von Gioia Tauro bei einem Anschlag in Brand gesteckt wurden – Beispiel für eine Anti-Mafia-Kultur, die Grenzen überschreitet und die sich solidarisch zeigt mit den von Mafien Unterdrückten. Es ist eine Anti-Mafia, die agiert und die Rechte einfordert. Denn die Mafien gewinnen dort, wo die Rechte nachlässig gehandhabt werden, wo die Kultur abwesend ist, weil es bequemer so ist, wo Rechte zu Privilegien wurden. Die vom jeweiligen Paten zugebilligt werden oder nicht.

Und wem das dann immer noch als eine nur die südlichen Landesteile Italiens betreffende Frage vorkommt: Fahrt nach Buccinasco, nach Corsico, ins Ex-Stalingrad von Italien, in die Nähe der Stadt Turin, an die ligurische Riviera, ins Hinterland von Modena, in den Appennin oder nach Bologna mit seinen Zwillingstürmen. Geht herum und fragt – vielleicht seht ihr gerade keine Bürgersteige voller Blut und Pistolenhülsen, wie in San Luca, aber ihr werdet arme Leute finden, die flehentlich um etwas bitten, was ihnen eigentlich als selbstverständliches Recht zusteht. Im Süden wie im Norden. Das ist das vereinigte Italien von heute, unter dem Schriftzug der »Mafia AG«.

ANHANG

DAS 'NDRANGHETA-AUFNAHMERITUAL

Manuskript mit den Aufnahme-Riten, gefunden im Haus eines Mafioso der Camorra, enthalten in den Gerichtsakten der 2010 durchgeführten Operation »Minotauro« der Anti-Mafia-Behörde von Turin:

Wie man zusammentritt und auseinandertritt
Guten Abend, macht es euch bequem, um die heilige Gesellschaft zu bilden, im Namen von Giuseppe Garibaldi, Giuseppe Mazzini und Ferdinando La Marmora [italienische Freiheitskämpfer, die während des *Risorgimento* für die Einigung Italiens sorgten] und der allerheiligsten Elisabeth, die der allerheiligsten Annunziata folgte, dann ist die Gesellschaft der Heiligen einberufen.

Erste Anrufung
Im Namen von Giuseppe Garibaldi, Giuseppe Mazzini und Ferdinando La Marmora. Ich komme zur ersten Abstimmung für *[Name des neu Aufzunehmenden oder im Rang zu Erhöhenden]*. Wenn ich ihn bis jetzt als Camorra-Mitglied im Range eines *Sgarro* [Fußsoldaten] kannte, dann kenne ich ihn von nun an als einen Bruder der Heiligen Bruderschaft, wie hiermit verkündet.

Zweite Anrufung
Im Namen von Giuseppe Garibaldi, Giuseppe Mazzini und Ferdinando La Marmora. Ich komme zur zweiten Abstimmung über *[Name des neu Aufzunehmenden oder im Rang zu Erhöhenden]*. Wenn ich ihn bis jetzt als Bruder der Heiligen Bruderschaft kannte, wie es verkündet wurde, dann kenne ich ihn jetzt von diesem Moment an als Bruder der Heiligen Bruderschaft, anerkannt, aber nicht abgeschlossen. An dieser Stelle treten wir zurück und zeigen die Symbole.

Man tritt wieder zusammen und schreitet zur
dritten Anrufung.
Im Namen von Giuseppe Garibaldi, Giuseppe Mazzini und Ferdinando La Marmora. Ich komme zur dritten Abstimmung für *[Name des neu Aufzunehmenden oder im Rang zu Erhöhenden]*. Wenn ich ihn bis jetzt kannte als Angehörigen der Bruderschaft, anerkannt, aber nicht abgeschlossen, so soll ich ihn von diesem Moment an als einen Bruder kennen, anerkannt und abgeschlossen.

[unlesbar]

Ritualformeln, gesprochen im Nebenzimmer einer deutschen Gastwirtschaft, die von einem 'Ndrangheta-Mitglied betrieben wird (aus einem Abhörprotokoll der Polizei):

Pate: Guten Abend!
Alle: Guten Abend!
Pate: Seid ihr bereit, diese Räumlichkeiten zu weihen?
Alle: Ja!
Pate: Ich weihe sie, wie dies zuvor unsere drei Ritter aus Spanien getan haben. Unsere drei Ritter aus Spanien, die aufgebrochen und durch Rom gekommen sind und die sich dann in

Neapel eingeschifft haben nach Sizilien, wo sie sich niederließen. Sie sind auch nach Kalabrien gekommen, haben dorthin den Ritus mitgebracht, die Weihe mit Schwert und Kette vorzunehmen, so wie ich sie jetzt mit Schwert und Kette vornehme. Sie haben die Weihen vorgenommen in dunklen Kellern und Verliesen, so wie ich sie jetzt vornehme in dunklen Kellern und Verliesen. Sie haben die Weihen vorgenommen mit Rosen und anderen Blumen, so wie ich sie jetzt vornehme mit Rosen und anderen Blumen. Hiermit befinde ich: Spiegel und Nadel in diesem Raum, mit den Worten der Demut ist dieser Raum geweiht.

Abschiedsworte bei der Auflösung der Versammlung
Pate: Heilige Versammlung! Seid ihr bereit, diese Versammlung aufzulösen?
Alle: Ja!
Pate: Ich danke für die lobenswerten Beiträge meiner weisen Mitteilnehmer, die ich in einer Kassette aus härtestem Nussbaumholz verschließen und am Grunde des Meeres versenken werde. Wer sie verrät, soll verurteilt und bestraft werden. Mit einem, drei, fünf Messerstichen ins Herz soll er bestraft werden, wie es die Vorschrift der heiligen Regeln ist.
Alle: Gute Nacht!

BESCHLAGNAHMTE MAFIA-BESITZTÜMER (Stand: Juni 2011)

	Immobilien in öffentlicher Verwaltung	Immobilien, die ausgewählt und zugeteilt wurden	Immobilien, die ausgewählt und nicht zugeteilt wurden	Immobilien, die nicht mehr öffentlich verwaltet werden	Firmen	Gesamt
Abruzzen	9	35	0	0	0	44
Apulien	133	571	67	35	100	906
Basilicata	2	8	1	0	3	14
Emilia-Romagna	12	44	13	14	24	107
Friaul Oberes Veneto	3	14	1	0	1	19
Kalabrien	279	910	174	68	113	1544
Kampanien	390	866	94	61	268	1679
Latium	74	244	34	25	105	482
Ligurien	9	19	3	1	7	39
Lombardei	140	574	15	33	195	957
Marche	2	6	0	2	3	13
Molise	0	2	0	0	0	2
Piemont	18	77	22	6	12	135
Sardinien	4	78	4	0	3	89
Sizilien	1.821	1.940	548	146	516	4.971
Südtirol	0	16	0	0	0	16
Toskana	2	32	4	2	10	50
Umbrien	0	0	0	0	1	1
Valle d'Aosta	0	0	0	0	0	0
Veneto	2	71	0	7	4	84
Gesamt	**2.900**	**5.507**	**980**	**400**	**1.365**	**11.152**

DANKSAGUNG

Das vorliegende Buch ist allen Opfern der Mafia gewidmet, und denjenigen, die für eine Zukunft *ohne* Mafia kämpfen.

Es ist Peppe gewidmet, der nicht mehr da ist. Aber beim Schreiben des Buches haben mich seine Ideen Tag für Tag begleitet, Seite um Seite. Und Opa Ciccio, dem unermüdlichen Träumer, der Stunden damit verbrachte, mit Papa Schach zu spielen. Sie haben uns als Erste verlassen, aber sie haben uns auch die Kraft gegeben, neu anzufangen.

Es ist auch den Jugendlichen gewidmet, die an eine andere, gerechtere Gesellschaft glauben. Es ist der jungen Francesca gewidmet, die, falls sie wirklich daran glaubt, in einigen Jahren aus vollem Hals rufen kann: »Die Mafia ist tot.«

Mein Dank gebührt auch den Jugendlichen und Kameraden von *daSud*, mit denen ich noch viele gemeinsame Schlachten schlagen möchte. Besonders hervorheben möchte ich Alessio Magro und Danilo Chirico, die ersten, die nach zwanzig Jahren die Erinnerung an meinen Vater in den Zeitungen *Manifesto* und *Quotidiano* festhalten wollten, ein bewegendes Erlebnis, das ich nie vergessen werde.

Bei *Libera* möchte ich besonders Enza Rando und Don Luigi Ciotti danken, die mir mit ihrem Engagement Kraft und Durchhaltevermögen geben. Dank gebührt auch Giovanni Gualmini, meinem ersten Ressortleiter, der mir immer Raum in der Zeitung einräumte, mir Vertrauen schenkte und Ratschläge für die Zukunft als Journalist gab.

Manuela Mareso danke ich für die Freiheit, die sie mir im Rahmen der Online-Plattform *narcomafie.it* einräumte. Und natürlich allen beteiligten Kollegen, die mir halfen, wichtiges Material zu erlangen. An erster Stelle Cesare Giuzzi vom *Corriere della Sera*, einem exzellenten Kenner der Vorgehensweise der Mafia in der Lombardei, und Marilena Natale, der mutigen und entschlossenen Journalistin von der *Gazzetta di Caserta*.

Aber ohne die Liebe meiner Lebensgefährtin Laura, der zärtlichen Kämpferin, die meine Stimmungsschwankungen und meine Sorgen ertrug, hätte ich die Arbeit an diesem Buch vielleicht nie beendet.

Dank gebührt auch Mara, meiner Mutter, die mit ihrer Liebe und ihrer klaren Entschlossenheit mich vom ersten Moment an ermutigt hat, diesen Weg zu beschreiten.

Pasquale, der immer da sein wird.

Bibi, die mir – mit ihrem erprobten Professionalismus – beigebracht hat, weniger pessimistisch und abgestumpft zu sein.

Oma Amelia danke ich für ihren Mut, uns aus Kalabrien wegzubringen, uns unermüdlich ermutigt zu haben, unseren Träumen zu folgen, trotz allem.

Fefi und Chico, immer schon beste Ratgeber.

Chica und Tante Finetta, die mich von klein auf verwöhnten.

Ralph, Miki und Jonny, meinen Freunden aus Modena, unersetzliche Genossen in guten wie in schlechten Zeiten.

Peppe, Freund seit den ersten Lebensjahren, weil das auch seine Geschichte ist.

Teresa und Donato, kostbaren Freunden und Wächtern von Pintammati.